攀登 永无止境

西藏登山60年（上卷）

西藏自治区体育局 编

西藏人民出版社

图书在版编目（CIP）数据

攀登 永无止境：西藏登山60年．上下卷／西藏自治区体育局编．－－拉萨：西藏人民出版社，2021.4
ISBN 978-7-223-06786-7

Ⅰ．①攀 Ⅱ．①西 Ⅲ．①登山运动—体育运动史—西藏 Ⅳ．① G881.92

中国版本图书馆 CIP 数据核字（2021）第 065446 号

攀登 永无止境：西藏登山 60 年（上卷）

编　　者：	西藏自治区体育局
责任编辑：	计美旺扎　张慧霞
装帧设计：	李杨 ǀ STUDIO NOWHIT
出版发行：	西藏人民出版社（拉萨市林廓北路 20 号）
印　　刷：	西藏福利印刷厂
开　　本：	787×1092　1/16
印　　张：	23.5
插　　页：	6
字　　数：	440 千字
版　　次：	2021 年 7 月第 1 版
印　　次：	2021 年 7 月第 1 次印刷
印　　数：	01-3,000
书　　号：	ISBN 978-7-223-06786-7
定　　价：	150.00 元（上、下卷）

版权所有　翻印必究

攀登 永无止境——西藏登山60年（上卷）

❶ 图为1993年，时任第八届全国人民代表大会常务委员会副委员长、西藏自治区政协主席帕巴拉·格列朗杰向西藏自治区登山队著名女登山家桂桑颁发国际级运动健将证书

❷ 2010年5月31日，中国登山协会举行纪念中国登山队首次登顶珠峰50周年座谈会，时任中共中央政治局委员、国务委员刘延东（左四），中国登山协会名誉主席张万年（右二）、热地（左二）与著名登山运动员王富洲（左一）、贡布（左三）、屈银华（右一）、潘多（右三）合影留念

❶ 2008年6月，时任西藏自治区党委书记张庆黎（左），西藏自治区主席向巴平措（右）在2008年北京奥运火炬接力珠峰传递和境内外传递暨拉萨传递熔火仪式上

攀登　永无止境——西藏登山60年（上卷）

❶ 1960年5月17日9时30分，中国登山队突击主峰誓师大会上的队员在宣誓："不把珠穆朗玛峰踩在脚下，绝不回头！"

❷ 担任1960年首登珠峰一线总指挥的韩复东将国旗郑重递到队员手中

❸ 从北坡首登珠峰的中国登山队队员在行军

❹ 中国登山队队员在海拔7150米的珠峰冰雪坡上行进

❺ 有很长一段路程，队员们都是穿行在巨型冰塔林中

❻ 首登珠峰的中国登山队队员负重行军

攀登 永无止境——西藏登山60年（上卷）

❶ 首登珠峰的中国登山队队员在行军途中遭遇暴风雪

❷ 1960年5月25日，人类首次从北坡登顶珠峰。图为当时突击顶峰的中国登山队员，左起：王富洲、屈银华、刘连满、贡布。刘连满由于充当人梯和开路先锋致使体力透支昏迷，随后安全下山，其余三人成功登顶

❸ 1960年5月30日13时30分，珠峰大本营欢迎登顶归来的英雄们

❹ 1964年5月2日，中国登山队登顶世界最后一座海拔8000米以上未登峰——希夏邦马峰

❺ 1975年5月27日，索南罗布、潘多（女）、贡嘎巴桑、大平措、侯生福、次仁多吉、罗则、桑珠、阿布钦九位勇士再登珠峰，潘多成为首次从北坡登顶珠峰的女登山家

❻ 次仁切阿山岳博物馆中展示的早期登山装备

攀登　永无止境——西藏登山60年（上卷）

第一棒火炬手吉吉　　**第二棒火炬手王勇峰**　　**第三棒火炬手尼玛次仁**　　**第四棒火炬手黄春贵**　　**第五棒火炬手次仁旺姆**

❶ 1975年5月27日登顶珠峰"九勇士"合影，前排左起：侯生福、索南罗布、潘多（女）、罗则；后排左起桑珠、贡嘎巴桑、大平措、次仁多吉、阿布钦

❷ 2003年5月21日，中国首支业余登山队登顶珠峰。2003年纪念人类首登珠峰50周年攀登活动是中国民间登山活动的里程碑

❸ 2003年5月21日，中国首支业余登山队队员梁群（女）登顶珠峰

❹ 2008年5月8日，中国登山队在北京奥运火炬接力珠峰传递攀登中跨过"第二台阶"后迎接新曙光

❺ 2008年5月8日，在珠峰之巅完成北京奥运火炬接力传递的5名火炬手

❻ 2008年5月8日，北京奥运火炬接力珠峰传递中，罗布占堆引燃第一棒火炬手吉吉手中的火炬

攀登 永无止境——西藏登山60年（上卷）

❶ 2008年5月8日，北京奥运火炬接力珠峰传递部分登顶队员展示国旗等

❷ 2008年5月8日，北京奥运火炬接力珠峰传递中，尼玛次仁校长（前排中间）与西藏登山向导学校部分登顶的学生合影

❸ 2008年5月8日，北京奥运火炬接力珠峰传递中，登顶的西藏登山向导学校学生展示旗帜

❹ 2008年6月21日，在2008年北京奥运火炬接力拉萨传递中，第一棒火炬手——首次从北坡登顶珠峰的藏族运动健将贡布

❺ 2008年5月10日，北京奥运火炬接力珠峰传递成功后，时任西藏自治区党委常委、自治区常务副主席吴英杰（左）向刚撤回大本营的尼玛次仁（右）表示祝贺

❻ 2008年5月8日，在珠峰大本营的指挥人员和工作人员观看北京奥运火炬接力珠峰传递盛况现场直播。前排从左至右为李致新、吴英杰、胡家燕、李挺

攀登　永无止境——西藏登山60年（上卷）

❶1993年3月22日，"中国西藏攀登世界14座海拔8000米以上高峰探险队"（简称西藏探险队）全体队员在尼泊尔第二大城市博克拉（Pokhara）合影留念

❷1993年4月26日，西藏探险队的A组队员次仁多吉、边巴扎西、仁那、阿克布（摄影师不在画面中）登顶安纳布尔那峰

❸1993年5月30日、31日，西藏探险队登顶道拉吉里峰的A组（左图）队员和B组（右图）队员分别在顶峰合影留念

❹1994年5月7日，西藏探险队的9名队员全部登顶希夏邦马峰

❺1994年9月30日，西藏探险队的9名队员全部登顶卓奥友峰

❻1996年5月3日、4日，西藏探险队的A、B两组共8名队员登顶马纳斯卢峰

攀登 永无止境——西藏登山60年（上卷）

❶ 1997年6月15日，西藏探险队的第一批队员加布、仁那、边巴扎西登顶南迦帕尔巴特峰；15分钟后第二批队员次仁多吉、洛则、阿克布和两名巴方队员登顶

❷ 1998年5月9日，西藏探险队的次仁多吉、边巴扎西、仁那、洛则、阿克布、加布、达琼共7人登顶干城章嘉峰

❸ 1999年5月27日8时02分，西藏探险队队员在珠峰峰顶采集第六届全国民运会圣火

❹ 1999年5月27日，著名登山家仁那和吉吉夫妇在珠穆朗玛峰之巅展示国旗并合影

❺ 2001年6月30日，西藏探险队A组的次仁多吉、边巴扎西、仁那和巴基斯坦队员热玛杜拉；7月1日B组的加布、洛则，登顶布洛阿特峰，背后是乔戈里峰。图为A组除摄影师外的三人合影

❻ 2001年6月30日，西藏探险队中担任高山协作的西藏登山向导学校学生扎西次仁、边巴顿珠、普布顿珠与巴基斯坦队员穆罕默德·库尔班登顶布洛阿特峰

攀登　永无止境——西藏登山60年（上卷）

❶ 2003年5月14日，西藏探险队的次仁多吉、边巴扎西、仁那、洛则、加布共5名队员登顶马卡鲁峰

❷ 2004年7月27日，西藏探险队的次仁多吉、边巴扎西、仁那、洛则和担任高山协作的西藏登山向导学校学生普布顿珠、扎西次仁、边巴顿珠共7人登顶乔戈里峰

❸ 2007年7月11日，西藏探险队突击队员正在攀登迦舒布鲁姆Ⅰ峰途中

❹ 2007年7月12日，西藏探险队最终登顶迦舒布鲁姆Ⅰ峰。至此，次仁多吉、边巴扎西、洛则创造了团队登顶世界14座海拔8000米以上高峰新纪录。图为登顶的中、巴队员：次仁多吉、边巴扎西、洛则、吉吉与担任高山协作的西藏登山向导学校学生小边巴扎西、边巴顿珠、索朗扎西，以及巴基斯坦的尼萨、纳赛尔、菲达，共10人

❺ 2007年7月12日，吉吉为实现丈夫仁那的遗愿，在攀登迦舒布鲁姆Ⅰ峰峭壁上的冰壁

❻ 2012年5月19日登顶珠峰，2016年12月25日抵达南极点，"7+2"探险活动圆满完成，这是西藏登山队队员次仁旦达（左一）、德庆欧珠（左二）继本队的前辈们用14年时间登顶14座海拔8000米以上高峰之后，再创西藏登山运动的新篇章。至此，西藏登山队圆满完成了登山界的"大满贯"

09

攀登 永无止境——西藏登山60年（上卷）

"中国西藏攀登世界14座海拔8000米以上高峰探险队" 英雄谱

风雪砺英雄
攀登见高峰

1993年4月26日，是历史的一端；2007年7月12日，则是历史的另一端。而这期间的漫漫14个春秋，是"中国西藏攀登世界14座海拔8000米以上高峰探险队"用自己的双脚和生命书写的一段中国登山运动的辉煌史。以"团队的形式"完成全部14座高峰，这是世界登山史上的创举，也是中国登山运动发展中的里程碑，可以说是空前的，也是绝后的。攀登世界全部14座海拔8000米以上高峰。从梅斯纳尔1986年10月16日首个完成登顶全部14座8000米山峰的20年以来，只产生过16个全部完成的人，平均一年不到一个人——可见登项14座高峰的难度有多大。

编 委 会

主　　编：王　德　军（区体育局党组书记）
　　　　　尼玛次仁（区体育局局长）

副 主 编：赖　万　鹏（区体育局副局长）
　　　　　旺青格烈（区体育局一级巡视员）
　　　　　张　明　兴（区体育局副局长）
　　　　　卢　伟　芃（区体育局副局长）
　　　　　朱　安　乐（区体育局二级巡视员）

顾　　问：洛桑达瓦　贡　布

执行主编：尹　逊　平（区体育局退休干部）

编　　委：陈　天　兵（区体育局办公室主任）
　　　　　冯　志　权（区体育局政工人事处处长）
　　　　　索　　　南（区登山队队长）
　　　　　白玛赤列（原区登山运动管理中心副主任）

序

勇攀世界巅峰真本色
建功社会主义现代化新西藏从头越

西藏素称"千山之宗"，以珠穆朗玛峰（以下简称"珠峰"）为代表的 5 座海拔 8000 米以上高峰耸立云端，世代生活在这里的人们终身与山结缘。会当凌绝顶，一览众山小，是大无畏的中华儿女的不懈追求。1960 年 5 月 25 日，中国登山队王富洲、贡布、屈银华成功登顶世界最高峰——珠峰，创造了人类首次从北坡登顶珠峰的伟大壮举。以贡布为代表的新中国第一批藏族登山运动员成功登顶珠峰，成为西藏现代登山运动史上具有里程碑意义的事件。在中国人首次登顶珠峰的巨大鼓舞下，西藏登山营（西藏登山队前身）于 1960 年 10 月 1 日成立。2020 年，恰逢西藏登山队成立 60 年、西藏登山运动发展 60 载。60 年砥砺奋进，60 年辉煌历程，60 年树立丰碑，西藏登山确立了"国内领先、世界著名"的地位，成为民族团结进步的典范，成为祖国至上、敢于担当的写照，成为中国登山事业和西藏体育事业发展的缩影，奠基新时代高原特色体育事业与时俱进的新起点……

60 年艰辛曲折、筚路蓝缕。1960 年 5 月，西藏军区政委、西藏自治区筹委会体委主任（兼）谭冠三作出"要充分利用西藏开展登山运动的有利条件，尽快组建西藏登山队"的决策。1960 年 10 月 1 日，中共西藏工作委员会正式批准成立西藏登山营。1961 年初，西藏登山营迁往林芝。"文革"开始后，西藏登山运动陷入停滞。1972 年 4 月，西藏登山营划归西藏自治区体委体工大队，更名为西藏登山队，驻地迁回拉萨。1988 年，西藏登山队升格为独立县级事业单位。60 年来，西藏登山队犹如一只翱翔在雪峰峻岭之巅的雄鹰，矢志不渝，一往无前，走过了一条顺势而生、百折不挠、奋发图强的发展道路，经历了一段负重前行、愈战愈勇、淬火成钢的奋斗历程，成为一支英雄团队，跻身世界登山劲旅行列。

60 年壮志凌云、屡创纪录。在 60 年的峥嵘岁月中，西藏登山队既坚持祖国至上，与国家登山队携手同心承担诸多国家重大登山任务，促进各民族交往交流交融，铸牢中华民族共同体意识，又树立凌云壮志，独立开展系列重大登山活动，创造众多世界登山纪录。1964 年，以西藏登山队员为主体的中国登山队登顶唯一一座人类未曾登顶的海拔8000米以上高峰——希夏邦马峰。1975年中国登山队再次登顶珠峰，著名的"九勇士"中8人为西藏藏族登山队员，潘多成为世界上首位从北坡登顶珠峰的"女勇士"。1985年西藏登山队在没有使用辅助氧气的情况下，登顶世界第六高峰——卓奥友峰，这也是中国人首次登顶卓奥友峰。1999年西藏登山队成功从珠峰顶上采得第六届全国民族运动会圣火火种，桂桑成为首位两次登顶珠峰的女性，仁那、吉吉成为首对登顶珠峰的夫妻，边巴扎西成为从海拔8300米突击登顶珠峰最快者并创造没有避寒设施在顶峰停留时间最长纪录。2008年以西藏登山队员为主体的北京奥运火炬接力珠峰传递登山队，成功将"祥云"火炬传递到珠峰顶峰，创造了世界登山史和奥运史上的奇迹。西藏登山探险队历经14年，于2007年创造了"一支登山队集体登顶世界14座海拔8000米以上高峰"的世界纪录。西藏登山队历经4年，于2016年创造登顶七大洲最高峰、徒步到达南北极点的"7+2"世界极限探险纪录。2020年，以西藏登山队员为主体的珠峰测量登山队成功完成珠峰测量登山任务。

60年披肝沥胆、奉献牺牲。60年来，英勇无畏的西藏登山人，既挑战生理极限，又挑战心理极限，一次次战冰雪斗严寒，一次次逾沟壑越险峰，一次次跨绝境度生死，用生命书写了一段段可歌可泣的英雄传奇。仁那、西绕、拉巴才仁、尼玛扎西、罗朗等献出宝贵生命，仁青平措、次仁多吉、边巴扎西等数十人负伤致残，舍生忘死的登山勇士们写下500多封遗书。此时此刻，我们深情缅怀牺牲的登山英雄，致敬伟大的登山勇士。

60年精神铸就、薪火传承。60年来，一代代西藏登山人顽强拼搏、团结战斗，甘于奉献、不怕牺牲，以祖国至上的爱国情怀、无高不攀的凌云壮志、敢为天下先的英雄气概，勇攀高峰、逐梦云端，将五星红旗插遍世界七大洲之巅，用生命诠释了"不畏艰险、顽强拼搏、团结协作、勇攀高峰、祖国至上"的登山精神，为伟大祖国争了光，为中华民族争了气，为建设社会主义现代化国家、实现中华民族伟大复兴创造了宝贵的精神财富。

60年玉汝于成、荣誉等身。60年来，西藏登山队在艰苦奋斗、不断磨砺中，成长为政治过硬、业务精湛、团结战斗、能打硬仗的英雄集体，涌现出贡布、潘多等一批享誉世界的登山家，300多人次登顶珠峰，2300多人次登上海拔8000米以上高峰（高度），荣获"高原英雄登山队""勇攀高峰先进集体""全国民族团结先进集体"等殊荣，多人获得"全国劳动模范""全国先进工作者""全国三八红旗手"等荣誉。

60年谱写一段奋斗史。自治区体育局聘请曾担任8年西藏自治区登山队书记、5年自治区体育局办公室主任的退休干部尹逊平编著的本书以时间为轴，以史料为据，以登山精神为魂，以严谨的态度、凝练的笔墨、客观的叙述，真实记录了西藏登山60年波澜壮阔的发展历程，兼具史料性、知识性和可读性，是一本全面反映西藏登山事业发展历程和传承发扬登山精神的普及读物。

60 年接续一个新未来。西藏体育人将坚持以习近平新时代中国特色社会主义思想为指导，深入贯彻落实新时代党的治藏方略，坚定信心、担当作为，把西藏登山这块"金字招牌"擦得更亮，不断开创高原特色体育事业高质量发展的新局面，努力为推进新时代西藏长治久安和高质量发展贡献力量，为实现中华民族伟大复兴贡献力量！

西藏自治区体育局

2021 年 6 月

目 录

山不语　人在说
——伟大时代的西藏登山精神 / 1

第一章　1959 年参加攀登慕士塔格峰 / 7

第二章　1960 年参加首攀珠峰 / 10
 第一节　中苏签订联合攀登协议及其中止 / 11
 第二节　攀登准备工作 / 12
 第三节　先遣组行动和第一次行军 / 14
 第四节　侦察组探寻攀登北坳路线 / 17
 第五节　第二次行军和运输物资 / 19
 第六节　第三次行军和运输物资 / 23
 第七节　第四次行军——突击顶峰 / 29
 第八节　登顶成功在国内外的反响 / 34

第三章　1961 年参加攀登公格尔九别峰 / 38
 第一节　先遣组进山侦察攀登路线 / 39

第二节　第一次适应性行军 / 40

第三节　第二次攀登行军 / 41

第四节　第三次行军——突击顶峰 / 42

第五节　酿成山难事故的原因 / 45

第四章　1964年参加攀登希夏邦马峰行动 / 48

第一节　参加希夏邦马峰侦察队 / 49

第二节　攀登前的准备工作 / 51

第三节　三二一线队员的六次行军 / 54

第四节　突击顶峰 / 57

第五节　登顶后国内外的反响 / 62

第五章　1965—1967年攀登珠峰"北上南下"行动练兵及"文革"期间的停顿 / 64

第一节　1965—1967年参加攀登珠峰"北上南下"行动练兵 / 65

第二节　"文革"中登山活动停顿 / 67

第六章　1975年参加再次登珠峰 / 68

第一节　再登前的准备工作 / 69

第二节　1972年重启攀登筹备工作 / 71

第三节　四次攀登行军 / 73

第四节　决战顶峰 / 80

第五节　中央和地方党委、政府及群众的支持 / 88

第七章　1977年参加攀登托木尔峰 / 91

第一节　组织准备工作 / 92

第二节　突击顶峰 / 94

第三节　侦察乔戈里峰中国一侧登山路线 / 95

第八章　1983—1984年参加攀登南迦巴瓦峰失利 / 97

第一节　组织准备工作 / 98

第二节　登顶乃彭峰 / 100
第三节　攀登失利 / 100

第九章　1985年单独攀登卓奥友峰 / 103
第一节　组织准备工作 / 104
第二节　轻装突击顶峰 / 105
第三节　平安下撤 / 107

第十章　1986年攀登宁金抗沙峰 / 109

第十一章　1993年海峡两岸攀登珠峰 / 112

第十二章　2003年国内业余登山爱好者登顶珠峰 / 115
第一节　攀登过程 / 116
第二节　重大意义 / 116

第十三章　北京2008年奥运会火炬接力珠峰传递 / 118
第一节　指挥机构 / 119
第二节　集训过程 / 120
第三节　测试预演 / 121
第四节　通信保障 / 122
第五节　气象保障 / 123
第六节　技术保障 / 124
第七节　医疗保障 / 124
第八节　后勤保障 / 124
第九节　聚焦珠峰 / 125
第十节　兑现承诺 / 125
第十一节　收视率创新高 / 130
第十二节　庆祝仪式 / 131
第十三节　光荣属于参与其中的每一个人 / 131

第十四节 收藏"中国梯" / 132

第十五节 圣火熔火 / 133

第十四章 团队登顶14座海拔8000米以上高峰概况 / 135

第一节 组建"中国西藏攀登世界14座海拔8000米以上高峰探险队" / 136

第二节 14座海拔8000米以上高峰登顶史 / 137

第三节 14座海拔8000米以上高峰简介 / 139

第十五章 团队登顶14座·1993年登顶安纳布尔那峰 / 144

第一节 首次出征 无畏上阵 / 145

第二节 及时调整攀登策略顺利登顶 / 146

第三节 安全下撤 首战告捷 / 148

第十六章 团队登顶14座·1993年登顶道拉吉里峰 / 150

第一节 转战道拉吉里峰 / 151

第二节 12天的攀登 / 153

第三节 安全撤离 / 155

第十七章 团队登顶14座·1994年登顶希夏邦马峰 / 156

第一节 快速进山 顺利建营 / 157

第二节 调整计划 跨营登顶 / 158

第十八章 团队登顶14座·1994年登顶卓奥友峰 / 162

第一节 顺利进山 / 163

第二节 冲顶成功 / 164

第十九章 团队登顶14座·1995年登顶迦舒布鲁姆Ⅱ峰 / 166

第一节 出征奔赴邻国执行登山任务 / 167

第二节 挑战身体极限 艰难登顶 / 168

第三节 罕见持续大雪中放弃攀登Ⅰ峰 / 170

第二十章　团队登顶 14 座·1996 年登顶马纳斯卢峰 / 172

　　第一节　冒雪出征 / 173

　　第二节　恶劣天气中两次冲顶 / 174

　　第三节　安全撤离 / 178

第二十一章　团队登顶 14 座·1996 年首次攀登马卡鲁峰失利 / 179

　　第一节　徒步进山 / 180

　　第二节　攀登失利 / 181

　　第三节　下撤途中迷路事件 / 182

第二十二章　团队登顶 14 座·1997 年登顶南迦帕尔巴特峰 / 184

　　第一节　大雪中出征 / 185

　　第二节　艰难攀登　成功冲顶 / 186

　　第三节　任务过半　凯旋庆功 / 189

第二十三章　团队登顶 14 座·1998 年登顶干城章嘉峰 / 191

　　第一节　出征世界第三高峰 / 192

　　第二节　风雪肆虐　艰难登顶 / 193

　　第三节　安全下撤 / 196

第二十四章　团队登顶 14 座·1998 年登顶洛子峰 / 197

　　第一节　恶劣天气中出征 / 198

　　第二节　第一轮攀登失利 / 199

　　第三节　第二次冲顶成功 / 201

第二十五章　团队登顶 14 座·1999 年登顶珠穆朗玛峰 / 203

　　第一节　领受特殊任务 / 204

　　第二节　攀登珠峰　采集圣火 / 205

　　第三节　点燃"中华民族世纪宝鼎" / 206

第二十六章　团队登顶14座·2000年首次攀登乔戈里峰失利 / 208

　　第一节　从北京进山 / 209

　　第二节　攀登受阻 / 210

　　第三节　失利撤离 / 212

第二十七章　团队登顶14座·2001年登顶布洛阿特峰 / 213

　　第一节　中巴联合出征 / 214

　　第二节　登顶成功　激情相拥 / 215

　　第三节　凯旋庆功 / 217

第二十八章　团队登顶14座·2002年再次攀登乔戈里峰失利 / 218

　　第一节　出征进山 / 219

　　第二节　攀登失利 / 220

　　第三节　惊险下撤 / 223

第二十九章　团队登顶14座·2003年再次攀登马卡鲁峰成功 / 227

　　第一节　再次出征 / 228

　　第二节　成功登顶 / 229

　　第三节　英雄凯旋 / 232

第三十章　团队登顶14座·2004年第三次攀登乔戈里峰成功 / 233

　　第一节　出征向高海拔营地进发 / 234

　　第二节　历经艰辛终成功 / 236

　　第三节　谱写中巴友谊新篇章 / 242

第三十一章　团队登顶14座·2005年攀登最后一座高峰中仁那
　　　　　　罹难 / 244

　　第一节　壮士出征 / 245

　　第二节　遇险 / 246

　　第三节　送别仁那 / 248

第四节 悼念仁那 / 250

第三十二章 团队登顶 14 座·2006 年洛则补登安纳布尔那峰登顶 / 252

第一节 申请补登 / 253
第二节 两回冲顶成功 / 254
第三节 为团队登山纪录创造条件 / 256

第三十三章 团队登顶 14 座·2007 年登顶迦舒布鲁姆 I 峰 / 257

第一节 弥补遗憾　为梦想出征 / 258
第二节 同舟共济　成功登顶 / 261
第三节 王者归来　凯旋庆功 / 267
第四节 铸造梦想　践行登山精神 / 269
第五节 英雄背后的英雄 / 270
第六节 全世界 16 人创造登顶 14 座高峰壮举 / 272

第三十四章 创造 "7+2" 探险新纪录 / 274

第一节 西藏队员参与 "7+2" 攀登徒步活动 / 275
第二节 "7+2" 9 站点介绍 / 276
第三节 登顶七大洲最高峰及到达南北极点时间 / 277
第四节 1993—2016 年西藏登山队迎来 "大满贯" / 281
第五节 次仁旦达谈南极感受：永远是白天的日子也很爽 / 281

第三十五章 西藏登山队英雄谱 / 284

第一节 贡布：我的心永远属于珠穆朗玛 / 285
第二节 洛桑达瓦：团队登顶 14 座 8000 米高峰的功臣 / 290
第三节 张俊岩：名副其实的登山 "老兵" / 294
第四节 罗则：在艰辛中品尝甜美 / 298
第五节 成天亮：从剿匪战士到登山教练 / 302
第六节 多吉甫：这辈子搞登山不后悔 / 307

第七节　潘多、邓嘉善：雪山伉俪 / 310

第八节　仁青平措：从农奴到登山英雄 / 315

第九节　尼玛次仁：西藏登山户外运动产业体系建设设计师 / 320

第十节　桑珠：探险队的"领头羊" / 326

第十一节　仁那：折翼的雄鹰 / 330

第十二节　吉吉：高山上绽放的雪莲 / 335

第十三节　旺加：享受国务院政府特殊津贴的高级教练 / 338

第十四节　次仁多吉：横跨珠峰第一人 / 339

第十五节　边巴扎西："雪山飞毛腿" / 341

第十六节　洛则：探险队的"文武全才" / 343

第十七节　西藏登山队："生命禁区"的英雄赞歌 / 346

第三十六章　我的指挥登山经验
　　　　　　——洛桑达瓦谈登山技战术与安全 / 355

第一节　登山技战术 / 356

第二节　登山安全 / 359

山不语 人在说
——伟大时代的西藏登山精神

西藏高原群山莽莽，座座雪峰高耸入云，它们笑迎世界各地的探险家前来挑战，也造就了中华民族的登山英雄。

2020年是人类首次从珠峰北坡登顶60周年。1960年5月25日凌晨4时20分，中国登山队完成了人类首次从珠峰北坡登顶的伟大壮举。同年10月，西藏登山营（后改称西藏登山队）成立，拉开了西藏现代登山事业的序幕。60年峥嵘岁月，经过几代西藏登山人前仆后继，艰苦奋斗，西藏登山运动取得了举世瞩目的成绩，并创造了"不畏艰险、顽强拼搏、团结协作、勇攀高峰、祖国至上"的西藏登山精神。

西藏登山精神的内涵，一是艰苦奋斗、知难而进、不屈不挠、不畏艰险的进取精神；二是公而忘私、甘愿付出、把个人安危置之度外、毫无保留地去顽强拼搏的无私奉献精神；三是同心同德、群策群力、把个人融入集体、凝聚集体的智慧和力量团结协作的攻坚克难精神；四是挑战人类体能极限、测试人类生存能力、配合科研部门研究自然环境、认识人类自身、勇攀高峰的求实探索精神；五是报效祖国、祖国的利益高于一切、为五星红旗和国徽增光添彩、祖国至上的为国争光精神。西藏登山精神不仅是西藏登山界的宝贵精神财富，也是新中国体育界爱国奉献、追求卓越的时代缩影，是继"老西藏精神"和"两路精神"之后西藏又一红色精神。

不畏艰险

艰苦奋斗、知难而进、不屈不挠、不畏艰险的进取精神，是西藏登山人奋发向上、自强不息精神境界的充分彰显。

登山探险运动，已不是渲染、美化攀登者人比山高的光环，而是在超越极限的自然条件下探索、测试人类生存适应潜力的手段，是人类在艰苦卓绝的环境中考验不畏艰险、勇往直前的意志品质，是以自身生命为代价，探求人体生理机能极限的一种超前奉献，是人们战胜自我、探索大自然、开拓人类生存空间的大胆尝试。

登山是一项勇敢者的运动，是开拓者的事业，是力量与智慧的融合发挥，是衡量社会物质文明和精神文明发展程度的标尺，是一个国家和地区的综合实力及民族素质的展示，是认识自然、改造自然、利用自然和保护自然的探索。

西藏登山人不畏艰险的精神是在多年登山运动生涯中逐渐形成的。凭着这种精神，他们一次又一次迎着狂风暴雪，在旁有万丈深渊的山脊上攀登，一次又一次跨越危机四伏的明暗冰裂隙，一次又一次登达没有观众喝彩、没有鲜花掌声的高峰之巅，用风雪兼程中的酸甜苦辣和登顶后的喜悦泪水，抒发满腔的豪情壮志，证明这支团队是国内外登山界的劲旅。

只要一有登山任务，西藏登山队员们就会争先恐后要求出征。在登山过程中，他们生龙活虎，不怕任何艰难险阻。每次登山，确定突击登顶队员都十分困难，指挥员总是慎之又慎，权衡再三。因为每个人都想登顶，谁也不愿意还没登顶就下撤。迎风雪、爬冰山、斗严寒，烈日灼伤了皮肤、寒风冻伤了手脚、雪崩滑坠致人伤残甚至死亡，他们却从没一句怨言。每当登上顶峰，鲜艳的五星红旗飘扬在雪山之巅时，为国争光的激情才化作泪水和欢呼。这些热血登山健儿，是新一代最可爱的人！

生命，每个人都只有一次，登山队员们也深知生命的宝贵，他们也有妻儿老小需要赡养抚育，但为了祖国登山事业，他们不惧艰险，将生死置之度外。遭遇雪崩对登山者来说是常有之事。1992年春季，边巴扎西和阿克布在攀登珠峰途中遭遇雪崩，气浪把两人抛起又摔落，幸有保护绳相连，才停止坠落，幸免于难，但在自我保护中，他们的双手被冰凌等硬物划开了一道道血口。2006年，"中国西藏攀登世界14座8000米以上高峰探险队"主力队员洛则，在队友仁那攀登迦舒布鲁Ⅰ峰遇难后，毫不畏惧，舍生忘死，坚决要求补登当初因遭遇雪崩未能登顶的安纳布尔那峰并成功登顶。2007年，仁那的妻子、同为国际级登山运动健将的吉吉，为实现丈夫遗愿，坚决要求随探险队攀登仁那未能登顶的最后一座高峰，最终成功登顶，并创造了首位中国女性登顶此峰、首位女队员出国攀登海拔8000米以上高峰两项登山新纪录。

这就是西藏登山运动员，生长在世界屋脊的钢铁勇士！

顽强拼搏

公而忘私、甘愿付出、把个人安危置之度外、毫无保留地去顽强拼搏的无私奉献精神，是西藏登山人献身体育事业、敬业奉献的崇高思想境界的生动展示。

每当受领登山任务，西藏登山队员们就会舍弃家庭的温馨，踏上征程，奔走于崇山峻岭之中。面对死神，面对险恶的环境，他们毫无保留地去拼搏、奉献青春热血乃至生命。20世纪六七十年代，我国登山界流传着这样一句话："不怕冻掉耳朵、不怕冻掉鼻子、不怕死亡残废，左胳膊断了用右胳膊帮助队友，右胳膊断了用左胳膊帮助他人。"

正是这种牺牲个人利益、保护集体利益的英雄主义精神，一直激励着西藏登山运动员。

过去说"怕死不革命"，登山界可以说"怕死不登山"，只有智勇兼备的人才能胜任登山探险工作。每次登山时，好不容易争取进突击顶峰的行列，而凯旋时这一行列中就有可能少一张或几张熟悉的面孔，这就是登山探险的严酷现实。1961年6月17日，国家男女混合登山队成功登顶昆仑山脉的公格尔九别峰，但在下撤途中，西藏登山女运动员西绕与男队友拉巴才仁、陈洪基遭遇突如其来的雪崩不幸牺牲。1966年5月，国家集结326名登山运动员在珠峰进行实战训练，西藏登山运动员马高树在攀登中遭遇雪崩牺牲。1979年9月，西藏运动员尼玛扎西和罗朗在与日本山岳协会成员联合侦察珠峰时牺牲。2005年5月27日，"中国西藏攀登世界14座8000米以上高峰探险队"主力队员仁那在攀登最后一座高峰途中因滚石遇难。上述牺牲的西藏登山运动员，在短暂的生命历程中，为西藏登山事业乃至中国的登山事业发展立下了不朽功勋！

登山是一项系统工程，每次登山都要建立严密的组织指挥体系，研究制订登山行动实施方案。攀登一座高峰，犹如一场战役，需要将士们全力以赴去争取胜利。如果说运动员和登山向导如同战场上的勇士，那么指挥员就如同运筹帷幄、决胜前方的将帅，他们不仅要具有洞察山上一切情况变化的本领，而且要懂得气象学、地质学和心理学及高山救援等方面的知识。发出的每一道指令，要源于对登山情况的详细了解、对队员们体力和行踪及抵御暴风雪等方面能力的准确把握。能纵观全局、准确把握时机、果断下达冲顶指令，是队员成功登顶的重要保证。

配合登山行动的天气预报、医疗保障、电视直播、交通运输、食宿供给等后勤保障人员，也是每次登山行动中必不可少的组成部分。这些生活工作在大本营和前进营地的成员，以非专业登山运动员和登山向导的身体条件，克服高山反应、恶劣气候、简陋生活工作环境条件带来的身体不适及工作难度大等困难，默默无闻地埋头工作，保障了一次次登山行动的顺利进行和成功登顶。没有这些幕后英雄的顽强拼搏、牺牲奉献，就没有西藏登山事业的健康和持续发展。

团结协作

同心同德、群策群力、把个人融入集体、凝聚集体的智慧和力量团结协作的攻坚克难精神，是西藏登山人服从全局、奋力争取胜利的集体主义思想和团队精神的集中展现。

在历次登山探险中，指挥员、教练员、运动员、登山向导及协作人员心心相印，自觉把个人融入集体之中。在危险地段，队员们用一根结组绳把几个人的命运连在一起，同呼吸，共命运，向着一个共同的目标挺进。他们以自身行动弘扬了集体主义的团队精神，诠释了登山事业集体取胜的本质内涵。

1990年，中美苏三国从北坡攀登珠峰时被"大风口"挡住了去路，这是"北坳天险"之上长达300多米的强劲风暴地段。疾风从章子峰与珠峰之间的狭窄山谷中吹来，有时风力持续超过12级。中苏双方队员先后4次试闯"大风口"均未成功。最后，打通"大风口"的任务落在了经验丰富的西藏登山运动员加布、大其米和达琼身上。他们吸取之前失利的教训，采取"早出发、快通过"的战术，趁凌晨气流相对平稳时快速接近"大风口"，但未走多远就又遭遇肆虐的狂风，北坳上的积雪随风扬起，沿西壁直冲云霄。风雪漫天，能见度极低，在天昏地暗中方向难辨，但3人团结一致，巧妙配合，用毅力和智慧与狂风雪雾较量。这时任何怯懦退缩都将导致失败，更危险的是稍不留意就可能滑坠深渊或冰裂缝。最终，3人全力闯过了"大风口"，为成功登顶打通了前进的路线。

由西藏登山运动员组成的"中国西藏攀登世界14座8000米以上高峰探险队"，团结一心、生死与共，在历经14年的艰险努力后，终于在2007年7月12日创造了以团队形式登顶世界全部高峰的新纪录，使西藏登山队成为世界登山劲旅，使西藏登山运动水平达到世界著名、国内领先的水平，并由此引领中国由登山运动大国向世界登山运动强国迈进。这14年中，队员们在高寒缺氧的"生命禁区"历尽千难万险，屡屡与"白色死神"擦肩而过，但大家为了国家的荣誉，在数十次的生死考验中，团结互助，知难而进，一次次登上了雪山之巅。

1995年，探险队一行11人在巴基斯坦一侧攀登中巴边境线上的迦舒布鲁姆Ⅱ峰和Ⅰ峰。攀登Ⅱ峰中，A组冒雪登达海拔7200米处的突击营地时，才得知巴方未及时把食物和帐篷运上来，幸好4名队员在饥寒交迫中发现前人遗弃在冰雪中的一顶旧帐篷，便挖出搭好挤在里面避寒。在这种情况下，大家仍一心想着冲击顶峰的任务，已经一天一夜未食未眠的他们，终于在当晚22时盼来大雪渐停，为不失时机登顶，他们边准备登顶装备器材，边坐等天色微亮出发，次日凌晨4时忍着饥饿和疲劳向顶峰冲击。4人沿着70度以上的山脊陡坡，冒着夜色中随处可能踩空坠下悬崖的危险，互相鼓励、支撑着用尽最后的力气向顶峰挺进。经过9个多小时的顽强坚持，他们终于把五星红旗插上了顶峰。紧随其后的B组队员登达突击营地后，计划次日凌晨向顶峰突击，但遭遇暴风雪袭击，无法按时出发。此时已登达突击营地的加拿大、意大利、巴基斯坦等国的登山队，忍受不了恶劣天气的折磨，都收拾行装下撤，可西藏探险队的勇士们，仍团结一致，坚守阵地，待机冲顶。10时，天气略有好转，便立即向上攀登，终于在16时25分登顶。对此，外国登山队的指挥官们无不目瞪口呆，赞叹道："这不是我们原先的估计，中国人真棒！"

勇攀高峰

挑战人类体能极限、测试人类生存能力、配合科研部门研究自然环境、认识人类自身、勇攀高峰的求实探索精神，是对西藏登山人以科学为本、贡献社会、勇于登山探险精神的高度概括。

登山运动作为一项挑战人类体能和高山适应极限的运动项目，有其自身的特殊规律，又与自然科学的许多领域相交叉。登山运动员屡屡闯进人类未知领域，采集植物、冰雪和岩石等标本样品，配合科研部门研究自然环境和人类生存适应能力，为人类认识自身、认识自然、利用自然、促进发展发挥了不可替代的作用。

20世纪50年代至今，西藏登山运动员多次配合科研部门进行科学考察，如对念青唐古拉山脉及慕士塔格山区的科学考察，三次对珠峰高程的测量和科学考察，对托木尔峰、南迦巴瓦峰的科学考察等。此外，还配合国家和西藏自治区有关部门完成了寻找"二战"期间美国空军"驼峰航线"上坠机残骸、实施雅鲁藏布江水电资源科学考察、对南极科考队员进行高原选拔性训练等任务。在配合科学考察工作期间，西藏登山运动员一方面发挥独特优势，帮助科考人员翻山越岭进行科学考察；另一方面不畏艰险，登达科考人员无法到达之处采集标本，为我国的科考事业和高山科学研究作出了贡献。

西藏登山运动员勇攀高峰的同时，西藏登山事业也在西藏自治区体育局的领导下勇攀一座又一座转型开放的"高峰"。西藏自治区体育局紧紧围绕"瞄准新需求、开发新产品、打造新业态、创造新模式、培育新主体"的创新发展思路，创办并持续打造培训登山爱好者的"西藏登山大会"等著名品牌，在提高体育产业社会关注度、培养公众体育健身习惯、引导体育消费等方面进行大胆探索。西藏自治区体育局所属登山相关单位勇于探索登山事业发展的新途径，创办了西藏登山向导学校和西藏圣山登山探险服务有限公司，申报批准成立了西藏高山救援队和圣山高山救援队，创建了西藏攀岩运动队、西藏滑雪运动队及西藏滑翔伞运动队，在丰富登山和户外运动项目的同时，增加了西藏竞技体育优势项目。此外，还在上级的大力支持下逐步完善了不同海拔高度的训练接待基地等基础设施建设，初步构建了登山运动项目和登山产业机构门类齐全、功能完善、自成体系的登山事业可持续和高质量发展的格局，使西藏登山事业进入发展鼎盛时期。

祖国至上

报效祖国、祖国的利益高于一切、为五星红旗和国徽增光添彩、祖国至上的为国争光精神，是西藏登山人自尊自强和爱国主义精神的生动体现。

西藏登山精神的核心是爱国主义，爱国主义是西藏登山队之魂。西藏登山队员奋不顾身地奋战在高峰雪山之上，始终将"为国争光"四个大字铭刻在心灵深处，为祖国的利益、民族的需要，保持着坚强的意志力。老一代西藏著名登山运动员贡布，1960年与队友王富洲、屈银华一起登上世界最高峰——珠穆朗玛峰，成为我国第一代和世界上第一批从北坡登顶的登山英雄。西藏著名登山女运动员潘多1975年登顶珠峰，成为世界上第一位从北坡登顶的女英雄。1993—2007年，新一代西藏登山运动员次仁多吉、边巴扎西、洛则，历时14年创下了团队登顶世界14座海拔8000米以上高峰的新纪录，使中国人首次跻身"14座俱乐部"，确立了中国登山运动在国际登山界的地位，为中华民族赢得了殊荣。

特别是在国际和国内联合登山行动中，西藏登山队员始终高举祖国至上、为国争光的爱国主义旗帜，发扬国际主义精神，为发展世界登山运动作出了不可磨灭的贡献。国内外登山人员有难求援，西藏队员总是发扬人道主义精神，不顾自身安危，出手救援，彰显了人性的光辉，为西藏登山人赢得了好口碑，展现了中国登山人的形象。

1991年，次仁多吉作为技术全面、实力超群的国际级登山运动健将，指导帮助比利时希夏邦马峰登山队登顶成功，下撤途中，遭遇已经吞没许多登山勇士的大裂缝，比利时运动员和中方担任登山向导的开尊、小齐米在冰坡上结组下撤时，由于坡陡路险发生滑坠，连在一根结组绳的几人迅疾向大裂缝深处滑去，眼看即将发生滑坠亡人事故。危急关头，走在队伍最前面的次仁多吉处险不惊，在刹那间用尽全身力气将套着绳套的冰镐插进冰里并压住，止住滑坠，挽救了队友的生命。同年，在中日联合攀登南迦巴瓦峰时，攀登队伍突遭暴风雪袭击，狂风卷起的坚硬雪粒与雪槽里的流雪涌向次仁多吉的身体，为使队友安全撤退，他只身挺立，顶住流雪整整一个小时，当全体队员撤到安全地带时，他才离开险境，但也导致了对登山运动员极为重要的大脚趾被冻伤、截肢。当时，日方队员十分钦佩次仁多吉遇险时保全他人的自我牺牲精神，称赞他是了不起的英雄。此后，次仁多吉以残疾之躯，在踢扎冰爪、攀越冰雪峭壁十分费力的艰险情况下，完成了对世界14座高峰的攀登探险等众多登山任务，与边巴扎西、洛则一起成为在世界登山界具有影响力的著名登山家。

展望

西藏登山精神是西藏登山人爱国主义、集体主义、敬业精神的集中体现，反映了登山工作者乃至高原体育工作者敢于创新、勇于开拓、无私奉献的优秀品质，也是登山勇士们勇攀高峰时代风貌的缩写和高度提炼。60年过去了，西藏登山精神依然具有强大的凝聚力和感染力，它不仅成为中国体育的一面旗帜，更成为中华民族锐意进取、昂首奋进的不竭动力。擘画蓝图，任重道远，西藏登山精神也将激励着一代又一代的西藏登山人勇攀高峰、努力奋斗，推进西藏登山事业再创辉煌，为全面建成社会主义现代化国家、谱写中华民族伟大复兴中国梦的西藏篇章作出更大的贡献。

第一章

1959 年参加攀登慕士塔格峰

> 根据中国与苏联两国有关部门协商签订的协定，两国运动员计划于1959年组成中苏珠峰联合登山队，携手攀登珠峰。为了做好攀登前对山峰侦察、运动员集训和物资装备筹备等各项准备工作，中国国家登山队以国家体委参观团的名义，于1958年10月开始，分两批先后从北京出发进藏，在12月全部到达拉萨。参观团团长为史占春，副团长为许竞、胡本铭、罗志升。
>
> 参观团从部队、农场和机关挑选了30多名藏族男女青年，进行训练。1959年3月，联合攀登行动因故取消。国家登山队于4月转移到新疆攀登慕士塔格峰，被选中的部分藏族集训队员参加了此次男女混合攀登行动。

慕士塔格峰，海拔7546米，位于中国新疆维吾尔自治区境内的西南边境，与附近海拔7649米的公格尔峰和海拔7595米的公格尔九别峰等构成帕米尔高原的极高峰山区。慕士塔格峰终年积雪，冰雪层厚度为150~200米，以至于当地的塔吉克和维吾尔族人称其为"冰山之父"。

对慕士塔格峰的考察，最早是在1870年至1873年之间。英国旅行家托罗切尔和绍恩，曾从东面的雅尔干达对山峰进行过观测。1876年俄国军事地质测量学家康斯琴科，曾经在东帕米尔通向兰贡尔湖的乌兹贝尔山口上观察过慕士塔格峰，并测得高程为海拔24000英尺（7300米左右）。1889年，俄罗斯地理学会会员、地质学家勃格塔诺维奇，通过卡拉塔什山口到达了葛兹冰河的上游，围绕慕士塔格峰的西坡和北坡进行了观察，并进行了一些地质和地貌方面的考察。1894年，瑞士旅行家斯文·赫定对慕士塔格峰进行了数月的考察，观测了一些河流的流量，并沿用当地居民使用的名称，绘出了第一张标注地名的慕士塔格峰山区地图。斯文·赫定曾先后4次试图从西边的葛兹冰河上游登上此峰，但均未成功。1924年，英国旅行家斯克兰茵对慕士塔格峰稍北的公格尔峰进行了侦察，绘制了地图，并测得公格尔峰的高程为海拔25460英尺（7770米左右）。1947年，继斯文·赫定之后，经验丰富的英国登山家希普顿和狄尔曼，曾从该峰的西面尝试攀登，在登达海拔7000米的高度后，因种种原因登顶失败。1956年7月31日12时，中国和苏联组成的混合登山队的31名队员成功登顶。其中，苏联队员19人、中国队员12人。

1959年，中国登山队准备攀登慕士塔格峰。此次攀登慕士塔格峰有两个主要目的：一是为中苏混合登山队继续攀登珠峰训练登山运动员，做好准备工作。二是组织男女登山队员向海拔7546米的慕士塔格峰发起挑战，以打破世界女子登山纪录。当时世界女子登山高度纪录是法国女登山家克·郭刚在1955年登顶尼泊尔境内海拔7456

米的加涅斯峰时创造的。为打破这一纪录，中国组织了由63人参加的男女混合登山队。其中，男队员42人，女队员15人，另有后勤工作人员6名。全队由汉、藏、回、维吾尔4个民族的队员组成。

6月19日，由队长和教练员、老运动员组成的攀登路线侦察组，从海拔4450米的大本营出发，攀登至海拔6200米处，侦察了攀登路线，选择了设营位置。

在正式攀登前的这段时间里，队员们通过冰雪作业技术训练和进行高山适应性行军，达到了一定高度的高山适应能力，同时完成了部分物资的上运任务。

7月2日，全体队员离开大本营，向顶峰攀登。

3日，队伍在2号营地遭遇暴风雪。一夜之间，积雪几乎堆到了帐篷顶部，队伍被迫在这里停留待机一天。

5日，天气逐渐转晴，但风力依然很大，攀登行动非常困难。一直到19时30分，队员们才攀登到海拔6800米的3号营地。

6日，队伍由3号营地继续向上攀登。由于积雪深达1米左右，又非常松软，前进速度很慢且费力。登达海拔7000米的高度时，藏族女队员赤来因高山反应加重呕吐不止，被男队员护送下山，其他队员继续攀登，于天黑前登达海拔7200米的4号营地，这里也是突击营地。

7日，是向顶峰发起冲击的日子，可是由于积雪太深、攀登中耗费体力太大，加重了队员们的高山反应。后来行进速度越来越慢，部分高山反应特别严重的队员又陆续被护送下撤，剩下的队员继续坚持向上攀登。

18时20分，多名队员终于登顶这座被称为"冰山之父"的慕士塔格峰。登顶的藏族队员有：西绕（女）、潘多（女）、齐米（女）、查姆金（女）、贡布、拉巴才仁、索南多吉、多吉、大米玛和谢吾成共10人。

在此次登山行动中，首次有藏族登山队员登顶海拔7000米以上的雪山，其中登顶的4名藏族女队员打破了世界女子登山高度纪录。

攀登慕士塔格峰，为我国登山队员攀登更高海拔的山峰进一步积累了经验，锻炼和培养了一批新的登山技术骨干。同时，为西藏组建专业登山运动队打下了基础。

第二章

1960年参加首攀珠峰

珠穆朗玛峰，海拔8848.86米，世界第一高峰，矗立在喜马拉雅山脉中段的中国和尼泊尔边界线上，北坡在中国境内，南坡在尼泊尔境内。珠峰是喜马拉雅山脉的主峰，有"地球第三极"之称。这里气候条件复杂，地形极其险峻，常年覆盖着冰雪。从北坡攀登珠峰，除了要克服高空的严寒、缺氧、战胜陡峭的岩坡、悬崖、冰雪崩、暴风雪外，还必须越过"三关"："北坳""大风口""第二台阶"，这对登山者的体力、战术技术提出了很高的要求。

从18世纪开始，陆续有一些国家的探险家、登山队来到珠峰，探测它的奥秘。但直到1953年5月29日，才由英国登山队的新西兰人埃德蒙·希拉里和夏尔巴人丹增·诺尔盖从南坡首次成功登顶。从1921年至1938年，英国探险家先后7次试图从北坡攀登珠峰，但都遭到失败，更有人因此丧生，因此，北坡也被称作"不可攀缘的路线"。

1960年5月25日凌晨4点20分，成立时间不足5年、队员平均年龄24岁的中国登山队从北坡成功登顶珠峰，在世界登山史上写下了光辉的一页。

第一节　中苏签订联合攀登协议及其中止

1958年初，苏联登山运动协会请求组织中苏混合探险队，争取在1959年3月至6月间，从北坡登顶珠峰。

4月，国家体委决定我国登山队在1958—1960年的3年时间里从北坡登顶珠峰。考虑到苏联登山运动协会的请求，同意邀请苏联登山运动员来我国，组成中苏混合珠峰登山队共同登山。

7月，中苏双方代表在北京举行了会谈，最终一致同意组成中苏混合登山探险队，共同攀登珠峰。

8月6日、22日，中国登山队队长史占春率领46名登山运动员分两批赴苏联集训。集训期间，中苏混合登山队于9月7日登上列宁峰，继而又登上了一座无名峰。

12月，中苏双方派出代表再次会商，同意采用"中苏珠穆朗玛登山探险队"这一名称，计划在1959年5月间攀登珠峰。但是，随后因故暂告中止。

1959年底，国家体委向苏联有关方面提出在1960年继续执行攀登珠峰的计划，并在北京接待了苏联派出的代表团。苏联方面建议推迟到1961年或更晚的时期执行。

在这种情况下，国家体委作出了由我国登山队仍按原定计划在3年内登顶珠峰的决定，并定于1960年春季单独从北坡攀登珠峰，这无疑是对还缺少攀登海拔8000米以上高峰经验和技术的中国登山队的一次严峻考验。

1960年元旦刚过，我国即派人赶赴瑞士采购了高山帐篷、鸭绒夹层防寒服、鸭绒睡袋、高强拉力的尼龙绳、氧气瓶及便携式报话机等登山装备。采购完成后，如果按常规商贸往来，还得走海运回国。但时间不等人，珠峰在每年上半年适合攀登的时间只有短短两个多月。为了赶时间，国家体委请民航协助，包租了一架专机从北京直飞捷克首都布拉格，加班加点集中货物并装载上飞机，在3月20日运回了6吨重的高山装备。

1960年3月19日，抱着争一口气的决心，中国珠峰登山队顺利抵达了一年半前侦察组曾经选定的大本营营址。从日喀则到珠峰脚下的路程，在1958年年底时侦察组的20余人艰难跋涉了15天才走完，这一次沿着新修的公路，人数已达数十倍的登山队大队人员乘车只走了3天就到达了。在这支平均年龄仅24岁的214人登山队伍中，运动员有八九十人，其他队员全是气象、电台、医务、新闻媒体、后勤等幕后保障工作人员。其中的十几名气象、水文和电台工作人员，当时并没有和大部队一起进山，而是早已经在山里坚持工作了一年多。在这几百天的日日夜夜里，他们在含氧量大约只有平原地区一半的高山区域，风雨无阻，每天定时放飞探空气球收集高空气象数据；每隔几个小时采集室外百叶箱内的记录；通过无线电台收录来自北京、拉萨等地与珠峰山区大气环流相关的信息；再由绘图员制图、预报员预报、记录员记录等。他们过着几乎与世隔绝的生活，这一切都只为了给正式攀登期间提供最可靠的天气预报。

第二节　攀登准备工作

为了成功登顶珠峰，中国登山队进行了长期、细致的准备工作，大部分登山队员集中进行了身体和技术的全面训练。

一、训练准备

训练分为以下几个阶段：

第一阶段，1958年6—9月。在北京香山训练班学员和原有骨干的基础上，集中了40名运动员，重点进行了提高基本体能和登山技能的训练。训练后期同苏联运动员一起攀登了苏联境内海拔7134米的列宁峰。

第二阶段，同年10月至次年3月。登山队各类人员160余人由北京分批出发进藏。大部分队员在拉萨进行了体能训练，并在冬季进行实地攀登训练，还登顶了位于当雄县境内的念青唐古拉山脉的唐拉堡峰（唐拉昂曲峰）。这一阶段的主要任务是着重训练运动员在高山上对各种恶劣环境的适应能力，提高攀登中的冰雪作业技术水平。

第三阶段，1959年4—7月。组织登山运动员转战新疆，攀登海拔7546米的慕士塔格峰，以增强对海拔7500米以上高度的适应能力和冰雪作业能力。

第四阶段，1959年8月至1960年2月。期间经过两个多月的休整后，队伍到成都市和重庆市南温泉等地进行了全面的身体和技术训练。目的是使运动员们在进山之前达到最佳技术状态，并贮备足够的体能，同时提高攀岩等岩石作业水平。

严格艰苦的训练，为接下来登山行动的成功打下了坚实基础。

二、物资准备

在此期间，国家登山队依据总体计划和珠峰的攀登难点，进行了充分的物资准备。在登山行动中需要的诸如防寒、氧气、建营、通信、燃料、攀登技术装备、高山食品等各种装备和物资，都在模拟实地的高山条件下进行了广泛的试验。大到一顶帐篷质量检查及其搭法，小到一根火柴的准备及其用法，都细致入微地练习、准备。氧气装备，则准备了三种样式的产品，以供在不同条件下分别使用。

攀登珠峰的行动得到了中央和有关部门及各方面的大力支持，为了把200多种、百余吨的物资按时运到大本营，国务院指派有关部门派出两架飞机，并由西藏方面抽调大批工人完成了定日县机场的勘测和修建任务，还在一年内修筑了从日喀则市区至大本营长达380公里的公路。特别是国家气象部门开设了在大本营的气象台，其设备之齐全、业务水平之高、预报范围之广，相当于一个省级气象台的标准和规模。

1958年11月，国家登山队派出以许竞为先遣队队长的一个侦察组提前进驻珠峰大本营实施侦察。同时，科学考察和研究人员也分批进驻珠峰脚下。大本营的气象台建立了从珠峰到拉萨、成都、北京的气象预报网，对这一地区进行全面和不间断的气象观测预报。从事地理、高山生理等学科考察研究的科技人员也在这里完成了大量的准备工作。

三、攀登计划准备

根据侦察组提出的侦察报告，经过对国内外各方面有关资料的详细分析研究，制订了《攀登珠穆朗玛峰行动计划》。

1. 确定攀登路线：侦察组在侦察中发现从北坡攀登有3条可行路线，第一条路线是沿中绒布冰川→东绒布冰川→由东侧上到北坳→东北山脊→顶峰；第二条路线是沿中绒布冰川→由西侧上到北坳→东北山脊→顶峰；第三条路线是沿中绒布冰川→西山脊→顶峰。经过反复研究比较，最终选定第一条路线为攀登路线。这条路线的地形可分为四段：第一段是海拔5120米至6500米，基本上是沿着中绒布冰川和东绒布冰川之间的中碛、侧碛及冰川主体前进，路线上没有十分危险的地形，局部气象条件也较好，缺点是坡度较缓、升高较慢。第二段是海拔6500米至7400米，是这条路线上集中的冰雪地区，又可细分为两段：其中的一段是海拔6500米至7007米即北坳的东坡，其坡度平均约为50度，地形复杂，各种巨大的冰裂缝陡坡遍布，冰崩雪崩的痕迹随处可见，是北坡最难通过的地形之一，而且也不利于建立较大的高山营地；其间的另一段海拔7007米至7400米，是经北坳顶部向上的一段较整齐的冰雪坡，平均坡度约40度，但可通过的路线较狭窄，左右皆为断崖，风很大，故有一定的危险。第三段是海拔7400米至顶峰，是冰雪岩石混合地区，平均坡度约40度，中途有许多陡坎、浮石等，所谓的"第二台阶"就在这一段的海拔8600米至8700米处，攀越这一段需要较全面的岩石作业技能。

2. 确定攀登时间：根据气象台提供的对珠峰山区气象特点观测研究报告，一年中有春、秋两个登山季节。春季风小，气象变化较有规律，山上积雪较少，整个登山季节延续时间较长，从3月初至5月底近三个月，但是气温较低；秋季虽然风小而稳定、气温较高，但山上积雪较多，登山季节较短，只有一个月。由于攀登珠峰需要较长的时间进行适应性行军和高山物资运输，而积雪多所造成的困难又较严寒所造成的困难更难克服，所以确定在1960年3—5月攀登。

3. 确定大本营及1、2、3号营地建营地点。分别在海拔5120米、5400米、5900米、6400米处建立大本营和1~3号营地。

4. 计划从海拔7600米处向上开始间断使用氧气。

5. 计划分4次行军登上顶峰。前3次为适应性行军并运输物资，第四次为突击顶峰。

6. 一线队员确定为4~8人，即一至两个结组担任突击顶峰任务。为谨慎起见，还制订了3次行军的第二方案和5次行军的第三方案，作为备用方案。

1960年2月，中国攀登珠峰登山队正式组成。队长兼党委书记史占春，副队长许竞、副书记王凤桐。全队共有214名队员，分别来自全国各地的不同岗位，有工人、农民、解放军官兵、教师、学生、机关干部和科学研究工作者。其中女队员11名，从西藏招收的藏族队员占1/3左右。全队人员平均年龄24岁。这支队伍中有运动健将17人、一级运动员18人，还有较多的二级运动员，也有些是第一次参加攀登高海拔雪山行动。

从西藏选拔男女青年招收为国家登山队队员的经过是：1960年初，中国登山队派出以罗志升、张俊岩为正副组长的先遣组来到拉萨，要求驻藏部队再选送一批年轻战士在西藏军区第一招待所进行集中训练。由驻藏部队选派来的50多名战士，接受了为期一个多月的体能素质和登山基本常识、技能的训练学习，掌握了操作登山器械装备等基本技能。与此同时，先遣组派出部分成员赴日喀则招收培训了100多名农牧民青年。这些集中短期培训的军队和地方青年，主要任务是为攀登珠峰登山队运送高山物资。

3月初，先遣组进驻珠峰大本营。

第三节 先遣组行动和第一次行军

1960年3月，在1958年11月先遣队提前进驻珠峰大本营实施侦察的基础上，为了不使队员因过早进山而导致不必要的体能消耗，登山队派出由罗志升和张俊岩带领的先遣组，提前进入珠峰山区。先遣组在拉萨经过短期训练与准备后，于3月3日抵达珠峰大本营营址。这是一片覆盖着积雪的平坦谷地，东西两侧都是中绒布冰川的高大侧碛，南北两侧都是古冰碛小丘。现代冰川的冰舌停留在营地南面约一公里的地方。按照侦察组选择的营址及攀登计划方案，大本营要建立在南边的山丘之北，以便借助山丘减弱经常顺着谷地刮来的大风袭击之力。

先遣组的192名队员到达后，立即顶风冒雪平整场地、搭建帐篷，3天后建立起了包括气象台、电台、登山队等人员生活工作的大本营，在珠峰脚下出现了一座帐篷城。之后，相继在海拔5400米的东绒布冰川冰舌部位、冰塔林所处的海拔5900米的中碛、海拔6400米的北坳脚下，分别建立起了1、2、3号高山营地，并派人守护。还把几千公斤的高山装备、食品、燃料等从大本营运到各高山营地，这样就大大减轻了以后向更高营地进军时运输物资的困难。

3月19日，包括主力队员在内的大队人员进驻大本营。

23日晚，气象台向登山队报告了近期的观测预报：最近一次好天气周期从3月25日开始。登山队立即决定从3月25日开始进行第一次适应性行军和运输物资，攀登高度要达到海拔6400米，以使队员们取得对这个高度的适应能力，并完成部分物资的输送任务。另外派遣一个侦察组侦察到北坳的攀登路线，向队领导提出第二次行军通过"北坳天险"的技术措施。因为从海拔6400米至登上北坳还有一天的路程，为了在最好的天气周期里侦察北坳，队领导决定侦察组先于大队人员出发。

24日上午，侦察组先行出发。

25日12时，全体出征队员在大本营广场上整装待发。

出征仪式上，首先举行升旗仪式，接着队长史占春作动员讲话，然后藏族队员拉巴才仁代表全体出征队员表决心，最后史占春发布了向世界第一高峰挺进的命令并随队出发。

登山队员们沿着先遣队和侦察组探寻出来的道路，绕过中绒布冰川的正面，插进东侧低洼的沟谷再向上攀行，远远可以望见中绒布冰川的末端。由于坡度较缓，因此路程较长。新华社记者郭超人在《采访日记》中这样写道："我背着背包，扶着冰镐，跟随着长长的一列纵队，踏过山岩，走过雪坡，一步一步地向前走去。最先感到分量的是呼吸，仿佛有一只看不见的魔爪紧捏着我的喉头，重压着我的胸口，需要用很大的气力、张着嘴不停地吸入肺部需要的空气。其次是双腿变得越来越重了，严格地说是全身都变得沉重了。并不是身体的某一部分酸痛或困乏，而是整个身躯已没有足够的力量将自己近乎麻木的双腿向前移动……无怪乎外国探险家称其为'一条世界上最长的里程'……"

18时左右，登山队终于登达海拔5400米的1号营地。从海拔5120米到5400米，仅升高了280米，但漫长的路程却使队员们艰难跋涉了6个小时。

1号营地位于距东绒布冰川末端不远的一块狭长的冰碛石台阶上，由东绒布冰川融水流下来的小河从台阶前面那陡峭的碛石下流过。台阶的后面紧挨着巨大的山崖。遭受着强烈风化的片麻岩层经常崩落，一堆堆倒下来的碎石贴伏在陡直的石崖上。滚落的石块，有时会一直滚落到营地旁边垒砌的石头挡墙边上。在营地附近，登山队员们发现了几个用乱石堆叠成围墙的废弃营址，里面堆放着一些已经锈烂的氧气瓶、罐头盒等，上面有清晰的英文字母。围墙外，散乱地丢弃着许多废旧电池和电线残段。大家推测，这是从北坡攀登珠峰失利后某支英国登山队废弃的营地和垃圾。当晚队员们在1号营地宿营。

26日，队员们继续向海拔5900米处的2号营地进发。向东穿过冰封的东绒布河，逐渐向东绒布冰川接近。在翻越一段险峻山崖之后，开始进入东绒布冰川的冰舌地带。珠峰山区的冰川由于消融和补给的运动比较强烈，因此发育着其他山区冰川未有或少见的冰塔，有的地方竟密如森林。有很长一段路程，队员们都是穿行在冰塔林中。在冰川拐弯的山嘴处，队员们遇上了难题，随行的记者郭超人这样记述道："几座巨型冰塔并立在一起，像一道高峻的城墙一样堵住人们的去路。在冰塔的上方，露出几条曲折幽暗的裂缝。看来，这是唯一可以穿越的路线。但是，当人们踏上冰塔对裂缝作进一步观察后，才发现这里正酝酿着一场巨大的冰崩。很显然，从这里强行通过是极其危险的。队伍暂时停下来，开始寻找一条更安全的路线。正在这时，队员们在冰塔下的一块'蘑菇石'上，发现了一个奇特的标记。大家围上去看，原来在石头裂缝里放着一张纸条。这是走在大队前面的副队长许竞带领的侦察组留下的。纸上用红笔写着：'危险！冰崩地区。攀右侧山嘴绕行，切勿停留！速去！速去！'抬头观看，果然，在右侧一座十几米高的雪坡上，侦察组用冰镐在冰雪上刨出了一级级整齐的台阶，修出了一条小路。"沿着这条小路行进不久，队员们就到达了海拔5900米的2号营地。

2号营地的负责人是纪克诚，工作人员是张玉清。自从随先遣组来此建营开始，就一直没有离开过这个营地，寂寞中当从报话机里得知大队人员将要来到的消息后，抑制不住心中的狂喜，琢磨了许久，才选择包饺子这一"盛宴"来欢迎到来的队友们。当晚宿营于此的几十个人在海拔5900米的高度，吃上了他俩费尽心思、创造条件包出来的饺子。

27日10时，队伍从2号营地出发继续向上攀登，目标是海拔6400米的3号营地。顺着宽阔平坦的中碛堤，登上一个个倾斜碎石坡后，队伍开始进入中碛堤尽头的冰峡谷。穿过冰峡谷，开始进入东绒布冰川巨大的粒雪原。这是一片茫茫冰雪台地，由于冰面陡滑、裂缝极多，队员们开始在登山靴上绑上冰爪，结组行进，并用冰镐探路，继续向上攀登。下午，天气突变，粒雪翻飞、寒风呼啸，温度计上指示温度的红线骤然下降到零下20℃的刻度以下，队员们顶风冒雪，没有停止前进的步伐。队伍通过了章子峰的阴影底下，向西拐了一道弯，便踏上了北坳冰川北侧的冰碛石堤，珠峰呈现在了队员的眼前，大家要仰头才能看得见那高高的顶峰和顶峰东面那一块近似梯形的积雪。在最后翻越一个碎石坡后，队伍终于到达了这次行军的终点——海拔6400米的3号营地。从这里再往上，就要经过以攀登困难和险峻而著称的"北坳天险""大风口"和"第二台阶"。

除史占春带领一个支援组留在3号营地，准备随时出动支援侦察组外，大队人员按计划于29日安全返回大本营，结束了第一次行军和运输物资的行动。

3号营地，为保障队员们在复杂山地中安全攀登而运来的各种大量高山物资，绝大部分都集中在这里。这里还设有电台、气象服务站、医务站等。3号营地的重要作用，除了物资储备供应、队员休息等后勤基地作用外，还是突击队与大本营之间通讯联络的中转站。所以大家都把这里称为"第二大本营"。

后来，设在海拔6500米处的营地被称为"前进营地"，在此后漫长的攀登岁月里，这里一直发挥着极其重要的作用，是攀登珠峰的接力站，更是及时进行高山救援和接应下撤人员的便捷营地，营地作用十分重要。

第四节　侦察组探寻攀登北坳路线

3月24日上午，许竞作为从1955年参加登山运动以来，几乎在每次重大登山行动中都担任侦察任务、为全队开辟前进路线的开路先锋，又一次率领侦察组探寻攀登路线，成员有王凤祥、刘连满、刘大义、彭淑力、王振华这5名优秀登山运动员。

侦察组比第一次行军运输物资的队伍提前一天达到海拔6400米的3号营地。

27日早晨，侦察组从3号营地出发，前往北坳探路。向上走了不久，王振华就发现在冰川边缘的一个凹坑里有一具尸体，死者头朝南，脚朝北，面部朝西，侧身卧于雪地上，双腿蜷曲，两手抱膝。同时可以看出死者的肋骨很宽，大腿骨很长，关节粗大，虽然侧身蜷卧，但仍可观察出此人躯体高大。这具尸体只剩下一副骨架，臀部以下、小腿和脚用一顶高山帐篷包裹得严严实实的，因此看不到他的脚。身上衣服穿得不多，里面的上衣是淡淡的草绿色粗卡其布衬衫，外面套有一件深色的但已经变了色的细毛线衣，下身穿一条细毛线裤，所有这些布料和毛线衣裤都已经腐烂了，只残留着衣领、袖口、腰身等部分，稍一碰它，就会粉碎。那顶帐篷也已经腐蚀坏了，但还可以看出它分为两层，内层白色、外层微黄，边上有绳子和金属环。死者用的皮质吊带上也只剩下裤腰上的几个皮头了，死者的身旁有一根金属的帐篷杆。大家仔细观察时，还发现死者手腕上残存着一丝一丝暗褐色，是已经干枯了的肌肉。从死者的姿态和他身上包着的帐篷来看，他当时可能是处在饥寒交迫、疲惫不堪的境遇中，因无力到达或无法找到宿营地和同伴，因而丧命。从尸体和遗物来看，大家都认为这是20多年前一位不幸遇难的英国登山家。大家怀着肃穆的心情，铲雪掩埋了这位不知名姓的外国登山探险者。然后，大家拿起冰镐，又匆匆上路。

不久后这一发现登山者遗体的消息在我国新华社等媒体发布，在英国登山界人士中引起震动。美联社伦敦30日电以《中国的埃佛勒斯峰（珠峰）探险队可能已经发现36年前在这个世界最高峰上失踪的两名传说中的英国冒险家之一的尸体，这真是奇迹般的发现》为题，报道说："在阿尔卑斯山俱乐部总部里，这件事成为人们谈话的中心。马洛里和欧文原因不明的失踪是他们多年来争论不休的问题，虽然这些登山者已经成为传说中的人物了。英国登山当局星期一晚上说，这个穿着英国登山服装的尸体很可能是格·勒·马洛里或阿·克·欧文。曾经多次组织到埃佛勒斯峰（珠峰）探险的皇家地理学会会长克尔温说：ّ很显然，中国人可能终于给我们提供了所发生的事情的部分答案。我认为不能排除这样的可能性，即这个尸体不是马洛里就是欧文的。ّ克尔温说：ّ只有有机会研究那具尸体的衣服和牙齿才能最后辨认出是谁。既然中国人说，他们的登山队员已经当场把尸体埋起来，要辨认大概是不可能的。ّ这位会长说：ّ但是就已经知道的事实来看，是有助于弄清这个秘密的。ّ"

中国登山运动员们的看法与此有很大不同。《环球》杂志1982年第7期发表的史占春、许竞、王凤桐合写的《马欧之谜——对珠峰攀登史上一个"悬案"的看法》一文认为："至于在6400米附近所见之外国人遗体，其本身显然与马、欧无关。即使马、欧失事于滑坠滚落，从地形上看也绝无滚落到东绒布冰川的可能。"文章认为："从过去记载来看，6400米的遗体很可能就是1934年单人来北坡攀登并死于6400米附近的英国陆军大尉威尔逊。"文章还披露了这样一些史实："奇怪的是，1965年中国登山队再去珠峰训练时，遗体虽然还在，位置却有所移动，其附近还多出了外国产的鸭绒衣、短式睡袋和没有用过的彩色柯达胶卷。更为奇怪的是，1966年我们又去珠峰训练时，上述遗体也不见了。"

接着前面的叙述，侦察组到达了海拔6600米的北坳脚下。珠峰北面的崇山峻岭间，矗立着一座顶端尖突、白雪皑皑的山峰，这就是珠峰的姊妹峰——海拔7543米的章子峰，两峰之间山脊连结点的低凹处，看上去像一个坳谷，所以人们称其为"北坳天险"。北坳顶部海拔7028米，相对高度400多米。有的地段坡度为70度，个别地方几乎是垂直的，就像一座高耸的城墙屹立在珠峰的腰部。沿东绒布冰川地带从东山脊攀登珠峰，必须通过北坳，因此登山队员们形象地将之比喻为珠峰的"北大门"。登山队员们后来描绘他们见到的北坳："是一个坚冰厚雪堆积起来的近似直立的冰壁，冰壁上潜藏着无数冰崩和雪崩的槽道。""这里经常发生巨大的冰崩和雪崩，数不清的冰岩和雪块以雷霆万钧之势，倾泻而下，老远的地方都能听到震耳的轰鸣声，威力极大。"

过去，打算从珠峰北坡攀登的英国探险队，就曾在这里遭受暴风雪的袭击，多次遇险。据《大英百科全书》记载：1922年的一次雪崩中，就有7名英国探险队员和夏尔巴搬运工被埋在这一带的冰雪底层中。

第五节　第二次行军和运输物资

根据中国登山队攀登珠峰的行动计划，全队第二次行军的任务，就是敲开北坳这座珠峰的北大门，登上海拔7000米以上地带。侦察组的任务，是为大队人员通过北坳寻找、开辟出一条能往返通过数百人次的安全路线。在没有向导、没有精确地图，北坳的地形在1958年的侦察之后又发生了很大变化的情况下，任务的艰巨性和危险程度不言而喻。

当晚，侦察组宿营于海拔6600米的北坳下边。

3月27日，侦察组分为两个小组在北坳下边活动，用望远镜对北坳全貌进行了仔细观察。根据观察结果经反复研究发现，可供选择的路线共有4条，其中包括英国人过去选取的大"之"字形路线。乍看起来，英国人选取的路线坡度较小，比较好走。但仔细观察后发现，它不仅路线长，而且还有发生雪崩的危险。经过讨论，大家一致同意选择位于英国人选取路线南面的第三条路线，这条路线与1958年侦察组选定的路线大致相同。这条路线的有利之处在于避开了裂缝及冰崩雪崩区，不利的因素是坡度大、有易发生滑坠的危险。

侦察组先由许竞走在第一个结组的前面开路，在登上一个雪坡之后，前面出现了一个大冰坡。侦察组换上刘连满在前面开路，他使用"三拍法"的攀登技术，右手握住冰镐的十字头，使镐铲向上、镐尖朝下；左手紧抓住镐身，将冰镐尖扎在冰坡上；扎牢之后，他才抬起右腿，使前面的4个冰爪齿抓在冰面上；接着左腿也做了同样的动作，当两脚蹬住后，便将整个身体的重量移在脚尖上；随后他拔出冰镐，高举着又往更高的冰面上扎去，两个脚又同样移动一次。每次移动，约上升30厘米。每当他爬上七八米的时候，就用冰镐刨出一个台阶，从胸带上摘下冰锥，用铁锤把它敲入冰层，把铁锁卡在冰锥的铁环上，再将保护自己的主绳套在铁锁里。由于空气稀薄、呼吸急促，所以体力消耗得很快。他每上几步，就要伏在镐柄上喘息一会儿。爬完这20多米长的冰坡，他打下了最后一个冰锥，把主绳固定在上面。侦察组的其他队员便抓住主绳爬上了冰坡。接着，由王振华、许竞、王凤桐轮番开道，上升到海拔6860米的地方，又被一道冰崖挡住了去路。冰崖高20多米近乎直立，很难攀登。但在冰崖上有一条垂直的冰裂缝，宽约一米。许竞同队员们研究之后，决定沿着这条被他们称为"珠穆朗玛冰胡同"的裂缝攀登上去。刘大义先上，王凤桐保护。由于冰雪不太坚实，冰锥无法打牢，王凤桐便用冰镐凿出了几个窝状的台阶。然后，刘大义叉开两腿，蹬在两侧冰壁的台阶上，整个身体摆成一个"大"字，利用这几点支撑着全身的重量，采用攀登大型岩石裂缝的方法，一下一下向上挪动，当他登上这几个台阶后，自己又抡起冰镐刨起新的台阶来。许竞这时发现冰胡同的上部，冰的透明度较高，估计冰层较硬，便建议刘大义打冰锥试试。刘大义一试果然打牢了。于是，他便打一个冰锥跨上一步，登到了冰胡同顶部，固定好了软梯。刘大义与随后攀登上来的彭淑力一起，对冰胡同以上的地形进行了侦察。他们发现冰胡同往上，是一个坡度约为30度的雪坡，积雪很浅，但长有200米左右，这段雪坡可供大队人员作临时宿营地。雪坡尽头，是一道又高又陡的冰雪陡坡，高约50米，陡坡下的高度为海拔6950米，他们估计从这个陡坡上去，便是北坳顶部。刘大义、彭淑力从冰胡同上下来，把观察的情况向许竞作了汇报。鉴于天色已晚，许竞下令侦察组成员立即下撤。

由于天气恶劣、地形险恶，登山队领导十分关注侦察组的动向与安全，史占春一直留住在3号营地，并专门设立了一个配备高倍望远镜和信号发射装置的瞭望哨，进行不间断地跟踪观察。同时，派出陈荣昌、屈银华、罗桑、郭超人组成结组支援侦察组。下撤的侦察组与支援组在北坳下相遇，当晚他们宿营在海拔6600米的过渡营地。

31日，史占春电告国家体委及支援委员会，称侦察组已全部安全返回大本营。因天气原因，此次侦察组登达的高度为海拔6940米，未能到达北坳顶部。但他们已为大队人员攀登北坳找到了一条路线，完成了侦察任务。

4月1日，登山队在大本营召开负责人会议，议题是听取许竞代表侦察组作关于北坳情况的汇报，讨论第二次行军运输物资通过北坳的具体行动方案。经过分析研究，会议采纳了侦察组建议选择的行军路线。会议规定，第二次行军主要任务有以下五项：

①让尽可能多的队员参加行军，以获得海拔7000米以上高度的适应能力；
②侦察从北坳顶部到海拔7600米的行军路线；
③在北坳顶部建立一定规模的4号营地；
④把部分物资和装备运送到北坳顶部备用；
⑤考察并选拔参加第三次行军的队员。

会议鉴于北坳地形复杂、裂缝多，而且非常陡峭、攀登困难的实际情况，需要队员们掌握良好的攀登技术，因此要求在第二次行军前，加强主力队员的冰雪作业练习。另外挑选冰雪技术较好的队员，组成由许竞带领的北坳修路组，沿途打冰锥、架云梯、固定绳索、铺设梯桥、设置必要的安全设施，为大队人员顺利通过北坳作好准备。

6日，好天气周期尚未到来，修路组便先于第二次行军队伍出发了。

8日，修路组登达海拔6600米的北坳脚下，建立了一个临时营地，等待天气好转时为大队人员行军修通道路。这时，在第二次行军的行动中发生了一个感人的插曲——3号营地的电台报务员，突然发现与大本营保持联系的唯一一部电台出现了自己无法排除的故障。营地负责人决定派运输组的队员马宝昌随运输组结伴通过海拔6400米处危险的雪原和冰塔林地带后，迅速在一天之内把请求技术支援的信件送到大本营。马宝昌急于完成任务，未等与运输组队员结伴行动，便独自下山送信。由于他是个新队员，经验严重不足，再加上赶路心切，以致在风雪中迷路，错过了与已经出发开始第二次行军队伍的会面，独自闯入了冰塔林。他不知摔倒了多少次，甚至一度昏迷，但他以顽强的毅力坚持下山，终于走出了迷宫般的冰塔林，待赶到大本营时，累得倒在了队部帐篷的门口。他只记得自己从口袋里掏出那封万分紧急的信便昏厥过去，要不是医务人员把他唤醒给他喝水，他还不知道已经睡在了大本营的医务所里。

这时，第二次行军的大队人员已到达海拔6400米的3号营地休整待命，他们从中途遇到的由胡本铭带领的运输组那里得知了马宝昌下山送信的消息，并估计他已误入冰塔林。史占春当即命令两个结组前往搜救，并让运输组传话给大本营同时组织救援。深夜，两个结组返回，报告没有发现马宝昌的下落。第二天，天气不好，队员们仍在3号营地待机，都为马宝昌的下落不明担心。傍晚时分，大本营派出两名队员，冒着漫天的暴风雪，一天之内就赶到了3号营地，送来了新电台并报告了马宝昌已出色完成任务、身体已恢复安然无恙的消息。同时，送来了明天是二等好天气的气象预报。

11日8时30分，史占春通过报话机与在海拔6600米临时营地的修路组取得了联系，通知他们今天是二等好天气。许竞报告说："修路组计划分成3个结组，分别负责上、中、下3个地段的修路工作。"

9时30分，大队人员从3号营地向北坳进发。第一分队的5个结组由史占春直接带领，离开营地后他们便稍稍加快了前进的速度，以避免在陡峭、狭窄的北坳路线上造成拥挤。第二分队的7个结组，则以相对缓慢一些的速度跟进。两个小时以后，第一分队来到了北坳的冰壁下边。从这里开始，就有了修路组在沿途险峻之处架设的保护绳索。

15时，走在最前面的几个结组来到了冰胡同下面。然而一个多小时过去了，也只有第一、第二这两个技术力量较强的结组上到了冰胡同的顶部。又花了更多的时间，由王富洲、张俊岩、刘连满、王振华等人通过一条主绳，帮助下面的队员陆续登上了冰胡同顶部。接着，史占春主持召开了队部会议，分析认为修路组队员已疲惫不堪，天色已晚，最后一段路程在天黑之前无法修通。根据实际情况作出决定：第一，大队人员今天就在冰胡同顶部的海拔6950米处宿营，在以后行军中就把这里作为过渡营地；第二，修路组立即撤回到海拔6400米的3号营地，北坳最上面的一段路程在次日由大队人员负责修通。当晚，大队人员就在冰胡同的顶部宿营。

12日，各个结组中都有一些队员由于前一天长时间在饥饿、严寒中行军，体能消耗大，身体虚弱，高山反应加重。队领导利用早饭的空隙开了个短会决定：一是由王凤桐负责组织人员护送病号下山；二是在人员减少的情况下，为了保证物资运输计划的完成，所有主力队员和运输队员的负重量要适当增加；三是由史占春带领张俊岩、屈银华、陈昌荣等在大队人员出发之前，尽快修通最后一段通往北坳顶部的路线。

史占春、张俊岩、屈银华、陈昌荣等在侦察和修路组没有登上过的北坳最后一个冰雪陡坡下边开始了修路。屈银华在张俊岩和陈昌荣的帮助下，先是翻过了陡坡下的一座齐胸高的冰崖，然后又在保护下谨慎地攀登上陡坡。屈银华和随后登上来的张俊岩采纳史占春的意见，用比冰锥更长、更能深入地打入冰雪层的冰镐代替冰锥，将3把冰镐"品"字形打入雪里，只让镐头露在外面。然后，他们把软梯的上端固定在这相对牢固的镐头上，软梯的下端下垂到陡坡下的雪堆上。于是，这段20多米高的冰雪陡坡攀登路线终于被打通。当他们回到营地时，已接近13时。这时，通过报话机在与3号营地联系中得知国家体委委员韩复东已经从拉萨出发，14日将抵达大本营，他将代表国家体委负责指挥珠峰的登山行动。

进行第二次行军和运输物资的队员们，在海拔6950米的过渡营地留下部分等返回时食用的食品等物资后，就继续向北坳顶部攀登了。按结组的顺序，登山队员们依次登上已经挂好软梯的冰雪陡坡。接着，在左拐斜插了一段路程之后，走在最前面的史占春感到有一股奇寒的风从上方猛扑下来，他预感到接近顶部了。果然，他紧走了几步，便已经站在了北坳的顶部。大家观察发现北坳这条连结在珠峰和北峰（章子峰）之间的山坳上，顶部只有20多米宽，有些窄的地方还不及10米。长条形的山坳中部微微拱起，顶上有一些小雪丘和小坑。北坳顶部全部覆盖着厚厚的积雪，只有西侧坡檐下露出一些黑色岩石。北山脊是从北坡登上绝顶的必经之路，北山脊从珠峰的东北山脊上向北一直倾伏伸展到北坳的南端。山脊的下部是一道雪坡，上部是锯齿形的岩石坡，陡峭而狭窄。

在北坳的顶部，张俊岩带领多数队员开始挖雪洞，用于储存下一次行军时必须使用的部分物资，同时对帐篷进行抗风性能搭建试验。史占春、王凤桐、陈昌荣、石竞等则组成侦察组，沿北山脊继续向上攀登，探寻下次向上行军的路线。由于侦察组的人员攀登技术全面，又是轻装前进，所以行动迅速，不到3个小时，便登达海拔7200米高度的一个雪坡。这个雪坡的地形突出，向上可以清楚地看到整个北山脊和海拔8100米附近的路线，向下则可一览无余地俯视北坳营地和海拔6400米的3号营地。他们就在这个雪坡上，用望远镜对登山路线进行了仔细观察，看到海拔7200米以上还有一段雪坡，雪坡之上紧连着一个碎石坡，很多风化破碎的巨石突兀地散落在沟槽里，摇摇欲坠，还有一片一片的石块散乱地贴伏在岩石坡上。更高处的山脊更为狭窄，并且大部分是光秃秃的。向西倾伏的灰黑色岩石坡上有的地方宽度不超过10米，坡度也比下面大，到"第一台阶"才变缓了一点。他们无法看出"第一台阶"有"台阶"的特点，认为可能是所处位置观察角度的原因。他们判断"第一台阶"可以绕过去，关键问题在"第二台阶"，但是可以初步断定，下次行军向上攀登时，从北山脊登达海拔8100米高度的路线不会有大问题。侦察组完成任务后，返回北坳与大队人员会合。

14日，参加第二次行军的77名队员（包括许竞带领的修路组、史占春带领的侦察组、胡本铭带领的运输组），除运输组留在山上的7人尚在归途之外，全部返回大本营。随后，运输组的6人也陆续返回大本营，唯一没有归来的是青年队员汪玑。汪玑是兰州大学地理系助教，1960年1月加入珠峰探险队水文组工作，在第二次行军中登达海拔7000米时，因高山缺氧，引起内脏器官急性衰竭，再加上急救条件有限也不及时，不幸于4月12日在海拔6400米营地牺牲。安葬他的遗体时，发现他的腰间还带着一面国旗。他曾立誓要亲手把这面国旗插上顶峰。

15日，在队部大帐篷里召开了由各分队长和各技术保障组长、后勤组长以上干部参加的会议。会上，史占春等队领导就前一阶段的工作情况和下一阶段的攀登计划，向韩复东作了汇报。

18日，召开了登山队全体队员大会，登山队负责同志作了关于第二次行军的总结。总结中提到：在第二次行军中，有76人登达海拔6400米的高度、65人登达海拔6500米的高度、40人登达海拔7028米的北坳顶端，这是史无前例的。另外，从北坳底部到北坳顶端的行军路线上，有90%的地段进行了修整，并设置了安全保护设施，建成了世界登山史上少有的"登山公路"，这条公路将大大节约行军路途的时间，也缩短了我们到顶峰的距离。充分肯定了上述进展情况是第二次行军的最大成果，预定的5项任务已经全部完成。

第六节　第三次行军和运输物资

登山大队人员的第二次行军后，因天气状况不利于在海拔8000米以上高度活动，故全体人员留在大本营休整了11天，以等待好天气周期到来。

23日，大本营气象台发出预报：珠峰地区一个难得的好天气周期将在近期出现。

24日，登山队队部召开扩大会议，详细讨论了如何利用即将出现的好天气周期进行第三次行军的事宜。

制订的第三次行军计划的主要内容是：

一、第三次行军任务

①侦察突击顶峰的路线；

②选择最后突击顶峰的营地；

③建立海拔7800米、8300米过渡营地及运输高山物资；
④在队员身体状况良好、气象条件有利的情况下争取拿下顶峰。

二、第三次行军人员组成

行军大队由挑选出的55名队员组成，分为4个小组。

第一组为瞭望支援组，由张俊岩等15人组成，活动于海拔6400米至7800米之间，驻扎在海拔7028米营地。任务：一是补修海拔6600米至7028米的路线，保证大队人员通过；二是瞭望大队人员在海拔7028米以上的活动情况，随时准备支援和救援，护送病号下撤；三是沟通突击队和海拔6400米营地之间的联系；四是负责由海拔6400米向7800米营地急需物资的运送，在7028米4号营地储备10000公升氧气及足够40人一周所需的食品和燃料。

第二组为高山物资运输组，由20人组成，任务是攀登到海拔8300米运送高山物资，并保持同一线突击队员的联系。

第三组为高山营地搭建组，由10人组成，任务是攀登到海拔8600米，建立突击营地，并为登顶队员提供支援。

第四组为突击顶峰组，由10人组成。

上述第二、三、四组由史占春、许竞带领。组成人员要在登达海拔7800米处以后，再根据队员们的身体状况挑选确定。大队人员从各营地出发前均派一侦察组提前出发，为后续人员开辟前进道路和选择宿营地。

三、第三次行军日程安排

根据气象预报，4月28日至5月1日是好天气周期，本着把坏天气用在低海拔区域活动、好天气用来攀登海拔6400米以上高度的原则，队部决定于4月25日从大本营出发，26日登达海拔6400米营地，27日在营地停留一天，28日登达海拔7028米。预计29日登达海拔7800米、30日登达海拔8300米、5月1日视情况突击顶峰。

与会者一致认为这个计划切实可行，韩复东代表国家体委批准了此计划。

25日，由55名队员组成的第三次行军队伍离开大本营向上攀登；

26日，登达海拔6400米营地；

27日，由于天气尚未好转，大队人员按计划在营地停留一天；

28日，好天气周期如气象预报如期而至，大队人员按计划向上攀登，登达海拔6950米的过渡营地，在靠近北坳顶端的冰雪坎下搭起帐篷宿营；

29日，越过北坳最后一个陡坡，13时登达海拔7028米的北坳顶部。

正当大队人员从北坳沿着北山脊向南行进时，天气突变，强劲的高空风迫使队员们只能紧伏在地上，才能不被狂风刮走，即便风力变小时，队员们也只能一寸一寸地缓慢向前移动。

史占春、许竞、王凤桐等在短暂研究后决定，鉴于这样的天气可能是短暂的突变，队伍应该继续前进，争取黄昏前越过冰坡，然后在相对安全处扎营，并与3号营地联系，以获取最新的天气预报。队伍继续前进，高空风更加猛烈，气温降至零下30多度，在不到两小时里人员冻伤相继发生。傍晚，队伍终于走到了冰坡的尽头，即海拔7400米处的冰雪与岩石交接地带。由于前方的路线因天黑已无法观察，队领导决定在此宿营。

石竞想方设法修好了因气温太低而发生故障的报话机，与3号营地取得了联系，并获得了大本营气象台最新天气预报："天气突变，后天转好"。这个及时的好消息极大地鼓舞着每个队员。史占春当即决定并报大本营："队伍明天（30日）休整一天，后天即5月1日，向我国登山运动的新高度——海拔7600米前进。"

运输组出发时就走在大队之后，由于负重加上人员多，在大风中前进的速度更慢，当大队登达海拔7400米时，运输组才到达海拔7200米处。运输组长张俊岩和临时派去支援运输组的屈银华经过研究，决定就地挖雪洞宿营，仅派几个有经验的队员背送一部分食品，在天黑时追上大队人员，以解决他们的吃饭问题。屈银华又带领另外3名运输队员，在夜里攀登到海拔7400米处与大队人员会合，把食物送到了又累又饿的队员们手中。第二天中午，张俊岩率运输组也赶到了这个新建的高山营地。运输组面临的形势是严峻的，由于极度疲劳，加上冻伤严重和高山反应，由部分瞭望支援组成员和运输组成员合并组成的30多人的队伍，现已严重减员，登达海拔7400米处的队员仅剩下12人。骨干队员陈昌荣和王振华也因严重冻伤而不得不下山接受治疗。

据留在北坳的瞭望人员报告，4月29—30日，海拔7000米以上的山体一直被风雪笼罩，风力在10级以上。

5月1日，果然天朗气清，队伍开始向新的高度进发。从海拔7400米至8600米路段是陡峭的岩石区域，一眼望去，满山是灰褐色，与海拔7400米以下的皑皑白雪形成鲜明对照。这里的岩石风化得很厉害，石块从高处剥落下来，逐渐在较低的缓坡上堆积起来。这些碎石下面又往往隐藏着未风化的岩层，所以走起来很费力气。

运输组尾随大队前进，中途又有2人高山反应严重，张俊岩派了两位健康的队员护送他们下山。这时，运输组仅剩下8人担负运输任务。

主力队员王富洲登达海拔7500米时突然倒下了，他从1958年参加登山运动以来，一直以体力好和高山适应能力强而闻名全队。他的突然倒下，一时令大家十分纳闷。直到王凤桐打开王富洲的背包，想取出些东西减轻他的负重时，才找到答案：原来王富洲的背包里竟然装了3个大氧气瓶。史占春把自己的氧气面罩戴在王富洲的脸上，王富洲终于渐渐苏醒过来。

18时许，大队人员和运输队员几乎同时登达海拔7600米处，这是我国登山运动新的高度纪录。

这里曾是英国登山队在某次攀登珠峰时的旧营址，还有遗弃的一些登山用品，虽然已经腐烂，但依稀可以分辨出它们的本来面目：淡绿色的鸭绒睡袋被冰冻在地上，铁架子上有一个短粗的氧气瓶，外表已经氧化出一层铁锈，它的容量大约是4公升，一个队员拧动开关，竟然还有气体放出。此外，还有帐篷杆、汽炉扳子、巧克力糖、蜡烛等。触景生情，队员们看到英国登山队失败的遗迹，自然更加体会到自己未来道路的艰险。

当晚，队员们在海拔7600米营地宿营。除了高山反应严重和冻伤人员，又加上派出护送下山的健康队员之外，主力队员只剩下9人、运输组只剩下8人，共计17人。张俊岩统计了现有食物，总共只剩下5公斤炒面、3斤饼干、2斤糖果、2条腊肠，这些食物平时只够17人一天食用，现在按原计划却要维持4天的食用生活。

2日，队伍继续向上攀登。刘连满从海拔7600米到7800米一直在前面开路，由于过度劳累，出现了严重的高山反应而导致昏迷。在海拔7800米处，史占春下达用氧命令。刘连满吸氧苏醒后却怎么也站不起来，于是队领导研究决定：王凤桐、石竞、贡布3人留下负责看护刘连满，并接应张俊岩的运输组。史占春、许竞、拉巴才仁、米玛4人继续向海拔8100米处攀登。王富洲苏醒后由于仍感身体不适，改随运输组行动。

深夜23时，史占春、许竞、拉巴才仁、米玛登达海拔8100米的目的地。这是一处冰雪与岩石混合的斜坡，坡度在40度左右。4人搭好帐篷后，拉巴才仁和米玛又主动提出下去接应后面的队员。

张俊岩带领的运输组登达海拔7800米处与王凤桐等会合时，又有4名运输组成员出现严重的高山反应症状。返回来接应的米玛这时也出现昏迷症状。于是王凤桐决定大部分人员原地宿营过夜，第二天再向上攀登，同时派屈银华负责把伤病员送下山。王凤桐则带领石竞、贡布、拉巴才仁连夜赶往海拔8100米处与史占春等会合。

3日凌晨1时，石竞和贡布最先登达海拔8100米处。

3时，王凤桐和拉巴才仁也赶到了营地。

他们喝了点热水，吃完了最后一点炒面。面对严峻的食物短缺困难，史占春等仍决定抓住有利时机，实施对"第二台阶"的侦察。随即制订了侦察方案：

一是6人分成两个组，第一组由史占春、王凤桐、拉巴才仁组成；第二组由许竞、石竞、贡布组成。

二是攀登高度要达到海拔8500米，并在那里建立最后的高山营地，即突击营地。

三是努力争取提前登达，以便再派出一个结组，于当日对"第二台阶"进行实地侦察。

四是为了节约使用氧气，要求队员们继续实行间断吸氧。

五是上午10时出发，出发前一律抓紧时间睡觉。

史占春等6人只睡了4个小时，10时又开始向新的海拔高度攀登。队伍出发前，他们猛吸了一会氧气后每人只携带一罐氧气就出发了。还有几罐氧气留在帐篷里以备急需。另外，每人还带了一个睡袋，第二结组还带了一顶帐篷，准备登上海拔8500米处建立突击营地。史占春、王凤桐、拉巴才仁结组在前，许竞、石竞、贡布结组在后。很快，队员们接近了"第一台阶"，即"黄色走廊"地带。他们这样描述这里的地形地貌：从颜色上看，珠峰北坡的岩石有灰褐色与黄褐色两种。今天要通过的区域是黄褐色岩石较集中的地带，它像一条黄色的带子，从东至西横摆在海拔8200米至8400的高度之间，这就是过去外国人所说的"黄色走廊"地带。它的黄褐色岩层差不多是从海拔8200米处开始，向上一层一层地排列着。从北面看上去，好像一摞平放的书本，被镶嵌在山体的中上部。现在队员们攀登路线是由东向西，就是说，东低西高。而这条走廊却由东向西倾斜，即东高西低。因此，随便沿着哪一层攀登，都只能是越走越下降。要想上升，就必须随时注意选择台阶、翻越走廊的每一层。越过"黄色走廊"，便接近珠峰的东北山脊了。

副队长许竞，由于多次担任路线侦察任务，体力消耗太大，在海拔8300米处累得躺倒了。大家商量后，决定由石竞、贡布护送许竞回到海拔8100米营地，然后二人再返回来追赶第一结组。

在这里，史占春带领的结组又发现了一个旧营址，随风摆动的破布条是朽烂在这里的一个褐色睡袋的残余部分，它的旁边扔着一卷直径粗约一厘米的麻绳，营地的一角还插着一个小木棒。这是中国登山队在北坡高海拔区域发现的第二个、也是最后一个英国探险队当年建立的营地。史占春他们用了差不多两个小时才到达"黄色走廊"地带的最上部，这里已接近海拔8500米处东北山脊的顶部。这时已是17时多了，3人商量后决定：留下身体过度疲劳的拉巴才仁，等待第二结组上来一起建立突击营地。史占春与王凤桐则争取继续攀登上到"第二台阶"，得以侦察突击顶峰的路线，争取天黑时赶回突击营地，在第二天一早下山。

所谓"第二台阶"，就是珠峰东侧山脊海拔8570米至8700米之间的一段陡峭区域。这个台阶一直都被认为是从北坡登顶珠峰的第三个、也是最后一个难关。

1924年，英国登山界赫赫有名的登山家乔治·马洛里和安德鲁·欧文，就是在这一带不幸遇难失踪的。史占春、王凤桐对"第二台阶"进行了仔细观察：从下边向上看上去，"第二台阶"就像是被锋利的斧头劈下来的绝壁，背衬着蓝色的天空，露出一段明显的陡坎。但是，走到它的近前时，却怎么也不能把它同在下边所见到的形象联系起来——"第二台阶"突然变成了一座大的山岗。它的正面最为陡峭，面向东北方向，正好处于东北山脊上，是一堵高约七八米的陡崖，上面还矗立着许多牛角般的岩石。史占春、王凤桐觉得从这里攀登是很困难的，随时都有坠崖的危险。经过进一步观察，他俩发现"第二台阶"的左侧面，并不是正北方向，而是偏东的北东方向，比正面的陡崖高得多，有30多米。乍看起来，它是一堵呈现灰黑色的峭壁，似乎无路可行，但是经过细心观察，就可以看到，在它的上面还有许多可以利用的小的地形地物。这堵峭壁经过亿万年的风吹、暴晒、雨淋、冰敲、雪蚀等风化剥蚀，已经变得凹凸不平，形成了许多的小台阶、裂缝和浅沟。史占春和王凤桐便从这"第二台阶"的侧面迂回向上攀登。21时许，他俩攀登到峭壁的一个角落，发现这里因峭壁的阻挡堆积下了一堆雪未被风刮走，他俩挖了一个雪洞，便缩着身体在这个雪洞里过夜。因为携带的氧气已经所剩不多，为了在第二天能够继续侦察"第二台阶"，并以防万一，他俩大胆决定不吸用氧气瓶里的氧气。

在高山高海拔山区，随着海拔高度的逐步上升，空气中压力便逐渐下降，使氧气稀薄。据科学家们测算，海拔高度为零的海平面上，空气中氧气分压是150个毫米水银柱，而到海拔8000米的高度时，氧气分压就下降到46个毫米水银柱，也就是说那里的氧气只相当于海平面的三分之一左右。在这样严重缺氧的状况下，会给人体机能带来各种不良反应，严重的甚至导致死亡。一个外国登山家在回忆录中写道，他有一次在海拔8000米以上的高度时，为了拍照片，就摘下氧气面罩仅仅15分钟，便几乎发生休克现象。因此，在过去的世界高空生理学上，曾经把海拔8000米以上高度称为"死亡地带"。在国际登山运动中，也曾把海拔8000米高度看作人类无氧登山运动的"极限"。然而，史占春、王凤桐却在海拔8695米的高度，在将近4天里食物基本断绝的情况下，仍勇敢决定不使用人造氧气，竟然奇迹般地度过了一夜并在完成侦察任务后平安下山。

4日，当史占春和王凤桐钻出雪洞时，他俩吃惊地发现实际上已经攀到了仅差5米的崖壁处，便是"第二台阶"的顶部的地方。高耸云端的珠峰峰尖清晰地展现在他俩的眼前，只比他俩所处的位置高出200多米。灰色的岩壁上露出一道道风化的龟纹。凭着两人丰富的经验，很快就观察到一条适宜登上顶峰的路线。

史占春和王凤桐完成侦察任务后，下到海拔8500米营地，与石竞、贡布、拉巴才仁一起返回大本营。

第三次行军完成了预定的3项任务：

一是侦察并确定了攀越"第二台阶"突击顶峰的路线。经侦察认为珠峰北坡虽然陡峭，但并不像英国人所宣扬的那样困难，"第二台阶"实际上只有最上面的5~6米是垂直的崖壁，只要稍有体力，上到顶峰是没有问题的。

二是从北坳开始，向上攀登中建立了海拔7400米、7800米、8300米高山营地和8500米的突击营地。

三是完成了向海拔 7000 米以上营地运输 300 公斤物资的任务。

上述任务的完成，为第四次行军——冲击顶峰打下了扎实的基础。另外，特别值得一提的是在这次行军中，共有 6 人登达海拔 8100 米以上的高度。他们是史占春、王凤桐登达海拔 8695 米；石竞、拉巴才仁、贡布登达海拔 8500 米；许竞登达海拔 8300 米。从而把我国登山运动男子高度纪录，从海拔 7546 米提高到 8695 米。

第三次行军成果空前，但也代价甚大。队员邵子庆在海拔 7300 米附近，因高山反应严重，由缺氧引起内脏器官功能衰竭牺牲。还有 25 人不同程度冻伤，一批原本在体能和技术上极有希望登顶的队员，这其中包括史占春在内，以及运动健将王凤桐、石竞、陈昌荣、彭淑力等不得不因冻伤暂时退出战斗，这就极大地削弱了下一步突击顶峰的实力。

12 日，登山队召开由各分队和配属单位负责人等以上干部参加的会议，听取史占春、许竞关于第三次行军的情况汇报，总结这次行军的经验教训。会议决定：史占春、王凤桐和其他冻伤的队员，立即送往日喀则的解放军驻军医院治疗；下一步的登山行动，由韩复东直接领导指挥。

第七节　第四次行军——突击顶峰

13 日，韩复东主持召开第四次行军和突击顶峰的部署会议。据气象台报告，由于高压气团向珠峰山区移动，因此将有一个好天气周期。在这次好天气过程中，将有 4 天左右的一等天气，这是今年春季珠峰山区最后一个好天气周期。

根据天气预报，会议作出了行军的日程安排：

第一、二线队员出发的第一日登达海拔 6400 米 3 号营地，第二日登达海拔 7028 米 4 号营地，第三日登达海拔 7600 米 5 号营地，第四日登达海拔 8100 米 6 号营地，第五日登达海拔 8500 米突击营地，第六日突击顶峰后当天返回 8100 米 6 号营地。第三、四线队员提前一至两天出发，将所需物资装备提前运送到各个营地。

第四次行军队伍的组成是：第一线即突击组由许竞任组长，责成队部会同医务组，从主力队员和运输队员中认真选拔。为了保证在任何情况下都有人指挥，还决定由王富洲担任组长第一代理人、刘连满为第二代理人。第二、三、四线由运输队员组成，分别负责海拔 7600 米至 8500 米、6400 米至 7600 米及大本营至 6400 米之间的物资运输任务。

会议还制订了一系列的医疗、救援和物资保障措施。

13 日的中期天气预报是：16—20 日为好天气，本月下旬天气转坏；6 月初为雨季。因此，韩复东决定 15 日出发、20 日突击顶峰。但 15 日天气突变，最新天气预报是好天气将后延，韩复东便决定第一、二线队员推迟两天出发。

17日9时30分，第一、二线队员在隆重举行"突击顶峰誓师大会"后出发。当晚，按计划登达了海拔6400米营地。

18日20时30分，6400米营地转来北坳营地的报告："第一、二线队员已全部按计划抵达7028米北坳营地"。

19日，第一、二线队员登达7400米过渡营地。

21日，第一、二线队员登达7600米营地。

22日，队伍经过重新调整，突击队员和运输队员共27人、携带250公斤物资登达8100米营地。

23日14时，许竞、王富洲、刘连满、贡布4名突击顶峰的队员登达8500米突击营地，在他们搭好帐篷之后，屈银华和邬宗岳、群培坚赞、多加、索南多吉、米玛、云登、次仁、确加、米玛扎西共10名运输队员也赶到，运来了突击顶峰所需的物资，完成了运输组最后一次、也是最关键的运输任务。根据事先安排，屈银华留下来担任拍摄电影的摄影师，其他9名队员完成运输任务后返回8100米营地，并做好接应突击组的准备工作。此时，突击营地有5名队员。

按原定计划，在从突击营地出发时，应该有10瓶容量4升、170~180个压力的氧气瓶，但因运输当中发生漏气，结果最后检查时发现有两个瓶已经空了。大家分析不是运输队员在路上不小心碰开了阀门开关，就是疏忽中把空氧气瓶背上来了。屈银华的原定任务是拍摄从突击营地到"第二台阶"的电影，由于氧气不够，临时决定他的任务交由王富洲完成，屈银华不再随突击组行动。当天夜里，大家轮流吸用几瓶白天用过、尚有一些剩余压力的氧气。

24日9时，许竞、王富洲、刘连满、贡布依次从帐篷里出来，用尼龙绳串联成结组出发。突击组的每人分得两瓶氧气，用睡袋裹起来，一起塞进背包里。其中的一瓶上带着调节器和面罩，面罩留在外面，以备使用。每人除了冰镐和背包等常用登山装备外，还带一副冰爪、几个钢锥，王富洲还带了一架5.5公斤重的电影摄影机，贡布多背了一个用五星红旗包起来的毛主席半身塑像和100英尺长的35毫米电影胶片，刘连满的背包里多装了一把铁锤。他们4个人的平均负重是14公斤左右。

他们沿着山脊前进，不料刚走出不远，许竞就突然倒下了，在他已经登达那样高的海拔高度、登顶目标即将实现、胜利在望之际，因体力不支而失去了登顶机会，着实令人扼腕叹惜！紧急时刻，屈银华补入突击组，王富洲作为第一代理人接任突击组长之职。

12时，4人登达"第二台阶"的裂缝下。两个小时以后，登上了裂缝尽头的一块大岩石，这里就是史占春、王凤桐曾挖雪洞过夜的地方。在他们的右侧，矗立着一块笔直的高4米多的岩壁。仔细观察后，发现表面没有可利用的支撑点，只有一些很小的棱角，无法用以攀登。岩壁上虽有几条裂缝，也都只有拇指那么宽，它们之间的距离又都在 1.5 米左右，很不利于攀登。刘连满在王富洲的保护下，在岩壁上打下了两个钢锥（岩锥），谁知他在攀登时却连续 3 次摔了下来。贡布和屈银华分别接着尝试攀登了 2 次，也都摔了下来。最后还是消防员出身的刘连满提出用搭人梯的办法登上去，他便作人梯底座，屈银华脱去高山靴踩在他的肩膀上在岩壁上又用铁锤打下几个岩锥。一个多小时后，屈银华才攀登上"第二台阶"顶部，也就是这块笔直岩壁的顶部。贡布、王富洲、刘连满相继登了上来。这时已经是 17 时，4 人从突击营地登达"第二台阶"顶部竟然花了 7 个小时的时间，其中的 3 个小时便是在这块仅仅 4 米多高的岩壁上面花掉的。片刻休息后，4 人继续结组前进。

走过"第二台阶"上面的碎石坡后，他们踏上了一道冰雪坡，这时长时间在前面承担开路任务的刘连满体力越来越差，加上之前搭人梯时用力过猛加重了高山反应，导致体力透支，走起路来摇摇晃晃，接着一连摔倒了好几次，但他仍用尽最后的力气坚持向上攀登，在 8700 多米处，刘连满又一次摔倒，就再也爬不起来了。王富洲、屈银华、贡布合力把刘连满安置在一个既避风、又不会发生坠崖危险的一块大岩石旁的弧形槽中歇息，准备回程时再把他带走。这时，4 人携带的氧气已经剩下的不多了。他们在后来的回忆文章中曾写道："从 8500 米的突击营地出发，在到达 8600 米的'第二台阶'陡壁之下时，每个人的一瓶氧气只剩下 40~50 个压力，由于背两个氧气瓶向上攀登费力太大，而且返回时需要吸用，故决定将每个人用过的氧气瓶放在'第二台阶'之下，吸另一瓶（氧气）前进。在到达 8700 米左右时（24 日 19 时），每人的氧气只剩下 40~50 个压力，刘连满因身体不能支撑，故决定留下并将他自己用剩下的一瓶氧气也给他留下，另 3 人继续前进。"

当时已是 19 时，继续前进就意味着要摸黑攀登，这在当时中国登山运动中尚属先例。据回忆，5 月 24 日 19 时左右他们开会讨论，根据当时情况采取怎样行动时，大家认为虽然天气将晚，但考虑到原来的气象预报是 25 日天气将变坏，大家的体力与每个人所余的氧气量都不容许再拖太长时间，而且全组也没携带扎营装备。又考虑到顶峰的风力一般在夜间比白天要小一些，而当天又是晴空，星光映着雪光，还是隐约地可以寻找一下攀登路线。所以就决定只能前进不能后退，不能错过时机，不拿下顶峰誓不回头。

当他们登达 8750 米左右的高度时，太阳的余光已全部消失，3 人只好根据在下边测定的大致路线方向与过去的登山经验，在视域很短的星光和雪的反射光下摸索前进。不言而喻夜里攀登困难更大：好坏路线的选择不太容易把握，只好在屡攀不上、此路不通时再另找旁处向上攀登；在攀登岩石陡坡时看不见支撑点，只能是手脚并用攀登，并随时摸索前进；在行进中进行保护时，一方面牢固的固定点不易寻找到，另一方面看不清被保护者的具体行动与攀登中的困难程度，所以容易滑落发生危险；上方落下的滚石看不见也就不能躲避；滑脱的工具与失掉的装备也不易找寻。3 人在登达8800米左右的高度时，携带的氧气已基本用完。由于过度疲劳，加上氧气告罄，其实是在没有吸人造氧气的情况下，同缺氧、饥饿、干渴、严寒、疲惫、复杂艰险的崎岖山路拼搏，仅仅靠空气中含量微弱的氧气维持生命活力。在这成败关头，3人经受的是生死考验，用尽最后气力继续着人类登山史上史无前例的艰险攀登历程。他们共同的信念是："只有前进，不能后退！"靠着坚定的信念和顽强的斗志，爬行前进。向顶峰接近时，贡布在前、王富洲和屈银华在后，发现前面有一个小峰，贡布上去后，以为到顶了，等王富洲上去后，才看到附近还有一座高峰，又都继续前进。顶峰在3人攀上的岩石堆西边，他们又爬完了这最后一段路程。

1960年5月25日北京时间4时20分，王富洲、贡布、屈银华登上了世界最高峰——珠穆朗玛峰顶峰。

3人在顶峰的活动，众多的文献资料都有一致的记载：3人登上顶峰，仰望头顶上方，除了夜空和闪亮的星星，再也没有可供攀登的路程了。

暗夜中没有可供拍摄的光线，3个人按照预定程序平静地忙活起来：屈银华用冰镐插进冰面作固定保护，贡布从背包里拿出用中华人民共和国国旗——五星红旗包裹着的高20厘米的毛泽东主席半身塑像，王富洲将写好的纪念纸条折好放进一只白色羊毛线织成的手套里，纸条上文字是："王富洲等3人征服了珠峰。1960年5月25日4时20分。"然后一并放到顶峰东北坡冰雪和岩石交界处的岩石缝里，并用碎石掩盖保护起来。做完这些大概花了15分钟，王富洲又采集了9块岩石标本和雪样标本，然后3人开始下山。

王富洲、贡布、屈银华虽然带着摄影机，但由于是夜间光线太暗，无法拍摄3人登顶世界最高峰的影像资料和照片以及在顶峰的活动情况。

在到达顶峰时，3人详细检查各自背包里的氧气瓶，发现有两个已经一点气体都没有了，另一个只剩下6~7个压力。为了防止返回途中发生意外情况，就将这个快用完的氧气瓶背下来了。

在回到海拔8800米左右时，已是25日6时，3人都感到身体极度疲乏、呼吸困难，就将这仅有的一点氧气分着吸完后把空瓶扔掉。这时候，天渐渐亮了，3人回头便看见了自己攀登顶峰留下的足迹。屈银华取出一直随身携带的轻便电影摄影机，把这一纪录下英雄壮举和值得纪念的珍贵画面摄入了镜头。

在海拔8700米处，他们与刘连满会合。

刘连满在王富洲等3人离开后，便在背风的岩石后面睡下，当时他根据自己的身体状况估计已无生还的可能。于是，他花了半个多小时的时间，才吃力地用红色铅笔在日记本上给王富洲写下一封短信：

王富洲同志：

……我知道我不行了，我看氧气罐里还有点氧，留给你们回来时用吧！也许管用。永别了！同志们。你们的同志刘连满。

5.24

写完后，刘连满便昏昏沉沉地睡去了。然而，良好的身体素质和强化体能训练造就了他强壮的体魄，随着对高山缺氧反应的逐步适应，更加上他坚强的意志力，以及那只睡袋的保暖作用，又处在避风处不易失温，使他脱离死亡的威胁，竟然奇迹般地活了下来。一觉醒来，他竟然又重新站了起来。在急切的等待中他见着王富洲、屈银华和贡布的第一句话就是让他们吸他留下的那瓶氧气。3人见刘连满还活着，并用他冒着死亡危险留下的极其宝贵的氧气让自己吸，既惊喜又感动，都流下了眼泪，他们把刘连满省下的氧气分着吸了，使极度疲惫的身体稍微恢复了点体力。

当4人返回到"第二台阶"顶部那个岩壁下边时，天气变了，天上飞起纷纷扬扬的大雪，能见度很低，行走更加困难。他们又找到特意留下的那4个没用完的氧气瓶，痛快地饱吸了一顿氧气，当时就吸空了两瓶。然后，背着另外已剩不多的两瓶氧气下山，以防万一。

25日21时许，4人返回到海拔8500米的突击营地。在休息以前，大家才把另外两瓶中剩下的氧气吸完。在突击营地，4人商议决定分批下山，由体力较好的贡布和刘连满在一天之内赶下山去，一方面求援，另一方面报送胜利消息。

26日，贡布和刘连满只在途中的6号营地吃了一点东西，就一直赶到了北坳4号营地。

27日，王富洲和屈银华也下到北坳营地。

28日，王富洲和屈银华下到3号营地。

30日，13时30分，在珠峰山上生活了两个星期的登山队员全部返回大本营。王富洲、贡布、屈银华走在队伍的最前面，他们受到了热烈的欢迎。

中国珠峰登山队副队长许竞向韩复东报告：中国登山队已胜利完成预定任务，现在队员们都已安全返回。

6月1日，大本营举行庆祝大会。许竞在会上作了这次登山行动的初步总结，并代表登山队队部宣布登山运动成绩：共有53名队员打破我国男子登山高度7546米的最高纪录。其中28名队员登达海拔8100米以上的高度，占世界各国登山队在过去的178年中登达这个高度69人次的42.2%，一次登山行动中竟然有这么多人登达这个高度，在世界登山史上是空前的。

登达海拔8100米以上高度的队员是：

登达海拔8882米（8848.86米）顶峰的有王富洲、贡布、屈银华；

登达海拔 8700 米的有刘连满；

登达海拔 8695 米的有史占春、王凤桐；

登达海拔 8500 米的有许竞、多加、石竞、拉巴才仁、邬宗岳、群培坚赞、索南多吉、米玛、云登、尼玛扎西、确加；

登达海拔 8100 米的有张俊岩、刘大义、衡虎林、成天亮、张小路、马保昌、多吉甫、谢武成、塔木君、扎西、小米玛。

许竞在大会上说："登顶珠穆朗玛峰的胜利，使组建时间不到 5 年的中国登山队，把具有 100 多年历史的外国登山队远远抛到了后面，为年轻的中国登山事业跨入世界前列打响了胜利的第一炮。"他又谈道："中国登山运动的发展曾得到许多国家登山队的帮助，特别是在我国仅仅开展登山运动只有 4 年历史的 1960 年，当我们首次从北坡攀登珠穆朗玛峰时，对英国登山队所积累的经验，作了多方面的综合研究，成为这次登山很好的借鉴。体育运动，就是这样在创造着人类既激烈竞争和对抗，又团结和互助的奇迹。前进与攀登的勇敢者的胜利，凝聚着走在前面的失败者的努力，激励着后人新的超越。然而这种胜利，最大的意义则在于其宣示了人类整体的又一次奋进。"

当时，新华社记者郭超人，在整理编发中国登山队队长史占春向记者发表的谈话时，曾加上了这样一段话："全体登山队员把攀登珠穆朗玛峰的成功，献给世界一切进步和爱好和平的人们。愿和平的力量像珠穆朗玛峰一样坚强而不可摧毁，愿世界人民之间的友谊像珠穆朗玛峰一样纯洁和永世长存。"

王富洲、贡布、屈银华 3 位人类首次从珠峰北坡登顶的英雄和刘连满舍"小我"、顾大局、甘当"人梯"的无私奉献精神和催人泪下的感人事迹，成为中国家喻户晓、世代传颂的英雄故事，成为世人无高不可攀、无坚不可摧，勇往直前的时代精神偶像。

第八节　登顶成功在国内外的反响

中国登山队成功登顶珠峰，正逢全国文教群英会在北京召开，中国登山队成为全国体育战线上的第一个英雄集体，被邀请参加大会。出席大会的史占春队长，当选为大会主席团成员，并向大会作了我国登山健儿成功登顶珠峰的事迹报告，受到中央领导及大会的热烈欢迎和高度评价。

登顶珠峰的中国登山队凯旋拉萨时，在罗布林卡大门前的广场上，聚集着参加欢迎活动的社会各界僧俗群众 10000 人以上，这已占全市城区人口的 1/3。西藏自治区筹委会代理主任委员班禅·额尔德尼和西藏党政军负责人张国华、谭冠三等，印度驻拉萨总领事馆领事高尔、尼泊尔驻拉萨总领事馆领事巴斯尼亚特等都参加了欢迎仪式。欢迎大会结束后，登山队员们乘敞篷汽车进入市区，在布达拉宫下，又受到社会各界群众的夹道欢迎。西藏自治区筹委会的党政军领导还联合举行宴会，为登山队员们洗尘庆贺。

登山队员们分批回到北京后，首都各界为欢迎胜利归来的登山健儿们，在工人体育场举行了"庆祝中国登山队胜利征服珠穆朗玛峰大会"。国务院副总理、国家体委主任贺龙在讲话中指出："中国登山队完成了人类历史上从北坡登上珠穆朗玛峰的创举，在世界登山史上写下了光辉的一页。"

国内主要报刊和广播电台对此作了集中的大量宣传报道。登顶成功的第二天，《人民日报》专版出了创刊后的第一张《号外》，及时向国内外作了报道。登山队应邀分别在北京、天津、上海、南京、哈尔滨、西安、兰州、西宁、青岛、张家口10个城市向工人、农民、机关干部、部队官兵、学生，以及科学界、文艺界和体育界的人士作了180多场（次）报告，听众约46.5万人。中国登山队登顶珠峰的消息和登山队员们的英雄事迹，在人民群众中引起了强烈的反响。登山队收到了全国各地群众的大量来信，普遍认为这是我国人民征服大自然的一次具有历史意义的伟大胜利，应该学习登山队员们攀登珠峰时表现出来的崇高精神风貌。不少青年在给登山队的来信中，表示对登山运动有极大的兴趣，希望能参加以后的登山活动。北京地质学院、石油学院、清华大学、矿业学院、北京大学等高等院校，由于受这次攀登珠峰行动的影响，都相继建立或扩大了自己的登山队社团组织，结合所学专业积极开展登山活动。

中国登山队登顶珠峰的消息迅速传遍了全世界，英国、苏联、日本、印度、尼泊尔、保加利亚等国的体育组织纷纷发来电报表示祝贺。英国皇家地理学会会长致函我驻英代办处，要求转达他们对于中国登山队的辉煌成就的衷心祝贺。瑞士道拉吉里峰喜马拉雅探险队也给我使馆发来贺信，祝贺我国登山队登上珠峰。莫斯科登山协会来信表示：祝贺你们在登山运动中取得的伟大成就——由前人没有攀登成功的最困难的北坡登上世界最高峰珠峰。不少国家的友好组织、友好人士，也纷纷以不同的方式表示了他们的祝贺。尼泊尔首相在5月28日的记者招待会上，对我国这一壮举表示祝贺。

世界各国的报刊大多在显著位置刊登了中国登山队从北坡登上珠峰的消息，或介绍了攀登活动的情况、刊登了有关登山活动的传真照片，有的还发表了评论文章。大多数文章正面报道，对中国登山队的成就给予了极高的评价。朝鲜报刊称为"被载入世界登山运动史册的辉煌胜利"，苏联运动健将鲁科杰利尼科夫著文称为"史无前例的功勋"，日本著名登山理论家大曾根纯认为"中国登山队完成了过去认为无法超越的从北坡登上珠峰的艰巨使命"，并认为这是一个"壮举"，日本山岳协会副会长认为："中国登山队从埃佛勒斯（珠峰）北面第一次登上顶峰是了不起的成功，按照它的困难程度来说，有巨大的意义。"保加利亚《工人事业报》称："征服世界最高峰是年轻的中国运动员的巨大成就。"《印度时报》称："登山家很可能认为中国的成就就是到目前为止最惊人的成就,这是第一次从北坡登顶埃佛勒斯峰(珠峰),中国登山家可以正当地感到自豪,他们完成了许多有经验的登山家认为很难完成的任务。"《印度斯坦日报》称："这是第一次从北坡登上埃佛勒斯峰(珠峰),因此它具有特别的意义,这个不可能征服的喜马拉雅山脉的高峰在人类的英勇面前低头了。"英国皇家地理学会会长内森则在文章中这样写道："中国登上埃佛勒斯峰(珠峰)的成就,不仅在英国而且在全世界,引起了一切人们对中国登山运动员卓越的技巧与胆略的钦佩。这一成就将永远作为登山探险征程上的里程碑而载入史册。"还有的文章断言："中国登山运动员是世界最艰巨的登山活动中的明星,他们的功绩将永远屹立于天地之间。"

从以上报道中可以看出,国际新闻界普遍看重中国登山队是由北坳登上珠峰峰顶的这一事实。伦敦《泰晤士报》就这样报道："王富洲、屈银华和贡布(中国西藏运动员)不能只是由于他们是第一批踩着了世界最高的地方的积雪的人而获得这一殊荣的,就某种意义上说,他们在下述方面也做了同样多的事:他们登上了过去被认为是做不到的北坡。"瑞士登山队队长马克斯·埃斯林著文写道:"这说明中国的登山运动有了高速度的发展,仅仅几年前他们并不怎么了解登山运动,没有想到他们会那样快就登上去了。"《印度斯坦时报》上写道:"中国登山队成功地登上埃佛勒斯峰(珠峰),登上这个山峰对任何国家来说都是一个惊人的成就,何况是一个很晚才发展这种困难和危险的运动的国家,这个登山队应该受到衷心的祝贺。"苏联功勋运动员阿巴拉科夫在文章中称赞道:"中国登山运动总共只有5年的历史,就已经一举解决了像攀登珠峰这样最为复杂的难题,这是极为了不起的事。"年轻的中国登山队,居然解决了世界登山运动中的"最为复杂的难题",不能不使世界为之震惊。

各国新闻与体育界人士还从不同的角度,对攀登珠峰的成功予以了关注和肯定。苏联功勋运动员别列斯基认为:"是中国运动员顽强的工作和技能导致了这一伟大的胜利。"波兰登山家沙尔德·罗金斯基则非常赞赏中国登山运动员的训练有素和高技术水平。《印度斯坦时报》在谈到"使我们对中国的成功感到高兴的另一个原因是这是第一个登上世界高峰的亚洲登山队"时,认为"值得称赞的是中国登山队的计划性和远见,惊人的科学组织的成就和个人的勇敢"。朝鲜国防体育协会则表示:"贵国登山运动员是坚忍不拔、顽强果敢和集体主义精神的好榜样。"印度尼西亚人民青年团中央书记处总书记苏卡特诺则盛赞"珠穆朗玛峰的征服者们在困难和危险面前所表现的坚定、顽强、团结和责任感"。苏联运动健将山德罗·格瓦里阿注意到的却是中国登山运动员的意志与力量。

出于各种原因,一些外国报刊对中国登山队登上珠峰也提出了一些疑问。他们认为最高的营地设置、下降的缓慢、气象条件、高峰停留时间等都有疑点。而刊登的一些照片也是在珠峰北坡任何地方或随便一个比较低的高度都能拍摄到的。提出这些问题的人，有些显然不怀好意。但应该说，另一些则是因为中国登山队摸黑登顶，未能留下在顶峰取证照片的遗憾，必然引发别人的质疑。在今天看来，我们公布的攀登珠峰资料的不够系统、不够详尽，登山队员的事迹和整个登山活动中，许多文章过多的近乎文学性质的描述，以及掺杂其中的过浓政治色彩，也都是造成这种难免使人产生疑窦的原因。

英国《登山杂志》在刊载中国登山队队长史占春的文章之后附有《编者按》，《编者按》在评述一位名叫波普的人对中国登山队员登上珠峰表示怀疑时说："相对地只有极少的登山结果已经得到证实，它们得到承认是因为没有怀疑的余地。""波普先生没有驳倒中国人的说法，而中国人也没有证明他们确实登上了顶峰。在顶峰发现毛先生的雕像才可作为确凿的证据。"《登山杂志》的《编者按》所云或许还算公证。要证实中国登山队是否已登上珠峰或许需要的只是时间。

在15年之后，中国登山队1960年登顶的证据终于被发现：1975年5月27日，参加中国登山队攀登测量珠峰高程的登顶"九勇士"之一罗则，在其2007年撰写出版的回忆录《甜美的苦役——一位老登山队员的心路历程》第82页上记述了在珠峰顶峰发现毛泽东主席石膏像的过程："……第十件事：毛主席的石膏塑像被送到了三角架（高程测量觇标架）跟前。我们完成在顶峰上的各项测量准备等工作任务后，下到冰雪岩石交接处时，看见岩石缝里的毛主席石膏塑像。这个石膏像就是1960年我国第一次攀登珠峰时队友们放在那里的。经过15年的漫长风雪，除了脸颊处被冻破外其他部位都完好无损。我用尽全身的力量弯下腰抱起毛主席石膏像，把他送到三角架跟前，以此来敬仰他。"

第三章

1961年参加攀登公格尔九别峰

公格尔九别峰是西昆仑山脉第二高峰，海拔7595米，由于山顶终年积雪，犹如牧民头上所戴的帽子，所以当地牧民就称它为"公格尔九别"，意为"白色的帽子"；因它高度略逊于公格尔峰，也有人称它为"小公格尔"，但它的山势地形却丝毫不逊于公格尔峰。公格尔九别峰北坡是陡峻的峭壁，南坡是复杂的冰雪地。至于这一地区的登山活动史，可以追溯到20世纪初。1924年，美国人新克兰茵曾对公格尔九别峰进行过考察，1956年中国与苏联联合登山队首次登顶公格尔九别峰。1961年，中国登山队向公格尔九别峰发起挑战。

第一节　先遣组进山侦察攀登路线

5月7日，先遣组一行15人，在中国登山队副队长罗志升的率领下进山。

8日，抵达公格尔九别峰的山脚下。

9日，在卡拉库里湖边的北面公路旁建立了登山大本营。

10日，由陈昌荣、刘大义、杨德有、邓嘉善4人组成的侦察组，从大本营出发向上侦察攀登路线，沿着1956年中苏联合登山队的攀登路线前进，准备边侦察边攀登到海拔5500米处。4人从坎西别尔河上游的河床宽而河水浅的地方渡河，绕道公格尔九别峰东南面的冰川中部山谷，在海拔4200米的冰碛上宿营。

11日，侦察组继续侦察前进，途经起伏不平的公格尔科克谢里冰川舌部，在2小时后到达了公格尔九别冰川左侧海拔4800米处，并在此建立营地。

同日，由袁扬带领的一队队员结束了体能训练，于次日进山。

12日8时30分，侦察组只带着报话机等必要装备轻装出发。这天天气状况极差，降雪不止、能见度很低，两米开外便只能看见一片白雾，而看不见人影。4人顺着公格尔九别冰川冰瀑区中部浅槽攀登，艰难地登达海拔5400米后便再也无法前进。下山时，刘大义在海拔5200米处坠入冰裂缝，头部受伤。当晚，侦察组返回大本营。

侦察结果表明，在海拔5500米以下的营址良好，而攀登路线上的冰川舌部从海拔4900米以上多裂缝、攀登困难大。对海拔5500米以上的情况不明，有待进一步侦察。

同日，大队人员离开喀什进山。攀登公格尔九别峰的队伍，基本上由一队队员组成，当天到达了设在卡拉库里湖边的登山大本营。

第二节 第一次适应性行军

5月16日,第一次适应性行军开始。参加本次行军的是山虎队和大队人员。山虎队队长陈昌荣和副队长刘大义分别率领第一组队员(陈昌荣、衡虎林、拉巴才仁、雷跃荣)和第二组队员(刘大义、邬宗岳、多吉甫、穆炳锁)攀登。大队分为2个分队,第一分队长是杨德有,下辖3个小组:第一组杨德有、吴永生、袁杨、齐米;第二组张祥、陈雷生、丛珍、王贵华;第三组赵宗显、罗仕明、翁庆章、查姆金。第二分队长是邓嘉善,也下辖3个小组:第四组邓嘉善、郭寿旺、彭应熙、潘多;第五组文传甲、马履升、陈洪基、胡琳;第六组栾学富、王义勤、李长旺、西绕。山虎队和大队人员于5月16日16时同时离开大本营出发,队员们未负重,由每2人合赶的1头牦牛驮运物资。渡过流水不深的坎西别尔河,又经过起伏的冰碛丘陵,到达了海拔3900米处大坡附近的牧场,稍事休息后沿河谷继续上行。

20时45分,抵达海拔4320米处宿营。

17日,山虎队的8人先行出发。

11时30分,登达海拔4600米处休息进餐。牦牛能走的路线到此终止,改由队员们背负物资行军。

14时,山虎队队员每人负重20公斤向上攀登,两组轮流在前面开路,沿之前侦察组指定的路线前进。

19时20分,登达海拔5500米处。刘大义又不慎落入冰裂缝的10余米深处,经众人全力营救方才脱险。由于天色已晚,加上前方路线情况不明,山虎队只好折转返回海拔5400米处。

22时许,在冰川上宿营。

18日11时,山虎队除刘大义留在海拔5400米处外,其余人员轻装出发,继续沿原路线向上侦察,发现路线上的冰川地形复杂,冰裂缝和冰瀑区很多,与1956年攀登时的情形已迥然不同。

12时35分,山虎队竭尽全力登达海拔5600米处,然而却已无路可走。大家讨论后将变更攀登路线的建议向大本营作了汇报,决定放弃公格尔九别冰川路线,改由西面山脊攀登。随后,山虎队下撤转移至西山脊尾端下的侧碛堤上。

傍晚,在4900米的过渡营地宿营。

同日14时,大队人员到达海拔4800米后,王义勤等9人留下适应。袁杨等15人组成4个结组轻装前进,经过3个小时登达海拔5400米处宿营。

19日9时45分,山虎队轻装沿山脊尾端斜坡攀登,由于路线上覆盖着厚厚的积雪,两个结组不得不艰难地交替开路前进,并在危险地段设置路标。原定计划是登达海拔6800米处,以便实地侦察6600米附近的"鼻梁"地带。但在14时抵达海拔5800

米处时，便因天气变坏被迫返回，只对通往6600米处的路线进行了观察。

同日10时，袁杨等15人从海拔5400米处下撤，30分钟后返回4800米处。这时得知山虎队向大本营报告的侦察和观察情况，即沿着公格尔九别冰川西山脊可通往山顶。于是大队人员决定将海拔4800米处的登山物资，转运到西山脊下海拔4900米处的过渡营地。

12时，由袁杨率领的一分队全体人员和二分队的部分人员，把物资运往4900米过渡营地。

14时10分，抵达目的地存放好物资后立即返回。

23时，袁杨等返回大本营。二分队的其他人员由邓嘉善带领，于12时离开4800米处下山，20时30分返回大本营。

第三节　第二次攀登行军

5月25日，第二次行军开始。队伍也分为山虎队和第一、二分队。队员中除罗仕明、陈雷生未参加行军，又新增加了王振华、陈三、曾曙生、边安民、赵宏基、邱祖泰、黄万辉补入各组外，没有大的人员变动。

11时，山虎队离开大本营，向公格尔九别冰川西山脊方向前进。

19时，抵达海拔4600米处的1号营地，当晚宿营于此。

26日10时20分，山虎队离开1号营地向上攀登。

17时，登达海拔5500米处的2号营地并宿营。

27日8时，山虎队离开2号营地向上攀登。

17时，登达海拔6200米处的3号营地并宿营。

28日10时50分，山虎队8人只携带报话机、信号枪及技术装备，轻装离开3号营地向上攀登。在"鼻梁"地段跨过一条条大小裂缝，登上坡度达40度的冰雪坡，翻上了长达6米、坡度达60度的冰壁。在这一段路程上，能见度极低，后边结组无法看清前面的结组。陈昌荣在前面开路时，每分钟只能走六七步。大家仔细观察分析每一处的地形情况，谨慎小心地前进。

19时25分，终于抵达海拔6800米处，在清楚地观察了通往顶峰的路线之后，山虎队开始下山。

20时43分，返回海拔6200处的3号营地宿营。

大队人员的第二次行军是继山虎队先行上山之后的26日开始的。

11时，大队人员离开大本营。

19时，抵达1号营地。

27日，大队人员登达海拔4900米处。根据原计划，派出王振华、杨德有、邓嘉善、陈三、赵宗显、栾学富6人前往海拔5100~5200米处架设保护绳索，其他人员在海拔5000米处附近进行了两小时的冰雪作业训练。

当晚，全队人员在海拔4900米处过渡营地宿营。

28日，除彭应熙、赵宏基、邱祖泰3人因出现高山反应下撤外，其他26人（女队员9人）向海拔5500米2号营地进发。一出发，便遇上一道百余米长的冰雪坡，约在3小时之后才登达海拔5200米处。

17时30分，大队人员登达2号营地。

29日，除王贵华、翁庆章、马履升、胡琳4人因高山反应强烈或因体力较差留在2号营地外，其他22人（女队员7人）经过4小时攀登，抵达海拔6200米处，并宿营于此。当天天气变化很大，时而烈日当空，时而大雪纷飞，大本营处还有雷电发生。

30日10时30分，大队人员离开海拔6200米处的3号营地下山。

19时30分，安全回到大本营，完成了第二次行军任务，为突击顶峰创造了条件。

这次行军中，一、二分队原定上至2号营地，争取上到5800米处。因为好天气延长，山虎队打通了前进路线，队员们的体力与适应能力相对较好，所以登达了海拔6200米的高度，并完成了建设4号营地和运输物资的任务。

第四节　第三次行军——突击顶峰

突击顶峰的计划是：6月11日出发、17日登顶、23日结束登山行动。整个过程将持续13天。

6月11日，气象组报告："好天气周期即将到来。"队部立即作出了第三次行军及突击顶峰的决定和安排。

当天13时30分，全队人员齐集大本营营地草坪宣誓之后，参加第三次行军的31人（女队员7人）出发，第三次行军暨突击顶峰的行动开始。

21时30分，队伍登达1号营地。

12日，25人（其中女队员7人）登达2号营地。由于从1号营地至5000米路段季节性积雪已经融化，牦牛可以通行，所以队员们从5000米以上才把牦牛驮运的物资分配给每个人背到身上，开始负重行军。

13日，由于整日大雪，无法攀登，队伍在营地停留待机一天。王振华因脉搏跳动不正常等严重问题，由赵宗显和栾学富护送下山。下撤至4900米后王振华独自下山，护送的2人重返2号营地。

14日，24人（其中女队员7人）由2号营地出发，由于途中积雪不深，当天顺利登达海拔6200米处的3号营地，并在此宿营。

15日，队员们继续向海拔6800米处的雪坡上前进，并在此处宿营。这天，队员们在通过被称为"鼻梁"的地段时，由于地形复杂且积雪很深，加上有人掉了冰爪，造成途中阻塞，致使队伍前进速度曾一度缓慢。

18时许，到达6800米处的4号营地，并在此宿营。

16日，由刘大义、邓嘉善、曾曙生3人组成的开路组先行出发，开辟了通往海拔7150米处高度的路线后返回。在海拔7000米处开路组与大队人员相遇，邓嘉善替下文传甲随大队向上攀登。刘大义、曾曙生、文传甲下到海拔6800米处与医生吴永生会合，组成急救组。除了杨德有、赵宗显、栾学富、丛珍、齐米5人因高山反应严重被迫下撤外，其余人员继续向上攀登。

20时40分，只剩下15人的突击队登达海拔7300米处的5号营地并宿营。

17日，袁杨、王义勤、西绕、潘多、查姆金、陈昌荣、陈三、张祥、拉巴才仁、衡虎林、邬宗岳、雷耀荣12名突击队员，分成3个结组从5号营地（突击营地）向顶峰冲刺。穆炳锁、邓嘉善、陈洪基3人留在营地接应。当天，天气由好转坏，到下午时就一直降雪，能见度很低。队伍要经常停下来观察地形，确定是否走在正确的攀登路线上。随着海拔越来越高，积雪越来越深，气压也越来越低，队员们的高山反应也越来越严重，不时有人在行军中倒下后无力站起来，致使队伍前进的速度越来越慢。在登达海拔7400米处时，袁杨反应加重，无法继续攀登，于是决定由雷耀荣护送袁杨下撤，当两人下撤到海拔7300米营地后与邓嘉善一同下山。

21时30分，10名冲击顶峰的突击队员们由于对顶峰的位置不明，队伍要经常停下来判断前进路线是否正确，并极力避免发生滑坠等危险，再加上部分队员体力已经透支、高山反应更重，而此时才登达海拔7560米处。于是，便决定重新调整突击队组成人员，只留下陈三、拉巴才仁、邬宗岳、西绕、潘多5名队员冲击顶峰，其他身体较差的陈昌荣、王义勤、查姆金、张祥、衡虎林5名队员下撤。当陈昌荣等人摸黑下撤到海拔7300米处的5号营地时，已经是午夜24时。

22时30分，突击队的5名队员又经过1小时的艰险攀登，终于登顶海拔7595米的公格尔九别峰。

登顶队员是：邬宗岳、陈三、潘多（女）、西绕（女）、拉巴才仁。其中的藏族女登山运动员西绕和潘多，再次打破了世界女子登山高度纪录（1959年7月7日中国登山队登顶海拔7546米慕士塔格峰时，由西藏藏族女登山运动员潘多、西绕、齐米、查姆金和其他省市女运动员丛珍、王贵华、周玉瑛、王义勤共8人所创造）。

22时50分，登顶队员在顶峰停留20分钟后下撤。由于天色已晚、路线不清，为安全起见，5人在海拔7400米的雪坡上挖雪坑度过了一夜。

18日凌晨，5人继续下撤。

10时55分，回到海拔7300米的5号营地与陈昌荣等7人会合。由于仍在降雪，便当天停留于该营地。

19日11时30分，12名队员分成3个结组，分别由陈昌荣、王义勤、穆炳锁带领继续下撤。

12时许，撤到海拔7200米处的冰坡——被队员们称为"龟背"的突出山包顶部。由于路线被很深的积雪覆盖，难以辨认下山道路，导致第一结组的衡虎林坠入暗裂缝内10多米深处。队员们奋力救援，邬宗岳甚至两次下到裂缝里施救，经过近6个小时的努力，才把衡虎林拉出裂缝，但这时衡虎林的心脏已经停止了跳动。医生王义勤和陈洪基在其他队员的配合下，又使用各种可能采取的办法（用氧、人工呼吸、注射针剂等）对衡虎林进行了1个多小时的抢救，仍无效果。在衡虎林身体已经僵硬、判明已牺牲后，队员们怀着悲痛的心情，在海拔7250米处附近埋葬了遗体。

20时，队员们继续下山。

21时，下撤到海拔7100米时遇到一陡坡，这时天色已晚，能见度极低，加上连续两天大雪，使下山路线不明。为避免险情发生，大本营通过报话机命令停止下撤，就地宿营。走在后边的两个结组执行了命令。但走在前面的穆炳锁、西绕、拉巴才仁、陈洪基可能没有听到后边两组人员的呼喊，仍继续下山，结果这4人从此失踪。

20日11时，陈昌荣、王义勤、潘多、查姆金、陈三、张祥、邬宗岳7人在海拔7100米处的雪坡上宿营度过一夜后，分为两个结组继续下撤。在海拔6900米处的一个雪坡上遭遇雪崩，陈昌荣被打下100多米、王义勤被打下60多米，两人发现此处之前有发生过雪崩的痕迹，雪面上遗留有几根帐篷杆，判断是穆炳锁等4人在这里遭遇了雪崩或滑坠，但茫茫雪山上对伤亡情况无从查明。

15时45分至18时10分，两个结组经过一前一后缓慢下撤，下到海拔6800米处的4号营地与急救组会合。这时，后两组人员才得知留守此处的3名队员并未见到穆炳锁等4人下来，这才意识到4人可能遇难了。急救组在向上攀登实施救援时，刚向上攀登了不到60米，就被雪崩打下了100多米，之后又尽力上到能够登达的高度，最后只能击锅呐喊求救，而无力前去救援。由于突击队员多数已严重冻伤、体力透支，还有部分队员出现雪盲症状，无法继续下撤，只好停留在该营地待援，也无力再往上攀登救援失踪的4名队友。

21日，大本营根据北京的指示，为了迅速援救尚停留在4号营地的队员，已先后从喀什和大本营抽调了许竞、王富洲、石竞等14名体力与技术都很好的队员组成急救队上山，并已分别到达海拔5500米的2号营地和6200米的3号营地。其中的杨德有、曾曙生、郭寿旺3人已携带食品和燃料到达了海拔6800米的4号营地。

13时，张祥、邬宗岳、文传甲3人先行下撤，途经6200米的3号营地时又加入了救援队员黄万辉一同下撤。

17时，张祥等4人下到5500米的2号营地。张祥、邬宗岳由王凤桐、艾顺奉、周清谓3人护送,当晚下撤至4600米的1号营地。黄万辉、文传甲留在2号营地。次日,张祥、邬宗岳改由王洪葆护送,返回大本营。

22日中午,仍留在6800米处4号营地的队员分成3个结组下撤。

15时,下到海拔6500米处,与许竞带领的支援组会合。

15时40分,下到6200米的3号营地,稍事休息进食后继续下撤。

21时50分,包括黄万辉、文传甲在内的队员下到4600米的1号营地,并在此宿营。

23日,陈昌荣、王义勤、潘多、查姆金、陈三在众多队友的护送下抵达大本营。

第五节　酿成山难事故的原因

中国登山队攀登公格尔九别峰登顶成功,打破了女子登山高度世界纪录,取得了巨大成就。然而不幸的是在下山途中发生了队员失踪和伤亡事故,衡虎林误坠冰缝,经抢救无效牺牲;西绕、拉巴才仁、穆炳锁、陈洪基4人失踪;还有7名队员冻伤致残,其中有6人送医后被不同程度截肢,特别是查姆金和陈昌荣因严重冻伤截肢成重度残疾人,丧失了继续从事登山运动的能力。

最后宣布失踪和牺牲的5名队员分别是西藏登山营女运动员西绕、男运动员拉巴才仁和医生陈洪基;北京登山营男运动员衡虎林、穆柄锁。

这是我国自开展现代登山运动以来损失最为惨重的一次登山行动。

中国登山队认真总结了攀登公格尔九别峰的经验教训,认为造成这一重大损失的主要原因有以下几点:

一是把握登山时机不当。新疆帕米尔山区每年最适宜登山的时期是7月,因此7月被称为该山区登山的黄金季节。国家体委与登山协会的领导曾作出指示:"在条件具备时,突击顶峰的时间应选择在7月进行。"在登山队讨论是否利用6月可能出现的好天气周期冲击顶峰时,就有队领导表示反对。天气预报6—7月公格尔九别峰的好坏天气变化规律是:在7月共有4次好天气周期,将连续3~4天无云或少云、无降水或仅微量降水,无雷暴天气;2次坏天气周期,将连续2天有严重云蔽山、降水或有雷暴天气。6月只有1个好天气周期,另有3次坏天气周期,好坏天气的变化规律很难掌握,该月份还有20天大小不同程度的降水(雨、雪)周期,其中有9天是严重云蔽山、9次雷暴天气,而且坏天气周期都集中在中、下旬,下旬最坏、中旬次之。这就证明选择6月突击顶峰的决定是"舍好取坏",或者"坏中选好",是欠妥当的。

除了总体把握时机不当外,这次登山行动中还出现了数次判断天气和具体行动时间的失误。比如在突击队正准备由海拔6800米向7300米攀登时,天气预报16—17日是二等天气,18日可能与17日相似,也可能更坏些。北京也来电报指示"立即下撤,待机组织突击"。但是在大本营的队部里却觉得当时天气还不错,胜利在望,下撤可惜。

便根据"山上反映天气实况比预报好，队员情况良好"，以及"公格尔九别峰山区天气由好转坏较慢、由坏转好较快，上午较好、下午较坏的特点"，作出了一面上报请示、一面继续攀登的决定。对此，总结认为：这个决定都是从顺利的情况下考虑问题，没有充分估计坏天气给攀登带来的特殊困难，对天气的突变与可能发生的各种意外情况更缺乏周密的考虑和采取应对措施。当情况变化，当主观臆想的计划不能实现时，队伍没有预定对策，导致杂乱无章、束手待毙，陷入非常被动的局面。又比如在突击登顶后下山时，大本营根据18日下午的天气预报："天气可能好转，19日上午的天气与18日上午天气相似"，便决定登顶队员18日就地休息，等19日上午天气较好时再继续下撤。然而18日下午18时至21时之间，好天气突然出现。但是这时山上山下已中断联系，大本营无法改变决定，而山上的突击队员竟然也未能根据出现好天气的实际情况果断自行处置，抓紧时间下撤。

二是选拔突击队员上存在问题。在第三次行军之前，登山队队部曾研究制订了选拔突击队员的一个生理指数指标，规定在任何高度上测量脉搏安静时不超过100次/分钟、血压不超过150/110毫米水银柱、体温不超过37.5℃的队员，方能继续向上攀登，凡超过上述生理指标者，必须立即下撤。然而，这个旨在既保证队伍精干，又保证队员安全的指标，在实际操作中并未严格执行。例如，在海拔6800米处，从24人中（女7人、男17人）选出的15人（女5人、男10人）中，就有2名女队员的安静脉搏分别达到100次/分钟和104次/分钟，另一名女队员的体力也已经很差。在海拔7300米处时，从15人选出的12人（女5人、男7人）中，原来脉搏不合格的2名女队员，其中1人已高达132次/分钟，上升到海拔7350米后脉搏就摸不清了；另外1名女队员的脉搏异常，只能隐隐约约摸到72次/分钟。

三是技术力量的配备也存在问题。鉴于当时女队员的技术、经验和负重能力都较男队员差的实际情况，为加强各结组的技术力量，完成高山物资的运输任务，并保证下山安全。在进山之前，有关领导曾明确指示：突击队伍必须精干，女队员不能超过4人，具体人数要根据男队员的实力来确定，男女比例应为3∶1。然而，在实际选拔队员过程中，则大大放宽了女队员的选拔标准，致使男队员人数在队伍构成中相对减少。突击队从海拔6800米营地出发时，男女比例扩大为2∶1。这就已经不符合少而精的组队要求，更为严重的是到海拔7300米处后，在突击顶峰和坏天气即将来临的紧要关头，不仅没有及时引起重视、坚决纠正，反而把男女比例进一步扩大，致使突击队的技术力量等根本无法得到保障。

另外，攀登队伍中甚至有2名男队员从未学过登山技术，既没有攀登冰雪陡坡的经验和自我保护能力，更缺乏基本的登山常识。

由于选拔队员没有严格把握标准，加上男女队员比例配备失当，使本来应该由精干队员组成的突击队，却变成了技术力量严重不足、整体实力大大削弱的冲顶队伍，严重影响了队伍的攀登速度，拖长了冲击顶峰的时间，大大消耗了队员们的体力。使得根本无法贯彻"早出发、早宿营"的战术原则，迫使队伍一次又一次地在低于预定到达的高度建立营地，拉大了突击营地至顶峰的距离，使登顶队员当天不能返回突击营地，而被迫在中途露营，导致原定下山计划全部无法执行。

由于同样的原因，在登顶队员遇险后，急救组又无法实施有效的搜索救助。例如，在海拔6800米处待机的急救组中，总共只有3人，竟有2人是没有经过系统训练的人员。在执行救援任务时，刚向上攀登了不到60米，就被雪崩打下了100多米，以后又仅能尽力上到能够登达的高度，最后只能击锅呐喊求救，而无力前去搜救。

上述登山队员用牺牲生命和身体伤残换来的教训和经验弥足珍贵。这次登山行动中，虽然暴露出登山组织指挥中存在的一些问题，但取得的成绩应给予充分肯定。之所以认真总结和记述吸取这些深刻教训，本不忍对已经为我国登山事业献出了宝贵生命的先辈们再次提及这伤感的一幕，但是为了牢记这些教训，还原山难发生的经过，警示后人避免重犯前人已经犯过的错误，不得不再次追述那段悲壮的探险岁月。

第四章

1964年参加攀登希夏邦马峰行动

在登顶珠峰之后仅4年的1964年，西藏登山营继1960年10月1日组建之后，与中国国家登山队联合组队，挑战世界14座海拔8000米以上高峰中的未登峰——希夏邦马峰。此举不但再次展现了中国国家登山队与西藏登山营所代表的中国登山运动发展水平和实力，而且其更大的意义在于中国登山运动员创造了人类首次登顶希夏邦马峰的纪录，标志着世界上海拔8000米以上的极高峰，已经全部被人类登顶。

当时，在世界登山界因为"无高可攀"而推动登山运动向战术技术要求高、攀登难度大的方向转移和发展，从而开创世界现代登山运动崭新局面之际，正是中国登山运动员以胜利者的身份和姿态亲手拉下了昨天的帷幕，为世界登山运动辉煌的一页画上了一个圆满的句号。

第一节 参加希夏邦马峰侦察队

1961年9月，在年初由张俊岩和刘连满率领西藏登山营的8名队员共10人组成的侦察队，对希夏邦马峰的东南、正东和东北几个方向进行了为期一个月的侦察基础上，西藏登山营开始执行第一次整建制出动的登山行动。全登山营的100多名男女登山运动员，在淅淅沥沥的秋雨中，乘坐十几辆大卡车来到位于日喀则地区聂拉木县境内的海拔8012米的世界第14高峰——希夏邦马峰脚下，在海拔5800米处进行冰雪作业训练，有的队员在侦察探路时登达海拔6500米处，表现出良好的高山适应能力。正当全营充满信心地准备正式攀登这座著名高峰时，接到国家体委通知，国家登山队在近日攀登位于新疆的公格尔九别峰时，发生了5名男女队员遇难的重大亡人事故。为了慎重起见，西藏登山营决定取消这次登山行动。至此，停止了一切攀登希夏邦马峰的准备活动。此后，西藏登山营在两年的时间里除营建、生产劳动和一般的体能训练外，没有从事过登山活动。

1963年，国家登山队选派人员与西藏登山营选派的人员，联合组成"中国希夏邦马峰登山队"。

队长：许竞

政委：杨克成

第二政委：贾启廉

副队长：周正、张俊岩

副政委：王凤桐、王富洲

当年春季，由阎栋梁和邓嘉善带领的23人侦察队，对希夏邦马峰进行了再次侦察，当攀登至海拔7160米处时，在东北山脊上找到了一条通往顶峰的攀登路线。在仔细观察、拍摄照片、搜集资料，并记录整理了较为完整的资料后返回拉萨。

6月初，正当西藏登山营全体人员全力以赴进行营建工程收尾施工时，营领导宣布了去新疆天池参加攀登希夏邦马峰登山集训队的十几名人员名单。由副营长兼教练组长张俊岩带队，乘车先到拉萨，与邓嘉善带领的侦察队会合，再乘车途经那曲、格尔木、敦煌到达柳园，然后坐火车到乌鲁木齐。

队伍到达天池后，进行了1个多月的体能训练，使队员们的身体素质有了很大提高。随后来到博格达冰川，进行了专门的冰雪作业技术训练。为了搞好训练的装备等物资保障，集训队专门用5天时间进行运输工作。通过集训，队员们不仅学习掌握了上、下冰坡的"三拍法""翻身保护法""快速打冰锥法"等技术，而且教练员们手把手教会了每位队员下到百米深的冰裂缝里练习自救与互救技术，锻炼和培养了登山运动员们临危不惧的胆量与采取救护措施团结协作转危为安的方法，提高了遇到险情不惊慌失措的心理素质和快速应变能力，还教队员们掌握了攀登冰陡坡、探明明暗裂缝、救援坠落冰缝人员的措施等。随着练习自救互救次数的增多和措施方法的熟练掌握，逐步消减了在黑暗冰裂缝中的恐惧感，为今后攀登高峰时怎样探查明暗裂缝、怎样越过或避开险恶路段选择登山路线、怎样应对突发险情等打下了坚实基础。

接着，集训队转场到重庆的北温泉进行了长达5个月的冬训，目的是进一步提高运动员的综合素质。训练主要采用"三从一大"的方法，测验训练成果指标是：负重行军、长跑，力量练习中每人负重50公斤每天行军十几个小时，或长跑20公里，要连续坚持8天才算合格；辅助训练项目是俯卧撑、仰卧起坐、立定跳远、单杠引体向上等肢体力量训练。西藏登山营选派去的队员大多数达到了各项冬训指标，在体能测验中，索南多吉、洛桑德庆、罗则的俯卧撑做到了300个左右，成天亮的单杠引体向上达到30多次，且是直上直下、身体不摆动，达到高质量的标准。高质量的训练效果，为"中国希夏邦马峰登山队"成功登顶这座世界14座极高峰中的处女峰打下了坚实基础，也使这批集训队员成了当时我国登山运动的骨干力量。

集训结束时，确定了突击顶峰队员名单，按照"出身成分好、政治思想觉悟高、身体素质好、有一定的登山经验、听从指挥服从命令"5条标准，宣布组成了以许竞为首的4位领导和以尼玛扎西、多吉、成天亮等十几名队员为攀登一线的突击登顶队伍。罗则因尚未登过高峰，不符合"有一定登山经验"这一条标准而未能名列其中，尽管感到失望，但他仍高兴地投入到为一线队员服务的工作中，并决心通过这次攀登锻炼积累经验，渴望在将来的登山行动中展示自己的训练成果，实现登顶高峰的愿望。返回西藏时，队领导指派罗则和曾曙生负责押运装载登山装备物资的汽车。汽车从重庆出发，途经西安、西宁，然后沿着青藏公路向拉萨进发。一路颠簸、一路尘埃，看似行驶速度较慢的汽车，竟然与从重庆乘火车到西宁又坐军用飞机来的其他队员同一天到达拉萨。

至此，攀登希夏邦马峰的前期工作全部准备就绪。

第二节 攀登前的准备工作

中国登山队自1960年成功从北坡登顶珠峰以后，就把攀登希夏邦马峰的任务提上了中国登山运动的议事日程。由于希夏邦马峰是一座从未有人攀登登顶过的山峰，人类对其几乎是一无所知，没有任何地方有关于该峰的可供查阅参考的资料。因此，为了搜集有关资料和探寻攀登路线，从1961年起，中国国家登山队就与西藏登山营先后联合派出3个侦察队，对希夏邦马峰进行了详细的侦察和各方面情况的调查。

第一次侦察是在1961年初，侦察队由张俊岩和刘连满率领西藏登山营的8名队员共10人组成，在该峰的东南、正东和东北几个方向侦察了一个月。

第二次侦察是在同年9月，从西藏登山营正在希夏邦马峰附近进行冰雪训练的队员中选出8人，组成第二支侦察队，又进行了一个多月的侦察活动。在侦察期间，队员们曾经登达海拔6500米处，并进行了摄影和观察。

第三次侦察是在1963年春季，第三支侦察队由中国国家登山队和西藏登山营的运动员及有关单位派出的人员等共23人组成，队长是阎栋梁。其中，运动员12人，气象、医务、通信和总务人员11人，西藏登山营的教练员邓嘉善和运动员马保仓、侯生福等人参加，活动时间两个月。有4名运动员侦察攀登到海拔7160米的高度，做了大量的观测、摄影等工作，找到了一条登达顶峰的路线。6月上旬侦察队回到拉萨，与西藏登山营派往新疆天池参加攀登希夏邦马峰登山集训队的人员会合，并共同前往。

经过3次侦察和对各方面情况的调查，特别是在最后一次侦察调查中，对希夏邦马峰的情况有了比较全面的了解。希夏邦马峰的攀登难点主要有以下几个方面：

一是路线长。从海拔4550米的大本营至顶峰，全程约36公里，是海拔7546米的慕士塔格峰的一倍，比珠峰的攀登路线还长。

二是裂缝多。从海拔6200米至6700米的路线上布满了网状的冰裂缝，其中以横裂缝、暗裂缝为最多，裂缝口部一般是20~200厘米宽。从海拔7200米直到顶峰，也横贯着不少明暗裂缝。

三是避风避寒条件差。不论是攀登路线还是设置的高山营地，均暴露在迎风面上，在暴风雪的袭击下，很容易发生冻伤和滑坠事故。

四是好天气周期短而少。希夏邦马峰山区的气候与整个喜马拉雅山脉的气候相同，在每年的11月至次年3月为风季、6月至9月为雨季，风季与雨季交替的短暂季节是登山活动的好时期。与珠峰相比，希夏邦马峰的气候特点是好天气周期少而短：

珠峰在1960年的登山季节有4个好天气周期，每个好天气周期有连续3~5天的时长；而希夏邦马峰在1963年的登山季节只有3个好天气周期，每个好天气周期只有连续2~3天的时间长度，这将给突击顶峰的行动带来很大困难。

侦察队通过攀登、观察、摄影等方式方法，找到了一条通往顶峰的攀登路线：该路线由海拔4550米的山脚下开始至5800米的草坡和碎石坡、5800米至5900米的冰塔区、5900米至6700米的4个冰雪台阶、6700米至6900米的走廊地带、7160米至8012米顶峰的冰雪坡，全程呈弯曲的"S"形路线到达顶峰。

根据山峰高程、地形条件、气象条件等情况，侦察队建议大本营设立在海拔4550米的朋曲河边，同时在海拔5300、5800、6300、6800、7300、7800米处设置6个高山营地，共7个营地。

从1963年7月开始，国家体委有关部门就组织主力队员，在新疆天池附近的山区和重庆北温泉等地，进行了体能和攀登技术训练。为提高训练质量，选择了类似的山区环境作为训练地点。冰雪作业训练选择在新疆天池附近的博格达峰进行，体能训练选择在山城重庆进行。

在主力队员进行冬训的同时，对从西藏军区抽调的80多名官兵，也集中在拉萨进行了100天的针对性训练，主要是进行了一般的体能训练和登山常识及攀登综合技术学习训练，以便承担高山物资的运输任务。

主力队员进山之前，又集中在拉萨进行了一个月的高原适应性身体锻炼。训练中，贯彻从难从严从实战需要出发的强化训练精神，把针对攀登希夏邦马峰的困难程度与提高队员体能、技术水平，作为制订训练计划的依据，重点抓了"三大技术"训练：上下冰陡坡、通过冰裂缝、个人和互相保护等技术科目的强化训练。体能训练以负重行军为重点。通过这些训练，所有队员的体能和攀登技术水平都有了很大提高。

1963年8月，国家体委向中央报送《关于攀登希夏邦马峰的请示》，准备于1964年4—5月间攀登希夏邦马峰。之所以选择希夏邦马峰作为攀登目标，除了该峰是世界上最后一座海拔8000米以上未登峰且位于我国境内，理应由我国登山队登顶等原因以外，还考虑到要使登山运动的发展水平适应社会主义蒸蒸日上的建设速度和体育事业快速发展的总体要求。经中央政府和周总理批准后，攀登希夏邦马峰所需要的物资、器材、装备和气象、医务、通信等保障人员都陆续到位。气象人员提前进藏，搜集分析了以往积累的资料，并进驻山区继续观测，还和成都、拉萨气象台建立了气象预报联络网。医务人员根据过去从事登山医疗保障的经验，准备了较为完备的药品和医疗器械。通信人员进山前检修了通讯、发电等机器设备，配备了专门的机务人员。登山队准备的食品、装备、器材等物资共达150余吨。其中，木柴50吨、登山装备和食品50吨（都是从北京、上海、天津等地试制筹集的）、其他物资器材50吨。木柴、粮食、发电机及部分登山装备由西藏的有关部门提供。

1963年底，国家体委有关部门与中国登山队正式制订了《攀登希夏邦马峰行动计划》。

为了加强对希夏邦马峰攀登行动的领导，根据中国人民解放军总参谋部和国家体委的指示精神，于11月25日召开了一次登山行动准备工作会议，会议决定成立登山指挥部，由西藏军区副司令员陈明义任总指挥。

1964年初，中国希夏邦马峰登山队正式成立，由中国登山队和西藏登山营的主力队员及从驻藏部队派出的警卫分队，与从国家气象、科研、医疗等相关部门借调的专业技术人员，共206人组成。其中，藏族队员73人，占全队总人数的35.5%；老队员43人、新队员74人；全队共有运动健将13人、等级运动员30人；运动员的年龄平均在25岁左右，最年轻者18岁，最年长者41岁；还有气象预报和科学考查队员、医务人员等16人；警卫排指战员21人。队员中有工人、农民、学生、解放军官兵、科技工作者、新闻媒体记者等；有汉、藏、回、满4个民族的队员。

队长：许竞

副队长：祝捷、周正、张俊岩

第一政委：杨克诚（西藏军区政治部青年部部长）

第二政委：贾起廉（西藏军区日喀则军分区军官）

副政委：王凤桐、王富洲

科考队队长：施雅风

科考队副队长：刘东升

登山队下设5个分队：第一、二、三分队由登山运动员组成；第四分队是后勤保障人员，分为气象、医务、通讯、宣传、警卫、总务6个组；第五分队是科学考察人员，负责收集和考察测量希夏邦马峰山区的地质、地貌、冰川等方面的科学资料。

登山队根据1960年攀登珠峰期间共进行四次行军的成功经验，在《攀登希夏邦马峰行动计划》中，决定把这次的攀登行动也采取分线、分段、分批、分期攀登的战术，即把侦察路线、建立高山营地、物资运输、适应性行军、突击顶峰这5项任务，按高度、难度把运动员分成三个线：第三线，即第三分队负责从海拔4550米的大本营至6900米的攀登路线上侦察、建营、物资运输工作；第二线，即第二分队负责从海拔6900米至7776米的攀登路线上侦察、建营、物资运输工作；第一线，即第一分队负责在第二、三线已建成高山营地、完成物资运输任务、打通攀登路线的基础上，利用好天气周期突击顶峰。

登山队根据国家体委的指示，向全体队员提出了攀登行动的3项目标要求：登上顶峰、保证安全、拿回资料。

鉴于1960年攀登珠峰时，登顶队员碍于夜暗未能摄影取证，致使这一成功存在美中不足的教训，中国希夏邦马峰登山队在行动计划中安排了两方面的拍照取证保险措施：一方面由登山队员在登顶过程中拍照取证；另一方面组织专业摄影人员登上东山口北侧山头，用长焦距照相机镜头拍照取证。总之，要采取一切措施，保证把登顶照片拍下来，力求从各个方面有力证明所登达的高度。

1964年3月5日，由三线队员组成的先遣组抵达希夏邦马峰脚下，在海拔4550米的朋曲河边建起了大本营。这里地势开阔，但是风势较大。在当地政府和人民群众的支援下，维修了长达80多公里的通往大本营的简易公路，保障了输送大队人员和物资等车辆的平安顺利进出。

3月5日、7日，第四、五分队的大部分队员分别抵达大本营。

4月17日、22日，第二、一线运动员，即第二、一分队队员及部分科考队员分别进驻大本营。

附近的牧民群众，在当地政府的组织下，每天赶着牦牛送来牛羊肉等物资，支持登山队的攀登行动。

第三节　三二一线队员的六次行军

3月18日至4月7日，三线即第三分队的67名队员，在登山运动健将、分队长石竞的带领下，共进行了两次行军。第一次行军登达海拔6300米处，第二次行军登达海拔6900米处，共建立了海拔5300米、5800米、6300米、6900米4个高山营地，完成了向海拔6900米以下各营地共计6000公斤高山物资的运输任务，并将6900米以上各营地计划所需的1000公斤物资运抵6900米营地，为整个登山行动顺利展开奠定了物质基础。在这两次行军中，登达海拔6900米的队员共有92人次、登达海拔6300米的队员共有197人次。三线队员是在大部分坏天气里坚持行军攀登和物资运输，两次行军中因患高山病和冻伤共计下送治疗16人，占第三分队总人数的24%。行军任务完成后，从中选拔出20名各方面表现突出的队员参加了第二分队接力进行的3次行军。

3月25日至4月25日，二线的第二分队38名队员，在分队长刘连满的带领下，共进行了3次行军。第一次行军登达海拔6500米处，第二次行军登达海拔7200米处，第三次行军登达海拔7776米处。在3次艰险的行军中，尤其是在第三次行军中的困难最大。

4月14日，气象组报告：综合各方面的天气现象观测预报，适宜登山的好天气将在两天以后出现。根据历次的登山经验，为确保队员们安全，两天后出现的好天气只能用在海拔7000米以上高山地段和突击顶峰使用。第二分队由运动健将、继任第二分队长阎栋梁（刘连满因病返回大本营）带领，正在海拔5800米营地待命。大本营决定第二分队必须在好天气周期出现之前登达海拔6900米营地，在好天气出现时向上攀登到海拔7500米营地和7776米营地,以完成物资运输和营地建设任务。不巧的是,大本营与5800米营地的无线电通讯定时联络时间已过,队长许竞果断决定派人以最快的速度,在天黑以前把行军命令送达5800米营地。3分钟后,火速派出的藏族队员罗桑德庆和巴桑加布,跑步离开大本营向5800米营地攀登。2人只用了4个小时就赶到,并把命令交给了同在5800米营地指挥运输分队工作的登山队副政委王凤桐和阎栋梁,而罗桑德庆和巴桑加布却累得几乎连说话的力气都没有了。王凤桐和阎栋梁稍作商量,当即召开会议传达了队长许竞的命令,并周密安排了执行命令的详细部署。一个小时后,第二分队便离开营地出发了,在队伍前面担任开路任务的是登山一级运动员王洪葆。当天的24时,队伍登达6300米营地。然而上次行军时建立的营地,由于连日的暴风雪袭击和掩埋,已经消失得无影无踪。阎栋梁接连派出刘大义、胡明虎、王振华3个结组向不同的方向寻找,最终都没有找到。在零下二三十度的严寒中露营是十分危险的,因此第二分队只好撤回到5800米营地。

16日,第二分队全体队员经过昨日一天的休息,在阎栋梁的带领下,再次向6300米营地进发。由于是白天,队员们终于找到了被大雪掩埋的帐篷。两个小时后,重新建立起了这座高山营地。

17日晨,正当第二分队准备开赴海拔6900米营地时,大本营发来了天气即将变坏的紧急通知,要求第二分队暂时停留在6300米营地待命。从当天开始的坏天气过程一直持续了4天,队员们也被暴风雪围困了4个昼夜。这里处在粒雪盆中心地段,是个很大的平台,南边是冰瀑区,西边和北边是陡峻的山峰,每天都发生雪崩。大量的冰雪倾泻而下,雪崩的轰鸣声震荡着山谷,气势非常壮观,但却令人生畏。

20日上午,天气开始好转。第二分队的40名队员在阎栋梁的带领下紧急出动,跋涉了12个小时后登达海拔7500米处,并建立了营地。根据地形地貌,为了选择适宜的地点设营,比原先侦察队建议的在7300米处设营位置又向上推了200米的高度。从6300米至6700米的路段是冰陡坡,又像是冰瀑区,冰川很破碎,明暗裂缝特别多。队员们在攀登中非常小心谨慎,既要随时注意两边的冰雪崩,又要小心脚下的暗裂缝,还要防止滑坠。登上这段冰陡坡后,就来到希夏邦马峰西山脊下边的冰川大通道。这里是东西向的长廊,夹在希夏邦马峰与北峰之间,裂缝不多,坡度较缓。这个东西长约5公里的冰雪通道,因为东西两端无山峰遮挡,所以风力特别强劲,常常吹得队员们站立不稳,6900米处的营地就设在北峰脚下。从这个营地出发半小时后就登达希夏邦马峰西北山脊的北坡上,这是一片冰陡坡,冰质坚硬,攀登时容易发生滑坠险情。登上冰坡,就来到了西北山脊上。沿山脊东侧向上,一直达到了7500米营地。此处的坡度在40度左右,积雪在30~40厘米,雪质较为松软。

21日,第二分队挑选出30名队员,先后离开7500米营地向海拔7700米高度攀登,并建立突击营地。根据实地的地形情况,比之前侦察队建议在7800米处设营位置向下降了100米的高度。这一段的路程不长，相对高度仅200米，但坡度大、积雪深，山脊上风力很大，不易攀登。再往南边又是冰崩和雪崩区，队伍只能在接近山脊的内侧直线攀登。前进的路线上要经过巨大的冰崩区和连绵陡峭的冰雪坡，开路的两个结组不得不交替在前面刨出冰壁上的台阶，引领队伍缓慢上升。经过5个小时的艰险攀登，终于登达海拔7700米处的赭色石塔附近。这块巨型三角岩石耸立在那里，大风吹过，随时发出刺耳的呼啸声。阎栋梁与刘大义、王振华、王洪葆、侯生福、胡明虎、尼玛扎西、嘎索8名队员留在这里建立突击营地，其余22名队员放下背运的物资后按计划立即返回7500米营地。突击营地在距顶峰312米的地方建立起来，帐篷搭在队员们从冰雪坡上挖出的最大限度的雪坑里，但由于受雪坡地形限制，每个帐篷的半边仍然都悬在空中，只能用尼龙绳把每个帐篷固定在陡坡上。

22日，第二分队全部撤至5800米营地，该分队的第3次行军也至此结束。

在第二分队的3次行军中，主要取得以下成果：共建立了海拔7500米和7700米两座高山营地、上送物资700余公斤；侦察和选定了海拔7700米以下的攀登路线、对7700米以上路线进行了观察确认；在海拔6900~7200米、7400~7500米、7500~7700米三段路线上的陡坡处架设了保护绳索。在3次行军中，队员们登达海拔7700米处的达30人次、登达海拔7500米处的达40人次、登达海拔6900米处的达96人次。因患高山病、冻伤或体力不支下送治疗或休息的队员有18人。

第二分队大部分是在坏天气的情况下攀登的，他们克服种种困难、力避危险事故发生，出色完成了任务。

早在3月18日至4月2日期间，一线的第一分队13名队员进行了一次适应性行军，登达海拔6600米高度，此后便在大本营休整待机。按预定的行动计划，第一分队将在两次适应性行军之后突击顶峰。在第一次适应性行军之后，队员们均感体力消耗大，然而适应性较好。因此，老教练和老队员们都建议趋向于取消一线的第二次行军，改变为待机直接突击顶峰。登山队领导对此建议进行了反复分析研究，针对一线队员有9人曾登达海拔8000米以上高度、4人曾登达海拔7500米高度，13名队员都有良好的高山适应能力的实际情况，特别是在第一次行军中，全体队员的高山适应性都很好，再加上这次登山行动有充足的氧气保障，一线队员登到海拔6900米后即可间断吸用氧气，于是决定登山队向登山指挥部和国家体委呈报拟取消一线队员第二次适应性行军的请示。登山指挥部复电"原则上同意"。国家体委在复电中则提出了一些疑问，要求登山队"慎重研究"。

国家体委的担心主要在以下几个方面：

一是登山队估计一线队员的适应性没问题，但这是否有把握？从报来的情况看，刘连满、马保昌、张群等人过去攀登的高度都很高，适应性都很好，而这次在海拔7000米以下就都有高山反应，值得慎重对待。

二是体力与适应性的关系，在高山上尤为重要，如果取得较好的适应性，体力稍差一些还可坚持，如果适应性不好，体力好也上不去。

三是氧气是保障条件之一，但应吸取在珠峰登顶时的经验教训，以免一旦发生问题就被动。

4月11日，登山队在逐条逐点反复细致地研究了国家体委的电报指示精神之后，以敢于担当的负责精神，再次致电国家体委和登山指挥部，坚持了"取消第二次适应性行军"新方案的主张。理由主要有以下几点：

一是气象预报雨季可能提前到来，好天气周期出现次数可能减少，应抓紧时间突击顶峰。

二是一线队员登达海拔6600米时状态都很好，而且各线的第一、二次行军基本是在坏天气中进行，又因路线长、地形复杂更艰险，使队员们体力消耗很大。

三是用消耗大量体力的代价换取600米的海拔适应高度得不偿失（原计划第二次行军目标高度较第一次行军终点高出600米，将登达海拔7200米处）。

四是体力差、适应性好是我国历次登山的教训和经验。根据攀登珠峰的切身经历，不少队员的上升高度都能达到1500米，而且状态良好。如王凤桐曾和史占春在攀登珠峰第三次行军中，一次攀登高度超过1500米（海拔7028米至8695米），并在8695米处挖雪洞露营，一夜未用氧气，高山适应性仍然良好，但缺憾的是感到体力不支。我国登山队员的高山适应能力强是被历次登山行动所证实的一个很突出的特点。

五是下撤的3人都是因病而感觉体力不支回到大本营的。马保昌是肝胆性腹部剧痛、刘连满是肝脏大和肝部剧痛、张群是出发前患感冒在高山营地感到体力不支而下撤的，他们的高山适应能力都很强。

六是增加一次突击顶峰的机会。如果天气突变，一旦按预定日期不宜突击顶峰，还可把第二次适应性行军的时间直接改变为待机突击顶峰。

4月14日，国家体委复电，原则上同意登山队关于取消一线第二次行军方案的请示。

第四节 突击顶峰

4月25日12时，一线队员在登山队队长许竞，副队长张俊岩和副政委王富洲带领下，由13名运动员与2名医生、3名记者组成的突击队从大本营出发，开始了突击顶峰的攀登行动。当天越过海拔5300米的1号营地，直接登达5800米的2号营地。这个营地建立在野博康加勒冰川终碛石上，向上攀登首先要通过冰川和冰塔区，再向上就到了冰川的裂缝区，其威胁最大的是前进方向右侧的雪崩区。队伍在3天的时间里越过了崎岖的野博康加勒冰川，突破了陡滑的冰塔林险关，上升到海拔6300米的3号营地。其中的医生和记者们已提前停留在海拔5800米营地。据天气预报好天气周期将在5月1—3日出现，一线队员计划在海拔6900米的4号营地待机向上攀登。

28日，突击队员们从3号营地出发，以急行军的速度奔向海拔6900米的4号营地所在的冰雪峡谷。途中登上了又一处冰雪台阶，到达冰雪峡谷的尽头，4号营地就坐落在这里。然而到达后却发现之前搭建好的几顶米黄色的高山帐篷和作为营地标志的小红旗已经无影无踪，整个营地都被积雪掩埋。队员们立即清除积雪，经过两个多小时的忙碌，在天黑时才把帐篷挖出来、重新搭好入住。

29日，天气突变。因风力太大，队员们只好在4号营地停留待机一天。

30日晨，队员们向海拔7500米的5号营地进发。在翻越希夏邦马峰东北山脊上的岩石地段后，面前出现了一个40度以上的漫长冰坡。行进中大家的双脚陷进坚硬冰面上一尺多深的积雪中，每挪动一步都要消耗很大的体力。登山队副政委、突击队员之一的王富洲带头走在前面开路，经过7小时50分钟的攀登，终于登达5号营地。经过两个多小时清理积雪，挖出并搭建帐篷，恢复了营地设施，当晚宿营于此。

5月1日，13名突击顶峰的一线队员全部登达海拔7700米的6号营地，即突击顶峰的"桥头堡"。

之前攀登过的这段路程中最艰险的是一道平均坡度在50度左右的冰坡，像拦路虎挡在面前。负责开路的是曾在攀登珠峰时登达海拔8100米高度、登山经验丰富的西藏登山营队员、一级运动员成天亮，他镇定细心地在陡滑危险的冰坡上挥动冰镐刨出台阶，小心谨慎地引领队伍向上攀登。

12时30分，全体队员安全登达赭色尖塔般的三角巨石附近，在左上方的一片雪坡之上，隐约可以看到黄色高山帐篷从积雪中露出的尖顶，这就是冲击希夏邦马峰顶峰的突击营地。

劳累了一天的队员们进驻营地后都坐在帐篷里，正准备烧水吃干粮，成天亮走出帐篷取冰准备烧水，却忘记脚上没有穿绑着冰爪的登山靴，结果刚走出帐篷就发生滑坠险情，随着他的疾呼声飞速下滑，眼看就要发生滑坠亡人事故。这时幸好遇到住在下边帐篷的邬宗岳也在取冰，听到喊声，抬头一看知道发生了人员滑坠，就赶紧走几步，对准成天亮下滑的方向将冰镐猛地插进了雪坡中，成天亮叉开双腿骑在了冰镐上，从而阻止了一次山难事故发生。

17时，接到大本营的天气预报通知："5月2—3日均为一等好天气"。队长许竞立即在高山帐篷里召开会议，进一步研究完善突击顶峰的方案。

原定突击方案是：

第一条，一线的13名队员组成两个梯队，每个梯队两个结组。第一梯队7人、第二梯队6人。第一梯队登顶成功后，第二梯队便不再突击顶峰。如果第一梯队失败，第二梯队继续突击顶峰。

第二条，从二、三线队员中选出28人组成第三梯队，其中包括运输队员。以备一线队员突击不成功时，利用5月中旬的好天气周期再次突击顶峰。

修订完善后的突击方案是：

第一条，针对突击队员中的大米玛、边巴、嘎久群培体力消耗过大，导致高山反应严重的实际情况，决定上述3人不参加突击顶峰的行动，留在营地。

第二条，剩下的10名队员共分为3个结组：第一组由许竞、邬宗岳、索南多吉、成天亮4人组成；第二组由张俊岩、尼玛扎西、多吉3人组成；第三组由王富洲、陈三、云登3人组成。

会议还决定：一组负责开路突击；二组跟进突击；三组负责接应收容伤病员和落在后面的队员。

会议还对摄影、取证、观察顶峰景象等拿回资料等问题；下山保证安全的问题；高山营地撤营的问题等一系列问题作了明确分工安排。同时，要求大家尽早休息，明天尽早出发，出发前尽量吃饱喝足，以确保决战决胜。

当天夜里天气晴朗、皓月当空，但非常寒冷。大家穿着鸭绒衣坐在睡袋里还冻得瑟瑟发抖，只好烧着小煤气炉一边取暖一边烧水喝，等待黎明的到来。在整个夜晚，激动的心情和寒冷的身体使大伙没有一丝睡意。

2日凌晨4时，队员们开始吃饭，所谓早饭就是每人4块软糖和一杯不烫手的"开水"。饭后立即整理背包，整装待发。

5时，张俊岩和王富洲用报话机与大本营通话，在大本营的王凤桐告诉了天气预报是天气情况正常，并作战前动员说："全体队员们在注视着你们的行动，并陪伴着你们一同前进。前进吧！胜利是属于你们的！亲爱的同志们！"

6时，队长许竞下达了突击顶峰的命令。10名突击队员冒着零下25℃的严寒和6级大风，踏上了向海拔8012米顶峰挺进的征程。登顶的路程异常艰险，虽然有月光照明，但后边的队员还是不能看见前方队员行走的身影，只听到在前方开路的队员大声提醒注意安全的声音。但在刚出发不久还是发生了险情——随着队员多吉的"哎哟"一声惊叫，一条覆盖着浮雪、张着大口的冰裂缝，已经吞没了他的上半身，眼看就要坠落深不见底的深渊。身材魁梧的另一位队员尼玛扎西，急忙拉紧连接多吉安全带铁锁的结组保护绳，止住了多吉继续坠落。多吉在极力挣扎中扬起了团团雪粒随风飘去。"从后面爬出来！"经尼玛扎西提醒，只见随着一阵雪粒飞舞，多吉终于从冰裂缝中脱险出来。队伍在接近海拔7800米高度时，正处在黎明前的黑暗时段。这时月亮西沉、天空一片漆黑，队伍来到了从远处看是一片发亮的地段，实际上是一片质地坚硬而光亮的硬冰陡坡。登顶的路线必须从这里横切过去，才能接近顶峰。

许竞命令大家休息一下，等待天空稍亮能看清路线时再横切。

随着东方的天际渐亮，顶峰已隐隐约约出现在左上方。这时突击队员们面前出现了一道50度的冰坡，坚冰如镜，坡下是数百米的冰崖峡谷，队伍将要从这里横切过去，即将登达顶峰。许竞下令横切！一直在前面开路的邬宗岳，立即挥动冰镐，在冰面上作"三拍法"刨出台阶横切，冰镐溅起团团冰渣，沾满他满是汗水的脸颊，每刨出一个台阶就前进一步……如果稍有不慎滑坠，因尚无法采取有效保护措施，就会滚落悬崖，直至无影无踪地掉进下面几十丈深的断崖深谷之中。他以过硬的冰雪作业技术率先横切过了冰坡。许竞为了保证后续队员安全通过，便挥动冰镐叮叮当当地在冰坡的一端打下一个可以穿挂尼龙保护绳的钢质保护冰锥，队员们把维系生命安全的结组绳套套在了冰锥上，每个人像一只只壁虎那样全身斜靠着、紧贴在冰壁上，用"三拍法"前进：用冰镐扎牢后，两只脚就一前一后向前移动，找稳了立足点后，再把冰镐再向前扎。这样小心翼翼地一镐一镐缓缓前行。许竞和张俊岩带领的两个结组通过后，王富洲带领的第三结组开始横切冰坡，他首先踏上冰坡，后面的陈三和云登进行保护。由于通过的人走多了，邬宗岳用冰镐刨出的小台阶有了缺损，变得非常光滑。王富洲刚在冰面上横切前进了10多米以后，就突然脚下一滑，刹那间"唰"地飞快向冰坡下方坠落……在刚开始滑坠的几秒钟里，有着丰富攀冰经验的他在做自我保护动作的同时大喊："保护！"陈三和云登连忙以极其敏捷的动作，使出全身力气把冰镐猛插进冰层，死死拉住了连接王富洲安全带铁锁的保护主绳，在主绳坚实的拉扯下，王富洲又采取了一系列自救措施，使其在滑坠下20多米的地方停住了。他又一次成功脱险，并回到了攀登路线上来。这一片宽度不过20多米的冰坡路段上，竟使突击队花去了宝贵的30多分钟时间才得以全部通过。

天已大亮时，突击队来到一个巨大的冰瀑地带，千万吨冰雪堆积在这里，筑成了100多米高的冰雪屏障。蓝色冰层好似龇咧着阴森的大口，露出狰狞的怪相，脆硬的冰体由于受到坡度突然起伏变化压力而扭曲，形成了无数条裂缝，使冰坡变得危险难行。经过仔细观察，发现冰瀑区的中部依稀可见一条可以通过的路线。许竞、张俊岩、王富洲3人交换了意见，一致认为从这里穿过虽然不能排除各种危险的存在，但在太阳没有照射在冰瀑上以前不会发生融冰现象，危险性是极小的。如果改换远处的其他路线，不仅路程拉长，更加消耗体能，推迟登顶时间，同样也难以保证安全。最后，大家决定走冰瀑区中部这条通道。随即3个结组以最快的速度直插了进去，越过了冰瀑区。接着，突击队又通过了一个45度倾斜的拱形雪坡，接着踏上了左前方一条雪峰形成的刃脊。这时，距离峰顶只剩下10米左右了，由于队员们体力消耗极大，就又一次停下来喘息，但是由于坡度较大，必须先用冰镐挖出落脚点、做好保护才能停下歇息。

10时10分，第一结组爬上了雪檐顶部。队伍到齐后，喘息了片刻，抬头一看，顶峰就在眼前，本来走在队伍前面的副队长张俊岩，主动让队长许竞走在最前面，率领大家走完最后的路程。

10时20分，队伍绕过一个蘑菇状的雪檐后终于踏上了希夏邦马峰峰顶。此时，队员们想起来从山下望去是那么尖、那么险峻的顶峰，到了顶上看时却变成了一个三角形的雪堆，样子跟轮船翘起来的船首一模一样。此时，天气晴朗，但高空风仍然很大，队员们互相大声说话也听不清楚。登山队长许竞用报话机向大本营报告：中国登山运动员许竞、张俊岩、王富洲、邬宗岳、陈三、成天亮、索南多吉、尼玛扎西、多吉、云登10人（其中的张俊岩、成天亮、索南多吉、尼玛扎西、多吉、云登6人是西藏登山营的运动员）已于5月2日10时20分胜利登上了希夏邦马峰顶峰！

接下来，登山运动健将、藏族登山运动员多吉从背包里拿出五星红旗和一尊毛泽东主席塑像，许竞从专门携带的日历本上撕下"5月2日"这一页，又用黑色铅笔在背面写下："中国登山队许竞等10人征服了希峰。1964年5月2日。"由于顶峰全部被冰雪覆盖，找不到暴露的岩石缝隙，藏族运动员尼玛扎西就用冰镐在顶峰正中央挖了个小坑，把毛泽东主席塑像和国旗及"5月2日"这页日历一起放在里面，并用冰雪覆盖起来。

担负摄影重任的邬宗岳，为了拍摄顶峰的地形地貌和运动员们在顶峰的活动情形，以作为登顶取证的资料，就奋不顾身地爬上了一段齐胸高的冰崖，在王富洲和成天亮的扶持保护下完整地拍摄了珍贵的电影资料片。然后，由张俊岩、陈三、成天亮、云登轮流用135相机为全体登顶队员摄影留念。

11时，突击队员们在峰顶停留40分钟、完成所有规定工作之后，队长许竞命令下山。要求大家必须集中精力，遇危险路段要互相保护，一定要安全返回大本营，才算完成了任务。下山前，按照科学考察组的叮嘱，藏族运动员云登凿下一块冰雪装进特制容器内，作为海拔8000米以上高度的冰雪标本带回大本营，交给科考人员化验研究。

12时30分，登顶队员下撤到海拔7700米营地，同留在这里的大米玛、边巴、嘎久群培这3名队员会合后接着下撤。途中，走在前面的张俊岩结组发生了滑坠，队员尼玛扎西因缺氧和疲劳，出现昏昏欲睡的状态，下撤中已经几次摔倒，都被紧跟在后边的张俊岩和多吉保护住了。此时的滑坠发生在冰坡上，要想保护住是相当困难的，于是3人一起从冰坡上向下翻滚，互相都被冰爪和冰镐扎伤了脸和手，衣服也扯破了，鸭绒乱飞。一直坠落了200多米以后才停在一条1米多深、被吹雪填满了的裂缝中。幸好都是受的皮外伤，不影响继续下山。当天回到海拔6900米的4号营地。

4日，13名突击队员同时返回大本营。

在突击队员登顶的同时，第二、第三分队的部分队员和医务人员组织了支援接应组，在海拔6900米和5800米两处营地做了支援接应工作。第二分队的25人登达海拔6300米和6900米营地；第三分队的25人登达海拔5800米营地，把数千公斤的高山物资与登顶队员们共同接应运回大本营，为国家节约开支的同时，也保护了山峰环境清洁。

此次攀登希夏邦马峰的登山运动成绩是：

登顶海拔8012米的队员共有10人，其中有西藏登山营的运动员6人。

登达海拔7700米突击营地的有33人：阎栋梁、刘大义、王振华、大米玛、王凤桐、嘎索、嘎久群培、边巴次仁、尼玛扎西、罗布、文传甲、胡明虎、拉巴、邹兴录、罗则、小巴桑、曹延明、拉真、普布扎西、边巴顿珠、罗朗、侯生福、黄万辉、王洪葆、罗桑坚赞、小索南旺堆、益西、张久荣、高谋兴、阿旺、吴群、小米玛、索南次仁。

登达海拔7500米5号营地的有10人：明玛、扎西班觉、索南旺堆、达拉、扎西次仁、本则、普布、扎西才旦、多吉、索南彭措。

7—8日，中国希夏邦马峰登山队分批撤离大本营。

10日，到达日喀则。

12日，回到拉萨。西藏党政军领导与上万名拉萨各界群众在罗布林卡隆重集会，热烈欢迎中国希夏邦马峰登山队胜利归来。

24日，中国登山队队员和从北京借调人员，以及西藏登山营的部分成员，共70余人起程返回北京。

6月4日，登山队回到北京，在北京火车站受到热烈欢迎。

6日晚，在北京饭店，以国务院副总理、国家体委主任贺龙的名义举行了盛大宴会，热情招待中国希夏邦马峰登山队队员。

8日，在人民大会堂举行了有一万多人参加的首都各界欢迎大会。北京市副市长万里出席会议并讲话，他赞扬中国登山队攀登希夏邦马峰的成功在我国登山运动史上又一次写下了光辉的篇章，对世界登山运动又一次作出了重大贡献。

第五节　登顶后国内外的反响

中国希夏邦马峰登山队圆满完成了"登上顶峰、拿回资料、保证安全"三大任务。在整个行动中，共有10人登上顶峰、33人登达海拔7700米、10人登达海拔7500米高度。在一次攀登海拔8000米以上高峰行动中，就同时有10人登上顶峰，这在国内外的登山运动史上还是第一次。另外，在这次登山行动中共拍摄了两万多尺的电影胶片和大量的照片，收集了丰富而且宝贵的登山行动资料。特别是没有发生亡人事故，冻伤人数也较之前的历次登山行动大为减少。社会上普遍认为这是我国自1957年开展登山运动以来，比较圆满成功的一次大规模登山行动。

新华社等国内主要媒体均报道了中国登山队胜利登顶希夏邦马峰的消息，新华社记者郭超人撰写的《希夏邦马峰征服记》在许多地方的报刊连载发表。

中国登山队登顶希夏邦马峰的胜利，在世界登山界引起了较为强烈的反响。英国《泰晤士报》用半个版面刊登了登顶希夏邦马峰的照片，英国《卫报》刊登文章认为中国登山队如果能提供更多的照片证明登上了顶峰，这将必然是一项卓越的登山成就。日本各家大报在6月3日和4日的报纸上，分别以巨大篇幅报道了中国登山队登上希夏邦马峰的消息，全日本登山联盟理事高桥照先生在《读卖新闻》上发表的文章中写道："作为同行人，对这种令人称快的行为，致以热烈的祝贺！"《朝日新闻》也发表文章说："这是值得欢庆的事，这是日本登山队很早就想爬的山。"《日本体育报》上也写道："这一高峰，是世界登山界早就向往的目标，这次中国登山队登上顶峰，向全世界显示了中国登山运动的力量。"

第五章

1965—1967年攀登珠峰"北上南下"行动练兵及"文革"期间的停顿

1965年5月至1966年5月,根据贺龙元帅"要在三年内北上南下珠穆朗玛峰"的指示,西藏登山营为执行国家体委在1967年再登珠峰的计划安排,主要完成了配合国家登山队对珠峰攀登路线再侦察和选拔招收新队员、修通定日县岗嘎镇至珠峰大本营道路、对新队员在珠峰进行实地集训、对全体运动员在珠峰进行实训并选拔正式队员等工作任务。全营人员鼎盛时,新老队员达300多人。

1966年8月至1967年2月,在位于兰州市的甘肃省干部学校,对选拔出的200多名队员进行了为期7个月的集训。正当参加集训人员准备进藏完成"跨越"珠峰的任务时,"文化大革命"(简称"文革")开始了,登山行动计划被迫撤销。

1968年4月至1971年8月,西藏登山营里来自其他省、市和区内相关单位的一些教练员、运动员返回原单位。留守人员参加自治区体委在林芝举办的毛泽东思想学习班。

第一节 1965—1967年参加攀登珠峰"北上南下"行动练兵

1964年6月，国务院副总理、国家体委主任贺龙元帅，在北京接见攀登希夏邦马峰登顶队员时，曾做出指示："要在3年内北上南下珠穆朗玛峰。"根据这一指示，国家体委党组研究决定在1967年再次攀登珠峰。

1965年4月6日，中共西藏工委常委会决定成立"攀登珠峰登山指挥部"，由西藏军区副司令员、西藏体委主任陈明义将军担任指挥长，作为国家的重大登山任务来组织实施。

5月，西藏登山营全面投入到攀登行动的准备工作之中。新组成的珠峰登山队分成6个组：许竞等10人为侦察组，再次对攀登路线进行全面细致的侦察；其他5个组，分赴昌都、山南、日喀则、拉萨市的当雄县和尼木县选拔新队员。西藏登山营副营长赵重禧带领罗则等4人在当雄县、尼木县，用时45天，选拔了索南罗布等30多名新队员，交由索南多杰为组长的迎接组，带至林芝西藏登山营集训。

8月，登山指挥部决定派出由西藏登山营副营长赵重禧任组长，罗则、赵文伯、王凤桐为成员的筑路组，负责在当地政府的支持下，组织100多名民工，修通定日县岗嘎镇至珠峰大本营之间90公里的简易公路。筑路组到达定日县后，赵副营长向县委、县政府汇报了筑路任务情况，希望得到县里的重视和支持。县委和县政府领导当场表态说："国家登山队来我县非常欢迎，因为这是国家交给我们大家的共同任务，所以你们需要什么帮助，我们就提供什么支援，我们动员全县人民支持筑路工作。"

接着，定日县组织了100多名民工，由在民众中威信高的两位民工担任领队。筑路组决定由罗则担任工地指挥，又指定两位曾在攀登希夏邦马峰时当过运输民工的米玛和阿旺当助手。罗则带领筑路民工大队从岗嘎镇开始施工，边修筑边移动帐篷营地，用了7天的时间就把路修到了杂嘎藏布河边。

在修建过河道路时，考虑到河水流量到9月底将会变小，而此地两边都是大山，过河是车辆通行的必经之路。因河床上到处是乱石，车辆要在没有道路的情况下涉水通过将很困难，但在当时的条件下修建桥梁是不可能的，特别是下个月（9月）中旬新招队员就要乘车进山练习攀登冰雪技术。在时间紧、任务重的情况下，只好动员大家群策群力完成过河筑路任务。通过大家献计献策，根据有经验民工的建议，决定修建水坝式通车道路，即从河里捞出石头，铺成一条宽4米、长10米的石块水坝路。在河水下部尽量用大石头、留出较大缝隙垒砌，到水面上尽量用越来越小的石头铺垫、留出较小缝隙，到离开水面之上的部分再铺细沙石，使河水从下面的大石头缝隙中流过，这样就解决了遇水而不能架桥的难题，保证了车辆通行无阻。

8月底，经过大家齐心协力地赶工期，终于按时完成了总长90多公里简易公路修筑任务，保障了人员车辆顺利通行。此后，在历次攀登珠峰等登山行动中，都是通过雇佣当地民工赶着牦牛运输高山物资，既减轻了登山人员的负重，又增加了农牧民群众的收入，更改善了山区群众生活和山村面貌，还由于聘请农牧民担任环卫队工人，保持了各著名高峰的清洁卫生。

9月中旬，由国家登山队队长许竞和政委张震带领的100多名新队员来到拉萨。筑路组人员和随新队员来的西藏登山营的老队员们担任教练员，随后进驻设在绒布寺的大本营。次日，参加训练的教练员和新队员们就背着技术装备和帐篷，以及10天的食品，前往营地对面的雪山下，在湖边扎营。这里有适宜针对性训练的冰川和冰坡，是新队员学习训练冰雪作业技术的理想场所。经过10多天紧张艰苦的教学练习，新队员们基本掌握了冰雪作业技术的要领和攀登雪山高峰的常识，顺利完成了实训任务。

队伍撤回林芝八一新村后，西藏登山营在原有4个排的基础上，又组建了第五、六两个排，全营新老队员达到300多人。由于人员太多，原来的4个排仍住在房子里，第五、六两个排只能住在军用帐篷里。那年冬天特别寒冷，可是每天8小时的体能训练还是照常进行，队员们没一个叫苦，没一人抱怨，大家的训练热情高涨，都想在新的攀登珠峰行动中取得新成绩。全体教练员和运动员在冬天的严寒中进行紧张的体能训练课目，有野外长途负重行军等，还为了从实战需要出发，坚持用冷水洗脸，虽然脸黑、皮肤粗糙，可大家为了实现心目中的目标，都把这一切当作快乐的事情来对待。通过一段时间的训练，队员们的身体素质提高很快。其原因一方面是训练方法得当，另一方面就是登山营的伙食好。当时，国家体委和西藏的各级领导都把即将开始的登山任务当作完成国家的重大政治任务来对待。所以，对登山运动员的生活给予特殊照顾。

1966年4月，西藏登山营又一次前往珠峰进行登高练兵活动。主要目的是测验新队员的高山适应能力及攀高能力，以便考察选拔登山实用人才。为此，规定队员无论攀登到多高的海拔处，除了患病以外绝对不准吸用辅助氧气，要求参训队员实事求是地检验自己的高山适应和攀登能力。经过3次负重行军后，胜出的30多人登达海拔8100米的高度，并把运送上去的30多瓶氧气存放在这一高处。还有300多人登达海拔7028米的北坳顶部。通过这次实训，选拔出一大批有发展潜力的新队员，为1967年实现北上、南下"双跨"珠峰的雄伟目标创造了有利条件。

　　本次实训的最大遗憾是在第三次行军攀登到海拔7790米时，遭遇特大暴风雪袭击，致使大批队员冻伤致残，还有新队员马高树从冰坡滑坠牺牲。这一切伤在队员们身上，却痛在登山营领导和教练及老队员们的心上，大家纷纷用力所能及的方式方法关心和帮助伤残队员。西藏体委也高度重视，一直在想方设法帮助残疾运动员解决各方面的困难。党和政府对为国家登山事业做出巨大牺牲的登山运动员给予极大的关怀帮助，实行终生赡养的政策，解除了这些伤残运动员们的后顾之忧。这一切都充分体现了祖国社会主义制度的优越性，也激励着一代代登山运动员们舍生忘死、前赴后继，为国家的登山事业牺牲奉献、创造辉煌成就。

第二节 "文革"中登山活动停顿

　　1966年8月，在兰州市甘肃省干部学校，对通过实训选拔出的200多名队员进行了为期7个月的集训。这时，"文革"的开始使攀登"双跨"珠峰的行动计划被迫撤销。西藏自治区体委领导权也全部被夺，各级组织全部瘫痪。

　　1970年8月至1971年7月，西藏自治区体委的大批干部被调走，留下的干部只有23人，整个体委完全处于解体状态。

第六章

1975年参加再次登珠峰

1966年,"文革"开始,我国的登山运动和其他体育运动项目一样,陷入了无组织甚至停止状态。登山运动队等单位和组织机构被撤销,登山运动员流散四方。

1972年10月,国家体委根据中央指示,决定重建中国登山运动队和西藏登山营(更名为西藏登山队),恢复中国现代登山运动项目。

1975年5月27日,有西藏登山运动员参加的中国男女混合珠峰登山队再次从北坡登顶,其中登顶的"九勇士"全部来自西藏登山队。当时,在一次登山行动中就有如此多的人数成功登顶,创造了奇迹,创造了世界登山运动的新纪录。

第一节 再登前的准备工作

鉴于 1963 年美国登山队有 3 组 6 人登上了珠峰，其中一组西上南下"跨越"了珠峰，国家体委最初计划组织 12 人团队从北坡上、南坡下；南坡上、北坡下，"双跨"珠峰，以达到在路线和攀登难度上超过美国、在人数上超过美国登顶人数的一倍，再创世界登山运动新纪录的目标。此外，吸取 1960 年因夜间突击顶峰而未拿回登顶取证资料的教训，提出了"拍摄顶峰电影，拿回科学资料，防止发生事故"三个目标要求。

制订的攀登珠峰计划方案中，对侦察、训练及其他准备工作也做出了较为具体的安排。方案中写道："我国已有了两次登顶海拔 8000 米以上高峰的经验，能够针对 1960 年突击顶峰时的弱点，采取有力措施。另外，南坡没有在北坡攀登困难，且地形等方面的资料比较丰富，这些都是从南、北两侧攀登珠峰，实现'双跨'的有利条件。"同时，在制订计划时也针对中国登山队的新队员较多等实际情况，重新安排时间训练。特别是在北、南两侧同时攀登，相当于同时攀登两座世界第一高峰，指挥和组织这样大规模的登山行动，在当时我国还缺乏经验，面临许多不可预知的困难和危险。

1965 年 4 月 6 日，中共西藏工委常委会议讨论决定成立攀登珠峰指挥部，由时任西藏军区副司令员、西藏体委主任陈明义担任指挥长。为了给再次攀登珠峰提供可靠的资料，曾于当年春、秋两季，分别派出侦察队对珠峰北坡和西山脊、东北山脊等可能的攀登路线进行了较为全面的侦察。侦察队结束工作以后，向登山指挥部及有关领导汇报侦察情况，提出了 3 个攀登方案：

一是东、西、南、北四路攀登珠峰；

二是东、北、西三路攀登珠峰；

三是北、东或北、西两路攀登珠峰。

对方案的选择，参与讨论的各方有一些分歧。有的人认为应以"四路攀登"为目标，只有实施这一方案，才能立于不败之地。四条路线上去，四条路线交叉下山，这绝对是世界第一。也有人认为"南北双跨"才更符合集中力量打歼灭战的原则。

1965年8月，中国珠穆朗玛峰登山队在西藏拉萨组建。

1966年初，拟定的《1967年攀登珠穆朗玛峰初步方案》（以下简称《初步方案》）计划于1967年组织一支规模较大、力量雄厚的登山队，一举登顶22人，以超过美国、印度、英国、瑞士等国历年来从南坡登顶的总人数，并拍摄完整的照片和电影资料，使我国登山运动的成绩保持在世界的最前列。《初步方案》中写道："经过1965年春、秋两次侦察可知，珠峰西北山脊和东北山脊的两条路线地形复杂、攀登难度特别大，难以通行。为了集中兵力，打有把握之仗，计划沿北坡攀登。"《初步方案》计划1966年3—6月，从当时正在西藏进行体能和冰雪技术集中训练的人员中选拔400人，到珠峰进行实地训练。

1966年春季，在珠峰进行的实地训练中，第三梯队和第四梯队共有32人登达海拔8100米的高度。全队共有310人次跨越北坳登达海拔7028米以上，并在攀登路线上建立了高山营地，储存了部分物资。但不幸的是，由西藏登山营派出的登山队员马高树，在第4次行军中滑坠牺牲。

1966年11月，制订《1967年攀登珠穆朗玛峰实施计划》。计划提出了关于登顶人数的3种设想：

一是22人登顶，超过1953年至1965年美国、英国、印度、瑞士等国登顶人数的总和（英国2人、瑞士4人、美国6人、印度9人，共21人）；

二是16人登顶，超过美国和印度登顶的总人数；

三是10人登顶，超过一次登顶人数最多的印度。

计划分析认为：根据准备情况，确保10人登上顶峰是完全有把握的，16人甚至22人登顶成功也是有条件、有可能的。

1967年1月，中国登山队制订出《攀登珠穆朗玛峰具体行动计划》，对登山队的组织、指挥、行动日程、物资保障等作出了具体安排部署。

经过两年准备，正当珠峰攀登行动即将成行之际，"文革"使这次攀登行动随之夭折。

当时，国家体委曾与中国科学院商定，在登山的同时，进行大规模的科学考察。早在1966年春季，中国科学院就组织了由150人组成的综合科考队，随实地训练的登山队一起进山，开展地质与地球物理、自然地理、冰川气象、高山生理、测绘共5个专题的科学考察，并取得了丰硕成果。

第二节 1972年重启攀登筹备工作

1972年底，在国家体委重建登山运动队的同时，重启了再登珠峰的筹备工作。由国家体委设立的临时机构"登山运动项目设置筹备组"，向国家体委党的核心领导小组呈报了关于筹备再登珠峰的请示文件。

1973年6月，国家体委设立的临时机构"登山射击办公室"再次向国家体委党的核心领导小组呈报了关于近两三年内开展登山运动的请示等有关文件，主要内容就是再登珠峰的设想规划。

在上述呈报的有关文件中，阐述了建议再登珠峰两方面的原因和理由。

一方面的原因和理由是，在中国登山队1960年登顶珠峰之后，相继有一些国家的登山队宣布从南坡登顶成功。其中，美国于1963年、印度于1965年、日本于1970年，分别登顶成功。特别是印度创造了9人登顶的世界新纪录，而日本一名女队员则在南坡登达海拔7985米的高度，超过了我国运动员保持的海拔7595米的女子登山高度纪录。进入20世纪70年代以后，世界各国的登山队云集珠峰山区，掀起了登山探险的热潮。中国登山界的强烈愿望是，不能旁观别国登山队在我国的边界山峰上耀武扬威，希望再度跻身于这场竞争之间。所以，在呈报的文件中，一再提到"文化大革命"前，我国登山运动的成就在世界上是有一定影响的，珠峰北坡在我国境内，我们是世界最高峰在北坡的主人，而国际登山运动在喜马拉雅山区又十分活跃，我们必须把我国的登山运动成绩提高到更高水平。

另一方面的原因和理由是，当时在中国登山运动发展初期和成熟期培养成长起来的这批优秀登山运动员的年龄已经比较大了，平均年龄已达38岁，而我国登山运动在这近10年的时间里却偃旗息鼓，使得对年轻运动员的培养也随之终止。为了不致造成登山运动员队伍青黄不接、登山事业后继无人的颓势状态，刚刚恢复组建的中国登山队建议趁这些攀登珠峰、希夏邦马峰等高峰时积累了丰富经验、熟悉攀登路线的老运动员还能够登山时，在登山过程中再带出一批新手，以积蓄登山运动发展的后劲，推动登山事业可持续发展。

中国登山队初步考虑在攀登珠峰时，要达到以下指标，并作为此次登山要完成的综合任务：

一是争取1~2名女队员登上海拔8100米的高度，从而打破日本女子登山队员登到海拔7985米高度的纪录。

二是登顶人数要超过从南坡登顶9人的印度登山队创造的纪录。

三是强化宣传效果，扩大政治影响力。在攀登过程中要拍摄3部电影：一部攀登珠峰纪录片，包括在突击顶峰和在顶峰活动的完整镜头；一部以大自然风光为主题的爱国主义教育片；一部以介绍珠峰的形成为主要内容的科学教育片。

四是配合中国科学院完成国家重点考察项目。

中国珠峰登山队，将以1967年从西藏军区所属部队抽调集训准备攀登珠峰的200余人，以及1973年由国家体委"登山射击办公室"在北京举办的有西藏登山队队员和武汉地质学院师生参加的登山运动员训练班选拔出的50余名队员为基础，经过再次选拔后的队员组成。其中100人作为一线队伍成员，其余人员为二线队伍成员。

1972年4月，西藏自治区体委根据国家体委等有关部门的意见，恢复了西藏登山运动队建制，由"西藏登山营"更名为"西藏登山队"，由原来的正县级单位改编为正区级单位，隶属于西藏自治区体工大队编制序列。从此，西藏登山队也改变了由军队和地方双重管理的机制。"文革"期间，西藏登山事业同其他体育运动项目一样，基本陷入了停滞状态，使西藏登山（营）队的人员锐减，但仍然有30多名领导干部、老教练员和老运动员保留了下来，成为后来西藏登山运动乃至国家登山运动的基础力量和骨干，为开创登山事业的新辉煌做出了不可磨灭的贡献。

1973年秋季，正在林芝尼洋河畔从事训练和生产劳动的西藏登山队的队员们获悉了一条好消息：国家体委已决定重组国家登山队，即中国登山队，并将在1975年再次攀登珠峰。同年秋季，西藏登山队全体人员与武汉地质学院选留的部分师生来到北京，在北京劳山与原国家登山队的部分教练员们一起参加集中训练，准备加入中国男女混合珠峰登山队，再次攀登珠峰。

1973年10月，国家体委决定重建国家登山队，即中国登山队。

1974年春季，新组建的中国登山队全体队员进藏，来到珠峰进行实地训练，目标是登达海拔8100米高度，再根据队员们的训练成绩选配各线队员。同时，测试检验高山装备、储备高山物资。同年4月，国家体委登山运动管理部门为了补充和培训新队员，派出3个组到西藏选拔登山运动人才。其中一个组的负责人是尚子平和罗则，他俩先到那曲地区的土门煤矿选出了女队员昌措等几名新队员，后在那曲军分区和地委行署的支持下，又在部队选出桑珠（曾先后任中国西藏攀登世界14座8000米以上高峰探险队队长、西藏登山队队长、西藏竞技体育管理中心党总支部书记等）等几名战士和地方上的一部分新队员。5月底，各组选来的新队员在拉萨集中训练，之后来到珠峰大本营，加入中国男女混合珠峰登山队。实训中，首先组织有经验的队员对海拔8000米以上路段进行侦察，探寻攀登路线，接着进行攀登训练，然后在下半年全体队员进行体能训练和休整。期间进行了全面的、大运动量的训练，并针对侦察和实训情况修订完善了攀登行动总体计划。

1974年底，中国男女混合珠峰登山队正式成立。

1975年1月初，邓小平等党和国家领导人在首都工人体育场亲切接见了即将离京赴藏攀登珠峰的登山队员们。

1月20日至2月13日，全体队员分3批离京进藏，2月中旬前陆续抵达拉萨。

兴高采烈的登山运动员们陆续到达拉萨后又休整了15天，期间召开了动员誓师大会。中国再次攀登珠峰登山指挥部指挥长、西藏军区副司令员陈明义，在动员大会上对队员们说："你们是从部队和地方上精心选拔出来的优秀青年，你们在登山教练员们的带领下，不仅进一步提高了身体素质，而且掌握了更多的登山技能。这次攀登珠峰是党和人民交给你们的光荣而艰巨的任务。登山和部队打仗是一样的，是在最艰险的环境中进行战斗。除了要有很强的指挥能力外，还要有灵活机动的战略战术，要有能打硬仗和胜仗的信心。在登山的战场上一定要发挥出你们身体好和技术好的优势，要向解放军学习，发扬革命的光荣传统，使我们的登山队伍成为一支打得出、收得拢的好队伍。党叫你们把五星红旗插在珠峰顶上，你们就必须克服一切困难把五星红旗插上去！这同战场上连长命令战士拿炸药包去炸堡垒的道理一样，没有任何余地，登山队员需要这种敢打敢拼的战斗作风。"

中国男女混合珠峰登山队在西藏自治区军地有关部门的全力配合下，经过认真细致的筹备，组成434人的人类登山史上最庞大的登山队伍。其中，登山运动员125人（女队员38人）、测绘队员74人、科学考察人员30人、大本营保障人员70人，以及承担警卫任务的解放军官兵80名、承担低海拔区域运输任务的农民工55名。

在中国登山界极具威望和号召力的史占春担任队长，许竞、张俊岩、陈昌荣、尼玛扎西、潘多任副队长，王富洲任政委，邓嘉善、邬宗岳、嘎久群培任副政委。与1960年攀登珠峰时一样，作为国家通讯社的新华社，同样高度重视这次攀登行动，派出记者，全程见证并向全世界宣传报道这次登山行动。

3月1日，布达拉宫前的广场上，彩旗飘飘、锣鼓喧天，西藏自治区党政军领导和各族群众举行盛大的出征壮行仪式，为中国男女混合珠峰登山队的队员们欢送壮行。由30多辆军车组成的车队，满载着队员和物资，浩浩荡荡驶向珠峰大本营。

第三节　四次攀登行军

3月13日前，中国男女混合珠峰登山队陆续进驻设在珠峰脚下绒布寺的大本营，全面开展登山行动。登山队员们按计划一拨接一拨地完成了侦察、修路、运输、建营等工作后，相继打通了攀登珠峰路线上的"北坳天险""大风口""第二台阶"这"三大咽喉要道"，建立起7个高山营地，输送了大量登山技术装备、氧气、食品和燃料等物资器材。

一、第一次攀登行军

18—24日,按照预定计划,登山队进行第一次历时7天的攀登行军。参加人数133人,其中女队员34人。有107人登达海拔6500米以上高度,其中35人(女队员5人)登达海拔7028米的北坳顶部,其他人员分别登达海拔6900米高度或6500米高度。根据队员的体能和高山适应能力等表现状况,再次选配各线队员,并测试高山装备性能、储备高山物资。同时,组织有经验的队员对海拔8000米以上路线进行侦察探寻。

第一次行军时,由副队长许竞、副政委邓嘉善带领的侦察修路组提前出发,负责完成从海拔6600米至7028米北坳路段的侦察修路任务。侦察组发现北坳的地形较1960年时发生了很大变化,坡更陡了、裂缝更多了,增加了冰崩痕迹,海拔6800米一带堆积着刚刚崩裂下来的巨大冰块,以前那个垂直的、可以通行的"冰胡同"已经不见了。根据上述情况,选择以前走过的路线已经不可能,只能另外探寻新路。侦察修路组奋战了一天多,在新选择的路线上钉了35个冰锥、架设25条绳索、插上10面路标旗、铺设5节金属梯、刨出了数百级冰雪台阶,终于使"北坳天险"变成了通途,为向上攀登创造了有利条件。

随后,由解放军官兵8人和民工10人组成的低海拔运输队,把部分物资运送到设在海拔6000米和6500米的第2、3号营地,通信电线也拉到了3号营地(前进营地)。

第一次行军首先打通了"北坳天险",完成了计划中的物资运输任务,提高了登山队员的高山适应能力,达到了预期的目的。

二、第二次攀登行军

3月30日,根据天气预报,好天气周期将在4月9—12日出现,担负第二次行军运输任务的第一梯队90余人当天分批从大本营出发。负责给2、3号营地运输物资的队员往返了4次;负责从3号营地向海拔7028米的4号(北坳)营地运输物资的队员往返了5次。这90多人共运输物资达1000多公斤,按计划完成了任务。

4月5—6日,第二次行军的第二梯队分两批隔日从大本营出发。

8日,第一批53人登达海拔7028米的4号(北坳)营地,第二批40人登达6500米的3号营地。准备利用9—12日的好天气周期分别完成登上海拔7600米的5号营地和8200米的6号营地的预定任务。

9日凌晨,不料实际天气状况与天气预报出入较大,天空开始降雪。

10日,海拔6200米处的高空风风速达32米/秒,风力达12级。

11日,北坳营地的风速为30米/秒,海拔8000米处风速为36米/秒。

12日,高空风依然猛烈。大本营指挥部下达命令:根据气象预报,最近两三天内的天气形势不会好转,为了不使在山上的队伍待机时间过长、队员体能消耗过大,决定第一、二梯队全部下撤，返回大本营。

第二梯队队员在暴风雪的袭击下，分别在 3 号和 4 号营地困守四昼夜。特别是在 4 号营地的 9 名女队员，无一人下撤，表现出顽强的攀登意志。

13 日，第二次行军的第一、二梯队全体队员安全回到大本营。虽然由于恶劣的气候原因未能完成任务，但也取得了登达海拔 7028 米以上的高山适应能力。还有登山测绘分队的 6 位队员也登上北坳营地，进行了重力测试，创造了我国测绘史上在海拔最高处进行重力测试和测绘队员登山海拔最高的纪录。

三、第三次攀登行军

15 日，天气预报 17—19 日可能出现好天气周期，并可能延续至 20—25 日，4 月下旬的好天气周期可能较长。大本营指挥部据此作出组织第三次行军的 3 个梯队合力突击顶峰安排：

第一梯队 47 人，17 日出发，当天快速登达海拔 6000 米的 2 号营地（正常行军路程当天只到海拔 5500 米处），完成第二次行军未完成的任务。之后，参加第二梯队行动。

第二梯队 26 人（包括 6 名女队员），18 日出发，负责突击顶峰。如果天气无大的变化，预计 25 日登上顶峰。

第三梯队 25 人（包括 5 名女队员），在大本营待命，负责接应第二梯队或利用 5 月中旬的好天气周期扩大成果。

17 日，第一次突击顶峰的行动即第三次行军开始。为了争取主动，安排突击梯队利用坏天气期间在低海拔区域行军。

20 日，队伍上到海拔 8100 米处。不料此时又接到最新的天气预报，称 4 月 25 日前已无好天气，好天气周期将在 4 月底、5 月初出现。于是参加第三次行军的队伍又全部撤回大本营休整待机。

四、第四次攀登行军

4 月 24 日，大本营指挥部根据月底将出现好天气周期的预报，开始组织第四次行军，即第二次突击顶峰行动。突击队共 59 人，其中女队员 12 人，分成两个梯队，分别于当天和 26 日离开大本营向上攀登。在这次突击顶峰的行动中，共向顶峰发起了两次突击。

（一）第一次突击顶峰

由副政委邬宗岳和副队长尼玛扎西带领第一梯队的 17 名男队员和 3 名女队员共 20 人实施。在闯过"北坳天险"之后，队伍来到海拔 7450 米处附近的"大风口"。

这个"大风口"在本次攀登行动中被队员们称为与"北坳天险""第二台阶"并列的"三大难关"中的第二道难关和险关。这里的南面是珠峰、北面是章子峰，两峰之间是个鞍部夹谷，风一刮到这里，由于狭管效应，风速极速加强。如果在大本营附近是五级风的话，这里的风就会达到七级以上，一般要增强两个级别左右的风力。在以往的攀登中这个困难并不怎么突出，中国登山队于1960年和1966年在这里攀登时，一般是上午风小，下午自14时起逐渐风大，较有规律。而这一年由于受到南支气流的影响，与往年大不一样，天气反常，经常是上午风大、下午的风逐渐变小，有时又是上午风小、下午风大，变化无常，很难把握其规律性。因此，这个7450米处附近的"大风口"成了横亘在中国男女混合珠峰登山队面前的一大拦路虎。

邬宗岳和尼玛扎西带队来到这里时，猛烈的高空风卷起雪粒和碎石，刮得天昏地暗，狂暴地袭击着队员们的身体。气温在零下30多度，大家的身体失温极快，饥寒交迫中难以忍耐，只好向大本营报告："我们遇到了暴风雪，什么也看不见。"然而，在大本营看到的天气状况却并非如此，所以答复说："观察珠峰是晴空万里，根本没有下雪。"紧接着用望远镜向北坳上方观察，清楚地看到7450米处附近的暴风卷着雪片漫天飞舞。这是因为风力强劲，把积雪和碎石都吹飞了起来，而身处其中的人因能见度差，便误认为是暴风雪。邬宗岳和尼玛扎西听了大本营对飞雪走石现象的解释后，接着带领突击队员从上午9时到12时连续冲锋了3个小时，但只前进了100米左右。据此，大本营发出撤回的命令，两个梯队都撤至6000米的2号营地休整待机。

5月1日，即到2号营地修整的第二天，又收到天气预报：5月2—6日将出现好天气周期，两个梯队仅休整一天便又仓促准备后出发。

2日下午，第一梯队天黑前登上北坳4号营地；第二梯队由副队长张俊岩和登山队党委委员成天亮带领的11名男队员和2名女队员共13人，则在6500米的3号营地宿营。

3日，第一梯队再次登达7450米处附近的"大风口"区域。大家在异常猛烈的风暴中，根本不能站立或弯腰前进，只能爬行向前移动。每当更加猛烈的阵风吹来时，就趴在岩石地面上躲一躲，以防止被狂暴的大风吹下山崖，待阵风过后接着前进。当天，第一梯队冲过"大风口"，登达7790米的5号营地；第二梯队登上7028米的4号营地。这天傍晚，成天亮在维修漏气的氧气瓶时，被突然燃起的火焰灼伤了双手，所幸没有发生氧气瓶爆炸亡人事故。

4日，第一梯队登达8200米的6号营地。女队员桂桑在这里举行了火线入党宣誓仪式，尼玛扎西和罗则用双手撑开党旗，桂桑站在党旗前庄严地举起右手向党宣誓，邬宗岳用电影摄影机把这一场面拍了下来。当天，第二梯队到达7790米的5号营地。

5日，第一梯队向8600米的7号即突击营地攀登。15时，队伍登达8400米处左右，高空风断断续续地刮了起来。当队伍上到8500米处的东山脊上时，风越刮越大，队伍的前进速度越来越慢。尼玛扎西走在最前面，带领大家在天黑前登达了突击营地。走在后边负责收容工作和拍摄电影的邬宗岳，因负重大、体力透支而落在了队伍后面。他为了让到达突击营地的人员及时向大本营报告消息，让两名跟随他的队员把报话机送到营地去，独自留在8500米处稍作喘息。当他放下背包、冰镐，在拍摄电影资料后，打开氧气瓶流量开关准备坐下吸氧休息一会儿时，可能因疲惫不堪，加上风力太猛，一时没稳住身体，滑坠了400多米而不幸牺牲。后来，邬副政委的遗体被登顶后下撤的队员们在8100米处寻找到并就地掩埋。当天，第二梯队登达8200米的6号营地。

这天夜里，由于邬副政委未到达突击营地，尼玛扎西派出队员冒着大风返回他小憩的8500米处寻找，但什么踪迹也没发现。队长史占春得知情况后，命令第二梯队的成天亮带领两名队员，必须在第二天登上8500米处的山脊寻找邬副政委的下落。

6日，高空风依然很大，两个梯队都在原地待机。成天亮带领藏族队员阿布钦和曲尼去寻找邬副政委。登达8300米处时，曲尼因体力不支返回营地。当成天亮和阿布钦登达8500米时，发现了邬副政委的背包、冰镐和打开流量开关的氧气瓶。同时，在放背包的岩石坡上发现了"冰爪"在下滑时摩擦过的痕迹。

这天，第一梯队准备突击顶峰。然而，从5日夜间开始刮起了10级左右的大风。至6日白天，高空风力有增无减。在这严酷的恶劣天气里，尼玛扎西副队长决定继续突击顶峰。但是刚一出帐篷，女队员桂桑就昏倒了，站在她身旁的罗则和桑珠立刻把氧气面罩给她戴上，过了几分钟才醒过来。当时，食品和通讯、摄影等器材的备用电池也用完了，与大本营中断了联系。面对无法克服的困难，被迫放弃了突击顶峰。

7日下午，第一梯队被迫下撤至6号营地，与第二梯队会合，用第二梯队的电池开通报话机与大本营进行联系，汇报了队员们都安全下撤会合的简要情况。此时，在6号营地汇集了33名男女队员。此次突击顶峰的行动就这样失利了。

（二）第二次突击顶峰

8日上午，大本营根据好天气周期将延续至8—10日的天气预报，决定再度组织突击顶峰。极度疲劳的队员们正在帐篷里休息，大本营命令组成以成天亮为队长的突击队，实施第二次冲击顶峰行动。

这时突击队员已经断粮，氧气也所剩不多。为了寻找食物充饥，大家四处翻找一切可以吃的东西。拉旺在一块大石头下找到一只以前放在这里的冻鸡，赶紧下锅熬汤，分送到各帐篷里让队友们充饥。时年已50多岁的张俊岩副队长，带领队伍也已在这里坚守了六七天，搜寻食物过程中看到帐篷角落里有点从风干羊肉上撕下丢掉的干皮，拾起来放在炉火上烤一下就吃，还说："好香呀！"他因长期坚守在海拔8200米的6号营地，身体极度疲惫虚弱，在队友索南罗布和桑珠的帮助下，才平安撤回大本营。当时的情况极为严峻，但大家为了争取冲顶机会，没有将断粮的真实情况向大本营报告，大家担心汇报了真实情况，将使大本营的领导们担心着急，并命令突击队下撤。

为了再次组织突击，重新调整了突击力量，组成了由成天亮、索南罗布、王洪葆、桑珠、罗则、洛桑坚赞、仁青平措、拉旺、昌措（女）共9人组成的突击队。

13时，成天亮带领突击队出发。当登达8300米处时，昌措喉咙发炎、呼吸困难，成天亮命令拉旺护送昌措下撤到6号营地。随后，其他队员攀登到8500米处时，发现仁青平措的双手已严重冻伤，水肿得不能戴手套，还不时出现昏迷现象，走着路就睡着了，而且几次跌倒。到后来，跌倒就站立不起来，在这样高海拔山上是非常危险的。突击队长成天亮将情况向大本营汇报后，登山队领导命令罗则护送仁青平措下山。仁青平措看到罗则虽然不太情愿但又必须服从命令，深知俩人都下撤的话，可能耽误罗则登顶机会，就说："罗教练（时任西藏登山队教练员），我们跟在他们后面慢慢上去吧。"罗则说："你的心情我能理解，但是根据你现在的情况再也不能继续上了，还是听我的话，我们下去吧。"当罗则用结组绳保护仁青平措下到6号营地时，已是深夜24时，从17时下撤用了7个小时。最后成天亮带领着剩下的5名男队员继续攀登到了突击营地。

9日，按计划准备突击顶峰。天气非常好，风力也很小。但洛桑坚赞的血压升高导致身体不适，不适宜继续攀登，便留在营地帐篷里休息。成天亮、索南罗布、王洪葆、桑珠4人于9时离开营地突击顶峰。接近"第一台阶"时，为了节省体力，4人商量决定绕到台阶后边，登上"第一台阶"。于是，4人沿着一条黄色的碎石带向前走。

15时左右，4人突然发现越往前走离"第二台阶"越远，而且根本无法接近"第二台阶"。通过报话机与大本营联系，才知道已经走到"若尔顿峡谷"（又译"诺顿雪沟"）了。他们还几次试图攀登岩石峭壁，以便接近"第二台阶"，但都失败了。这时成天亮因体力消耗太大，突然晕倒，王洪葆也累得无力前进。索南罗布和桑珠把成天亮和王洪葆送回突击营地，并向大本营请求由他俩继续找路，9日找不到就10日再找。大本营考虑到他们的困难处境和安全，便命令4人下撤。同时，让他们再仔细观察登上"第二台阶"的具体路线情况。

在成天亮带队向上攀登时，张俊岩副队长指示其他队员下撤。当撤到5号营地时，已是19时，饥饿至极的队员们立即把冻成冰疙瘩的面包、鸡蛋、冻鸡等食物加热或煮来吃，这是几天来吃得最饱的一顿饭。当晚，除边巴、江村、罗则等体能稍强的队员继续下撤外，其他队员都在5号营地宿营。罗则等3人下到海拔7600米左右时，也已累得走不动了，就坐在地上一点一点往下挪，羽绒保暖裤都磨破了，到达4号营地时已是深夜24时。这个营地又称作"北坳营地",营长彭淑力早已准备好煮饭炉子和用以烧水的冰块等炊事用品,3人很快煮饭吃饱休息,一直睡到次日中午时分。

10日12时,彭淑力叫醒罗则等3人传达大本营的电话通知:"因第二次冲顶仍未成功,队员们伤病严重,要求山上队员全部撤回大本营休整,准备再次组织冲击顶峰行动。"午饭后下撤至3号营地,这个营地是向更高营地运送物资的转运站,储存的物资相对丰富。营地工作人员热情招待了这3人,并说你们是从8600米高的突击营地下来的,很辛苦,吃的喝的都送到你们帐篷里,在这里吃饱喝足好好休息,需要什么尽管说。

11日,罗则等几名队员回到大本营。史占春队长第一个迎上前来与大家握手拥抱说:"你们辛苦了!"特别对罗则说:"你已经两次上到海拔8600米高度,现在看你的身体仍然这么好,没有一点问题,好样的!你好好休息几天,下次还要再上,你一定能登上顶峰。"队领导等人员都和他们紧紧拥抱,并为这些脸上、手上冻伤,穿着破烂羽绒服回来的人流下了眼泪,特别为牺牲的邬宗岳副政委难过流泪。随后,在山上的队员都陆续回到大本营。第四次行军中的第二次突击顶峰再度失利。

登山队对本次行军情况进行了全面总结,吸取经验教训,以利再战。经初步分析,认为这次突击顶峰失利的原因主要有以下几个方面:

一是天气变化周期没有把握好。队员们在8000米以上高度往返和待机时间过长,待机达6天之久,整个行军过程长达19天。这既使队员体力消耗太大,又增加了食品、燃料等物资的消耗,以致在突击发起时队员们缺乏必要的物资保障,到最后两天甚至断粮、断氧。由于这次行军中已把大批人力和物力投入进去,在突击营地急需食品、氧气时缺乏后援力量;由于突击队员所在位置高、可供增援的队员少,致使大本营虽曾考虑过增援,但时间上已经来不及,人力上也不够组队,故未能派出人员实施增援。

二是对突击登顶路线不清楚。进入突击位置的队员对8200米至8700米处翻越"第二台阶"的路线不清楚,缺乏在高山上识别和选择攀登路线的经验,又由于丰富经验的邬宗岳副政委失踪,以致9日突击顶峰时走错方向而被阻。

于是决定采取的正确做法是:在组织最后一次突击顶峰之前,必须将各高山营地的所需物资补充完毕。特别是必须把氧气和食品、燃料等运送到5号和6号营地。

此外,对面临的困难也进行了分析。首先是减员很大,两支突击顶峰的队伍加上各营地保障人员共计61人,其中有30多人冻伤,有经验的老队员所剩不多,再次挑选足够的突击冲顶队员成为最大的困难。其次是高山物资消耗量很大,若不继续向上补充,在接下来的攀登中将难以为继。再就是登山季节已接近尾声,第四次行军队伍回到大本营时已是5月13日,而即将来临的6月又是雨季。尽管中央气象台预报5月16—18日可能出现好天气周期,四川省气象台预报5月22—25日可能出现好天气周期，不过不管预报准不准，可以确定的是这个周期将是攀登季节内最后一个好天气过程，错过了这个周期，登山队面临的将是当年的前功尽弃。

第四节　决战顶峰

5月14—15日，登山队党委召集有关人员连续召开了几次会议，研究部署第五次行军冲击顶峰行动计划。

在面临的严峻困难面前，登山队领导以坚定的必胜信心，对全体队员进行再次政治动员，要求不管是炊事员，还是司机、气象工作者、科考人员，只要身体还能登山，在接下来的攀登中能上到3号营地的就努力上到3号营地，能上到7000米以上的就上到7000米，组织动员一切人员和力量，顽强拼搏，坚决完成登顶任务。

一、重新组建运输队

运输队分成3个分队，指派陈昌荣、邓嘉善、洛桑德庆3位老队员分别率领。在动员一切可以动员的人力向高山营地运输物资过程中，涌现出许多感人的模范人物和先进事迹。新队员洛桑在7700米处累得吐血，但他顽强地坚持背负氧气瓶等物资攀登，而且为了保证氧气瓶气量充足，再苦再累也舍不得吸一口，并拼命送到指定的6号营地。女队员次旦卓玛奋不顾身地解开结组绳去救援遇险的强巴和阿旺普美，幸运的是都有惊无险。运输队中还有许多年龄在40岁以上的老队员不顾身体在历次登山行动中落下的伤病坚持向上运输物资。例如，老队员洛桑德庆的心脏功能不好，但他在整个登山过程中，仍始终坚持在3号营地，并从6500米处向7600米高处运送物资，有时一天之内就上下两次，共计上、下"北坳天险"竟然达19次之多；老教练员彭淑力运送物资登达8200米的6号营地时，不慎失火烧毁了帐篷和羽绒衣裤，只能在极寒的雪山上身穿单衣下山，幸亏得到下边营地人员的接应才死里逃生；副队长尼玛扎西在第四次行军下山途中摔伤了脚，但仍不顾伤痛带头上山，瘸着腿、拄着冰镐，一拐一拐地坚持向上攀登。

在最后的决战阶段，老队员们带头报名参加突击队，争先恐后向上攀登。事后统计数字表明，许多老队员的攀登高度都超过了以往和年轻时登达的高度。

经过全体队员奋力拼搏，终于在好天气周期到来之前，再次完成了向各高山营地运输物资的任务，为实现中国人再次登顶珠峰和首次测量高程的宏伟目标奠定了坚实基础。

二、重新组建突击队

新组建的突击队共有 18 名队员。29 岁的解放军战士、藏族登山运动员索南罗布担任突击队党支部书记，37 岁的藏族登山运动员、教练员罗则担任副书记。突击队分成 2 个突击组，索南罗布兼任第一突击组组长，罗则兼任第二突击组组长。

17 日，第一突击组的索南罗布、大平措、拉旺、才旺多吉、嘎久、洛桑坚赞、罗朗、次仁多吉、杨久辉、尼玛扎西共 10 名队员从大本营出发。

18 日，第二突击组的罗则、潘多（女）、侯生福、桑珠、旦真多吉、阿布钦、昌措（女）、桂桑（女）共 8 人从大本营出发。

20 日，第一突击组登达 7790 米的 5 号营地。

21 日，第二突击组登达 5 号营地。

20—24 日，暴风雪持续了近 5 个昼夜，突击队员们用尼龙绳和冰锥加固帐篷，在 5 号营地顽强地坚守待机。

24 日 13 时，风力稍微减弱，突击队的 18 人强行军 5 个小时登达设在 8300 米的 6 号营地。这次把营址向上推高了 100 米。

25 日，索南罗布带领第一突击组离开营地继续向上攀登时，杨久辉因高山反应严重而留下，其他队员中有 4 人下午首先登达 8680 米的"第二台阶"下边，决定把突击营地设在这里。放下背包后，大平措和次仁多吉搭帐篷、烧水做饭，索南罗布和贡嘎巴桑两人轻装前去"第二台阶"观察地形，察看架设金属梯子的方法。贡嘎巴桑在下边作保护，索南罗布边向上攀爬边用冰镐敲打岩石面，寻找钉岩锥的地方。他发现一些地方坚硬，一些地方风化得松软，还意外发现了 1960 年屈银华等人打下的岩石锥，用手试着去拔，感觉还钉得牢牢的。两人细心察看了什么地方可以架梯子，什么地方可以架设主绳，以及什么地方可以打岩锥固定金属梯子和路绳，一直忙碌到 21 时天色完全暗下来才返回突击营地。第二突击组的潘多、罗则、侯生福、桑珠、阿布钦、洛桑坚赞和昌措也于当天下午登达 6 号营地。

26 日，8000 米以上高山区域刮起了 10 级以上的大风，在突击营地和 6 号营地的队员根本无法钻出帐篷。

14 时，大本营在突击队员们的一再请求下才同意 6 号营地的队员开始强行军向突击营地攀登，同时指示由拉旺护送患高血压症的洛桑坚赞和嗓子严重肿痛的昌措下撤，由运输组护送高山反应严重的杨久辉下撤。其他队员在向突击营地攀登中，大风使人呼吸困难，须用舌头抵紧上颚，才能不让冷空气进入喉咙。一路上不断有人撤下去，至此，18 名队员又减少一半的力量，特别是 3 位女队员中只剩下了潘多一人，到达突击营地的只剩下 9 人。

15 时 30 分，索南罗布带领第一突击组的 4 人开始架设金属梯，在 20 多米高的"第二台阶"底部开始修路。索南罗布拿出铁锤迅速打入岩石钢锥，架设了一条 20 多米长的绳索。4人上到"第二台阶"的中部，贡嘎巴桑与次仁多吉从身上取下银色的铝合金梯子，把4节组装在一起竖立起来高4米，架设在最高一段几乎是直上直下的陡壁上。梯子比陡壁还短50多厘米，索南罗布用锤子在梯子中部右边打入一个岩石锥，与梯子左边1960年屈银华打的一个岩石锥相对应，然后拉上绳索把梯子固定在崖壁上。大平措等人抓稳梯子作保护，索南罗布向上爬去，又把尼龙绳捆在上端，然后登上梯子的上端。离顶部不远处有块大岩石，石上还有一根1960年捆的已由红色褪色成浅黄色的尼龙绳，一拉试了一下承重力，发觉还挺结实。但为了保险起见，索南罗布没有利用这根旧绳子，而是用新绳子捆在大岩石上，4位队员登上"第二台阶"顶部，观察了到达顶峰的路线后下撤。金属梯架好后，"第二台阶"也相对变成了通途。

架设"第二台阶"的金属梯，在本次登山行动中，以及对此后我国发展登山运动和登山产业，具有深远重大的意义和卓越贡献。此前，各国登山前辈们在珠峰的北坡攀登时，"第二台阶"是登顶的最大阻碍，架设了永久性的金属梯以后，使得之前"谈台阶色变"的最难、最危险险关成为历史。从此以后，凡是从北坡中国一侧东北山脊传统路线攀登的国内外登山者，无一例外地选择通过这个梯子跨越"第二台阶"。于是，这个功勋卓著的金属梯，被称为"中国梯"。起初，要在"第二台阶"搭建金属梯的提议者是国家登山队的罗志升。金属梯经过在厂家定制，由体力出众的藏族登山运动员大平措、桑珠等人背到突击营地，最后由索南罗布、大平措、贡嘎巴桑、次仁多吉4人完成架设固定任务。

21时，第一、二突击组队员在突击营地会合。

22时，突击队召开党支部扩大会议，9名突击队员全部参加。党支部书记索南罗布传达了大本营的指示："大本营的登山队领导都很高兴你们9人在突击营地会合，这是你们克服千难万险、勇往直前带来的好结果，希望你好好休息，间断用氧，保存好剩余的备用氧气，做好遇到坏天气的思想准备。你们在身体条件允许的情况下开个支部党员扩大会，互相鼓励、互相交流一下，做好下一步吃苦的思想准备，为明天胜利登上顶峰做好一切准备。这是最后一次的突击，能否取得成功，就看你们9位同志的了。我们在大本营的全体同志希望你们顺利登顶。"他接着说："我们9人已经上到这个高度，'第二台阶'已经打通，明天能否胜利登顶就看我们每个人有没有信心了。我们能一起登上顶峰的话，就创造了男女混合攀登珠峰的世界纪录。因此，我们明天一定要照顾好潘多这位女队员，争取一起登上顶峰。我们要以共产党员的姿态出现在世界最高的山峰上，坚决完成党交给的任务！"此时，大家因为在大风中攀登和架设梯子修路，处于极度缺氧和劳累状态，高山反应也较重，大多数队员的嗓子哑了，想说表示决心的话但已经说不出来了。但每个人都意志顽强、登顶决心坚定，举起拳头示意坚决完成任务。罗则以突击队党支部副书记和老教练的身份，用沙哑的声音带头表态说："我们现在处在最关键的时刻，为了明天登上顶峰，我们要做好付出一切代价的准备，做好不怕冻伤手脚、不怕冻伤鼻子、不怕冻伤耳朵、不怕与老婆离婚、不怕找不到对象等最坏的打算，就是爬也要爬上去！"潘多也用手势表达了坚决登上顶峰的决心。突击队员个个心潮澎湃、壮志昂扬，只待明天的决战。会后，每两人轮流吸一瓶氧气，半睡半醒地度过了这一漫长的夜晚。

27日8时，突击队员们从突击营地冲击顶峰。前面是第一突击组的4人，索南罗布在前面开路，并身背2条主绳和修路工具。紧跟着的是贡嘎巴桑，背着1瓶氧气和睡袋。后边是大平措，背着测量高程的觇标、三角架。最后是次仁多吉，背着1瓶氧气。紧跟在后面的是第二突击组5人，攀登中桑珠在前面开路，阿布钦、潘多各背一瓶氧气跟着，侯生福背着摄影机，罗则背着睡袋和报话机跟在后边。约走了40多米后，来到了陡峭的岩石堆前，索南罗布带领的第一突击组队员在固定好的主绳上挂了保险带的铁锁，拉开每个人的间距后慢慢横切过去。第二突击组来到乱石堆前时，第一突击组已登达"第二台阶"的下边。在乱石堆必须通过的路段中有一个大石头，中间没有脚蹬的支撑点，前面的几位男队员都凭借腿部力量上去了，可潘多怎么也上不去，她很着急地对罗则说："我上不去怎么办？"罗则安慰她说："不要着急，我来帮你。"罗则上前一步，把冰镐插在大石头缝隙里，潘多踩着冰镐往上一使劲就挺身上去了。当第二突击组登达"第二台阶"下边时，第一突击组已经越过"第二台阶"走到了前面去。第二突击组的5人沿金属梯爬了上去。潘多上到"第二台阶"顶部时，踩落下来一小块东西，落进下边正仰头上看的罗则嘴里，他赶紧向外吐，却怎么也吐不出来，等含热了才用舌头顶了出来，接到手套上一看是块小石头。原来因气温极低，小石头掉进嘴里就与舌头冻结在一块了。"第二台阶"因架设了金属梯，队员们全部登上"第二台阶"顶部仅用时一个多小时。第二突击组在台阶顶部休息了一会儿，罗则发现潘多行进中特别吃力，就对她说："把你背的氧气瓶放在这里吧，这样能减轻你的负重。"因桑珠和阿布钦各背了一瓶氧气，除了发生特殊情况一般不用氧气，有这两瓶就够了。这时第一突击组已经快到8700米处小山包下边了，第二突击组紧跟其后，走过平缓的碎石坡后也到达小山包的下边，然后向小山包攀登。这个小山包从远处看只有牦牛那么大，但登上这个小山包竟然用去近40分钟的时间。当第二突击组登上小山包时，第一突击组正在这里休息，第二突击组也停下休息，顺便让潘多吸点氧气。随后，两个突击组都接近了8760米的硬冰坡上部。索南罗布对罗则说："罗教练，我们如果直上冰坡的话太硬太陡，有滑坠的危险，我们怎么办？"罗则仔细地观察冰坡情况时发现冰坡的右上方有一个凹下去的缺口，然后用手指着前方小山包缺口方向说："你们往我指的方向走。"两组继续前进，到了冰坡凹下去的缺口后，又沿着缺口往正北坡岩石横切着走了一段路，再直接往左上方攀登过去。这段路比较陡，加上队员们已特别疲惫，心脏跳动也越来越快，精神特别紧张。等终于艰难地爬到珠峰东山头的上部，在此稍作休息时，让贡嘎巴桑和潘多吸了会氧气，并发现了1960年留下的一只法国制造的氧气瓶、信号枪和几发子弹。从这里望去，顶峰就在西边。这时天气开始变坏，大家急切地继续进发。队员们都明白胜利的曙光已展现在眼前，冲刺的时候到了！从这里往顶峰只需走五六十米远，大家沿着山脊内侧波浪式的雪坡向上冲击，约走了四五十分钟，边走边望，越靠近顶峰心里就越着急，困难也越大。这时贡嘎巴桑突然晕倒，索南罗布迅速把他抱住，吸氧休息了片刻，并对他说："你看，前面就是顶峰了，你一定要坚持下去，我们9个人很快就要到达顶峰了，我们一定要战斗在一起，胜利在一起！"贡嘎巴桑流着激动的眼泪，嗓子哑得已经说不出话来，只是点了点头，表示能继续坚持登上去。9名队员在最紧要关头，相互鼓励、相互爱护、相互帮助，登完了最艰难的一段攀登路程。

14时30分，中国男女混合珠峰登山队的潘多、索南罗布、罗则、侯生福、桑珠、大平措、次仁多吉、贡嘎巴桑、阿布钦9名队员集体登上珠峰。这是中国登山运动员从北坡再次登上地球之巅。其中，除侯生福为汉族外，另外8人均为藏族队员。从此，这9人成为中国家喻户晓、世代传颂、励志奋进的1975年登顶世界最高峰——珠穆朗玛峰的"九勇士"英雄群体。

展现在队员们眼前的顶峰是一个东南、西北走向的鱼脊形地带，长10米左右，宽1米左右，东南稍高、西北稍低，上面全被冰雪覆盖。南侧是凹进去的悬崖绝壁，冰雪堆积在像屋檐一样的岩石上，北侧是陡峭的岩坡。

大家查看了顶峰的地形地貌后，按照事先规定要做的工作和人员分工，开始做以下几件事。

第一件，侯生福用报话机激动地向大本营报告："我们已经成功地登上顶峰啦！并请大本营转告毛主席、党中央和全国人民这个喜讯。"接着报话机里传来队长史占春的声音，他问："你们9名队员全部登上顶峰了吗？"侯生福回答："是的队长，我们全部登上了顶峰，你听到没有？"史占春说："听到了，我们胜利了，毛主席万岁！共产党万岁！"9人聚集在报话机旁，跟着史队长的声音嘶哑地高呼口号。

第二件，把测量珠峰高程的金属觇标组装并竖立起来。大家用3根尼龙绳分别拉向3个方向，连接上雪锥打进冰雪里固定。当发现用红绸子做的顶部圆笼被大风吹歪时，为了确保测量高程精确，又把刚竖立好的觇标放倒，重新整理好红绸圆笼，再竖立起来固定住。在这极高、缺氧、风大的恶劣环境里劳作，队员们感到疲惫不堪，每做一个动作都是那么费力，每敲一锤都是那么困难。觇标底部插入冰雪里有1米多深，3米高，上面写有"中华人民共和国登山队"。这件5公斤重的觇标是大平措背上顶峰的。在地球之巅竖起觇标，在人类测绘史上是首次，其测量精度自然也是世界最前列。自此以后，至2005年以前，珠峰海拔8848.13米的高程，被全世界普遍采用。

第三件，展示中华人民共和国国旗。桑珠从背包里拿出五星红旗，罗则在中央，桑珠在左边，索南罗布在右边，高举起国旗展示，因旗面遮挡所以照片中没有罗则头部的影像。

第四件，拍摄顶峰的珍贵资料。侯生福顶着吼叫的狂风，冒着冻伤手指的危险，毫不畏惧地从鸭绒手套里抽出手来，扣动着电影摄影机开关，拍摄下了在顶峰上具有历史意义和科学价值的珍贵镜头。

第五件，搜集山顶冰雪样品。索南罗布拿出两个白色塑料瓶，把从顶峰西北侧采集的冰雪样品装满后带下山来。

第六件，给潘多做心电图。已是3个孩子妈妈的潘多时年36岁，承担了在顶峰做心电图的任务。在刺骨寒风中，大家用我国自行设计制造的耐低温无线电心电图遥控仪器，给躺在雪地上忍受着零下30多度寒冷、冒着冻伤危险的潘多细心地把电极膏和电极夹涂抹、夹在手指上。事先她果断脱下两手上的鸭绒手套、强挺住颤抖的身体，成功做了人类在世界最高点的首张心电图。

第七件，测量峰顶的冰雪深度。根据测量需要，罗则在顶峰最高点挖了深为30厘米的覆雪后，把冰镐用力插下1米左右的深度，再用写有"中华人民共和国"字样三角架的中杆插下去到插不动为止，也正好是1米深，最后测得顶峰的积雪深度为1米左右。

第八件，采集顶峰的花岗岩石标本。贡嘎巴桑与阿布钦、次仁多吉一起用铁锤在顶峰北边的岩壁上敲打下9块大小不等的岩石标本带下山来。

第九件，拍摄顶峰全景电影。索南罗布边拍摄边走，把在顶峰上的测量觇标和所有队员的活动情况都全景拍摄下来，保留了珍贵的电影资料。

第十件，毛主席的石膏塑像被送到了三角架跟前。队员们完成上述各项工作任务后，特意下到冰雪与岩石交界处，看见了岩石缝里的毛主席石膏塑像。这个石膏像是1960年我国第一次攀登珠峰时王富洲、贡布、屈银华放在那里的。经过15年的漫长风雪，除了脸部被冻破外其他部位都完好无损。罗则用尽全身的力量俯身抱起毛主席石膏像，重新送到测高三角架跟前，以此来敬仰他。

第十一件，拍摄以三角架为背景的集体和个人照片。罗则到离三角架稍远的冰雪岩石交接处对阿布钦说："你以顶峰的三角架作为背景，给我们每个人拍张照片吧。"随即给除了正在拍摄电影的索南罗布以外的其他人都拍了在三角架前的照片，阿布钦又给索南罗布拍摄了他正在拍摄电影的工作照片。

大本营在收到无线电传回的心电图、询问登顶队员已完成规定任务后，史占春下达命令："马上下撤！"登顶队员们在顶峰上共活动了70分钟。

在这次攀登行动中，中国男女混合珠峰登山队的几百名队员团结协作、奋不顾身、奋勇当先，各自做出了不同的贡献和牺牲。然而，对这一壮举贡献最大的莫过于登山运动员索南罗布、潘多和侯生福等登顶勇士。突击队长索南罗布被公认是其中最大的功臣，中国男女混合珠峰登山队的同事们赋予他"五个有"的美名，即"修路和打通'北坳天险'时有他、运输高山物资时有他、面对困难局面自愿报名再冲顶时有他、架设金属梯打通'第二台阶'时有他、带领突击队最后一次冲锋时还是有他"。

潘多是实现登顶的唯一女性，如果她不能上去，本次登山行动就不能以男女混合队的美名画上句号，第一位从珠峰北坡登顶的女性也就不一定是中国人。就在这一年，中、日两国登山界在珠峰北、南两侧默默地展开了一场女性攀登珠峰的竞赛。最后，日本传奇女登山家田部井淳子比潘多早11天从南坡登顶成功，成为人类第一位登顶珠峰的女性。而潘多也成为第一位跨越北坡天险登顶成功的女英雄。她们各自为自己的国家建立了不朽的功勋，被载入世界探险英雄的史册。

侯生福是登顶队员中唯一一位汉族成员。如果他不能登顶，本次登山行动也就不算圆满。因为那样就无法圆中国登山界一大批老领导、老教练、老运动员们的夙愿，而高山电影摄影等一些工作也会受到很大影响。

特别值得西藏登山人骄傲的是，这9位创造了中国登山运动空前纪录和奇迹的英雄全部是西藏登山队这一世界登山劲旅编制内的运动员和教练员，这大大鼓舞了西藏登山界的士气，受到西藏各族人民，乃至全国人民的高度评价和广泛赞扬。

下撤途中，到达东山山头休息时，突击队党支部副书记罗则强调说："大家下撤时一定要注意安全，特别是走下面的硬冰坡和'第二台阶'的那段复杂路线时，要胆大心细，千万不要因为登上顶峰而放松警惕，我们要一个不缺地下撤到突击营地，直至下到大本营才算安全、圆满地完成了任务。"但惊险的事情还是发生了，当下撤到硬冰坡时，不知是谁不小心碰掉一块较大的石头，滚落下来砸在索南罗布的身上。这突如其来的险情把大家吓呆了，都一动不动地站在原地发愣，紧张得说不出话来。幸好石头砸在了背包上，否则后果不堪设想。但是，索南罗布仍然痛得蹲在地上站立不起来，过了一会才慢慢直起身来，用力吸了一口气说："我没事了，大家不用担心。"接着继续下撤。下到"第二台阶"上面时，已经是天黑前的20时。虽然每个人的体力消耗都很大，但只能坚持下撤。为了保证人员安全，采取前面的人下撤、后面的人保护的方法，一个接一个下了梯子。罗则保护前面的人下梯子后走在最后面，他只能进行自我保护。当前面的队员快到突击营地时，只有潘多一人站在"第二台阶"下面的雪坡上，她以为罗则下不来，就着急地朝上面喊起来："他们已经下去了，我俩怎么办？"罗则很镇定地说："不要急，我马上下来。"但在下到梯子第一阶时，保护绳竟然卡住了，一时下不去，心情虽然很紧张，但还是快速想办法，用右手握紧主绳往上挺起身体，用左手拿冰镐把卡住的绳子用力砸断，在无保护措施的情况下凭借他多年积累的经验慢慢地下来了。

21时，全体登顶队员回到突击营地宿营。这一夜大家虽然没有吸氧气，但是睡得特别好，一直睡到次日9时。队员们吃了简单的早餐后，10时继续下撤。当下撤到 8400 米时，罗则看见一只黄嘴鸟在 8200 米附近的上空飞来飞去，凭经验他立刻有一种不祥的预感涌上心头——因为鸟类在空中盘旋时一般是发现了食物，于是大家仔细观察这只鸟飞过的地方，忽然发现在下方约 8200 米处的岩槽下部，有一个被风吹得一会红、一会白的物件。罗则招呼队员们说："我看见下面好像是邬副政委的遗体。"大家商量决定做好保护措施直接下去寻找。到达跟前后，看到身穿红色羽绒服、外套白色冲锋衣的邬宗岳副政委躺在那里，他破损衣物的布条随风飘动着。面对共同经历过那么多艰难险阻都挺了过来的熟悉的邬副政委，大家都难过得流下眼泪。潘多流着泪说："邬副政委啊，你怎么就这样离开了我们？"罗则忍着悲痛从背包里拿出报话机递给侯生福，让他向大本营报告。当史占春听到这个消息时反问道："那真是邬宗岳副政委的遗体吗？"得到侯生福的肯定回答后说："那你们能不能把他的遗体背下来呢？"侯生福看了看大家说："现在我们都已经精疲力尽、无力负重行走了，我们无法把邬副政委的遗体背回来。"史占春沉默一会后说："我很理解你们现在的难处和困境，希望你们细心地把邬副政委的遗体埋葬在原地。"队员们按照史队长的要求准备掩埋邬副政委遗体。此时，邬副政委的遗体在岩槽里安静地躺着，他的上衣、裤子全都破烂不堪，整个肚子的皮肤暴露在外面，头部的鼻子以上部位全部摔烂，冻结后血肉模糊，脚上的两只高山靴也已不见，断裂的小腿骨露在外面，双手举放在头部的两侧，牺牲的情景很惨烈。罗则像平时与他握手一样摸了摸他的手指，感觉冻得很硬，心情更加难过。整理好邬副政委的遗体后，队员们找了很多石片小心翼翼地掩盖住遗体。队员们在那种条件下尽最大努力掩埋好遗体，然后肃立在墓堆旁，流着悲伤的眼泪，向这位登山英雄和尊敬的老领导深深地行了三次鞠躬礼，进行悼念和祭奠，以表达对邬宗岳副政委深沉的哀思。

罗则在他的回忆录《甘甜的苦役——一个老登山运动员的心路历程》中深情地写道："邬副政委走得那么匆忙、那么突然，他永远地告别了他所热爱的登山事业，告别了他曾经朝夕相处的队友们，他永远地离开我们而去了。邬宗岳副政委您走了，但我们永远不会忘记您这位可敬可爱的好领导！"

队员们为邬宗岳副政委举行了简短而庄重的葬礼后，继续开始了下撤的征途。当天越过"北坳天险"，又用 10 多个小时就平安回到 6500 米前进营地。

31 日，登顶队员回到大本营时受到热烈欢迎。营地全体人员为登顶队员举行了隆重而热烈的欢迎仪式，登山队领导带着满意的笑容——拥抱了队员们，并亲自给 9 位登顶队员戴上大红花。队领导对登顶成功给予很高的评价，称赞队员们说："我们的 9 位宝贝回来了，以你们勇敢的精神和过人的胆识，即使再高的山峰也会被你们征服。你们成功地完成了这一艰巨的任务，我们回去后能兴高采烈地见人了。"因为前几次突击顶峰失利，队伍中产生了一些疑虑。领导们说："从中央到地方各级政府和群众，对我们登山队的各方面给予了很大关心和支持，国家非常重视这次的登顶任务。如果我们不能完成任务，就无颜去见那些关心和支持我们的人了。"

中国男女混合珠峰登山队攀登运动成绩是：

登顶海拔8848.13米珠峰顶峰的有索南罗布、罗则、潘多（女）、侯生福、桑珠、大平措、次仁多吉、贡嘎巴桑、阿布钦9名队员；

登达海拔8600米的有桂桑（女）、扎桑（女）、昌措（女）、尼玛扎西、洛桑坚赞、王洪葆、成天亮、仁青平措、边巴次仁、次旺多吉、旦真多吉、米玛战斗、小次仁、巴桑次仁、拉旺、夏伯瑜、邸贵元17名队员；

登达海拔8500米的有邬宗岳、江才2名队员；

登达海拔8300米的有曲尼1名队员；

登达海拔8200米的有次仁巴仲（女）、加力（女）、旺姆（女）、张俊岩、嘎久、尚子平、嘎玛、嘎亚、多布吉、宋志义、大次仁、罗桑、晋美、杨久辉、罗朗、许科、金俊喜、刘福德、陈建军、彭淑力、刘永恩21名队员；

登达海拔8100米的有王振华1名队员。

另外，登达海拔7600米的队员有132人次，登达海拔7028米的队员有309人次。

在这次登山行动中，特别值得一提的是女运动员们表现不凡。桂桑、扎桑、昌措登达海拔8600米的高度；次仁巴仲、加力、旺姆登达海拔8200米高度；巴桑、白珍登达海拔7800米高度。另有次旦卓玛、次仁央金、周怀美、邢玲玲、米玛卓玛、达桑、卓嘎7名女队员登达海拔7600米的高度。登达海拔8200米以上的7名女运动员都超过了海拔8120米的世界女子登山纪录。

首位从珠峰北坡登顶的中国女运动员潘多是5月27日登顶成功的。日本女运动员田部井淳子则是5月16日从珠峰南坡登顶的。她们两位成为首次分别从北坡、南坡登上世界最高峰的女性。外电评论说：1975年，这也似乎可以说是装饰国际妇女年的"国际女子珠穆朗玛峰年"。

第五节 中央和地方党委、政府及群众的支持

1975年5月上旬，当中央领导同志得知珠峰登山队在生活上遇到困难时，立即指示北京市政府有关部门组织货源，并派出空军专机在当天晚上把置办的登山队所需蔬菜、水果等物资全部装进机舱，做好了起飞前的一切准备工作。当时，北京市的蔬菜还没有大批量上市，全市只有800斤左右的西红柿，全部调拨给了中国男女混合珠峰登山队。刚刚从南方调运到北京的蔬菜，也直接从火车站运到了飞机场。为了防止水果和蔬菜在运输途中被冻坏，还特意把这些蔬果食品装在密封好、能保温的客运飞机运输。次日凌晨5时起飞，10时就降落在了西藏日喀则机场。这时，西藏军区派出的日喀则军分区的卡车早已等候在机场，迅速从飞机上卸货装车。军

队运输部门为了尽快运到大本营,每辆车上配备2名司机,连续疾驶10多个小时赶到珠峰大本营。登山队员们正好在大本营休整,突然看到飞驰而来的军车和卸下来的一筐筐的新鲜蔬菜水果等稀罕食品,得知是中央领导专门指示用专机和专车送来时,都感动得流下了热泪。王富洲等即将开始最后一轮冲击顶峰的队员们当即表态:"我这次豁出去了,如果上不去,我也就不回来了!"还有的队员激动万分,当场写下"巍巍珠峰山连山,亲切关怀北京来。党的恩情深似海,誓把险峰脚下踩"的诗句。在5月的珠峰脚下,能吃上这么多新鲜蔬菜水果等食品是多么不容易啊!大家深刻感到中央领导专门指派送来的不仅是蔬菜水果等食品,更是送来了党中央和毛主席,以及解放军和北京市人民对登山队员的深切关怀,同时也感受到祖国对登山队员们的热切期待。

在那个物资相对匮乏的年代,党中央十分重视我国的登山事业发展,军队和地方领导高效率地在最短时间内从北京直接运送鲜菜鲜果等食品给地处高海拔的登山队员食用,这一温暖人心、激发斗志的场景,使这些登山人终生难忘。

西藏自治区党委、政府同样给予了登山队大力支持与帮助。与以往每次登山行动一样,当登山队遇到困难时,自治区党政军领导都会关切地说:"登山队需要什么我们就支援什么!"当时,拉萨市面上的蔬菜水果还很稀少,但领导们指示把拉萨市面上的蔬菜水果都支援登山队,甚至把种在温室里刚刚长出的小葱也拔出来送给登山队,并派出专车,用一天一夜的时间就赶到原来需要3天车程的登山大本营。自治区领导来大本营看望登山队员时,同队员们亲切握手交谈,鼓励队员们为祖国的登山事业作出新贡献。

西藏军区的首长们无微不至地关怀登山队员们,在日以继夜地组织指挥登山行动的同时,还派来军区文工团和电影队慰问登山队,鼓舞斗志。特别是西藏军区派出指战员在登山队进山之前,在数九寒天里抢修了到大本营的公路,保障了大批物资和人员安全顺利进山,为登山队胜利完成登顶任务立下了汗马功劳。

日喀则地区地委、行署和定日县党委、政府派来的民工和牦牛,把高山物资运到6500米的前进营地,减轻了队员们的体能消耗,也缩短了登山行动周期,还减少了经费物资消耗。日喀则地委、行署派来强巴同志负责民工的管理工作。他认真负责地带领民工和牦牛运输物资。登山队的领导赞扬说:"翻身农奴好强巴,把牦牛赶到了海拔6500米,这是件了不起的事!"民工们从海拔6500米的前进营地再把物资运送到海拔7028米的北坳顶部营地,虽然有的民工行进中看到6800米附近的大裂缝时害怕就不敢再向上走了,但大多数民工都完成了各自的任务,同样为完成登顶任务作出了贡献。

队员们说:"我们虽然远离北京,生活在深山的冰天雪地里,但能时时刻刻感受到党和祖国阳光般的温暖,从中央到西藏自治区党委、政府,从首都人民到全国各族人民都关怀着我们。例如,这1000多套羽绒衣裤,是上海延吉服装厂用一个多月的时间赶制出来的;竖立在顶峰上的红色测量金属觇标,是北京青云仪器厂在很短的时间里赶制出来的;登山专用的体积小、重量轻、坚固耐用的金属背架,是陕西省工人为登山队赶制出来的。党和各级政府,以及全国人民的关怀支持,给了我们无穷的力量,是我们战胜千难万险的勇气和力量源泉。"

"九勇士"之一的罗则在他的回忆录《甜美的苦役——一个老登山运动员的心路历程》中写道:"珠穆朗玛峰高耸在群峰之上,如果没有这些起伏的群峰衬托,也就显示不出珠穆朗玛峰的高大雄伟。登山队员也是如此,如果没有党和人民的关怀,没有众多无名英雄的无私奉献,也就没有我们9名登山队员登顶世界最高峰的胜利。"

罗则还记述了发生在登山队的"17个苹果的故事"。在冲击顶峰进入最紧张、最关键时刻,后勤保障人员提出"后方为前方,团结一致保胜利"的口号。特别是炊事班提出了"三热"饮食保障标准,即热饭、热菜、热心。炊事班长根登桑布和老炊事员达东、格玛3人,得知山上的队友们经常喝不上水,就把平时分给炊事员而舍不得吃积攒的17个苹果请上山的队员欧珠带给山上的队员,并写了一封信。信中写道:"山上的各位战友们辛苦了,我们知道你们在山上不容易喝到水,希望我们积攒的17个苹果能为你们解一下饥渴。虽然苹果不多也不大,可这是我们炊事班的一点心意。"山上的队员们收到信和17个苹果后没一人舍得吃,在前进营地当营长的彭淑力教练员说:"苹果虽小,但意义重大,所以我一定要让这些苹果在突击顶峰的战斗中,发挥它应有的作用。"彭淑力把苹果包在鸭绒睡袋里保存起来。后来,彭淑力教练把苹果煮成了水果汤,送给突击顶峰的队员和战斗在7790米以上高度的队员。当嘴唇干裂、喝水困难的队员们喝上融入后勤人员深厚情谊的苹果汤时,心里有说不出的激动。罗则在书中写道:"炊事班长根登桑布和老炊事员达东、格玛3人在那种艰苦环境中把自己的利益放在队友利益之后的关爱行为,让我永生难忘。"

第七章

1977年参加攀登托木尔峰

托木尔峰海拔7435米,是天山山脉的最高峰,位于我国新疆阿克苏地区境内,地理坐标:北纬42°02′,东经80°07′。

1977年7月25日15时31分,经过7个多小时的艰苦攀登,中国托木尔峰登山队第一突击队的刘大义、贡嘎巴桑、王洪葆、达穷、边巴、罗桑德庆、昌措(女)、多布吉、玉珍(女)、陆家胜、史学增共11名队员登顶,其中7人是来自西藏登山队的男女运动员。

30日15时15分,第二突击队的陈昌荣、多吉甫、桂桑(女)、桑珠、买买提齐那、金俊喜、樊永宁(女)、徐新(女)、扎西(女)、曾曙生、晋美、张希柱、洛桑、宋志义、杨久辉、昂扎、任进喜共17名队员登顶,其中8人是来自西藏登山队的男女运动员。

在两支突击队共28名登顶队员中,有8个民族的运动员齐上阵,圆满完成了登顶托木尔峰的任务。同时,也完成了科学考察、地理测绘、电影拍摄、主权宣示等各项任务。

第一节 组织准备工作

1977年2月17日,由中国人民解放军总参谋部、国家体委、中国科学院、国家测绘总局,共同签发上报了《关于1977年至1979年登山活动的请示》,拟于1977年夏季对托木尔峰进行侦察攀登,得到了国务院批准。此次攀登行动的目的是为了在托木尔峰的主权归属问题上以正视听,并进一步勘察该峰周围地区的矿藏和动植物资源。

本次登山行动之所以定为"侦察攀登",主要是考虑到1976年国家体委登山队侦察组只登达海拔4000米的高度,对4000米以上的路线情况尚不了解。据估计,该峰难度较大的路段是海拔4500米到6500米之间,此处系冰瀑地区,纵横密布的明暗裂缝较多,故定为侦察攀登。如果条件具备则争取登顶,并在顶峰竖立觇标测量高程、拍摄彩色纪录片。如果受阻,拟于次年接着攀登,完成登顶、测绘和宣示主权等任务。

中国托木尔峰登山队,由国家体委登山队、解放军八一登山队、西藏登山队和中国科学院、国家测绘总局、总参谋部测绘局派出的261人组成。其中,教练员和运动员103人(女队员23人),科考工作者36人,测绘人员43人,其余为后勤工作人员。队员中有汉、藏、维吾尔、朝鲜、满、白、蒙古、门巴8个民族。

队长:张俊岩

政委:王富洲

副队长:吴万均、陈昌荣

副政委:粟文清、刘大义

下设运动员、科考、测绘、队直机关(包括教练、政工、气象、通讯、医务、记者、后勤小组）共4个分队。

登山队制订的《侦察攀登托木尔峰总体计划》主要内容有：

一是在海拔4200米处设立大本营，并在海拔3200米、3700米、4600米、5300米、6000米、6500米、7200米处建立7个高山营地，其中7200米营地为突击营地。

二是组织两次适应性行军后，在第三次行军时突击顶峰。

三是侦察修路分队的工作是完成任务的关键。侦察和修路的主要路段是海拔4500米至6500米、6500米至顶峰。

四是鉴于适宜登山的季节为7—8两个月，期间出现的好天气过程在每个周期有5~6天。因此，计划在7月下旬或8月中旬组织两次突击顶峰，8月下旬作为备用周期。4500米以下区域的活动，利用坏天气进行。

6月3日，张俊岩带领先遣组10名队员出发，进入山区建立大本营。

15日，大队人员进驻大本营。

20—23日，侦察修路组的20人，分成3个侦察修路小组，分别沿托木尔峰的东南坡、南坡、西南山脊，登达海拔5500米的高度，详细侦察了攀登路线、记录了实地测量的准确数据。队领导根据侦察修路组的情况报告，经过分析对比研究，确定以正南路线为主、东南路线为辅的攀登路线方案。

23—29日，参加第一次行军的87人，分为两个梯队，其中第一梯队46人、第二梯队41人，先后登至5000米高度，取得了相应的适应能力，同时，上运了2700公斤物资，按计划完成了第一次行军的任务。

7月3—14日，参加第二次侦察修路和行军的第一、二梯队的队员先后出发。侦察修路组为使后续梯队安全迅速地通过5500米附近一个高15米、平均坡度达50~60度的"冰胡同"，挖了一级一级的台阶，又在最高处近乎垂直高达5米的冰壁上架设了金属梯子。侦察修路组上到"冰胡同"顶部，发现挡在前面的是一堵冰雪陡坎。翻越陡坎有两条路线：一条是向右前方横切一堵冰雪坡，坡度较缓，但有冰雪崩的威胁；另一条是向左上方直攀而上，坡度陡，但冰雪崩的威胁较小。经过详细对比，侦察修路组决定取道左侧直攀而上。结果，侦察修路组刚刚翻上陡坎，还没有来得及坐下休息，就看到右侧那条路线上发生了特大冰雪崩，顿时冰雪山崩地裂般的倾泻而下，随即山谷轰鸣、雪雾弥漫。雪崩发生地的边沿离侦察修路组休息的地方还不到60米的距离。如果当时选择路线不当，侦察修路组就有可能遭遇重大山难亡人事故。

12日，侦察修路组登达7000米，根据实际地形情况建立突击营地，并准备登顶。但当他们利用短暂出现的好天气登到7200米的高度时，天气突变，风大、雪深、能见度很低，被迫返回突击营地待机，准备13日再次冲击顶峰。

13日，天气状况变得更差，既无法攀登，也不能下撤，只能在突击营地困守2天。

14日，在依然恶劣的天气里只能下撤到海拔3700米低处营地休整待机。

第二次行军的成果是：打通了登顶路线，选定和建立了高山营地，上运了部分物资装备。但由于遭遇暴风雪，侦察修路组未能登顶，后续梯队也未能按计划登上6500米的高度，物资运输任务也没有全部完成。

20日，由国家体委副主任黄中主持召开电话会议，讨论登山队提出利用7月下旬的较好天气周期，分成两个梯队分批突击顶峰的方案。会议同意这个方案，并决定组成两个支援队，提前登达设立在5400米处的营地，以完成第二次行军未完成的高山物资运输任务。

第二节 突击顶峰

7月21日，第一突击队提前由低处营地进驻大本营后又再次出发。

24日，第一突击队的16人和支援队的4人登达海拔7000米的突击营地。

25日8时，从突击营地出发，开始向顶峰突击。在登达7400米处离顶峰只有40多米时，一位新队员因严重的高山反应和体力透支倒在了雪地上。这时，体力尚好，完全有能力登上顶峰的藏族运动员仁青平措，毅然要求放弃登顶机会，护送这名倒下的队员下撤。

15时31分，经过7个多小时的艰苦攀登，刘大义、贡嘎巴桑、王洪葆、达穷、边巴、罗桑德庆、昌措（女）、多布吉、玉珍（女）、陆家胜、史学增共11名队员胜利登上天山最高峰——托木尔峰，其中7人是来自西藏登山队的男女运动员。大家在鱼脊形的峰顶上完成了如下规定任务：一是竖起铸有"中国登山队"字样的红色测量觇标；二是展示五星红旗并与国旗同框合影，拍摄了电影资料胶片；三是采集了顶峰的岩石标本和冰雪样品；四是测量了顶峰的冰雪深度。停留78分钟，完成工作任务后下撤。

护送队友下山的仁青平措，曾在1975年中国男女混合珠峰登山队攀登行动中双手重度冻伤，经治疗也只留下右手拇指等4个手指，两只手共有6个手指截肢。这次他用残疾的双手护送队友艰难下撤，黑夜来临时在突击营地信号灯的指引下，一步一步地向下挪动。为了确保安全，整整下撤了一夜才降低高度400米，来到7000米处的突击营地。

仁青平措以大公无私、吃苦耐劳、乐于助人的崇高品质和为登山事业不惜牺牲一切的精神风范，赢得国内外登山界的一致好评。西藏自治区原体委党组书记洛桑达瓦在撰写的《从农奴到登山英雄——记登山家仁青平措的闪亮人生》中称赞仁青平措是新时代大家公认的"小愚公"。

25日，第二突击队离开大本营。

27日，20名队员登达突击营地。

28日，3名队员因病下撤。其他队员把突击营地向上推进到海拔7150米的高度。但由于天气骤然变坏，在被暴风雪围困了56个小时后才出发向上攀登。

30日15时15分，陈昌荣、多吉甫、桂桑（女）、桑珠、买买提齐那、金俊喜、樊永宁（女）、徐新（女）、扎西（女）、曾曙生、晋美、张希柱、洛桑、宋志义、杨久辉、昂扎、任进喜共17名队员成功登顶，其中8人是来自西藏登山队的男女运动员，大家在顶峰停留30分钟后下撤。

7月28日，第一突击队安全返回大本营。

8月2日，第二突击队安全返回大本营。

在两支突击队共28名登顶队员中，有8个民族的运动员齐上阵，圆满完成了登顶托木尔峰的任务。同时，完成了科学考察、地理测绘、电影拍摄、主权宣示等各项任务。

时任中共中央书记处总书记的邓小平同志发来贺电，对中国登山队成功登顶托木尔峰表示祝贺。

第三节　侦察乔戈里峰中国一侧登山路线

在登顶托木尔峰之前的1976年，对该峰侦察的同时，还开展了对乔戈里峰登山路线的侦察。1977年又组织由20名队员组成的侦察队，再次对乔戈里峰进行了侦察。

乔戈里峰，又称K2，是喀喇昆仑山脉的主峰，也是世界第二高峰，海拔8611米，位于中国和巴基斯坦的边界线上。

从1952年开始，外国登山队开始在这一山区活动。1954年，意大利登山队的两名队员从巴基斯坦一侧登上顶峰。在1976年以前，我国从未对该峰及其附近区域的情况进行过攀登或侦察考察活动。

由于新疆的南疆地区所有较大河流均发源于喀喇昆仑山脉，对其冰川、水文、气象、地质等情况的考察，将直接关系到南疆地区的工农业生产发展和沙漠的治理工作，对我国的经济和社会建设具有重要意义。因此，我国拟在3年内分步骤进行攀登和考察乔戈里峰我国一侧的行动。

计划拟于1977年派出20人左右的侦察组，探寻攀登路线和设立高山营地位置，同时进行踏勘测绘；1978年派出由登山队员与气象、科考、测绘工作者组成的登山队，登达一定的高度，进行实战训练，运输储备物资，并搜集气象、科考、测绘等方面的资料；1979年正式攀登，将在顶峰竖立觇标，测量高程，拍摄一部彩色纪录片。

1976年7月，由于良璞、尚子平、刘学山、邹兴禄、洛桑德庆、张西臣组成的乔戈里峰侦察分队先期侦察了进山路线。1977年3月，正式成立了乔戈里峰侦察队，由刘大义任队长，队员22人，由托木尔峰登山队统一领导。3月17日，侦察队制订出《乔戈里峰侦察计划》，拟把侦察重点放在东北山脊。

4月，侦察队进入乔戈里峰山区，进行了实地侦察。经过1个多月的努力，克服重重困难，从东北山脊找到了一条通往顶峰的路线，为正式攀登积累了资料，提供了决策依据。

6月5日，乔戈里峰侦察队返回喀什。在短期休整之后，大部分队员转赴托木尔峰执行攀登任务。攀登乔戈里峰的计划，后来因故未能如期进行。直到2000年，组成有台湾登山队员参加的海峡两岸登山队，从我国新疆一侧挑战乔戈里峰。祖国大陆的队员以国家登山队和"西藏攀登世界14座8000米以上高峰探险队"队员为主，台湾的队员均来自"台北喜马拉雅俱乐部"，这支队伍规模较大，共有30多人，其中包括台湾的一支专业摄影队，计划对攀登乔戈里峰全过程进行现场直播或录播报道，重点是在突击顶峰时进行卫星电视实况转播。这也是中国登山运动员第一次攀登乔戈里峰。海峡两岸登山队攀登乔戈里峰的行动，最终因长久的坏天气，加上K2地区雨季即将来临的威胁，经慎重研究决定队员分批撤离。

第八章

1983—1984年参加攀登南迦巴瓦峰失利

南迦巴瓦峰呈金字塔形，雪线在海拔4800~5000米，冰雪补给来源十分丰富，时刻都能见到冰雪崩落腾起的雪雾在山涧飘荡，同时传来巨大的轰鸣声。该地区地震频发且强度大，据记载，1950年8月15日发生的大地震，即"察隅大地震"，震级达8.5级。此次大地震把大峡谷中的村庄和居民几乎全部毁灭，有的村庄甚至被抛入江中。地震造成了山崩地裂、冰川崩落、江河堰塞成湖，甚至导致雅鲁藏布江断流数日。

南迦巴瓦峰的藏语全称是"那木卓巴尔瓦"，意思是"天上掉下的很多石头"。当地群众称其为"众山之父"，世居在附近的藏族、门巴族、珞巴族人都说南迦巴瓦峰是神山，是天上神仙居住的地方。传说中山顶上有七座佛塔，凡人是无法接近的。

由于南迦巴瓦峰是当时喜马拉雅山脉上唯一一座未被人类登顶过的海拔7700米以上的高峰，以及其独特的地理位置所形成的动物、植物、地貌、冰川、气象、地质等方面的特点，历来为世界登山界和国内外科学家瞩目。我国实行开放部分山峰的政策以来，有的国家甚至急迫地要求我国开放这一山峰。

第一节　组织准备工作

为了促进我国登山事业的发展，填补对喜马拉雅山脉科学研究的空白，为西藏自治区自然资源的合理开发利用与保护提供科学依据，国家体委和中国科学院联合向国务院申请对南迦巴瓦峰进行攀登和科学考察。

1982年4月30日，国务院批准这一请示。

1983年1月，南迦巴瓦峰登山队由国家体委和西藏自治区分别派出的国家登山队队员和西藏登山队队员联合组队成立。

队长：王振华

副队长：桑珠、成天亮

攀登队长：仁青平措

副攀登队长：宋志义

骨干队员：由国家登山队和西藏登山队挑选优秀队员派出，其他队员全部选用新手。

攀登计划：1983—1985年，用3年时间完成登顶任务。第一年，即1983年，主要任务是侦察攀登，选择通往顶峰的攀登路线和设立各高山营地的位置。同时，训练运动员、制订次年正式攀登的计划方案。第二年，即1984年，2—5月突击顶峰。第三年，即1985年，作为备用年。

所谓侦察攀登，就是在侦察的基础上，在各方面条件允许的情况下实施登顶，提前完成攀登任务。但是，要登顶这座当时还是世界上最高的处女峰并非易事。早在1960年，西藏登山营就曾对该峰进行过侦察。1982年，国家登山队又派人再次对该峰进行侦察。从两次侦察所掌握的情况看，攀登该峰主要有以下困难。

一是相对高差大。以南迦巴瓦峰西坡为例，从山脚下海拔3000米处的大本营位置攀登至7782米的顶峰，高差达4782米，比珠峰的相对高差还多出1100多米，几乎超过中国登山运动员过去攀登过的所有高峰的相对高差。在这样大的高差里攀登，势必呈现攀登路程特别长、营地设置更加多、运输物资尤其困难，好天气周期利用上更难以把握等特点和困难。加之山上降雪量大、冰雪崩塌区域多、攀登路线起伏陡峭，又会给修路、攀登、扎营等造成严重困难并增大队员的体力消耗。

二是适宜登山的季节特殊。西藏高原雨季的开始过程是由东向西发展，结束时则由西向东逐渐退出。因此，地处藏东南的南迦巴瓦峰雨季开始得早、结束得晚，每年可从4月中旬一直持续到10月中旬。登山季节较别的著名山峰尤为靠前，以每年的2—4月为宜（别的著名高峰都以3—5月或在秋季为宜）。但此时山区气温又很低，给登山行动和在山上营地待机造成更大、更多困难。

三是地形复杂攀登难度大。山体庞大而且陡峭，顶峰尖峭，冰川崩落形成的冰瀑区多，纵横交错的裂缝多，岩壁坡度大又特别破碎，这些都给攀登造成了极大的困扰。

也正是因为攀登南迦巴瓦峰的困难程度异乎寻常，所以在上述两次侦察攀登中都未能准确地探寻到登顶路线。

2月，南迦巴瓦峰登山队抵达山脚下，首要任务就是尽快侦察确定一条登达顶峰的路线。为此，根据前两次侦察的情况确定了第三次侦察的重点地段。大家分析认为从以前侦察过的6条登山路线中，必须选择先登上乃彭峰的这条路线，再从乃彭峰下行到山坳部继续向上攀登，这样才能接近南迦巴瓦峰主山脊实施攀登。为此，队长王振华、副队长成天亮和桑珠多次带领队员们在乃彭峰周围的几条山脊上进行侦察攀登。最后确定从乃彭峰西面陡壁中间的一条雪崩槽侧脊上攀登，队员们称这里为"喇叭口"。

乃彭峰位于南迦巴瓦峰南侧，海拔7043米，是从南山脊攀登南迦巴瓦峰的必经之地。西南路线从海拔5010~5450米是岩石冰雪混合陡壁，路线是从冰雪崩溜槽的下沿向上攀登，上方积雪和冰块不断崩裂下滑，下方形成大片冰雪堆积物。据登山队安排专人观察统计，有一天竟然发生雪崩50多次。在5200米处有一冰壁，高30米，其中有五六米的路段坡度达80度。5300米以上路线沿一冰雪刃脊向上延伸，刃脊的平均坡度为47度，最大坡度达65度。从5450米处至乃彭峰顶峰的路线以冰雪为主，布满纵横交错的冰雪裂缝和深谷。据参加侦察的老队员说，在这条路线上，基本上集中具备了许多高峰所具有的所有复杂地形和地貌，攀登难度之大，是我国登山运动员攀登史上少有遇到的。

登上像"喇叭口"的冰雪崩塌槽沟后，就到达了海拔5450米的"德弄巴冰川"源头边沿。再沿其侧脊攀登，路线非常险峻。好在队员们都是多年从事登山探险的老手，具有丰富的登山经验和娴熟的应对突发情况的技巧。侦察攀登中，曾多次出现队员们刚刚横切越过冰雪崩槽沟,身后就发生冰雪崩,大量冰雪倾泻而下把刚才通过时架设的保护绳索冲击得无影无踪的情况。

第二节　登顶乃彭峰

4月20日,由攀登队长仁青平措和副攀登队长宋志义带领加布、旺多、次仁多吉、丹真多吉、格桑7人组成的突击组,从4800米的2号营地向上攀登,成功翻越了"喇叭口"。

16时17分,在乃彭峰西南坡6000米处建立了突击营地。

21日,突击组向顶峰冲击,在暴风雪中奋战11个小时奋力向上攀登。

18时25分,全体队员登上乃彭峰顶峰。由于天气状况非常恶劣,能见度只有2~3米,所以未能观察到从乃彭峰到坳部、再到南迦巴瓦峰的攀登路线。

22日凌晨2时30分,突击组返回突击营地。

19时,返回海拔3500米的大本营。

突击组从大本营出发到返回,共用时35个小时。期间,走在结组前边的宋志义几次掉进冰裂缝,幸被后面的队员用结组绳索拉了上来。

登上乃彭峰后,侦察攀登南迦巴瓦峰的任务暂告一段落。

南迦巴瓦峰登山队,经过对乃彭峰的侦察和登顶,选定了攀登南迦巴瓦峰的路线和设立高山营地的位置,为次年正式攀登创造了条件。

第三节　攀登失利

1983年,针对登山队伍的整体攀岩技术相对较差,而攀登南迦巴瓦峰对攀岩技术又要求很高的实际情况,经中、日两国有关部门协商同意,当年夏季把主力队员送往日本长野县山岳协会学习攀岩技术。

当年秋季,又组织全体队员在四川省松潘进行了攀岩技术训练,并聘请日本攀岩教练员担任指导。与此同时,副队长成天亮带领一个3人小组,在南迦巴瓦峰大本营进行了为期两个月的天气形势观测。

冬季,队员们在云南省昆明市进行了冬训,力求提高运动员的体能等综合素质。测验结果表明,运动员们在各个科目的训练成绩和体能状况,均达到或超过了以往攀登珠峰和希夏邦马峰时的指标。高山物资筹备等后勤保障工作也陆续准备就绪。

1984年初,南迦巴瓦峰登山队再次开展攀登行动。

经过调整后的登山队由如下人员组成:

队长:王振华

副队长：桑珠、成天亮

攀登队长：仁青平措

副攀登队长：宋志义

全队共有35人，其中女队员4人。

2月29日，登山队在海拔3520米的章嘎，冒着鹅毛大雪建立起大本营。

3月17日，由王振华和桑珠、成天亮带领队伍开始第一次行军，任务是使队员们取得一定高度的适应能力，并运送部分登山物资到海拔4300米和4900米处，并分别建立1号、2号两个高山营地。

19—24日，天空一直降雪，终日雪雾迷蒙，而且湿度很大，队员们顶风冒雪，踏着齐腰深的积雪顽强攀登。大雪中，1号营地的物资只好暂时存放在当地群众放牧点的简易房内。

25日，登达4900米处建立起2号营地。行军的道路上泥泞湿滑，不时有人滑倒，一天的行军结束时，队员们个个都成了"泥猴"。

28日，天气好转，由成天亮和宋志义带队先后整修了2号营地至3号营地，即通往"喇叭口"顶部的攀登路线，这是攀登南迦巴瓦峰的第一道难关。队员们沿着一道上宽下窄、高差约300米的陡峭雪槽向上攀登，路线上平均坡度达47度，最陡处近80度。每到午后时分，雪崩、流雪不绝，崩落的大量冰雪伴随着巨大声响轰鸣而下。大家克服重重艰难险阻，在攀登路线的峭壁上共架设了12条保护绳索。

30日，在5600米处的冰川上建起了3号高山营地。此地的积雪湿而松软，深约1米，行走很是吃力。

4月10日，攀登队长仁青平措带领队员们在乃彭峰西南坡6400米处的冰坡上建起4号高山营地。然后，按计划绕到乃彭峰东侧，准备在6750米处山坳鞍部建立5号高山营地。但到达后才发现，从乃彭峰峰顶向下是一条宽而深的峡谷，而且深不见底，再加上大裂缝纵横交错、岩壁陡峭、雪崩频发，根本无法逾越。这时天色已晚，队员们只好把帐篷搭在冰裂缝的旁边宿营。

11日晨，仁青平措、宋志义、金俊喜、陈建军、加布、大其米6人从5号营地出发登上海拔7043米的乃彭峰，这是他们继1983年4月21日首次登上乃彭峰之后第二次登顶此峰。队员们沿着乃彭峰北侧向下仔细观察了近两个小时，发现顶峰两侧的山脊上都有雪檐探出，南山脊东南坡有大片雪崩区，其下部也有雪崩的痕迹。上方岩石地带耸立着许多冰柱、雪柱，随时有崩落的危险。如果用铁锤打冰锥、岩锥等进行攀冰攀岩，就可能因震动引发冰雪崩。此外，雪坡将近60度，上方还有一段约300米长的岩石峭壁，坡度在70度以上，对攀登者的体力和技术要求都很高。但这时队员的体力往往消耗已经很大，已经无力继续攀登高海拔的岩石峭壁。另一面，从乃彭峰顶至山坳处是一堵高差200多米的岩石峭壁，无法下到坳部。如果沿着这一条路线攀登，即使登上顶峰，回到坳部后，队员们已无力再翻越乃彭峰而下到大本营。这就意味着即使攀登南迦巴瓦峰成功了，如果再发生冻伤和意外险情，又缺乏接应力量，将可能不会有人活着回到大本营。鉴于这种情况，登山队决定放弃南迦巴瓦峰西南陡壁的攀登路线，队员全部撤回大本营。

22日，登山队在全面分析山区情况之后，决定重新侦察西北山脊通向顶峰的路线，以寻求找到一条登上顶峰的最佳路线。然而，通过对西北山脊的两条攀登路线进行侦察，发现这两条路线的危险性仍然很大，攀登非常困难。再加上南迦巴瓦峰山区的雨季已经来临，登山装备器材和食品等物资已大量消耗，在当年春季继续侦察攀登已无可能。

5月9日，南迦巴瓦峰登山队的队员们怀着十分遗憾的心情，很不甘心地撤离大本营，启程返回拉萨，结束了这一为期两年的"攀南"行动。

南迦巴瓦峰登山队这次侦察攀登失利的原因很多。从客观上分析，南迦巴瓦峰山势陡峭险峻、气候恶劣、雨季提前到来等是造成失利的重要原因。从主观上分析，是因为侦察工作的疏忽或者说是不细致、不全面导致路线的选择错误，这是直接影响攀登成功的主要因素。

虽然攀登南迦巴瓦峰的行动暂时受挫，但是从领队到队员们所付出的努力仍然是令人钦佩的。在攀登南迦巴瓦峰的过程中，从大本营到1号营地、再到4号营地之间的几段路程，都是积雪深及没膝或到腰间，队员们奋力拼搏向上攀登。在5号营地，狂风把搭起的帐篷撕成碎布条，队员们只得把其它帐篷平铺在地面上，用绳索固定住，人在帐篷布遮盖下勉强过夜。一夜大雪过后，把帐篷几乎埋没。有的地段山势如刀削，随时可能发生滑坠亡人事故。向上攀登时，每挪动一步都要付出巨大的努力。沿山脊向上走时，因极度狭窄且危险，队员们干脆骑在山脊上向上挪动。除了艰辛之外，队员们还要经常受到死亡的威胁。在2号营地附近，冰雪崩频发，巨量的冰雪倾泻而下，有一次竟然冲到距离2号营地只有几十米的地方。还有3次，队员们刚刚通过危险区域，雪崩就在身后暴发，险些被冲走，多次与死神擦肩而过。营地位置的选择更是困难。有一次因为实在找不到一块可以搭建帐篷的地方，就把临时过渡营地搭在一个冰雪裂缝区域内，整夜须提防冰雪塌陷，更说不上入睡休息了。

同任何体育运动项目一样，登山运动中的失败和挫折在所难免。但是，登山队员们探索未知、挑战极限的勇敢精神，将激励后来者前赴后继，最终完成登顶的使命。南迦巴瓦峰有待人类登顶，也终将被人类登上顶峰。

直到1991—1992年，中、日联合登山队再次攀登该峰时才最终成功登顶。

第九章

1985年单独攀登卓奥友峰

卓奥友峰，位于中国与尼泊尔的边界线上，是喜马拉雅山脉中段的著名高峰，山体雄伟宏大。地理坐标：北纬28°05′32″，东经86°39′43″。

1921年以前的卓奥友峰尚不为登山探险者所知，直到1954年，奥地利登山队的3名队员才首次从尼泊尔境内登顶卓奥友峰。卓奥友峰具有相当大的攀登难度。20世纪50年代，有一支装备了直升机和现代化的登山车，并雇佣当地人作向导的英国登山队，在攀登这座高峰时遭遇惨败。1959年，由世界著名的女登山家法国人克·郭刚率领的，由法国、英国、瑞士、尼泊尔、比利时的登山运动员组成的一支国际女子登山队，准备登顶卓奥友峰，重夺世界女子登山纪录的桂冠。不料只登达海拔7100米处，便遭遇雪崩而全军覆没，郭刚本人也不幸遇难。一直到1985年之前，尚没有一个中国人登上卓奥友峰峰顶。

1985年，是西藏自治区成立20周年。之前的1984年秋，西藏登山队依据自身的实力和中国登山界的期盼，向自治区体委并报西藏自治区人民政府请示，拟于1985年春季单独攀登世界著名高峰——海拔8201米的卓奥友峰，为西藏自治区成立20周年献礼。在此之前参加的一切登山活动，都是与国内外登山队联合进行的。当年年底，自治区政府批准了这一请示，并成立了以西藏自治区人大常委会副主任雪康·土登尼玛为指挥长，洛桑达瓦、刀杰、贡布、桑杰等为副指挥长，张俊岩为顾问的卓奥友峰登山指挥部。

第一节　组织准备工作

1984年9月，由于以前对卓奥友峰的情况知之甚少，为了在次年能够成功攀登该峰，西藏登山队组成由队长成天亮和副队长仁青平措带领的侦察组进入山区，对卓奥友峰的北、西方向进行侦察。侦察攀登到海拔6300米的高度，对整个攀登路线进行了详细观察和记录，对困难程度和危险地段有了一定的把握。同时，走访了当地群众，了解到一些"乔乌雅"的历史传说和进山路线，取得了摄影、录像等第一手资料，基本弄清了攀登卓奥友峰的路线、设立营地位置等基本情况。侦察组回到拉萨后，首先制订了详细的攀登计划方案，然后组织攀登队伍开始实战化训练，同时筹备所需高山物资等。

西藏卓奥友峰登山队组成人员：

队长：成天亮

副队长兼攀登队长：仁青平措

教练员：洛桑德庆、边巴次仁等

下设第一、二分队和后勤组、通信气象组、宣传摄影组。

全队共37人，以攀登过珠峰、希夏邦马峰和南迦巴瓦峰的11名老教练员和大次仁等老运动员为骨干，同时在日喀则招募集训了30名新队员，新队员的主要任务是为主力队员运输物资。

队伍周密谋划、充分准备，力争打有把握之仗，为第二年的攀登行动做好准备工作。

1985年3月，登山前的各项准备工作如期完成。

4月1日，西藏自治区人民政府副主席江措和有关部门的负责人，出席了登山队出征壮行仪式，为队员们献哈达、敬青稞酒。

4日，西藏卓奥友峰登山队加上记者、司机一行40人，在队长成天亮的率领下抵达山脚下，在海拔4959米的加布拉建立起大本营。随后，副队长仁青平措和教练员洛桑德庆带领全体新老队员，在卓奥友峰西北侧的富士拉冰川上进行为期一周的冰雪技术训练，目的是全面提高全体队员的攀登技术，特别是提高新队员在冰雪陡坡的攀登和下降技术，以及在冰瀑区的通过方法和各种自救、互救技能。通过这些针对性很强的实战训练，使队员们从思想上和技能上做好了临战准备，在此后的登山过程中发挥了重要作用。

与此同时，年过半百的老教练边巴次仁带领一部分登山队员和雇佣的民工，日夜兼程赶到巴隆冰川，抢修了加布拉到兰巴拉山口的道路，以便登山队伍和牦牛运输队安全通过。

13日，上山前的一切工作按计划准备就绪。

14日，成天亮带领32名运动员离开大本营向上攀登。3个半小时后，沿着巴隆冰川东侧行军到海拔5480米的过渡营地巴隆宗卡。这里有低矮黑暗的石头房子，是中、尼两国边民来往时的临时住宿点，也是当地群众的一个放牧点。

15日，队伍沿侧碛陡坡先下到巴隆冰川上，再沿冰川终碛前往兰巴拉山口。由于冰面上布满了裂缝和冰塔林，行进时要格外小心。当天到达目的地，在海拔5700米的冰川终碛石滩上建起了前进营地。这里是巴隆冰川和兰巴拉冰川交汇处，地势开阔。但由于受地形影响，常年刮着大风。中、尼边界线的界碑就竖立在这里。从这里向东，即可接近卓奥友峰主峰。

20日，仁青平措带领修路队员在海拔6300米处建立起1号营地。两个分队先后到达1号营地后，又返回前进营地休整，完成了第一阶段适应性行军任务。

当时天气预报显示25日前为多云，时有降雪，但风不大，气温正常；26—28日为坏天气周期，每天下午云雾遮蔽山峰，有小量降雪，但气温正常。根据天气趋势，登山队决定在25日前实施第二阶段的突击顶峰行动，抢修冰壁路线并建立2号营地，在坏天气周期到来之前把队伍撤回1号营地和前进营地，休整待机。

第二节 轻装突击顶峰

25日，当队伍攀登到1号营地时，坏天气周期提前到来。降雪虽然只有10多厘米厚，但高空风力一直很大。2号营地以下的路线未能修通，迫使大部分队员撤回前进营地待机。

26日，山上风力稍微减弱，仁青平措再次带领12名主力队员，冒着大雪在卓奥友峰西北山脊上架设了保护绳索，在冰雪陡坡和冰壁上固定了200多米的保护绳索和金属软梯，修通了海拔6500米到6950米处的冰梁和冰壁上的攀登路线。下午，终于登上一处高达20米的冰壁，来到冰瀑区下方一个海拔6900米处的大平台上，在一个大裂缝边上搭起帐篷，建立起2号营地。

27日，仁青平措和开路先锋大次仁轮番修路，以便尽快打通冰瀑区通道。这里处处都有深不见底的大裂缝，上方则是雪崩源。早年法国著名女登山家克·郭刚就是在这里遭遇雪崩身亡的。仁青平措带领队伍抢修了一天才前进了100米左右，天黑前返回2号营地，计划第二天继续向前打通这段路线。但是，当天夜里下了场大雪，成天亮得知情况后命令队伍28日原地待命，以确保队员们的安全。果然，这天就发生了几次雪崩，队伍逃过一难。

29日，仁青平措再次带领队伍修路，终于把攀登路线修到了海拔7100米的高度，打通了"冰瀑区"的道路，当天撤回2号营地待机。

30日，仁青平措带领主力队员在前，运输队伍紧随其后，一边行军、一边修路，登达海拔7200米处卓奥友峰西山脊营地位置，在一块较为平缓的坡地上搭起帐篷。接下来准备从这里斜插到卓奥友峰北坡，在海拔7500米处设立突击营地。这样，距离顶峰的相对高度只剩700米，这不算太长的路线能使突击队员登顶后回到突击营地的保险系数增大。当天从拉萨传来天气预报：5月2日前天气较好，虽有云蔽山，时有降雪，但高空风力不大，气温正常。根据天气预报和队员们体力较好的状况，登山队决定在5月1日沿西山脊路线突击顶峰，完成登顶任务。当晚，确定了突击队的人员名单。根据队员的体力和技术水平，决定仁青平措、大次仁等4人在前面开路，把体力和高山适应能力较差的尼玛次仁留在突击营地接应队伍归来。另外，由于突击路线长，决定将出发时间定为早晨7时。

5月1日，突击队的12名队员凌晨5时就起床准备，吃完饭后在帐篷内等待出发。

6时，队伍刚要出发，突然刮起了高空风，而且越刮越大，队伍无法前进，只好重新回到帐篷等待天气好转。

10时，风力逐渐减弱，队伍立即出发，沿着卓奥友峰西北坡直线上攀，登达海拔7700米处的"黄色条带"地段后，直插西北山脊。这段路线上除个别地段陡峭外大多处坡度不大，浮雪深20厘米左右。队伍到达西山脊后，开始使用固定绳索的方法攀登。经过几个小时的艰难攀缘，一处向下约1500米高的峭壁和冰雪陡坡被队员们踩在了脚下。登达西山脊的顶部已是海拔8000米的高度，从这里往上，是坡度较缓的冰雪坡和冰雪岩石混合地带，队伍开始打开结组绳前进。这时，嘎亚和旺多两人逐渐感到体力不支，心想再坚持跟随大家前进将影响整个队伍的速度，导致突击顶峰的任务在天黑前无法完成，就主动到队伍后面跟着。

成天亮在大本营用望远镜发现队员们是轻装前进的，没有带宿营装备。但在这样长的攀登路线上轻装突击顶峰，不携带宿营装备是个严重的问题。因为10时才出发的队伍，一天之内要攀登相对高度1000米、再返回突击营地，在这样短的时间里往返这样长的高山路程，在以往简直是不敢想象的。

15时，成天亮等在大本营的人员非常关注突击顶峰的进展情况，将突击队私自决定改变攀登路线和轻装攀登的情况报告了设在拉萨的卓奥友峰登山指挥部的副指挥长洛桑达瓦。此时，一直走在队伍前面的开路先锋大次仁突然从雪坡上滑了下来，幸被后面的队友保护住。大家坐下来休息了一会，稍感呼吸平稳就接着向上攀登。

16时，成天亮用望远镜看到突击队伍攀登速度缓慢，走在最后的嘎亚和旺多越来越慢。当离顶峰只剩下100多米时，嘎亚和旺多的脚都抬不动了，看来是忍受饥饿和疲劳已经到了极限。成天亮为了不使这两位队员拖累整个突击队的行动，命令嘎亚和旺多立即下撤。

17时50分，突击队的仁青平措、边巴次仁、大次仁、拉旺、旦真多吉、大多布杰、小多布杰、格桑、旺加9人终于登顶成功。

突击队员们没有欢呼雀跃，而是庄严地展示、升起国旗，在顶峰竖立了一根书写有"西藏自治区登山队·一九八五年"藏汉两种文字的金属纪念标杆，进行了采集冰雪和岩石标本、拍照取证等工作，停留40分钟后下山。

第三节 平安下撤

下山时，太阳已经落山，山脊线这段危险路线必须在天黑前走完，否则将会出现险情。成天亮命令队伍不能休息，加速下撤，到达雪坡以后再休息。同时命令已经回到突击营地的嘎亚、旺多和尼玛次仁在天黑以后用汽油浇在可燃物上点燃，为下山队员指示营地位置，并嘱咐下山队员之间不能拉开距离，互相照应着走。

24时，突击队员平安回到突击营地。已经15个多小时没有进食的9个人，终于在胜利的喜悦中进餐补充能量。大本营立即将成功登顶的喜讯报告了拉萨的登山指挥部，洛桑达瓦说："这下放心啦！"

成天亮在报话机中对山上的仁青平措说："好你个仁青平措，见到你时非给你一冰镐不可！"这兴奋的话语中，不知是责怪还是爱。

5月2日，突击队的12名成员安全回到前进营地。

3日，全体队员回到大本营，圆满完成了西藏登山队单独攀登卓奥友峰的任务。

时任全国人大常委会副委员长的阿沛·阿旺晋美获悉登顶成功的消息后，热烈祝贺西藏登山队登顶成功！衷心感谢西藏登山队团结互助、心怀全局，以优异成绩向西藏自治区成立20周年献了一份大礼！

中国登山协会名誉主席杨得志在贺电中指出："西藏登山队能够自己独立地承担征服这样一座世界著名高峰的任务，并取得了成功，证明了西藏广大藏族和其他兄弟民族在开展登山运动方面的巨大潜力，也说明了党的十一届三中全会以来西藏体育事业的快速发展。"贺电强调指出："中国人民在过去革命和建设中，历来有那么一种无高不可攀、无坚不可摧的劲头，有那么一种泰山压顶不弯腰的气概。今天，我们在向'四个现代化'进军的战斗中同样需要这种大无畏的精神。我相信，你们这次征服卓奥友峰的事迹，必将给广大军民很大的鼓舞。"

这次攀登行动还践行了经过多年积累和探索出的全新的组织指挥登山行动的理念：队伍精干指挥灵活、行动迅速高效、队员协同一致战斗力强。特别是采取一次行军后就突击顶峰的战术，开创了小规模、短时间、抓住时机迅速突击顶峰等新型的"喜马拉雅登山模式"时代。

西藏自治区人民政府、国家体育运动委员会、中华全国体育总会、中国登山协会等都先后发来贺电，表示热烈祝贺。

在对成功登顶卓奥友峰进行总结时，首先大家对西藏登山队成立以来首次单独登顶世界著名高峰这一巨大胜利而自豪，更值得称赞的是锻炼了队伍、提高了组织指挥能力、涌现出一批先进人物，还培养了新一代登山运动员，增强了西藏登山事业发展的后劲。同时，也深感攀登过程充满艰险：副队长兼攀登队长仁青平措，1975年攀登珠峰时，在登达海拔8600米的高度时遭遇暴风雪，在突击营地困守3天，双手严重冻伤，失去了参加突击顶峰的机会。事后6个手指被截肢的那天，队友们捧着他缠满绷带的双手哭了，而他只是淡淡一笑。但当他登上卓奥友峰顶峰时却哭得像个孩子，似乎要用泪水洗去往日的痛苦回忆。丹真多吉，从踏上海拔8000米的"死亡地带"就开始呕吐，当在顶峰升国旗时，吐出来的已是殷红的血水。拉旺，默默地站在国旗下，流着热泪。当时心中感觉最不一般的人可能是年龄最大的边巴次仁了，他年届50岁而与小伙子们一起登上这座世界著名高峰，这在国内登山界史无前例。他在1964年攀登希夏邦马峰期间，在举步可登顶峰时服从指挥，当了接应队员；1975年攀登珠峰期间，和仁青平措一样，即将突击顶峰时，在海拔8600米突击营地困守3天，在断粮缺食的营地里体能消耗极大，又患了胃痛，后被队友们护送下山；现在当他已经50岁的时候，终于了却了自己登顶世界著名高峰的夙愿。

第十章

1986年攀登宁金抗沙峰

宁金抗沙峰，又名"勒金康沙峰"，是西藏自治区中部地区四大神山之一，位于拉轨岗日山脉东端、江孜县与浪卡子县交界处的国道G318公路旁。地理坐标：北纬28°09′，东经90°01′，海拔7206米。

1986年，西藏登山队决定再次单独组队攀登尚无人登顶的处女峰之一的宁金抗沙峰。1985年，日本一支登山队曾用时两个多月攀登此峰，但未能登顶。所以，到1986年初，此峰仍未有人类登顶。南山脊路线是攀登宁金抗沙峰最短也是最危险的路线，是1986年西藏登山队首登宁金抗沙峰主峰的路线。

西藏自治区体委为了进一步提高西藏登山运动的水平，同时也为登山探险产业发展提供必要的已开放山峰资料，报请自治区人民政府批准了攀登宁金抗沙峰的请示。当年西藏登山队兵分两路：一路队员与日本登山队组成攀登海拔7543米的章子峰登山队；另一路队员组成单独攀登宁金抗沙峰登山队。

宁金抗沙峰登山队组成人员：

队长：罗则 西藏自治区体委登山管理处处长

副队长兼攀登队长：桑珠 西藏登山队副队长

队员：由包括教练员、运动员、后勤保障人员在内的17人组成。

登山队制订了物资筹备、训练和攀登的总体计划。

1985年12月16日，开始进行紧张的体能和攀冰技术训练。到1986年3月底，经过3个半月的训练，队员的身体素质和攀冰技术有了很大提高，达到了集训的预期目标。

1986年4月10日9时，队伍从拉萨出发。

14时，到达山下的卡惹拉冰川附近，在海拔5000米的国道G318公路旁建立起大本营。

13日，攀登队长桑珠带领12名队员开始了第一次适应性攀登。任务是修路、建营、物资运输，同时增强队员的高山适应能力。行进中从裸露的基岩上攀登到卡惹拉冰川舌部的顶端，不但需要高超的攀冰技术，而且更需要勇气和胆量。因为冰川的舌部受冰川流动产生的推力和天气变化影响经常发生崩塌，有时崩塌的冰雪能滚落到100米以外的公路上，所以在这段最困难、最危险的路段上，为了减少遭遇冰崩的危险，在派出观察哨兵随时提醒躲避冰雪崩塌的同时，采取加大队员之间距离、快速攀越的办法通过，禁止停留休息。队员们经过奋力向上攀登，登上了海拔5800米的卡惹拉冰川顶端，建立起1号营地。

18日，继续攀登到海拔6700米处建立起2号营地，即突击营地，并侦察了通往顶峰的路线。当天晚上，全队返回大本营，结束了第一次攀登行动。

19—24日，全队在大本营休整，做好了突击顶峰前的各项准备工作。

24日下午，举行登顶誓师大会，罗则队长主持，专程赶来的自治区体委主任洛桑达瓦作动员讲话，全体队员表示一定要把五星红旗插上宁金抗沙峰顶！

25—26日，突击队员分两批先后离开大本营，开始突击顶峰。

27日，桑珠带领突击队员13人从海拔6100米的1号营地向上攀登，5个小时后登达6700米的突击营地。当晚，队员们在不吸用辅助氧气的情况下度过了一夜。

28日7时30分，突击队员分两批向顶峰攀登。当登达海拔6800米时，跟随攀登报道的西藏电视台摄像记者高晓平因体力不支而下撤，把摄像机交由其他队员一直拍摄到登顶和下山。

9时25分，第一批突击队员登顶。

9时45分，第二批突击队员登顶。

至此，桑珠、边巴次仁、拉旺、加布、丹真多吉、格桑、旺多、旦增、加措、边巴扎西、次仁、普布共12名队员全部登上顶峰。队员们在顶峰把刻有藏汉两种文字的旗杆与五星红旗插在顶峰，拍摄留下队员们在国旗下合影的珍贵录像和照片资料，并采集了顶峰的冰雪和岩石标本。

10时30分，队员们在顶峰停留约1小时后下山。

20时，登顶队员全部安全返回大本营。

5月25日，登山队离开大本营返回拉萨，受到自治区人大、政府、政协、西藏军区和拉萨市、自治区体委等领导，以及社会各界群众的热烈欢迎。

攀登宁金抗沙峰登山队，从建立大本营到登上顶峰，只用了18天时间。速度之快，堪称一流。西藏登山运动在发展进程中，又创造了一项单独登顶海拔7000米以上高峰的新纪录。

西藏自治区党委、政府和国家体委、中国登山协会都发来贺电，表示热烈祝贺。

第十一章

1993年海峡两岸攀登珠峰

1993年,中国登山协会与祖国宝岛台湾的山岳界人士李淳蓉,在经过多次商谈后最终达成一致意见,双方签订了有关协议书,决定两岸组成"海峡两岸珠穆朗玛峰登山队"攀登世界最高峰。这是海峡两岸40多年来首次进行民间合作登山行动,因而受到两岸各方面的重视与关注。

根据协议规定，双方各派出9人组成登山队：

大陆领队：曾曙生

大陆攀登队长：金俊喜

台湾领队：李淳蓉

台湾攀登队长：张铭隆

队员：由西藏登山队的小加措、开尊、小齐米、普布和国家登山队的王勇峰、罗申、马欣祥7人与台湾的吴锦雄、黄德雄、伍玉龙、邵定国、吴洞俊、周德久、游启义7人组成。

3月1日，海峡两岸珠峰登山队的全体队员在拉萨会合。台湾队员在拉萨进行了几天的高原适应性训练，期间与大陆队员共同进行进山前的物资检查装运等各方面的准备工作。

6日，队伍离开拉萨，前往珠峰大本营。

13日，经过8天边走边逐步适应的行程后顺利抵达大本营。在随后的几天里，大陆队员一边建营、一边整理物资装备。台湾队员则在营地周围山坡上进行适应性活动，以求尽快提高每位队员的高山适应能力。

21日，攀登行动正式开始。这天早晨，登山队全体队员进行第一次行军，雇请的民工赶着驮运物资装备的牦牛群紧随登山队前进。

17时，队伍登达海拔5500米处，在这里建立起1号营地。

22日，大陆队员小加措，带领西藏登山队派出的其他队员和民工一边修路、一边赶着牦牛上山运输物资。队伍到达海拔6500米处的侧碛石上，在此建立起2号营地，即前进营地。

4月5日，小加措带队打通了"北坳天险"，但天气突变，下起了鹅毛大雪，一连几天不见转晴，队伍只好撤回大本营。下山途中，大陆教练员兼队员罗申的手因严重冻伤而送医治疗，但仍有两个手指截肢。

10日，登山队登达海拔7028米的北坳顶部，并运送了部分物资，在这里建立起3号营地。

11日，队伍继续向上攀登，计划把攀登路线修到海拔7790米的4号营地，但因高空风猛烈，中途被迫回到3号营地待机。

12日，几名来自西藏登山队的队员终于突破"大风口"，登达海拔8300米处，建立起5号营地，并把运送的物资存放在5号营地，然后下撤至前进营地。此后的几天里，队员们集中力量把高山物资运送往3号营地。

19日，来自西藏登山队的队员由前进营地出发，跨越地处北坳的3号营地，直接登达4号营地。

20日，这几位实力超群的队员又把物资送到了5号营地。为了防止帐篷被大风吹走，就没有搭帐篷，而是用帐篷把物资包裹起来，再用石头压住，接着返回3号营地。次日，天气变坏，据天气预报坏天气将持续几天，攀登行动无法继续进行，山上的所有队员被迫撤回前进营地待机。

25日，登山队制订了最后的登顶方案：决定分为两个突击组，第一突击组由3名大陆队员和1名台湾队员组成；第二突击组仍由3名大陆队员和1名台湾队员组成。5月5日为登顶时间。

5月4日，两个突击组的8名队员同时登到了海拔8680米的"第二台阶"下边，并在此处建立起6号营地，即突击营地。

5日，有两人因体力不支和高山反应严重留在突击营地，其他6人分成两个结组向顶峰突击。大家通过1975年中国登山队再登珠峰时架设的金属梯，顺利登上了"第二台阶"。

12时40分，大陆队员小加措、小齐米、开尊、普布、王勇峰和台湾队员吴锦雄先后登上顶峰。

当天晚上天黑前，登顶队员分别下撤到5号和4号营地。

10日，全体人员平安返回大本营。

17日，登山队回到拉萨。至此，历时两个多月的海峡两岸攀登珠峰行动取得圆满成功。

两岸合作攀登世界最高峰成功，在海峡两岸和海外引起了热烈反响。大陆方面分别在拉萨和北京举行了隆重的庆祝活动，台湾方面邀请大陆的全体队员赴台湾举行了隆重的庆祝活动，新闻媒体对这次海峡两岸攀登世界最高峰进行了大量报道。

第十二章

2003年国内业余登山爱好者登顶珠峰

2003年3月12日，为纪念人类首次登顶珠峰50周年，由中央电视台、中国登山协会、西藏自治区体育局共同举办，西藏登山向导学校和西藏圣山登山探险服务有限公司承办，搜狐门户网站冠名的"2003·站在第三极"中国搜狐业余珠峰登山队，在国家登山队北京怀柔训练基地举行成立授旗仪式。

29日开赴西藏。

4月5日进驻珠峰大本营。

5月21—22日先后登顶。

西藏登山学校和西藏圣山登山探险服务有限公司派出40多人参加，经过一个多月的探路修路、营地建设、物资运输和协作攀登，取得了圆满成功。中央电视台在攀登的最后一周，在第5频道现场直播登顶实况，这是中央电视台首次实施攀登现场直播。本次攀登珠峰行动的目的是通过纪念人类登顶珠峰50周年，推动我国业余登山运动和全民健身活动进一步发展。

第一节　攀登过程

"2003·站在第三极"中国搜狐业余珠峰登山队，由万科集团董事长王石、搜狐门户网站负责人张朝阳和刘福勇、周行康、梁群、陈俊池、李伟文、张梁、刘健、朱廷峰等业余登山爱好者组成。中国登山协会副主席颜金安任总指挥，中国登山协会副秘书长王勇峰任队长。高山向导、协作，由西藏登山向导学校（原西藏登山学校）的学员和西藏圣山登山探险服务公司员工担任。高山摄像也是由经过中央电视台培训的西藏登山向导学校的学员和西藏圣山登山探险服务有限公司的员工担任。

5月21—22日，由西藏登山向导学校校长尼玛次仁带领学员阿旺罗布、扎西次仁、旺堆、普布顿珠与其他省市7名业余登山爱好者共10人成功登顶，并完成了电视直播任务。其中，21日A组7人登顶珠峰：陈俊池、梁群（女）、尼玛次仁和担任高山摄像、高山协作的阿旺、扎西次仁、普布顿珠、旺堆；22日B组3人登顶珠峰：王石、刘健、罗申。

特别值得记载的是，"2003·站在第三极"中国搜狐业余珠峰登山队的指挥员和队员在攀登中首次使用手机在大本营与各营地及顶峰人员联系，结束了只能依赖海事卫星电话或报话机联系的历史。登顶珠峰的尼玛次仁应中国移动西藏分公司的请托，首次用手机在顶峰上与家人通话。

第二节　重大意义

这次参加登山行动的规模不亚于1988年中、日、尼三国联合攀登珠峰活动时的规模，电视直播使此次活动家喻户晓，并产生了广泛影响。特别是在"非典"疫情时期，为提升国民战胜病魔的信心起到了鼓舞作用。胡锦涛总书记发来贺电，指出："你们的英勇行动再一次证明，在伟大的中国人民面前，没有克服不了的困难，没有战胜不了的风险。"贺电高度赞扬了登山健儿"不畏艰险、顽强拼搏、团结协作、勇攀高峰"的奋斗精神。

本次登山行动还创造了两个第一次：第一次国内业余登山爱好者登顶珠峰；第一次手机信号在珠峰全覆盖。这彰显了登山事业广阔的发展前景和时代的发展进步。

第十三章

北京2008年奥运会火炬接力珠峰传递

2001年7月13日,中国向国际奥委会庄严承诺:永恒不息的奥运火炬将登上地球最高峰,从而达到一个新高度。

这是奥林匹克运动与登山运动的首次结合。这一大胆新奇的创意,深深地打动了国际奥委会委员。国际奥委会在批准的北京奥运火炬接力珠峰传递计划中指出,这是"对人类能力的挑战,从某种意义上说是要达到勇气和耐力的新高度",它可以"传播和平与友谊的信息,并同全世界共享奥运的快乐和激情"。

第一节　指挥机构

2006年7月24日，北京奥运火炬接力珠峰传递领导小组成立，下设办公室、登山（训练）部、电视转播部、火炬研发部、后勤保障部。

领导小组成员：

组长：胡家燕

副组长：蒋效愚、冯建中、甲热·洛桑丹增、胡占凡

大本营指挥部成员：

总指挥：李致新

副总指挥：栾开封、张江援、黄平刚、高炳欣、德吉卓嘎

中国登山队组成人员：

队长兼总教练：王勇峰

副队长兼副总教练：罗申、尼玛次仁

教练员：次落、李富庆

队员：开尊、拉巴、小齐米、洛则、索朗顿珠、白玛赤列、加拉、达琼、普布、吉吉、罗布占堆、阿旺扎西、边巴扎西、边巴顿珠、扎西次仁、普布顿珠、旺多、平措、次培、次仁旺姆、阿旺丹杰、阿旺给吨、黄春贵、袁复栋、周鹏、严冬冬、张进、苏子霞、周凌宇、丁晨、徐颖。

新闻发言人：张志坚

第二节　集训过程

2006年10月8日，北京奥运火炬接力珠峰传递集训队的52名登山运动员，在北京和拉萨分别开始训练。

11月，从北京、武汉、南京等地高校选拔出来的18名大学生，在北京怀柔国家登山队训练基地开始集训。

2007年1月7—17日，大学生集训分队赴吉林省吉林市北大湖滑雪场，进行登山滑雪训练和负重徒步训练。

1月23—31日，大学生集训分队赴北京密云县桃源仙谷景区进行冰雪技术训练和负重徒步行走训练。

2月底，大学生集训分队在怀柔集训结束，赴拉萨投身奥运火炬接力珠峰传递预演前的适应性训练之中。

3月1—28日，集训队的18名大学生与西藏登山运动员在拉萨进行高原适应性训练。

3—5月，集训队进行奥运火炬接力珠峰传递的一系列测试和预演，然后返回北京。

9月初，第二次集训从北京经昆明到拉萨，步步移师高原，这也预示着北京奥运火炬接力珠峰传递决战在即。

经过调整，最终确定了31名正式队员，分别来自西藏登山队、西藏登山向导学校、北京体育大学、中国农业大学、中国人民大学、中国地质大学（武汉）、清华大学、南京理工大学。这一阶段的备战集训，除了和上次集训同样具有精心制订的体能适应、恢复和强化训练、攀登珠峰所需的技能培训等内容外，还特别加强了对火炬相关操作要领的培训和演练，以保证队员们能够熟练操作火炬及其配套设备，确保火炬在珠峰顶峰的传递和展示万无一失。

第一阶段的身体素质训练，从9月开始在北京进行。

第二阶段训练从12月13日至2008年1月30日，在云南昆明进行专项身体素质训练。主要目的是针对登山运动的特殊性，提高队员的专项素质，如负重能力、攀登能力、长时间行军能力等。

第三阶段从2月18日至3月25日，在拉萨进行高原适应性训练。主要目的是让队员们适应高原特殊环境，提高高海拔运动能力和耐缺氧能力。同时，还前往羊八井高山训练基地攀登启孜峰，进行高海拔雪山攀登训练，使队员们进一步获得更高海拔的适应性，并熟练掌握攀登技巧，同时对奥运火炬接力珠峰传递行动的全流程进行预演。

通过集中训练和调整，队员们的耐力、力量、柔韧性、协调性等各方面得到明显提高。紧张有序的训练课程，也使队员们意识到火炬正式在珠峰传递的时刻即将到来。队员们都全力以赴地投入身体素质和技能训练之中，同时也在积极地调整心态，因为能够成为实现奥运火炬登顶珠峰传递宏伟目标队伍中的一员，人人都感到十分骄傲和自豪，但也感到肩上责任重大。队员们心里都很清楚，最后能登顶的毕竟只是少数人，都要做好登顶或登不到顶峰的思想准备。大家始终秉持互相尊重、互相爱护、团结协作的态度，并将不断聚集的凝聚力和战斗力一直延续到珠峰顶峰。

随着第二次集训的结束，2008年奥运火炬接力珠峰传递的号角正式吹响，所有人员都蓄势待发。

第三节 测试预演

在北京奥运火炬接力珠峰传递领导小组的组织指挥下，西藏自治区党委政府根据北京奥运火炬接力珠峰传递领导小组的计划安排，在自治区党委常委、自治区常务副主席吴英杰和北京奥运火炬接力珠峰传递领导小组副组长，自治区副主席甲热·洛桑丹增的领导下，在自治区体育局党组书记群增、局长姬嘉，北京奥运火炬接力珠峰传递大本营指挥部副总指挥、自治区政府副秘书长德吉卓嘎（2007年9月任自治区体育局局长），北京奥运火炬接力珠峰传递大本营指挥部副总指挥、国家体育总局登山运动管理中心副主任、自治区体育局副局长（援藏）张江援的组织指挥下，从2006年至2008年实施了火炬接力珠峰传递的测试预演、传递和熔火。

西藏自治区体育局抽调精兵强将，全力以赴投入奥运火炬接力珠峰传递和地面传递、熔火等工作，对珠峰和地面火炬传递队伍组成、拉萨市区火炬传递路线设计、熔火仪式组织、安全保卫、后勤保障等各项相关事项，都做了周密细致的计划安排。特别是在奥运火炬接力珠峰传递中，从西藏登山运动管理中心、西藏登山队、西藏登山向导学校等单位选派102人，全程参加火炬传递和高海拔边防布控巡逻等工作。

西藏自治区体育局配合有关部门和单位，从建营、修路、气象保障、医疗保障、安装新"中国梯"等，到与公安边防部队组建布控巡逻队伍、培训高山电视摄像人员、测试火炬点燃传递、模拟电视现场直播等，都高标准严要求，于2007年5月9日，顺利把北京奥运圣火灯等系列设备送上珠峰，完成从圣火灯取火、点燃火炬的一系列测试预演任务。期间，在3—5月的预演中，先后在珠峰的不同海拔高度进行了三次火炬燃烧测试：4月15日，第一次火炬测试在珠峰北坳海拔7028米营地顺利进行，主要是测试固体燃料火炬和固液体两种燃料火炬能否点燃；5月1日13时20分，在海拔8300米处突击营地进行火炬点火测试获得成功；5月9日8时15分，突击组队员登顶珠峰，8时37分成功实现顶峰电视直播信号传送，随即队员们在十几分钟内试验了6支珠峰火炬（其中固体、固液体两种燃料的火炬各3支，经过测试，固体火炬燃烧效果良好，固液体两种燃料火炬只点燃一支）；8时50分，奥运火炬顶峰测试和电视信号传输测试完毕。至此，预演的主要测试项目基本完成。

除了这三次测试之外，在预演活动期间，登山队员配合火炬专家还多次进行火炬的点燃和燃烧的相关试验，包括登山装备、氧气在使用时对火炬点燃和燃烧的影响测试等，以确保万无一失。

预演的成功，是西藏自治区党委政府与国家体育总局、中央电视台、中国气象局、航天科工集团等相关部门和单位共同努力、协调配合的结果。预演不仅是对火炬在高海拔雪山燃烧状况的检验，也是对登山运动员攀登实力的检验，更是对传递系统后勤保障能力、各部门和单位协同能力、新闻媒体信号传输效果的综合测试与检验。

从2007年3月1日全体队员在拉萨集中、3月中旬部分教练员和队员进驻珠峰大本营进行建营活动、3月底所有队伍进驻大本营，直到5月9日北京奥运火炬在珠峰顶峰点燃，预演成功并撤营，整个行动历时60多天。全体队员和技术人员、工作人员共同努力、密切配合，顺利完成了对2008年奥运火炬能否实现珠峰传递的系统实地验证，为2008年成功进行北京奥运火炬接力珠峰传递、完成电视直播等相关工作任务，兑现中国向世界的庄严承诺奠定了坚实基础。

时任国家体育总局局长刘鹏对奥运火炬接力珠峰传递测试预演工作高度重视，分别于2007年5月3日、4日在自治区体育局党组书记群增的陪同下，两次来到大本营，还不顾高山反应和疲劳，登达海拔5800米过渡营地，看望慰问参与火炬传递测试预演的人员。

时任西藏自治区党委书记张庆黎于2007年5月5日，来到珠峰大本营看望慰问大家，鼓励大家团结一心、众志成城、战胜一切困难，坚决夺取北京奥运会火炬珠峰传递测试预演和明年正式登顶传递任务的胜利。

北京奥运火炬接力珠峰传递领导小组组长、国家体育总局副局长胡家燕，在西藏自治区政府副秘书长德吉卓嘎陪同下，与自治区体育局局长姬嘉于2007年5月14日，来到珠峰大本营看望慰问大家，并与在大本营的人员合影。

此外，还有通信和医疗保障、新闻媒体、各家赞助商等，为实现奥运火炬接力珠峰传递的梦想，在各个方面给予大力支持。每一个部门和单位都在奥运火炬接力珠峰传递行动中竭诚合作，共同促成了珠峰火炬的成功传递与展示。

第四节 通信保障

2007年9月，中国移动西藏分公司总经理朱大荪出席了珠峰地区GSM信号覆盖工程建成仪式。中国移动是唯一一家建成珠峰地区网络信号全覆盖的通信企业，也是唯一为北京奥运火炬接力珠峰传递进行通信保障的企业。由中国移动提供的这一通信保障在历届奥运会通信服务中是史无前例的，在海拔高度、保障难度等多个方面创下世界之最。

2007年11月13日，中国移动在珠峰前进营地（海拔6500米）的卫星基站测试开通，移动信号首次覆盖珠峰各营地至顶峰及其周围地区，这是当今世界通信史上海拔最高的移动基站。

2008年，在奥运火炬接力珠峰传递期间，从绒布寺、珠峰大本营、5800米直放站，到6500米基站都有专人值守。

为了满足大本营各单位巨大的通信、上网需求，中国移动派出传输、无线、动力等多个部门的专业技术力量，以多"兵种"配合进行协同作战，强力支撑通信保障。

第五节　气象保障

2008年5月30日，时任中国气象局预测减灾司副司长翟盘茂，在北京举行的新闻发布会上，介绍奥运圣火珠峰传递气象保障工作时说，自2008年5月7日23时开始，每小时一次加密气象探测，并每小时向珠峰火炬传递总指挥李致新提供监测信息和滚动预报结论。

翟盘茂介绍，中国气象局高度重视奥运气象服务工作，专门成立领导小组，加强对北京奥运会服务的领导和组织协调工作。早在2007年4—5月，就派出42名业务科技人员，进行为期37天的珠峰奥运火炬接力传递测试气象的保障和演练。2008年又派出38名来自国家气象中心、国家气象信息中心、大气探测中心、华风集团、西藏自治区气象局、甘肃省气象局和中国气象预报社等单位的气象科技人员，组成预报、观测、通讯宣传和后勤保障4个小组，除了配备L波段雷达探测车、便携式气象站外，气象会商室更是设备先进且齐全，相当于把北京的中央气象台搬到了珠峰大本营，进行强有力的气象服务保障工作。

从2008年4月6日开始，气象保障队共制作了34期气象服务专报。其中，提前4天准确预报了4月15—21日的大风天气，为登山队提前让队员撤回大本营争取了宝贵的休整时间，并且避免了大风天气带来的不利影响；提前5天准确预报了4月23—25日的相对小风晴好天气，为登山队运送高山物资和部署相关登山事项提供了重要决策依据；在持续大风天气并遭遇中到大雪的情况下，提前4天准确预报5月6—9日的相对小风晴好天气，并明确提出8—9日的天气条件适宜登顶。

先期，每天两次提供未来三天的天气趋势展望，每12小时进行一次天气状况、温度、风向、风速、能见度预报。

中期，自5月6日开始每2小时进行一次加密探空观测，每6小时提供一次预报。

最后，自5月7日23时开始，每小时一次加密探测，并每小时向珠峰火炬传递总指挥李致新提供监测信息和滚动预报结论。

气象保障成功，为北京奥运会火炬珠峰传递行动提供了准确、及时的天气预报服务，有力地保障了整个行动的顺利进行。

第六节　技术保障

承担珠峰火炬系统研发任务的中国航天科工集团,在低温、低压、大风的珠峰地区严酷环境里,克服种种困难,用科学方法和拼搏精神打造出了燃烧着航天技术之"芯"的奥运火炬。

使火种实现正常燃烧已属不易,要想保存、携带火种攀登,进而在顶峰点燃火炬并传递,从技术角度而言,确实是从未设想过的难题。

从2006年起,奥运火炬研发部连续3年到珠峰进行试验和技术保障工作。2008年的主要任务是为珠峰火炬进行技术保障、对登山队员进行培训。负责技术保障的共11人,其中,前线总指挥1名、副总设计师2名、技术人员5名及其他工作人员3名,都具有丰富的大型外场试验经验。两年间,火炬研发部一共为登山队进行过十余次技术培训,内容包括火炬、珠峰火种灯、高原火种灯、引火器、圣火台的知识和操作原理等。

2008年传递期间,火炬研发部一共为登山队和安保部门培训4次,最后一次是在登顶前夕,技术人员前往海拔6500米的前进营地,为即将在顶峰传递火炬的队员进行重点培训。

第七节　医疗保障

在北京奥运火炬接力珠峰传递行动中,共有5名医务工作者为登山运动员和大本营工作人员提供医疗保障服务。其中,4人来自西藏军区总医院、1人来自西藏登山队(副队长洛桑云登,曾长期伴随西藏攀登世界14座海拔8000米以上高峰探险队进行医疗保障),都是长期从事高山病防治工作,具有丰富的临床经验和运动医学经验的专家。这些白衣天使不仅要为登山队提供医疗服务,承担为队员体检、配药等日常工作,而且还尽心尽力地为众多初到珠峰、高原反应严重的各级领导干部和各部门工作人员进行身体和心理救治疏导。医务人员精湛的医术和悉心照料病人的热情服务精神,受到大家的称赞,有力地保障了登山队员和领导同志、工作人员的身体健康,为整个攀登、测试、传递的顺利进行提供了重要支撑。

第八节　后勤保障

在北京奥运火炬接力珠峰传递行动中,西藏自治区体育局实施了强有力的后勤保障。工作范围包括安全保卫、电力保障、医疗卫生、管理服务等众多方面。

2006年8月至2008年5月,以自治区体育局为主体组建的后勤保障部,总共工作时长达22个月,为北京奥运火炬接力珠峰传递的圆满成功提供了强有力的保障。后勤保障部下设办公室、接待组、电视转播服务组、火炬研发部服务组、登山（训练）服务部和大本营综合办公室、卫生组、安全组、电力组、炊事组等，从局机关和所属单位、驻军医院相关部门等抽调工作人员60人。从筹备、测试预演到传递期间，共接待到珠峰执行相关任务的人员1200多人次，在条件有限的情况下想尽办法满足食宿、车辆、医疗救治、边境通行证等方面的需要，可谓是事无巨细、样样费心。

此外，中国登山队后勤组，共投入了31名工作人员、17名民工，共计48人参与后期保障工作；雇用牦牛650头次，驮运26吨物资送至海拔6500米前进营地；还先后16次去拉萨、日喀则等地购置补充新鲜蔬菜、肉类和易耗品等物资；搭建大帐篷38顶，用于工作生活、医疗门诊、物资存放、伙房食堂、厕所等使用。

第九节 聚焦珠峰

2008年4月28日，世界上海拔最高的新闻中心——绒布寺珠峰大本营新闻中心正式启用。为了全面报道北京奥运会火炬接力珠峰传递行动，由境内12家媒体、境外6家媒体组成的媒体报道团队一行40名记者驻扎在这里。另有新华通信社、中国国际广播电台、搜狐门户网站等媒体在珠峰大本营安营扎寨，对火炬传递进程进行详细报道。

5月2日开始，位于绒布寺的大本营新闻中心连续召开新闻发布会，登山队员的攀登进程成了中外记者们最关心的问题。来自日本共同社的记者泽野林太郎手绘了一张攀登路线图，每次新闻发布会上他都追问中国登山队新闻发言人张志坚："现在队员到什么高度了，什么时候登顶？"

此外，负责电视转播和新闻报道工作的中央电视台，选派了116名经验丰富、业务出色的工作人员组成了前方报道团队，分别在大本营和海拔6500米前进营地开展工作。15名来自西藏登山向导学校的学员，担任了高山摄像任务，登顶时从海拔8300米突击营地出发开始，全程记录攀登过程，拍摄了奥运圣火在顶峰成功点燃火炬并开始传递的珍贵镜头，及时、清晰地进行了信号传输，保证了中央电视台现场直播的成功。

第十节 兑现承诺

为了实现中国在2001年申办奥运会时对世界人民做出的庄严承诺，2008年3月17日，北京奥运火炬接力珠峰传递登山队进驻珠峰大本营。

攀登队员中包括20名藏族男队员：洛则、开尊、拉巴、小齐米、加拉、达琼、普布、索朗顿珠、白玛赤列、罗布占堆、阿旺扎西、小边巴扎西、边巴顿珠、扎西次仁、普布顿珠、旺多、平措、次培、阿旺丹杰、阿旺给吨；2名藏族女队员：吉吉、次仁旺姆。

4月25日晚，在西藏自治区党委常委、常务副主席吴英杰率领圣火护卫人员的护送下，北京奥运圣火火种灯送到珠峰大本营。29日，珠峰火炬和引火器组装封箱先后送上山。5月4日晨，圣火火种灯在登山队员、护卫和技术工作人员的护送下从大本营运送上山，当晚安全送达6500米前进营地。

5月5日，火种灯交接仪式结束后，登山队员护送珠峰火炬和火种灯离开前进营地，向顶峰进发。然而，此时从海拔8300米突击营地到顶峰的路线还没有修通。为了保证登山队员和高山摄像在顶峰进行火炬传递和拍摄时的安全，为了抢在突击组登顶前完成从突击营地到顶峰的修路任务，修路组的11名队员早在5月5日上午就从前进营地出发，当天跨越7028米营地到达7790米营地。6日到达突击营地。7日，修路组队员克服风大、雪少、岩石多等诸多困难，于10时30分修通路线并登顶，将路绳从突击营地一直架设到顶峰。把路绳铺设到顶峰，这在中国登山队攀登珠峰的历史上还是第一次。

5月7日，护送珠峰火炬和火种灯的队员登达突击营地。

修路组由11人组成：

组长：小边巴扎西

副组长：开尊

队员：拉巴、小齐米、巴桑塔曲、扎西平措、其美扎西、多吉次仁、大旦增、小旦增、次培；

最终确定的登顶突击组由12人组成：

组长：尼玛次仁

副组长：罗申

队员：达琼、吉吉、次仁旺姆、李富庆、黄春贵、袁复栋、罗布占堆、阿旺扎西、小扎西次仁、普布顿珠；

支援组由7人组成：

组长：次落

队员：王勇峰、德庆欧珠、次旦久美、边巴顿珠、洛则、严冬冬；

中央电视台特约记者组由8人组成：

成员：阿旺罗布、次仁桑珠、次仁旦达、旺堆、扎西次仁（兼新华社特约记者）、小普布顿珠、阿旺占堆、阿旺次仁。

2008年5月8日9时17分，人类首次将象征"和平、友谊、进步"的奥运火炬在世界最高峰上点燃、传递。北京奥运火炬接力珠峰传递登山队的杰出代表——19名优秀的中华儿女，站在珠峰顶上，高举"祥云"火炬。百年奥运圣火第一次到达地球第三极，全世界不同种族、不同肤色、不同信仰的人们，通过媒体的大量报道，看到奥运火炬在世界最高峰上闪耀。

此前的9时整，所有登顶队员已在距离顶峰30米的路线上准备就绪。9时10分，罗布占堆取出火种灯，随后用引火棒点燃第一棒火炬手吉吉手中的祥云火炬，来自奥林匹亚的圣火第一次在珠峰顶上点燃。经过王勇峰、尼玛次仁、黄春贵三位火炬手的传递之后，火炬传递给站在珠峰顶上的次仁旺姆，次仁旺姆高举火炬——奥运圣火在珠峰顶上跳跃飞扬。

5月8日，奥运圣火火炬成功传递的同时，还展示了中国国旗和国际奥委会会旗、北京奥运会会旗，圆满实现了预定目标。

大家发扬"西藏登山精神"，克服气候多变等重重困难，排除各种干扰，最终由北京奥运火炬接力珠峰传递登山队队员和兼任高山摄像的共19名队员（尼玛次仁、王勇峰、次仁旺姆、吉吉、罗布占堆、罗申、达琼、李福庆、黄春贵、袁复栋、阿旺扎西、小扎西次仁、普布顿珠、次落、德庆欧珠、次旦久美、边巴顿珠、严冬冬、洛则）将圣火火种灯和"祥云"火炬送上珠峰顶峰，创造了世界登山史和奥运史上的奇迹。

其中，突击组的次仁旺姆和中央电视台特约记者组的次仁旦达，是中国第一双登顶珠峰的同胞姐弟。

当天上午，正当火炬手们登顶的时候，高高的珠峰顶上始终飘扬着一朵吉祥的云朵。而到了火炬传递活动结束时分，珠峰上空呈现出一道靓丽的彩虹，折射出奥运火炬登顶珠峰后的胜利和喜悦。而奥运火炬登顶珠峰的背后，折射出的是中国几代各族登山健儿48年来不懈奋斗、创造奇迹的绚丽人生。

新华社在当天从珠峰大本营发出一篇"新华视点"重点报道，呈现了这一盛世创举和壮举：

万年冰雪映圣火　珠穆朗玛托祥云
——写在奥运火炬登顶珠峰之际

世界的目光向这里聚集，亿万颗心脏在激烈跳动。

2008年5月8日北京时间9时17分，地球之巅——珠穆朗玛峰顶。

年轻的藏族女火炬手次仁旺姆将北京奥运会的"祥云"火炬高高举起。

一团以"梦想"命名的火焰，在一个前所未有的高度把人类的梦想变成现实。

此时，藏语意为"贞慧神女"的珠峰身披白雪，祥云环绕，沐浴在朝阳之中。她阅尽沧桑，却依然雄伟、圣洁而高贵。

历史将铭记这一刻：人类首次在地球距太阳最近的地方点燃奥运圣火。无论在奥林匹克运动史、中华民族伟大复兴征程中，还是人类文明发展史上，这都是一个极具象征意义的时刻。

这一刻，珠峰顶上，健儿们在庆祝、拥抱，他们沙哑而激动的声音向世界传递圣火登上珠峰之巅的喜讯。

这一刻，珠峰大本营沸腾了，忘情的人们在拥抱、在欢呼："成功啦！"

这一刻，神州大地沸腾了，千千万万的中华儿女在奔走相告：圣火照珠峰，人类共欢庆！

这一刻，成为世界各国爱好和平、热爱光明的人们共同的节日……

圣火飞扬，旗云漫卷。不朽的珠峰见证了奥运史上一次空前的壮举——

为了今天的成功，登山队员付出了常人难以想象的艰苦努力。

5月5日，已经在高海拔地区进行一个多月适应性训练的数十名队员，从海拔6500米的前进营地出发，向顶峰挺进。在7000米左右，他们小心翼翼地通过了堆积万年冰雪、潜伏着无数冰崩和雪崩结构的"北坳"。在7400米至7500米之间，他们闯过了乱石累累的岩坡和著名的"大风口"。

1953年5月29日，人类首次登上珠峰。半个多世纪以来，珠峰成为检验人类智慧、勇气和体能的神圣考场。

2001年7月13日，中国向国际奥委会庄严承诺：永恒不息的奥运火炬将登上地球最高峰，从而达到一个新高度。

这是奥林匹克运动与登山运动的首次结合。这一大胆新奇的创意，深深地打动了国际奥委会委员。国际奥委会批准的北京奥运火炬接力珠峰传递计划中说，这是"对人类能力的挑战，从某种意义上说是要达到勇气和耐力的新高峰"，它可以"传播和平与友谊的信息，并同全世界共享奥运的快乐和激情"。

圣火无言，雪山肃穆。珠峰顶上的浩荡长风宛如一曲岁月之歌——

5月6日，当登山队员们艰难行进时，变幻无常的珠峰上空猛烈的西南风冲击着主峰的岩壁，嘶啸着，翻滚着，形成一股强烈的旋风，带着暴雨一样的冰碴和雪粒，拍打着队员们的身躯。

随着高度上升，氧气更加稀薄，每移动一步，队员们的心脏就会剧烈地跳动，呼吸上气不接下气。

再大的风雪也阻挡不了肩负中国人民承诺和世界人民期盼的健儿们前进的脚步。5月7日，他们终于来到被称为"死亡地带"的8300米突击营地，从这里抬头仰望，不远处的顶峰圣洁而肃穆。

1960年，中国人首次从北坡登顶珠峰。

"不畏艰险，勇攀高峰"，这是中华民族精神的重要组成部分。正是由于这种精神，五千年来，中华文明成为世界上唯一历史文化没有断绝的古老文明。无论身处怎样的逆境，中国人民都不曾停下攀登的脚步。

中国百年奥运之路写满了艰辛。旧中国在奥运会上得到的不是荣誉，而是屈辱和嘲讽。然而，那些屡遭失败的先辈仍然为了祖国的荣誉，百折不挠，从不退缩，一次次地向顶峰发起冲击。

踏着他们的足迹，新中国一代又一代体育健儿顽强拼搏，终于取得了辉煌的成绩。如今，中国已成为世界竞技大国，"东亚病夫"正转变为"东方巨人"。

百年奥运之路，也是中华民族复兴之路的缩影。自1840年起，饱经忧患的中国，一代又一代志士仁人披荆斩棘，锐意进取，苦寻救国救民的真理，走过了一个从低谷不懈登高的曲折历程。

1921年7月，中国共产党成立。恰如一团圣火，以希望之光点亮了东方。1949年金秋十月，饱经血与火洗礼的中国人民，终于登上了近代以来第一座高峰——中华人民共和国成立了！

站起来的中国人民在社会主义建设征程上向新的高度挺进。新中国成立59年来，特别是改革开放30年来，经济实力、综合国力、人民生活和国际竞争力都发生了历史性巨变。

"天行健，君子以自强不息。"今天，我国正处在本世纪头20年发展的重要战略机遇期和全面建设小康社会的重要阶段。中华民族伟大复兴的巨轮，正在新的起点上扬帆远航。

圣火升腾，光耀世界。从珠峰发出的和平讯息传遍了地球每个角落——

5月8日1时30分，坚守在大本营的登山队总指挥李致新通过对讲机，向突击营地的队员们下达了登顶命令。19名队员整装齐备，点亮头灯，踏着黎明前的夜色向顶峰冲刺。

他们沿珠峰东北山脊行进，很快来到著名的"第二台阶"。这是一道城墙般光滑的岩壁，曾被外国探险家认为"不可逾越"。而1960年5月24日，中国登山队运用智慧和力量，终结了"第二台阶"不可逾越的神话。15年后，中国登山人又在这里架上了至今为国际登山界称道的"中国梯"。

7时20分，朝阳跃出东方，祥云中的珠峰一片金色霞光。顺利越过"第二台阶"天险的队员们，一步步向顶峰接近。

9时17分，大本营的对讲机里传来队员兴奋的呼叫声："火炬已经登顶了！"

新华社在同一时刻向全世界播发了中英文快讯，在全球首发了特约记者扎西次仁从地球之巅拍摄的奥运圣火展示照片。奥运圣火在海拔8848.86米的地球最高点闪耀的电视画面瞬间传遍整个世界。

这是人类文明史上一个特殊重要的时刻。作为奥林匹克精神的最高象征，奥运圣火以和平、团结、友谊、进步的普世价值观，照亮了人类共同的精神家园。

请记住这些把圣火送上珠峰的英雄名字：尼玛次仁、王勇峰、次仁旺姆、吉吉、罗布占堆、罗申、达琼、李福庆、黄春贵、袁复栋、阿旺扎西、小扎西次仁、普布顿珠、次落、德庆欧珠、次旦久美、边巴顿珠、严冬冬、洛则。

作为英雄普罗米修斯窃自天国的神火，奥运圣火将光明、温暖与和平带给了人间。

古希腊人在奥林匹亚圣坛上点燃火炬，将它传向战乱频仍的城邦。传递者高擎火炬，边跑边喊："和平！停止战争！参加运动会！"

2800年过去了，人类经受了多少战争与劫难，度过了多少黑暗时代，然而，追求和平美好生活的希望从未放弃。19世纪末，当现代奥林匹克运动之父顾拜旦倡议再次点燃奥运圣火时，得到了全世界的共鸣。人们希望圣火传递和平、正义的声音，驱逐暴力、邪恶的阴影。

在奥运圣火登顶珠峰之际，历史上路程最长的奥运火炬传递已跨越五大洲，回到中国。火炬所到之处，文化各异、语言不通的人们都感受到了奥运圣火所承载的信念：在纯洁的体育竞技倡导宽容，扩大友谊，增进理解，推动互信，追求和谐。

"息战乱、止干戈"，是中国古代哲人和民众的崇高理想。"对外构建持久和平、共同繁荣的和谐世界，对内构建和谐社会"，是当代中国的政治宣言和中国人民的美好追求。

（新华社珠穆朗玛峰大本营2008年5月8日电　记者　多吉占堆　李柯勇　薛文献　边巴次仁）

第十一节　收视率创新高

5月8日北京奥运圣火成功送上珠峰并点燃"祥云"火炬，成为2008年北京奥运圣火传递和展示的一大亮点。央视聘请西藏登山向导学校的学员担任特约记者和摄像师，实施现场直播，创下了新的收视率纪录。

据专门从事电视收视和广播收听市场调查的CSM（中国广视索福瑞媒介研究有限责任公司）的数据统计，2008年5月8日6—12时，以央视综合频道、新闻频道、奥运频道、国际频道、英语频道和北京卫视等为代表的主流电视媒体对圣火登顶珠峰和传递进行的全程直播，吸引全国1.2亿观众收看。此外，还有众多民众通过广播、互联网、手机电视和户外移动电视等媒体渠道"亲历"圣火冲顶传递的过程。

世界上还有133个国家和地区的297家电视媒体进行了转播报道。

围绕着奥运圣火上珠峰，全国各级电视台制作了大量新闻和专题节目进行报道。其中，由央视奥运频道等多个频道播出的专题节目《圣火耀珠峰》的观众规模达1.7亿；央视《新闻联播》也用11分钟对圣火上珠峰和传递进行详细报道，吸引了1.3亿观众的关注；央视综合频道的《焦点访谈》、央视奥运频道的《与圣火同行》、央视四套的《跟着圣火看中国》和北京卫视的《和谐之旅奥运圣火传递百日大直播》等节目，都对圣火传递登山队送圣火和火炬登顶珠峰进行了详细报道，在观众中引起了热烈反响。

第十二节　庆祝仪式

2008年5月10日11时，时任西藏自治区党委副书记、自治区主席向巴平措和胡家燕出席在珠峰大本营举行的庆祝仪式，自治区党委常委、自治区副主席吴英杰主持，自治区人大常委会副主任、日喀则地委书记格桑次仁，自治区副主席宫蒲光，西藏公安边防总队总队长欧洛布穷和自治区体育局局长德吉卓嘎等领导与参与圣火传递的全体人员参加。

胡家燕在讲话中高度评价奥运圣火上珠峰并成功传递和安全下撤等整个行动的重大意义，同时，代表北京奥运火炬接力珠峰传递领导小组，向几年来所有参与传递行动的各部门和单位的全体同志表示亲切慰问和衷心感谢！

在仪式的最后，大本营总指挥、国家体育总局登山运动管理中心主任李致新，从圣火盆中引出曾在珠峰顶峰传递的奥运圣火，点燃火种灯。

至此，全部登山队员安全返回大本营，圣火灯在圣火护卫队护送下送往拉萨，标志着北京奥运火炬接力珠峰传递取得了圆满成功。

第十三节　光荣属于参与其中的每一个人

从2001年7月13日，中国向世界宣布要以"共享奥运，共享和平"为主题，将永不熄灭的奥运圣火送上珠峰开始，到2008年5月8日，北京奥运火炬接力珠峰传递任务圆满完成，中国登山队用7年的时间兑现了向世界的庄严承诺。

7年的时间成就了一项辉煌的奥运历史，7年的时间谱写了一段壮丽的登山传奇。当19名队员成功登顶珠峰时，背后是此前一天将登山路绳架设到顶峰的11名修路组队员和此时8名担任特约记者和摄像师的队员。当12名突击组队员的名字在前进营地公布时，背后是分布在各个高山营地翘首以盼负责接应的队友。当31名队员正式组成北京奥运火炬接力珠峰传递中国登山队时，背后是众多参与过选拔、集训、测试、预演活动的队友。大家也曾为着同一个梦想而努力过、付出过……在大家庆祝胜利的时刻，同样不能忘记那一个个为这次成功作出贡献的幕后英雄！

从集训到最终登顶的两年间，有些队员因伤病或筛选淘汰等原因退出，奥运火炬接力珠峰传递的成功，同样有这些同志的奉献和荣耀。这些队员是清华大学的苏兮，北京大学的龚海宁，中国地质大学（武汉）的梁奕世，张瑜和罗丽莉，中国人民大学的王仁智，中国农业大学的韩小强，中国地质大学（北京）的梁彦强和陈军，南京理工大学的邹祥，还有西藏自治区体育局的领导、机关干部和西藏登山运动管理中心、西藏登山队、西藏登山向导学校、西藏圣山登山探险服务有限公司等单位的工作人员、教练员、运动员、学员、员工等。

无论是否入选中国登山队，无论是否选为火炬手，无论是否最终登顶珠峰，无论姓甚名谁、来自哪里，大家都有一个共同的名字：北京奥运火炬接力珠峰传递中国登山队队员，如果曾经是这个队伍中的一员，那么现在是、将来也必将还是，这些队员都曾经为奥运圣火珠峰传递作出过贡献，都是值得尊敬的登山队员。

党中央、国务院的坚强领导，国家体育总局等部门和西藏自治区党委政府等地方各级党委政府及领导同志对活动的大力支持，是活动成功的根本保证。此外，火炬研发、气象保障、电视转播、移动通信、医疗保障、后勤保障等多个部门的各级领导和工作人员，也在幕后为奥运火炬接力珠峰传递付出了辛勤劳动。

最后在顶峰高举火炬的只是少数队员，但请每个铭记这段历史的人不要忘记那些曾经为之默默无闻、无私奉献的人们。

奥运圣火照耀珠穆朗玛峰的光荣，永远属于参与其中的每一个人。

第十四节　收藏"中国梯"

1975年春，当中国登山队再次攀登和首次测量珠峰高程时，索南罗布、大平措、次仁多吉、贡嘎巴桑等登山老英雄，奋战了一天的时间，用岩石锥和绳索在1960年登山运动老前辈刘连满搭人梯的"第二台阶"岩壁上架设了金属梯，从而保障了"九勇士"登顶。此后，约1300名来自世界各地的登山探险者通过这一梯子，成功登上地球之巅。国际登山界亲切地把这一梯子命名为"中国梯"。

在奥运圣火接力珠峰传递任务完成后，为了不使具有文物价值的"中国梯"流失境外，使之有个好的归宿，同时也为了保护好珠峰环境，西藏登山向导学校决定派人拆除和收藏"中国梯"及其附属物件，永久在珠峰登山博物馆展出。把老一代登山英雄们在1975年冒着生命危险背运、架设"中国梯"的事迹和实物，作为爱国主义教育和"西藏登山精神"的载体，向世人展示。

报经上级批准，由阿旺扎西带领的10人登山组，登达海拔8700米附近的"第二台阶"，成功将不再使用的旧"中国梯"抢救性拆除。这使得这架在珠峰挺立了33年的"中国梯"，在帮助众多登山者实现了登顶珠峰梦想，完成历史使命后，于2008年5月27日，作为登山运动的历史文物收藏在珠峰登山博物馆。

据西藏登山向导学校校长尼玛次仁介绍，随着国际登山运动日益普及，登山实力和身体条件参差不齐的人们，都希望通过"中国梯"登上珠峰，而原有"中国梯"的顶端有块突出的岩石，给攀登者带来不小的难度，造成一定程度的登顶队伍阻塞，易使人员发生冻伤致残甚至死亡。因此，2007年在火炬传递测试预演时，又从原"中国梯"的右侧岩壁上搭建了更高的新金属梯，使攀越"第二台阶"变得更加便捷。

第十五节　圣火熔火

2008年6月21日这一天，象征"和平、友谊、进步"的奥林匹克圣火在拉萨激情传递，保存在拉萨的奥运圣火珠峰火种将与境内外传递的主火种在熔火盆中熔为一体。

时任西藏自治区党委书记张庆黎和自治区党委副书记、自治区主席向巴平措共同点燃熔火盆。自治区党委常委、自治区常务副主席吴英杰主持熔火仪式。全国政协副主席、自治区政协主席帕巴拉·格列朗杰，自治区党委副书记、自治区人大常务委员会主任列确，北京奥组委执委会副主席刘敬民，北京奥组委委员、特使吴云峰，还有李作成、董贵山、王增钵、崔玉英、尹德明、公保扎西等党政军领导同志出席熔火仪式。

9时，奥运火炬接力拉萨站的传递在罗布林卡公园广场拉开序幕。拉萨市委副书记、市长多吉次珠主持起跑仪式。起跑仪式开始前，全场与会者为四川省汶川地震遇难同胞默哀一分钟。随后，自治区副主席、拉萨市委书记秦宜智致辞，指出北京奥运火炬在拉萨的传递，必将进一步激发拉萨各族人民的爱国热情和创业热情，在"更快、更高、更强"的奥林匹克精神激励下，拉萨各族人民将更加坚定地高举"共同奋斗、共同发展"的旗帜，与五大洲人民共同奏响"同一个世界、同一个梦想"的嘹亮乐章，为北京奥运会的成功举办、为伟大祖国的繁荣昌盛、为世界的和平进步，作出应有的贡献。

9时10分，第一支火炬被引燃，第一棒火炬手——首次从北坡登顶珠峰的藏族运动健将贡布高擎"祥云"火炬，开始了在拉萨的传递。之后，中国工程院院士多吉、"门巴将军"李素芝、舍己救人的好医生洛次、亚洲杯标枪冠军普布次仁、全国运动会射箭冠军多吉秋云、刚从四川地震灾区归来的医生达瓦、珞巴族全国人大代表晓红、援藏干部秦征等共156名火炬手接连传递。一个个矫健的身影相继出现在火炬手的行列，火炬手们高举火炬，点燃激情、凝聚力量，传递梦想、奉献爱心，也传递着血浓于水的民族情、手足情，传递着与灾区人民携手前进，以"抗震救灾精神"和"老西藏精神"共建美好家乡的决心和信心。

奥运火炬沿着民族路、当热路、娘热路、康昂东路、金珠东路、德吉南路、林廓北路、北京中路一线传递，经过拉鲁湿地、龙王潭公园、药王山等著名景点，传递距离为9.3公里，展现了拉萨壮美的高原风光、厚重的文化氛围和新时代的建设成就。众多市民身着节日盛装，手捧鲜花与哈达，纷纷涌上街头，在火炬传递沿线夹道欢迎。五星红旗和奥运五环旗、北京奥运会会旗交相辉映，"祥云"火炬传递表达的激情和关爱感染了每一个人，大家情绪激昂、和谐文明地为火炬手加油！为北京奥运会加油！为四川省灾区祈福！为伟大的祖国祝福！

10时50分，最后一棒火炬手——著名的藏族歌唱家才旦卓玛，高举"祥云"火炬，抵达布达拉宫广场，在向全场展示后将火炬交给张庆黎。与此同时，5月8日将圣火和"祥云"火炬送上珠峰的登山英雄尼玛次仁，向全场展示了奥运圣火珠峰传递火种灯，随即引燃火炬交给向巴平措。

10时55分,张庆黎与向巴平措在展示火炬后共同点燃了熔火盆,奥运圣火珠峰传递火种与境内外火炬传递的主火种完成了历史性的熔火!

张庆黎发表了热情洋溢的致辞:5月8日,以藏族运动员为主力的中国登山队成功把奥运火炬送上世界之巅——珠穆朗玛峰,实现了中国人民对全世界人民的庄严承诺。今天,首次登顶珠峰的奥运火炬与从兄弟省区传来的奥运主火炬在拉萨熔火,在这里点燃激情、传递梦想,西藏各族人民感到无比自豪和光荣!这是中国人民弘扬"和平、友谊、进步"的奥林匹克精神的伟大贡献,是中央高度重视西藏发展进步、深切关怀西藏各族人民的又一生动体现。圣火熔在一起,必将燃烧得更加炽烈。雪山和北京连在一起,中华儿女更加团结和谐。历史雄辩地证明,无论面对什么样的艰难险阻,中华民族都万众一心、众志成城、不可战胜。社会主义中国繁荣昌盛的历史潮流不可逆转,社会主义新西藏发展进步的步伐不可阻挡,西藏的天永远变不了,五星红旗将永远飘扬在这片高天厚土上!

历时两年的北京奥运火炬珠峰和拉萨传递安全、顺利、圆满结束,时任中共中央政治局常委、国家副主席习近平同志专程发来贺电,祝贺北京奥运火炬接力珠峰传递中国登山队顺利登顶珠峰。发来贺电、贺信的还有第29届奥林匹克运动会组织委员会,国家体育总局、中华全国体育总会、中国奥委会,中共西藏自治区委员会、西藏自治区人民政府。

习近平贺电

第29届奥林匹克运动会组织委员会贺电

国家体育总局贺电

西藏自治区党委政府贺电

第十四章

团队登顶 14 座海拔 8000 米以上高峰概况

1993年4月26日，是历史的一端；2007年7月12日，则是历史的另一端。而这期间的漫漫14个春秋，则是中国西藏攀登世界14座海拔8000米以上高峰探险队用自己的双脚、用自己的生命书写的一段中国登山运动的辉煌史。以"团队的形式"完成全部14座高峰，这是世界登山史上的创举，也是中国登山运动发展中的重要里程碑，可以说是空前的，也是绝后的。攀登世界全部14座海拔8000米以上高峰，这是目前世界登山水平的最高标杆。从莱茵霍尔·梅斯纳尔于1986年10月16日完成全部14座8000米以上山峰20年以来，至2007年只产生了16位全部完成此壮举的人，平均一年不到一人，而全世界有不计其数的登山者，由此可见完成攀登世界全部14座海拔8000米以上高峰的难度有多大。

第一节　组建"中国西藏攀登世界14座海拔8000米以上高峰探险队"

根据权威地质测量，地球上超过海拔8000米的独立山峰只有14座，且全部分布于喜马拉雅山脉和喀喇昆仑山脉。其中，中国西藏境内1座（希夏邦马峰）、尼泊尔境内3座（安纳布尔那峰、道拉吉里峰、马纳斯卢峰）、巴基斯坦境内1座（南迦帕尔巴特峰），另有4座位于中国和尼泊尔边界上（珠峰、马卡鲁峰、洛子峰、卓奥友峰）、4座位于中国与巴基斯坦边界上（迦舒布鲁姆Ⅱ峰、迦舒布鲁姆Ⅰ峰、布洛阿特峰、乔戈里峰）、1座位于尼泊尔和印度锡金邦的边界上（干城章嘉峰）。

1991年秋，中、日两国联合攀登南迦巴瓦峰，国家体委将中方的任务主要交给西藏自治区体育运动委员会（以下简称西藏体委），以西藏登山队为主组建中国登山队，由时任西藏体委主任洛桑达瓦任中方总队长。攀登期间，一些登山老将和老教练员提出团队攀登世界14座高峰的设想，大家认为西藏登山队自成立以来，在参加1964年攀登希夏邦马峰、1975年攀登珠峰、1988年中（中国）日（日本）尼（尼泊尔）三国双跨珠峰行动中都发挥了重要作用，藏族登山运动员更是生力军和主力军。特别是在1985年单独组队登顶卓奥友峰中显示了强大实力，1990年参加中（中国）美（美国）苏（苏联）联合攀登珠峰的和平登山队显示的综合攀登实力也令外国同行称赞。

结论是组建一支队伍挑战世界14座海拔8000米以上高峰的时机和条件已经成熟。洛桑达瓦表示赞同和支持，建议将此议题提交西藏体委办公会议研究决定。

1992年3月，西藏体委向自治区人民政府报送了《关于组建攀登世界14座8000米以上高峰探险队的请示》，同年4月16日自治区人民政府批复同意。

西藏体委成立探险指挥部：由时任自治区主席江村罗布和国家体委副主任袁伟

民为总顾问，自治区人大、政府、政协及西藏军区、中国登山协会相关领导任顾问；西藏自治区体委主任洛桑达瓦任指挥长，体委副主任贡布任副指挥长；体委登山处处长高谋兴、西藏登山队队长罗则分别任正副秘书长。

探险队由 12 名成员组成：队长桑珠，副队长旺加，攀登队长次仁多吉，队员加布、大其米、达琼、边巴扎西、洛则、仁那，队员兼摄影师阿克布，队医兼后勤总管洛桑云登，翻译兼秘书张明兴（以后由穆萨、普布次仁先后接任）。

2007 年 7 月 12 日，中国西藏攀登世界 14 座 8000 米以上高峰探险队的主力队员次仁多吉、边巴扎西、洛则登顶最后一座高峰——迦舒布鲁姆 I 峰，标志着他们成为登顶 14 座高峰的世界级登山家（此前，全世界仅有 13 位登山家以个人形式登顶 14 座高峰）。至此，从 1993 年春季开始的攀登世界 14 座海拔 8000 米以上高峰重大行动，历经探险队员 14 周年拼搏终于画上句号。这是世界上唯一一支以团体形式成功登顶 14 座高峰的登山队，实现了几代中国登山人的梦想，使登山运动站上"西藏登山、国内领先、世界著名"的尊崇地位，并引领中国从登山大国向登山强国迈进。

第二节　14 座海拔 8000 米以上高峰登顶史

地球上海拔 7000 米以上高峰共有约 450 座，全部集中在亚洲的喜马拉雅和喀喇昆仑两大山脉上。其他地区如奥都库什、天山和昆仑山及帕米尔高原上也都有为数不多的几座 7000 米级高峰。从高山探险和高山科学考察的角度上看，高山探险活动被称为"喜马拉雅运动"，也就是说"喜马拉雅"就代表着当今的国际高山探险和科学考察极高峰事业。亚洲以外的四大洲，再加上南、北极洲都没有海拔 7000 米以上的高峰。

海拔 8000 米以上高峰全球共 14 座，其中分布在喜马拉雅山脉共有 10 座：

珠穆朗玛峰，海拔 8848.86 米，世界第一高峰；

干城章嘉峰，海拔 8586 米，世界第三高峰；

洛子峰，海拔 8516 米，世界第四高峰；

马卡鲁峰，海拔 8463 米，世界第五高峰；

卓奥友峰，海拔 8201 米，世界第六高峰；

道拉吉里峰，海拔 8172 米，世界第七高峰；

马纳斯卢峰，海拔 8163 米，世界第八高峰；

南迦帕尔巴特峰，海拔 8125 米，世界第九高峰；

安纳布尔那峰，海拔 8091 米，世界第十高峰；

希夏邦马峰，海拔 8012 米，世界第十四高峰。

分布在喀喇昆仑山脉共有 4 座：

乔戈里峰，海拔8611米，世界第二高峰；

迦舒布鲁姆Ⅰ峰，海拔8068米，世界第十一高峰；

布洛阿特峰，海拔8047米，世界第十二高峰；

迦舒布鲁姆Ⅱ峰，海拔8034米，世界第十三高峰。

这里应当说明的是，对于上述各峰的高程目前各国地图上标注的均不一致，原因是测量的年代不同，所用大地水准面的基准点也不同，特别是卫星测量与地面觇标测量又有所不同。以希夏邦马峰为例，中国测量高程为海拔8012.02米，用的是黄海海平面基准点；而美国卫星测量用的是地中海海平面基准点，得出的数据为海拔8046米。不过把14座海拔8000米以上高峰排在第几位意义并不大。从高山科学和高山探险角度来看，能登上海拔8000米以上高峰之顶，取得精确的数据资料才是最有价值的。

人类对14座海拔8000米以上高峰的挑战始于18世纪末期，到1950年5月时，虽然英国、美国和瑞士的登山家们已经先后登上过海拔8000米的高度，但还从来没有登上过14座海拔8000米以上高峰中的任何一座顶峰。

1950年6月3日，以法国前政府青年体育部长莫里斯·埃尔佐格为队长的第二次世界大战后法国第一支喜马拉雅探险队，其中的莫里斯·埃尔佐格和队友路易斯·拉什纳尔在人类高山探险史上首次成功登顶海拔8091米的世界第十高峰——安纳布尔那峰，打开了通向14座海拔8000米以上高峰的大门。

从1950年6月3日起到1964年5月2日止的14年中，中、英、法、美、德、奥地利、瑞士、意大利和新西兰及尼泊尔的登山家们，先后相继登顶14座海拔8000米以上高峰，获得了许多宝贵的考察资料和登山经验。19世纪初期，由于热气球运动的兴起而得出的"海拔8000米以上高度是生物禁区"的理论，也相继被各国登山探险家以确凿的实践证明所打破。

1978年2月，著名的德国高山生理学家海因里希·考费尔教授和美国的高山病专家李奇微博士，研究了1960年5月1—4日、5月24—25日之间，中国珠峰登山队的史占春、王凤桐于海拔8695米的高度，在将近4天食物基本断绝的情况下，不使用人造氧气竟然度过了一夜；王富洲、贡布、屈银华3人，从海拔8700米的"第二台阶"上起，在一无氧气、二无食品的极端环境下，在长达14个小时的严寒和黑暗中，不但首次从北坡成功登顶珠峰，而且又安全返回营地；还研究了1975年5月27日，潘多等中国9名登山健儿，在珠峰顶上进行了长达70分钟的各种"无氧"试验。

上述事实给两位科学家的新理论——"只要经过系统的耐高寒和耐缺氧训练，登山探险家可以在完全不使用任何氧气装备的情况下，登上地球上的任何一个最高点"，提供了最有力的实践证明。

1978年2月，正是由于这个证明和高山探险新理论的诞生，使1978年5月8日，意大利登山家莱茵霍尔·梅斯纳尔和彼得·哈贝勒两人，在从始至终完全不用人工氧气的情况下，在人类史上首次登顶珠峰。

1985年春季，西藏登山队在时任副队长仁青平措的带领下，同样在不使用辅助氧气的情况下9名运动员登顶卓奥友峰，创造了中国人首次登顶该峰的纪录。

1994年春季，由中国、奥地利、美国、波兰、尼泊尔等9国女登山运动员组成的国际女子登山队攀登希夏邦马峰。中国女队员桂桑、拉吉、普布卓嘎在攀登过程中，再次创造了不使用辅助氧气登顶的女子登山运动纪录。

西藏自治区登山队在60年艰险卓绝的征程中，还创造了一系列登山运动史上的新纪录，以下事例仅是漫长征战史上的回眸一瞥：

1999年春季，中国西藏攀登世界14座8000米以上高峰探险队运动员在珠峰上采集第六届全国少数民族传统体育运动会"中华民族圣火"时，队员边巴扎西创造了仅用4小时47分钟便从海拔8300米处突击登顶成功、在没有帐篷等避寒设施的情况下停留138分钟的当时两项国内纪录。

2003—2004年，中国西藏攀登世界14座8000米以上高峰探险队再次征战马卡鲁峰和第三次征战乔戈里峰时都是连续跨越营地快速冲顶成功。

2006年春季，中国西藏攀登世界14座8000米以上高峰探险队的主力队员洛则在补登安纳布尔那峰中，在第二次冲击顶峰时连续从1号营地跨越到3号营地、次日又跨到5号营地，仅用4天就从大本营向上攀登到顶峰。

中国西藏的登山家们对世界高山探险事业作出了划时代的重大贡献，载入了世界登山史册。

珠峰等海拔8000米以上高峰，今天仍然是"世界高山登山热"的主战场。

第三节　14座海拔8000米以上高峰简介

一、珠穆朗玛峰（QOMOLANGMA）

珠穆朗玛峰简称"珠峰"，其地理坐标为北纬27°46′30″、东经86°55′31″，位于中国与尼泊尔的边境线上，喜马拉雅山脉主峰、世界最高峰，与南北两个极地相对，又有"第三极"之称。

珠峰共有3个名称：中国称珠穆朗玛峰；尼泊尔称萨迦马塔（SAGAN-MATA）；欧洲人称"埃非勒士峰"或"额尔士""埃佛勒斯"，均为英文EVERESTR的音译。

珠穆朗玛峰有3脊3壁：其中东壁和北壁、东北山脊的全部、西山脊和东南山脊的一侧均属中国领土。

1953年5月29日，英国探险队的新西兰人埃德蒙·希拉里和夏尔巴丹增·诺盖首次从南坡的南山脊登上顶峰。

1960年5月25日，中国登山队的王富洲、贡布、屈银华3人首次从北坡的东北山脊登上顶峰。

二、乔戈里峰（CHOGORI）

乔戈里峰的地理坐标为北纬35°53′00″、东经76°31′00″，位于中国与巴基斯坦的边境线上，是喀喇昆仑山脉的主峰。其有4个名称：乔戈里峰、达普萨尔、兴都、奥斯腾。

1954年7月31日，意大利登山家阿基勒·孔帕尼奥尼和利诺·拉切蒂里从巴基斯坦一侧的东南山脊首次登顶。

1982年8月4日，日本登山队首次从中国新疆境内的北山脊登顶。

三、干城章嘉峰（KANGCHENJUNGA）

干城章嘉峰的地理坐标为北纬27°42′09″、东经88°09′01″，位于尼泊尔与印度锡金邦的边境线上。"干城章嘉"是尼泊尔语中"五大宝藏"的意思，是五大雪被子覆盖着五座宝山之意。干城章嘉峰是由主峰（海拔8586米）、南峰（海拔8490米）、中峰（海拔8496米）、西峰（海拔8505米）和康巴秦峰（海拔7902米）5座雪山组成的群峰。

干城章嘉峰是一座尼泊尔和印度锡金邦人信奉的神圣之山，世代流传着侵犯了它将会降灾的神话传说，不准登山者登上极顶，只准在距离顶峰10米处停留。

1955年5月25日，英国探险队的4名队员从南坡的南山脊登上距顶峰10米处，这是第7次攀登后才终于登顶成功。

四、洛子峰（LHOZE）

洛子峰的地理坐标为北纬27°59′17″、东经86°55′31″，位于中国与尼泊尔的边境线上，与珠峰在同一条山脊线上，珠峰南坳就是洛子峰与珠峰之间的鞍部。在珠峰东南方3公里处。

其北侧是中国境内的康雄冰川。在主峰之东 1000 米处是海拔 8383 米的洛子夏尔峰（LHOTSE SHAR），其旁边还有一座海拔 8426 米的洛子中央峰，均在中尼边境线上。

1956 年 5 月 18 日，瑞士的 2 名探险家 F·鲁奇辛格和 E·赖斯从尼泊尔沿西坡首次登顶成功。

五、马卡鲁峰（MAKARU）

马卡鲁峰的地理坐标为北纬 27°57′23″、东经 87°05′43″，位于中国与尼泊尔的边境线上、珠峰东南 24 公里处。其西北 3 公里处是海拔 7640 米的马卡鲁Ⅱ峰，均在中尼边境山脊线的分水岭上。

1955 年 5 月 15 日，法国登山队的让·库兹、莱昂内尔·泰雷首次从尼泊尔境内登顶。

六、卓奥友峰（CHOOYU）

卓奥友峰又名乔乌鸦，地理坐标为北纬 28°05′37″、东经 86°39′43″，位于中国与尼泊尔的边境线上，是中、尼边境线上第四座高峰。

1954 年 10 月 19 日，奥地利登山队的赫博特·蒂希、泽普·约赫勒尔和夏尔巴人巴桑·达瓦拉玛 3 人，在尼泊尔首次沿西北坡登顶。

七、道拉吉里峰（DHAULAGIRI）

道拉吉里峰的地理坐标为北纬 28°41′46″、东经 83°29′43″，位于尼泊尔中部的喜马拉雅山脉上，是一座多雪而美丽的峰群，其周围共有海拔 7751 米、7715 米、7660 米、7618 米和 7268 米的 5 座山峰，分别称为道拉吉里 2、3、4、5、6 峰，道拉吉里峰是其中的主峰。

1960 年 5 月 13 日，奥地利人库特·迪蒙伯格和瑞士人阿尔班·舍尔贝特及夏尔巴人纳旺多杰首次登上顶峰。

八、马纳斯卢峰（MANASLU）

马纳斯卢峰的地理坐标为北纬 28°32′58″、东经 84°33′43″，位于尼泊尔中部，是喜马拉雅山脉中段的高峰，在加德满都西北 120 公里处，有东北山脊和东南山脊等登顶路线。

1956 年 5 月 9 日，日本著名登山家今西寿雄和夏尔巴人盖增罗布沿北坡首次登顶。

九、南迦帕尔巴特峰（NANGAPARBAT）

南迦帕尔巴特峰的地理坐标为北纬 35°14′00″、东经 74°23′00″，位于巴基斯坦控制的克什米尔境内，是喜马拉雅山脉西端的最高峰，与西藏东南部海拔 7782 米的南迦巴瓦峰遥相呼应，一西一东犹如两根巨型岩石柱，撑拉着绵延 2500 公里的世界第一高山脉——喜马拉雅。

1953 年 7 月 3 日，奥地利登山队的赫尔曼·比尔一人首次登上顶峰。

十、安纳布尔那峰（ANNAPURNA）

安纳布尔那峰的地理坐标为北纬 28°35′45″、东经 83°49′29″，位于尼泊尔中部的喜马拉雅山脉上，靠近世界第七高峰道拉吉里峰。

1950 年 6 月 3 日，法国登山队的莫里斯·埃尔佐格和路易斯·拉什纳尔首次登顶，这也是人类首次登顶海拔 8000 米以上高峰。

十一、迦舒布鲁姆 I 峰（GASHERDRUM I）

迦舒布鲁姆 I 峰的地理坐标为北纬 35°43′00″、东经 76°41′00″，位于中国与巴基斯坦边境线上的乔戈里峰主山脊上，在乔戈里峰东南 21 公里处。

迦舒布鲁姆是由 7 座山峰组成的群峰：迦舒布鲁姆 I 峰（海拔 8068 米）、迦舒布鲁姆 II 峰（海拔 8034 米）、迦舒布鲁姆 III 峰（海拔 7925 米）、迦舒布鲁姆 IV 峰（海拔 7980 米）、迦舒布鲁姆 V 峰（海拔 7321 米）、迦舒布鲁姆 VI 峰（海拔 7003 米）、迦舒布鲁姆东峰（海拔 7772 米）。

1958年7月4日，美国登山家尼克·克琳奇、皮特·思科恩宁、安迪·考夫曼首次登顶成功。

十二、布洛阿特峰（BROADPEAK）

布洛阿特峰又名法尔秦康格里峰（PHALC-HANKANGRI），地理坐标为北纬35°43′00″、东经76°34′00″，位于喀喇昆仑山脉乔戈里峰东南方向8公里处，由3座群峰组成：布洛阿特峰（海拔8047米）、布洛阿特中峰（海拔8016米）、布洛阿特北峰（海拔7550米）。

1957年6月9日，奥地利登山队的库特·迪蒙伯格、弗里茨·温特沙特勒、马尔库斯·施姆克、赫尔曼·比尔4人从巴基斯坦一侧首次登上顶峰。

十三、迦舒布鲁姆Ⅱ峰（GASHERBRUM Ⅱ）

迦舒布鲁姆Ⅱ峰的地理坐标为北纬35°45′00″、东经76°39′00″，位于位于喀喇昆仑山脉中段中国和巴基斯坦边境的主脊线上，距乔戈里峰东南方向21公里处。

1958年7月4日，美国登山家尼克·克琳奇、皮特·思科恩宁、安迪·考夫曼首次登顶成功。

十四、希夏邦马峰（SHISHAPANGMA）

希夏邦马峰的地理坐标为北纬28°21′00″、东经85°47′00″，是一座完全坐落在中国境内的海拔8000米以上高峰，在国际上有高僧赞（GOSAINTHAN）之称。

1964年5月2日，中国登山队的许竞、王富洲、张俊岩、邬宗岳、陈三、索南多吉、成天亮、尼玛扎西、多吉、云登10名队员首次登顶。

第十五章

团队登顶 14 座·1993 年登顶安纳布尔那峰

安纳布尔那峰，海拔 8091 米，世界第十高峰，位于喜马拉雅山脉中段尼泊尔境内。安纳布尔那在当地语里有"粮食供给者"或者"收成之神"的意思。该峰由一系列高峰组成，除主峰外，尚有多座独立命名的高大山峰与之比肩，其中就包括著名的鱼尾峰，海拔 6997 米。安纳布尔那峰浩大的山体呈东西走向，像一条银色的巨蟒，头东尾西横卧在群山之间。那陡峭的顶峰像一把尖刀，直刺蓝天。

第一节 首次出征 无畏上阵

1993年3月15日上午10时，探险队员们在自治区人大、政府和自治区体委、登山协会领导出席，西藏登山队负责人与职工家属参加的壮行仪式中乘车出发。送行的人们都记得这支队伍的服装不统一，有的人穿着1988年或1990年攀登珠峰时别的合作国配备的衣服，有的穿着1991—1992年中日联合攀登南迦巴瓦峰时的衣服，有的还穿着普通便装。五花八门的着装证明了探险队是在物质条件较差的情况下去开创新的辉煌。

1993年春季攀登安纳布尔那峰队伍组成人员表

职务	姓名	国别	备注
队长	桑珠	中国	
副队长	旺加		
攀登队长	次仁多吉		
队员	加布、大其米、达琼、边巴扎西、洛则、仁那		
队员兼摄影师	阿克布		
队医兼后勤总管	洛桑云登		
翻译兼秘书	张明兴		
联络官	尼泊尔旅游部官方工作人员	尼泊尔	
向导	夏尔巴人索朗		
高山协作队员	次仁、达努、阿旺等4人		
炊事员	扎克巴多等2名夏尔巴人		

18日上午，西藏探险队从樟木口岸出国进入尼泊尔境内，当天到达加德满都。

22日，在办完所有手续后，探险队员乘车从加德满都出发，当天抵达尼泊尔第二大城市博克拉（Pokhara）。

23日16时，车行到达公路尽头、海拔832米的桑迦（Syangja）宿营。

24日，探险队开始长途跋涉，90多名当地民工背负物资，民工们都懂藏语，背运能力很强。大家在无休止的降雨中途经都巴尼（Tatopani）营地后，来到海拔2300米的莱地（Lete），这是前往安纳布尔那峰的最后一个居民点，从这里转向东北方向。

28日，队伍在莱地停留一天，对物资重新整理、加固包装，以适应高海拔地区的运输。

29日，在新雇的背运物资民工到达后，探险队继续沿山间小道向前进发。

30日，探险队和民工在海拔3861米的野外宿营。

4月1日，路上风大雪厚、前进速度慢，途中准备的食物即将耗尽。探险队与尼方联络官协商后，决定撤回莱地待机，已经运来的大部分物资、装备都留在山上安全处。

8日，天气稍好后，探险队重返山区，队员们用冰镐一段一段地打通卡尔卡山口的道路，并拉了600多米长的主绳，保护民工们背着物资一个一个地通过危险地段，在另一侧的山腰宿营。

10日，是徒步进山的最后一天，队员们在冰川乱石岭上向海拔4200米的大本营行进，当晚抵达。经过勘察，探险队选择在距旧营地200米的西北面建立自己的营地，前后花了3天时间。这里海拔4340米，由于是首次开辟，后来被尼方人员称为"中国营地"。

第二节　及时调整攀登策略顺利登顶

4月12日，探险队举行庄严的升国旗和开营仪式。第二天，探险队开会讨论制订攀登方案，决定尽量选择危险性相对较小的路线，根据山上天气情况随机应变、果断决策，在条件允许的情况下快速向顶峰挺进，打好头一仗。

14日晨，次仁多吉、边巴扎西、仁那、阿克布组成A组，外加高山协作人员，从大本营出发，负责打通到1号营地的路线并运输部分物资。直到中午以后，队员们才在错综复杂的冰川里找到原来的路线。这时他们又发现部分路段在约80度的陡峭岩石上，而且上面还有一层薄冰容易发生滑坠，十分危险，于是队员们拉了600米长的保护主绳，经过12个小时的攀登，打通了到海拔5000米1号营地的路线。前进道路上，边巴扎西、仁那和次仁多吉主要负责修路。在以前的几次联合登山行动中，队员们更多的是向前辈和国外同行学习，重点承担高山运输任务。从现在开始，队员们要独自坚定地走在前面，自己完成侦察探路和修路建营等任务。

15日晨，B组队员旺加、洛则、加布、达琼、大其米向1号营地运送第一批登山物资。

11时许，山上突然传来震耳欲聋的轰鸣声，气浪形成的雪雾滚滚而下，原来是1号营地方向发生了较大规模的冰崩。大本营所有人员都为B组队员担心，呼叫问询情况。后来旺加在对讲机中报告，大家已经撤离到发生冰崩的区域下部，没有危险。

17日，A组队员从1号营地向2号营地修路。一路上裂缝很多，队员们必须结组行进，到达海拔5150米处看到积雪很厚，深达膝盖，又向上攀登到海拔5300米处，积雪仍达50厘米以上，危险重重，队员们只好拉上保护绳。

18日晨5时，在1号营地的次仁多吉等队员踏着厚厚的积雪向上攀登，途中拉了1000米长的主绳，登达海拔5600米的2号营地。此处是一个巨大冰墙的凹部，冰墙上有多年的积雪，随时有崩塌的危险。在2号营地最好的建营方式就是挖雪洞，但由于没有合适的工具，面对坚硬的冰雪也无计可施，好在队员们找到了刚好能搭两顶帐篷的地方，建营后又返回1号营地。

21日，A组将路修到海拔6200米处，但未能到达3号营地。次日，考虑到这段路线的特殊性，探险队决定在海拔6200米处建立过渡营地，在巨大的冰壁旁边搭建了一顶帐篷。与此同时，大本营派出一名协作队员给山上送来急需的电池、药品和炒米饭。因为A组对讲机电池的电力接近耗尽，队员们在山上一直吃糌粑和方便面、喝雪水，食物单一，导致边巴扎西的嘴唇溃烂，早上起来嘴皮粘在一起，只能勉强喝点流食，痛苦不堪。现在队员们吃上炒米饭和药，增强了体能，也缓解了症状。

23日，一夜大雪过后，营地周围都是厚厚的积雪。大本营在与山上队员联系了解情况后，认为积雪太深、行动困难、危险性大，决定各营地的队员就地待机。

24日，是难得的好天气，A组队员终于打通了到海拔6700米3号营地的路线。这天B组队员继续运输物资，其中旺加、达琼、大其米住在2号营地，加布、洛则回到1号营地。因多次来往在冰裂缝集中区域运输，致使旺加、洛则、加布都先后失足掉下过冰裂缝，幸好只是受伤，但加布伤势最重，摔伤了左腿髌骨，但他一直咬牙坚持着。

25日，桑珠与旺加和次仁多吉通话商议，决定调整攀登计划，加紧向上攀登，争取月底突击顶峰。A组队员一早就向上攀登，顺利建立起3号营地。B组两批队员运输物资也在抓紧进行。但在当天下午5时，旺加突然向大本营报告，5名队员在返回2号营地途中遭遇冰崩，差点被埋。安纳布尔那峰素有"雪崩胜地"的威名，大约每半小时就会发生一次冰雪崩，巨大的轰鸣声充斥于耳，使人的神经高度紧张，大家随时要做好防范冰雪崩和自救与互救的准备。

按照原计划，A组要在海拔7700米处建立突击营地，但通过从3号营地往上观察和分析，队员们觉得离顶峰已经不太远，统一意见后，由攀登队长次仁多吉向桑珠队长建议：从3号营地直接突击登顶。桑珠接到建议后，经过与旺加等人商议，并再次询问次仁多吉是否有把握？对方回答有把握！于是他决定批准前方队员的行动方案，并再次提醒次仁多吉要认真细致地做好各项准备工作，带足保暖衣物、收拾好国旗和火炬等必备物品，做好在顶峰国旗展示、拍照录像等资料收集工作。

在探险队的组织指挥体系中，桑珠和次仁多吉是两位核心角色。桑珠考虑的是整体和全局，要对涉及全队的重大问题做出抉择。而次仁多吉则充分发挥在山上丰富经验和对现场情况准确把握的优势，适时向大本营提出决策建议，并带领大家执行大本营的决策指令。

26日，A组队员彻夜未眠，凌晨3时30分，次仁多吉、边巴扎西、仁那、阿克布从3号营地出发突击顶峰。年轻力壮的边巴扎西和仁那一直在前面轮流开路，但是越往上攀登越觉得距离顶峰越遥远。队员们在半途中遇到一条很大的沟，跨越起来路线很长，这是此前观察中所没有发现的。当队员们过沟以后，在接近顶峰时天空开始飘雪，12时左右登达海拔7930米的高度，到此处才真正看到离顶峰不远了。

16时30分，4名队员经过13个小时的攀登，跨越1391米的海拔高差，终于站在了安纳布尔那峰之巅。此时大本营的对讲机里响起了"我们到顶了！我们成功了！"——次仁多吉激动的声音。为了支持北京申办奥运会，自治区体委交给探险队一项特殊任务，就是在顶峰点燃一支火炬。队员们从大本营带来了汽油、棉花和打火机，他们在顶峰把棉花塞进火炬，倒上汽油，点燃了火炬，并展示了国旗，这些都被阿克布的照相机和摄像机完整地摄录下来。

当年法国人首次登顶时，设立了5个营地。这次探险队完成了从3号营地突击顶峰的壮举，创造了仅用13天就登上一座8000米以上高峰的中国登山新纪录。

队员们在顶峰紧张忙碌了26分钟，完成各项规定工作后开始下撤。天空一直在飘雪，刚从顶峰下撤约400米，太阳就落山了，山上起了风，上山时的脚印已无从寻找。天色越来越暗，队员们用头灯照明，可能是气温过低的缘故，头灯电池用了不到5分钟就没电了。翻过大沟后，雪坡上的积雪深达腰部，幸亏有月光照明，队员们才勉强看得见脚下该往哪儿迈步。大约在海拔7100米高度，队员们遇到一次流雪，尽管没人出事，却在躲避时偏离了上山时的路线。此时，在队员们的脚下一边是悬崖、一边是冰壁，大家猛然发现找不到3号营地了。黑暗中幸亏大本营通知待在3号营地接应的尼方高山协作次仁把煤气灯挂在帐篷外面，才给归途中迷路的队员们指引了正确的路线。当大家在黑夜中看到远处摇曳的灯火时，感到终于有救了。否则，在极寒天气里迷路的情况下盲目下山后果不堪设想。

第三节　安全下撤　首战告捷

当天晚上，B组全体队员在2号营地待机，准备次日向3号营地进发，计划像A组队员一样，直接从3号营地冲顶。夜里，队员们听到巨大的雪崩声，似乎近在身边，仿佛整个山峰都坠落下来似的，好在大家安然无恙。但就是这次大规模雪崩，彻底断送了B组5名队员本次登顶的希望。

4月27日，B组队员按计划向3号营地攀登，大约只走了三分之一的路程，就发现原本存放在海拔5600米处的冰爪、冰镐等技术装备已被昨夜的雪崩给埋没了，队员们只好返回2号营地，等A组队员下来后，借用他们的技术装备继续登顶。此时队员们还不知道，那次雪崩几乎把2、3号营地之间架设的路绳全部冲走。等到A组队员下撤时，发现上山时使用过的保护路绳已经找不到了。

28日中午，B组队员再次登达3号营地，但天气变差，队员们一到就开始下雪，很快大雪把帐篷埋了一半。对于裂缝多、坡度大的安纳布尔那峰的攀登行动，这样的大雪过后，几天之内是无法进行攀登的。西藏登山队在30多年的登山实践中，总结出一条经验：大雪过后3天内不宜攀登。如果反其道而行，极易引发雪崩。

在A组登顶后，急于登顶的B组队员们，此时面临的问题除了雪崩和大雪天气外，且没有建立4号营地，这使两组之间隔了一个营地，无法接应。另外，尼泊尔为了限制春季登山团队数量、减少登山事故发生，登山管理部门规定：每年的5月31日为春季登山的"关门时间"。探险队在进山路上多耗费了9天时间，而下一个目标的道拉吉里峰又等在那里。

针对面临的情况，探险队员在上下营地之间展开了讨论，全体队员充分协商后形成一致意见。据此桑珠果断地做出决定：B组放弃登顶，立即下撤。这对于未能登顶的5名队员来说，失去这次登顶机会是如此的难以接受，但理智和安全又是探险者必须遵守的原则。最终，队员们只能抱憾地撤下来。

29日，山区依然降雪，队员们下撤途中看到地形地貌已发生很大变化，根本找不到上山时的路线。冰裂缝更多了，有的地方跨不过去，只好前面一个人轻装后用力跳过去，再用携带的绳子把后面的人拉过去。有的地方裂缝更宽，跳不过去，就只能爬过去，大家历经重重险阻才撤回1号营地。

30日，为了计划中的攀登道拉吉里峰行动，也为节约经费继续使用本次登山的技术装备等物资，探险队组织队员在安全的前提下，再次向上攀登，撤下了一些还能使用的保护主绳、帐篷等。至此，探险队攀登安纳布尔那峰的行动宣告结束。

对这座高峰的攀登中，队员们经历了未到大本营就开始穿高山靴、戴雪套、使用保护主绳等技术装备的艰辛，这是历年来登山行动中的第一次。探险队首战告捷！

B组的登顶失利，也为洛则补登该峰留下了后话，只是那时的补登又是如此悲壮、如此迫不得已。

第十六章

团队登顶14座·1993年登顶道拉吉里峰

道拉吉里峰，海拔8172米，世界第七高峰，位于喜马拉雅山脉中段尼泊尔境内。主峰巍峨的山体独自耸立，以风大、路陡、滚石频发而闻名。第二次世界大战后首次到达喜马拉雅山脉的法国探险队曾计划攀登此峰，但后来发现危险重重、无法接近，不得不取消攀登计划。

1993年4月26日，在次仁多吉等4名队员成功登顶安纳布尔那峰后，探险队决定按计划接着登道拉吉里峰，以便在尼泊尔山区季风来临之前实现一个季节内登顶两座高峰的目标。探险队立即联系当地民工上山撤营，抓紧时间转战下一座山峰。尽管两峰之间的直线距离仅为30公里，但队伍必须花费数天时间才能从原路撤到莱地，再从那里折向西北方，才能到达道拉吉里峰北侧大本营。

第一节　转战道拉吉里峰

4月27日，A组队员从安纳布尔那峰高山营地凯旋，大本营准备了山羊肉，仁那为了尽快恢复体能好去攀登下一座高峰就多吃了一点，可能是攀登中体能消耗过大，消化系统变弱，引发了急性胆囊炎疼痛难忍。洛桑云登医生及时给仁那打针治疗，但不见好转，到28日仁那已疼得起不了床。探险队一边忙着撤营，一边备好木棍和绳子，准备做副担架抬仁那下山。但这样要走三四天，尽管疼得不能动，但仁那深知队友们都需要保存体力，以便可以连续作战，他也考虑到抬他这身高186厘米的人、要走几天才能到有公路和车辆的地方绝非易事，说再过一天也许疼痛会缓解他自己就能走下去。第二天，毅力超强的仁那果然站立起来，在队友的搀扶下先期撤离了大本营。

1993年攀登道拉吉里峰队伍组成人员表

职务	姓名	国别	备注
队长	桑珠	中国	
副队长	旺加		
攀登队长	次仁多吉		
队员	边巴扎西、仁那、洛则、加布、达琼、大其米		
队员兼摄影师	阿克布		
队医兼后勤总管	洛桑云登		
翻译兼秘书	张明兴		
联络官	尼泊尔旅游部官方工作人员	尼泊尔	
向导	夏尔巴人索朗		
高山协作队员	次仁、达努、阿旺等4人		
炊事员	扎克巴多等2名夏尔巴人		

撤离路上，仁那的状况很不好，只要迈步稍微大一些，就痛苦不堪，特别是下坡时，疼痛更甚，满头大汗，只能缓慢迈步，而且走三四步就得稍作休息。就这样，仁那凭毅力翻过大山，坚持走到莱地。尽管海拔降低了，但经过长距离徒步的折腾，仁那的病情不但没有好转，反而加重了。这位高大威猛的汉子疼得苦不堪言，身上大汗淋漓。洛桑云登感到情况不好，建议立刻送往加德满都的大医院治疗，再也不能耽搁了。

探险队紧急与尼方联系，对方也很重视，让探险队急忙把仁那送往宗松镇（Jomosom），从那里可以乘小型飞机去医院。于是，近似昏迷中的仁那被绑在马背上，在洛桑云登和一名夏尔巴人的陪同下，紧急赶往宗松镇。

探险队本想尽快转战道拉吉里峰，但由于仁那病情危重，只好在莱地等待几天，不过这倒给队员们提供了难得的休整和恢复体能的机会，这对队员们非常重要。当然，大家也无时无刻不在惦念着仁那的安危。这期间，探险队得到消息，从加德满都出发的送往道拉吉里峰的登山物资已经在运输途中，很快就到，大家心里踏实了许多。

从莱地到道拉吉里峰登山大本营有两条路线：一是西北方向的传统路线，需要行军16天；另一条是左转抄小路，只需5天，但走这条捷径须翻越珠切拉（Tukuche）等两座海拔5400米以上的山口，如遇下雪通行就会变得非常困难，反而可能陷入欲速则不达的窘境。不过根据天气预报及以往的经验，探险队反复衡量后还是决定冒险抄小路，以节省时间。

仁那在洛桑云登的陪护下，在宗松镇乘飞机到达加德满都，先进入一家公立医院，医生说肠子有问题。后来又到一家私人诊所，诊断为急性胆囊炎，吃了一些药，3天后就完全好了。仁那兴奋不已，原以为会因病失去攀登道拉吉里峰的机会，但事情却出现了意想不到的转机。

5月12日，探险队踏上为期5天徒步到道拉吉里峰大本营的路程。先是沿着河谷北上，一路上不断有当地居民热情打招呼，居民们已从广播中听到西藏探险队登顶安纳布尔那峰的消息，同样作为喜马拉雅山脉世代生息的山地居民，他们特别崇敬敢于攀登高峰的人。下午，探险队穿过湍急的喀利根德格河后，到达山脚下的珠切村，通向道拉吉里峰的小路就在村庄的后面山脊上。探险队住进一家叫"牦牛饭店"的小旅馆，这里的生活条件比较好，队员们洗上了很久以来都没有享受过的热水澡、吃上了当地生产的酥油和糌粑。

通向道拉吉里峰大本营的东北路线，从珠切村附近拐向左侧的山上，海拔一直在升高，探险队要从有树木的低海拔地区一直上到耐寒植被稀少的山脊上，然后翻越一座海拔6000多米的雪山。翻山时，队伍遭遇暴风雪，在风雪中多次行进在海拔5400米上下的雪壁上，有的地方是近70度的斜坡，曲折蜿蜒，使人感到一阵阵眩晕，稍有不慎就会跌落悬崖。到了低海拔地区队员们又要提防蚂蟥的叮咬，一路上吃饭找不到干柴生火、仅靠两只油炉做饭，经常吃饼干、面饼等极其简单的食物，或者用绿豆熬成的汤浇在白米饭上食用。走到黑夜就野营，便是这5天的唯一宿营方式。

16日，探险队按计划到达海拔4850米的大本营，帐篷搭在有一层土石的巨大冰川上。

第二节　12天的攀登

5月17日，探险队举行庄严的升国旗和开营仪式。

19日，探险队召开会议，总结攀登安纳布尔那峰的经验和教训，研究制订攀登道拉吉里峰的战术方案。会议决定为了夺回在莱地耽搁的时间，要抓紧时间展开攀登行动，尽管道拉吉里峰的攀登难度相对小一些，但队员们也不能有丝毫的懈怠，要做好充分的思想和技术准备。

20日，探险队开始探路、修路和运输，第二天就顺利打通到海拔5300米1号营地道路，队员们还每人背负20公斤以上的物资抢时间运输。

23日，大家意外地看到曾被急性胆囊炎折磨得死去活来的仁那，此时竟然奇迹般地从加德满都归队了。仁那和洛桑云登在宗松镇雇请临时向导，是历尽千辛万苦回到大本营的。仁那和洛桑云登看上去狼狈不堪，不仅脸被冰雪刺伤了，而且嘴唇起泡，看来体力消耗很大。他俩从加德满都一刻也没耽搁，乘飞机到达宗松镇后，只用3天时间就赶到大本营，唯恐赶不上攀登行动。这样超强度的长途行军，对于年长且没有登山运动员强壮体魄和经历的洛桑云登来说是难以承受的，但这位坚强的医生在此后的数十年一直坚韧地随队服务。

桑珠队长对仁那归队，使队伍再次齐装上阵深感欣慰，并对分组进行调整：仁那调入B组，原在B组的达琼调入A组承担重任。调整后的队员分组是：A组次仁多吉、边巴扎西、阿克布、达琼；B组旺加、加布、大其米、洛则、仁那。

24日，打通了到海拔5800米2号营地的路线。

25日，打通了到海拔6400米3号营地的路线。

26日，打通了到海拔7220米4号营地（突击营地）的路线。

在此期间，山区再次降雪，队员们只能在3号营地待机。该营地是大风口，狂风日夜呼啸，队员们根本无法走出帐篷，也很难生炉子烧水做饭，只能蜷缩在帐篷内狭小空间里，耳边充斥着狂风的叫嚣声，心中的焦虑情绪也日益加重，他们担心尼泊尔山区夏季季风即将来临，如果真是那样，此次登山行动就要夭折了。

突击营地设在山脊上，是一片陡坡，将近80度，几乎是悬崖绝壁，同时也是一个大风口。因地势狭窄险要、凹凸不平，坚硬的岩石又难以平整，帐篷只能搭在乱石堆上，还有三分之一悬在半空中，狂风几乎要把帐篷吹扯撕裂。队员们用绳索把帐篷网状加固起来，帐篷里面不平，就用背包垫起来。从大本营用望远镜观察，队员们的帐篷就像挂在悬崖上的鸟窝，似乎随时都会坠落深渊。在这样的环境下，队员们根本无法入睡，只能钻进睡袋坐等黎明的到来。

尼方联络官和协作队员提醒探险队：根据尼泊尔对春季登山季节的规定，离登山"关门时间"只剩下30日、31日两天了，6月1日关闭登山季节，此后即便登顶也不算数，因为登山旅游部门不会颁发登顶证书。对此，探险队早知这项规定，但现在听到更感急迫。大家都决心抓住好天气周期，一鼓作气登上顶峰。

29日，A、B两组队员实施快速登山战术，分别进驻突击营地和3号营地，准备相继冲击顶峰。

30日凌晨2时30分，彻夜未眠的桑珠队长开始呼叫突击营地。其实，等待突击顶峰的A组队员也毫无睡意，也在进行着各项准备工作，等待冲击的指令下达。可是，由于高空风太大，队员们等到4时多才得以出发。快到顶峰时，有一段冰雪岩石混合地带，从资料照片上看需要绕一些路，次仁多吉把这个环节记得十分清楚，并打算照此行动。可是心直口快的边巴扎西觉得走直路更近些，但是次仁多吉坚持说这样上去有危险，如果此路不通还得下来，将大大影响攀登进程，所以队伍应选择相对稳妥的路线进行攀登。接近顶峰的路非常陡，大都在70度以上，队员们到达需要横切的雪坡时，由于雪上结冰、坡度又大，随时都有滑坠的危险。此时已经没有足够绳子可拉，次仁多吉不得不采纳边巴扎西的建议改变攀登路线，沿着左边岩石的下部直接向上攀登，绳子使用一段拆一段，来回倒换着用，体力消耗很大，攀登速度无法加快。后来，攀登中队员们发现头顶上是云层、下面是云团，云雾翻腾多变，但在攀登的这个高度相对保持着无云无雾的状态，而且保持到登顶，给队员们提供了良好的能见度和登顶机会。

15时15分，A组的4位队员经过10多个小时的攀登，终于登上道拉吉里峰之巅，高举的五星红旗迎风飘扬，队员们再次点燃支持北京申办奥运会的火炬，站在顶峰上齐声高喊："预祝北京申办2000奥运会成功！"与正常登顶时间相比，A组稍微晚了一些，阿克布抓紧拍摄了10多分钟，浓浓的云雾就涌了上来，天气又变了，队员们赶紧下撤。

当天，B组5名队员按计划进驻4号（突击）营地，一来接应A组队员，二来准备次日突击登顶。洛则和仁那在估计A组队员快要下来时，带上开水、咖啡和"果珍"饮料向上攀登迎接，他们见面时热烈拥抱，庆祝登顶成功。A组当天撤到2号营地，第二天回到大本营。

连续登顶两座8000米以上高峰，阿克布感到高兴的同时也非常疲惫，因为自己比别人更加消耗体力，身上背着两部照相机和一台摄像机，既要攀登，又要随时记录登山过程，有时要脱离保护主绳到危险的侧面去选择尽可能好的拍摄角度。山上很冷，电池极易冻住，要倍加保护，每到营地都是先把电池放进鸭绒服中，晚上睡觉再塞进睡袋里。由于在登顶和攀登过程中所拍摄的图片，取景、色彩都很专业，为探险队留下了宝贵资料，他也当选西藏摄影家协会副主席。

5月31日，因帐篷搭在岩石尖上，地方小得无法多搭帐篷，B组5人只能挤在一顶帐篷里，腿要伸到悬崖外面。因而一夜未睡的旺加、洛则、仁那、加布、大其米凌晨4时便出发，在黑夜的冰雪高峰上用头灯照明攀登，于8时30分登达顶峰。800多米的高差，B组队员只用4个多小时就快速登顶。由于此前在安纳布尔那峰留下未能登顶的遗憾，借助好天气，队员们在顶峰上停留时间长达70分钟。除完成展示国旗、拍照、采集标本等规定动作外，队员们尽情观赏险峰上的无限风光。洛则在日记中写道："在顶峰上心胸豁然开朗，看不够大自然的雄浑壮丽，白雪皑皑的群峰和朵朵白云竟在我们脚下，不远处美丽的安纳布尔那峰正注视着我们，克服了无数艰难险阻之后，大自然给予我们的是无穷回味和欣慰。"

随后，5名队员当天安全撤到1号营地，第二天背上帐篷、锅、炉灶等物资装备撤回大本营。

第三节　安全撤离

探险队仅用12天时间就全员登顶世界第七高峰，加之此前登顶安纳布尔那峰，首次出国攀登14座高峰旗开得胜，由此掀开了中国登山运动史上崭新的一页。探险队的成功，在尼泊尔登山界引起很大反响，大家纷纷称赞这支队伍是一支神奇的探险队，从一登上国际登山舞台就让同行们为之一惊。

尽管进山时的路程是那样崎岖漫长，但按原路返回时却显得如此轻松快捷。

6月10日，探险队安全回到加德满都，经过休息，队员们很快恢复了体力，每个人的肤色也恢复到往日的本色。

11日，探险指挥部指挥长洛桑达瓦一行飞抵加德满都与探险队会合，除了迎接探险队凯旋，还与尼方商谈下一步攀登尼泊尔境内另外两座高峰的具体事宜。探险队全体成员前往中国驻尼泊尔大使馆，向大使汇报攀登两座高峰的情况。

14日晚，西藏登山协会与尼泊尔亚洲徒步旅行社举行宴会，洛桑达瓦对尼旅游部、登山协会，特别是对昂·次仁先生给予的协助表示感谢。尼泊尔王国旅游大臣向西藏探险队和登顶队员颁发攀登两座高峰的登顶证书。

15日，探险队乘飞机回国。当队员们抵达拉萨时，西藏自治区副主席、西藏登山协会主席吉普·平措次登，自治区体委主任姬嘉，西藏登山队队长罗则及众多同事、新闻记者早已等候在机场，大家亲切握手、拥抱，队员们又一次被哈达和青稞酒所包围。

首次出国登山历时92天，其中攀登两座高峰仅用了23天，至此，异常艰险的连登两座高峰的登山行动圆满结束。

第十七章

团队登顶 14 座·1994 年登顶希夏邦马峰

希夏邦马峰，海拔 8012 米，世界第十四高峰，位于喜马拉雅山脉中段，也是唯一一座中国独立拥有的 8000 米级高峰。"希夏邦马"藏语意为"活畜变死畜，青稞不成熟"，这是当地藏族群众给山峰起的绰号，说明了山区气候恶劣，动植物生存极为困难。其实，该峰有着极其威武、动听的名字——"波拉贡钦"，和众多藏地山峰一样，其与东北面的"摩拉门钦"峰作为一对，构成了一个古老的爱情神话故事。

1964 年 5 月 2 日，中国登山队的许竞、王富洲、张俊岩、邬宗岳、陈三、索南多吉、成天亮、尼玛扎西、多吉、云登 10 名队员首次登顶。此峰，是 14 座 8000 米以上高峰中人类最后登顶的一座。

第一节　快速进山　顺利建营

1994年4月25日,探险队从拉萨出发前往攀登希夏邦马峰。这个春季,探险队原定目标是乔戈里峰。当时,探险队刚刚取得连续登顶安纳布尔那峰和道拉吉里峰的成功,斗志高昂,队员们体力也恢复得很好,希望趁早攀登难度最大的乔戈里峰。后来,国内10家企业提出赞助探险队攀登珠峰,并命名为"全国十佳名优企业竞登珠峰"。当时的探险队正受到经费匮乏之困,既然有人赞助,指挥部就临时调整计划,决定攀登珠峰。但因种种原因,这次赞助活动最终没有成行。此时,继续攀登乔戈里峰已经来不及了,只好决定就近行动,春季攀登希夏邦马峰,并计划秋季攀登卓奥友峰。

1994年春季攀登希夏邦马峰队伍组成人员表

职务	姓名	国别	备注
队长	桑珠	中国	
副队长	旺加		
攀登队长	次仁多吉		
队员	边巴扎西、仁那、洛则、加布、达琼、大其米		
队员兼摄影师	阿克布		
队医兼后勤总管	洛桑云登		
炊事员	多布杰		

希夏邦马峰曾由中国登山队1964年首登,山区资料比较丰富,探险队员对这座山的情况也很熟悉,加之在家门口登山,后勤保障充分。特别重要的是在登完尼泊

尔的两座山峰后，探险队员们曾到西藏体委设在成都双流的训练基地进行了为期4个月的身体素质恢复性训练，体能得到了很好的恢复和提升。与此同时，登山物资的准备工作也如期完成。

27日，探险队及所有物资到达海拔5100米大本营，建营工作同时完成。从营地向四周观察，希夏邦马峰群峰耸立，共有6个尖峰：主峰为希夏邦马峰；东北峰为摩拉门钦峰，距主峰3000米，海拔7703米；东南峰为雅南利峰，距主峰2600米，海拔7119米；西北峰距主峰300米，海拔7966米；中央峰距主峰400米，海拔8008米；西峰距主峰约为7000米，海拔7292米。

第二节　调整计划　跨营登顶

30日，探险队举行升国旗和开营仪式。探险队进驻大本营时，这里已有一支规模较大的国际登山队正在攀登途中。联合登山行动由奥地利登山界发起，由尼泊尔亚洲徒步旅行社承办，队伍来自9个国家、共有34名队员，其中14名女队员分别来自中国、奥地利、美国和波兰4个国家。经过此前24天在海拔5400米以上攀登，代表中国参加的桂桑和拉吉已于4月29日登上顶峰。两天后普布卓嘎和奥地利、波兰的2名女队员也登上顶峰。3名西藏登山队的女队员都是不使用辅助氧气登顶，显示了过人的实力。3人在山上也从未使用过氧气罐，这在中国登山界女子登山中尚属首次。

5月2日，天空晴朗，探险队员们开始攀登。希夏邦马峰号称"喜马拉雅山脉现代冰川博物馆"，集中在它周围的冰川和永久性积雪面积很大。队员们离开大本营，翻过一个又一个山包，大约登到海拔5400米以上，就能看到野博康加勒冰川。冰川的右侧是一片较陡的岩坡石岭，在这里遗留下数不清的巨型岩石，或圆润，或尖削，千姿百态。次仁多吉等9名队员与牦牛运输队开辟出相对安全的通道，顺利把全部物资运送到海拔5800米的前进营地。这里是一片乱石累累的岩坡，有比较开阔的地势。

3日，旺加、大其米、达琼在前进营地整理高山食品及登山技术装备，其他队员在次仁多吉的带领下登到雪线以上，配合电视摄制组拍摄雪山上的登山运动场景，并重点拍摄了队员们攀登冰壁、雪地行军等画面。

4日，天气依旧晴好，虽然风力有点大，但无碍于登山活动。根据天气预报，良好天气将持续一段时间。为了抓住好的天气如期完成登顶任务，9名队员继续向更高营地修路。高处地形更加复杂，左侧是主峰山体，右侧是与主峰相连的康盆钦峰。两峰之间的马鞍形地带，在海拔5800米到6700米之间，矗立着好几层冰雪台阶，构成了高达900米的冰雪墙。在峻峭的台阶上，堆积着深达百米的冰块和粒雪，有些坚硬，有些疏松。还有数不清的裂缝，有些露在外面，有些暗藏在冰雪下面，让人感到危险无处不在。在海拔6000米以上，由于大气压力降低，空气稀薄，含氧量锐减，高山反应不同程度地袭击着登山者，头痛、恶心、呕吐、气喘、心跳加快、四肢无力和呼吸困难等症状相继出现。不过，凭借过人的体能和丰富的登山经验以及对该峰地形地貌的熟悉，探险队员们顺利越过了冰雪陡坡和明暗冰裂缝，并在每条路过的裂缝两边插上醒目的路标。队员们把物资运送到海拔6300米处的1号营地后，又返回前进营地。

5日，9名队员向1号营地运送物资，行军中队员们在最后路段遇到降雪、吹雪，一到目的地，便抓紧时间挖雪地、搭帐篷、整理物资，建起1号营地。该营地建在一片开阔的冰雪台阶上，四面找不到任何遮拦，高空风在这里疯狂地撕扯着一切，卷起层层雪浪。

6日，探险队员们身背食品、装备，携带修路器材，继续向上攀登。首先遇到的是高差达500米的一块冰壁陡坡，队员们在攀登过程中必须集中精力，严防滑坠。每走一步都要用力蹬踏，把脚下的冰爪牢牢扎进坚硬的冰层里，队员们一个跟一个，在陡峭的冰坡上排成一条长线，安全越过冰坡后登达海拔6800米的冰雪峡谷，它呈东西向，是主峰与北峰之间的一个狭长地带，在其凹口处风力特别大，队员们顶风向上攀登，于16时到达冰雪峡谷的尽头，海拔6900米的2号营地就设在这里。队员们搭建了2顶帐篷，9个人全部挤住在这里。在该营地，旺加、次仁多吉召集大家开会，商讨下一步的行动计划。根据当时良好的天气状况和队员们的体能情况，大家一致同意把这里作为突击营地，以上不再设立营地，因此不必运送物资，这样第二天就可以直接突击顶峰。

旺加副队长将山上的进展、队员们计划在次日直接从2号营地突击顶峰的建议汇报给大本营，向桑珠队长请示。桑珠深信队员们具备这样的实力，也一定能完成任务，就批准了队员们的请战要求。同时，为了慎重起见，桑珠队长再次强调队员们要认真准备突击顶峰所要携带的全部物资，诸如修路装备、防寒衣物、摄影器材、国旗和给赞助厂商的广告等，以确保万无一失。

促使队员们提前实施登顶计划的另一个原因，是国际联合登山队的一批女队员已经登顶成功，探险队若不抓住好天气如期登顶，一旦错过机会无法登顶，将是一件非常遗憾的事。

7日，跨越两个营地登顶。凌晨1时，队员们吃了一些糌粑和干牛肉，喝了烧开的雪水，于2时30分点亮头灯出发了。脚下的道路越来越险峻，右侧是触手可及的山脊，左侧是直通山脚的悬崖，中间是一条坡度在40度以上、双脚无法并立的狭窄通道。队员们越过海拔7300米的3号营地，几乎没有休息，就继续向上攀登。天色渐渐亮了起来，队员已登达海拔7500米的高度。当队员们登达海拔7800米的一段冰陡坡时，天空忽然刮起了猛烈的高空风，吹得大家不得不卧倒在冰坡上，以减小身体受风的面积，防止被刮下悬崖，这样一来队伍前进的速度明显慢了下来。即使没有风，越过这段冰陡坡也极为困难，冰坡上方是一条刀刃般的山脊边缘，冰坡下方是一条深达数百米的峡谷。队员们必须从这里横切过去。冰面异常坚硬，冰爪很难踩扎进去，前进的每一步都有滑坠的危险。队员们必须按照登山技术规程，用冰镐刨出一个个台阶，作为落脚点，然后用右手上的冰镐作为支点，全身斜靠右侧冰面，一只脚踩稳，再挪动另一只脚。当路线稍微缓和的时候，疲劳至极的队员们因速度慢，有人边走边将双手握着插在雪地里的冰镐，把头放在冰镐上，几乎就要睡过去。为了防止意外，大家不停地互相喊叫、提醒，防止队友睡着而发生滑坠。

在14座高峰中，尽管希夏邦马峰的海拔高度排在最末，但它的攀登难度一点也不低。陡峭的冰、岩山体，猛烈的高空风，常常导致登山者滑坠或冻伤，如果不慎摔倒或脚下打滑，就很容易滑坠到路线下方的一条大裂缝中，多数情况是有去无回。据统计，在此峰上献身的各国登山者达百余人，桂桑和拉吉就遇到外国的两位登山者遇难，并好心地把他们的遗物带下山来交给西藏登山协会，再转交其亲属。登达顶峰下面的拱形雪坡时，积雪很厚，不时有小量流雪从身旁滑过。次仁多吉要求大家一定要稳住身体，每走一步都要把冰镐深深地插进硬雪里，防止被流雪冲走。由于要在没膝的深雪里行进，体力消耗大且危险，大家就抢着轮流开路，以期望尽快通过这一艰难的路段。仁那回忆，前面的人走累了速度慢下来的时候，后面就有人主动接替，前面的人就可以抽空休息一会，但此时很容易进入昏睡状态，连做梦的感觉都出现过。每当事后想起来，依然使人感到惊恐。

12时55分，经过10多个小时的攀登，旺加、次仁多吉、边巴扎西、仁那、洛则、阿克布、加布、大其米、达琼9名突击队员陆续登上顶峰。大家在峰顶上停留33分钟，欢呼、拥抱，并完成展示国旗、录像、拍照、采集标本等规定动作后，在大风中迅速向下撤离。

17时30分，登顶队员安全返回2号营地。此后，次仁多吉、大其米、加布3人继续下撤，于20时40分撤到前进营地。这时，大家已经在严寒、缺氧、陡峭的冰峰上连续奋战了18个小时，跨越了2321米的高差。这也是中国登山运动史上罕见的纪录。

探险队从离开大本营到登顶仅用了6天时间，在8000米高峰上采用阿尔卑斯式登山战术，创造了国内登山队伍攀登海拔8000米以上高峰的最快纪录。创下的这一新纪录让同在希夏邦马峰拼搏中的外国同行感到吃惊。事前在前进营地，当英国登山队长听到我国探险队计划用8天时间登顶希夏邦马峰时，神秘地笑了起来。在他看来，这是根本不可能的，因为他们已经为此付出了一个多月的时间，依然没有取得成功。美国登山家威特克曾经感慨：藏族登山队员有两个肺、两颗心脏！

攀登希夏邦马峰的艰难程度，还可以用 1964 年中国登山队攀登此峰的事例佐证：那次攀登不仅耗时两个多月，还在大本营以上设立了 6 个高山营地，突击营地的高度甚至达到海拔 7700 米，比这次的 2 号营地高出 800 米。

这次登山行动中，探险队的大其米与参加国际联合登山队的拉吉还创造了一个新奇迹——中国第一对登顶希夏邦马峰的夫妻。

第十七章　团队登顶 14 座·1994 年登顶希夏邦马峰

第十八章

团队登顶 14 座·1994 年登顶卓奥友峰

卓奥友峰，海拔 8201 米，世界第六高峰，位于中国西藏和尼泊尔边界线上，东距珠峰 30 公里，主峰西侧是著名的兰巴拉山口、中尼边界上的高山通道。卓奥友藏语准确发音为"乔乌雅"，意为"首席尊师"。其山顶极其宽阔，在世界高峰中十分罕见，可冠以"平顶山"的雅号。山体大部终年积雪，银装素裹。尽管山高雪深，攀登路线长，西北坡面和西南山脊有冰崩和滑坠的危险，但与其他 13 座高峰相比，相对平缓，被登山界公认为 8000 米以上高峰中攀登难度最低、最安全的山峰，以"好脾气"著称，被推荐为初次挑战 8000 米以上高峰者的首选目标。

1985 年 5 月 1 日，西藏登山队 9 名队员从中国一侧登顶。

第一节　顺利进山

1994年秋,探险队仍然在我国一侧攀登卓奥友峰。这次攀登有一个特殊的考虑,当年5月队员们成功登顶希夏邦马峰,指挥部认为目前这支队伍比较年轻,体力充沛,技术全面,正是出成绩的最好时期。如果一年仅登一座山峰,要登完14座高峰,时间会拖得很长。加之不可预知的原因,不能保证每次登山都能成功登顶,那样就会把完成任务的时间往后推,一些年龄较大的队员将无法自始至终完成任务,给最终目标的实现造成更大困难。因此,探险队决定当年秋季再登一座高峰,目标锁定为卓奥友峰,其主要原因是该峰交通便利,保障充分,情况熟悉,攀登难度相对较小。

1994年秋季攀登卓奥友峰队伍组成人员表

职务	姓名	国别	备注
队长	桑珠	中国	
副队长	旺加		
攀登队长	次仁多吉		
队员	边巴扎西、仁那、洛则、加布、达琼、大其米		
队员兼摄影师	阿克布		
高山协作队员	开尊、加措、丹真多吉		
队医兼后勤总管	洛桑云登		
炊事员	多布杰		

登山前的准备工作从8月23日开始,时间紧急,大家分头行动。购置物资、办理手续、制订攀登计划、体能训练并行,只用了短短十几天的时间。进山前的各项

准备工作如期完成，效率之高也实属罕见。

9月15日，探险队离开拉萨，17日抵达卓奥友峰北侧的加布拉，在海拔5000米处建立了大本营。这里是高山草甸，视野开阔，汽车可以直接到达。此时，喜马拉雅山区的夏季季风尚未完全过去，大量、集中的降水使山上积雪过深，不少先期到达的外国登山队在齐腰深的雪中努力攀登，却没有多大进展。

第二节 冲顶成功

探险队在完成建营、升国旗仪式等工作后，在大雪中等待了4天，计划在降雪停止后，抓住时机迅速向上攀登。

这次攀登路线选择的是北坡传统路线。在前进的道路上，登山者要经过滚石区、裂缝区、冰瀑区、陡坡区。尽管登山者都认为卓奥友峰是最容易攀登的8000米级山峰，但还是存在一定的危险，特别是秋季登山，首先遇到的困难就是大风。西北坡和西山脊正处在迎风面，稍不注意队员们就会发生冻伤、滑坠等危险。此外，滚石和冰雪崩也是攀登时的重要威胁。1985年5月1日，西藏登山队的仁青平措、边巴扎西、大次仁、拉旺、丹真多吉、大多布杰、小多布杰、格桑、旺加9名队员同时登顶，这是西藏登山队首次单独攀登海拔8000米以上高峰并取得成功，也是我国登山运动员首次登顶卓奥友峰。

9月22日，探险队全体登山队员从大本营出发，途经巴隆宗卡之后沿冰川侧碛陡坡下到巴隆冰川上，由于冰面上布满了裂缝和冰塔林，前进时队员们格外小心。当看到一片连续的开阔碎石地带时，就到达了海拔5700米的前进营地——兰巴拉山口。由于受孟加拉湾暖湿气流的影响，9月下旬的卓奥友峰山区再次漫天大雪，厚厚的积雪使登山行动变得非常困难，而且雪崩、流雪的危险性也进一步增大。根据往年的情况，进入10月以后，山区会刮起强劲的高空风，这将给队员们带来另一大威胁——冻伤和滑坠。如何在有限的时间内成功登上顶峰，这成了大家急于解决的问题。对于经验丰富、熟悉喜马拉雅山区情况的探险队员们来说，克服一切困难，抓住战机尽快登顶，是所有队员的共同心愿。事不迟疑，队伍加快了行动。

25日，队伍从前进营地出发，沿着巨大冰川冲击的扇面地形蜿蜒而上，先往东南方向走，之后再转向北，穿过冰塔林后上山道路的坡度不断增大，最陡的一个坡有60多度、300多米高。很快，队伍就来到海拔6400米处，建立起1号营地。这两个营地之间的路程较短，以沙石、冻土地形为主。

27日，一部分队员前往2号营地修路，另一部分队员进行物资运输。这段路比较难走，全部是冰雪路面，特别是在海拔6500~7000米之间，是雪崩、冰崩和滚石高发区，非常危险，而且队员们还要翻越两个冰陡坡和近乎垂直的冰壁，固定保护绳索、架设金属软梯，体力消耗很大。当越过海拔6900米左右的一段高20米冰壁后，他们来到冰瀑区下方的一个大平台上，冰瀑区周围处处都有深不见底的大裂缝，上方则是雪崩源。越过冰瀑区后，队伍来到海拔7200米的2号营地。由于裂缝较多，为避免帐篷滑落，队员们必须用保护绳将帐篷加固在裂缝边沿上。

29日，完成预定的运输任务后，探险队继续向上挺进。从2号营地到3号营地是一段长而缓的雪坡，坡度约为30度。3号营地海拔7540米，建立在卓奥友峰西北坡上，这里也是突击营地。从大本营用高倍望远镜可以看到3号营地就建在顶峰下方黄色岩石条带的下面，黄色帐篷和队员们红色衣服，在洁白的冰雪世界里非常醒目，就连队员们在雪地上踩出的弯弯曲曲的路线也依稀可见。此时，队员们已经把高山技术装备和食品都快速运到突击营地，做好了向顶峰冲击的准备。

30日，9名队员6时起来烧水吃饭，7时从突击营地出发。大家排成一列纵队，轮番在前面开路，向顶峰迅速冲击。从大本营远远望去，突击营地上方有一裸露的岩石条带，好像在白色的纸上画出的黄色线条，这是夹在卓奥友峰山体上的一条黄颜色岩石沟槽，非常陡峭，队伍只能沿沟槽里边积雪与岩石的结合处攀登。队员们的高山靴都挂了冰爪，在冰雪地面上可以踩稳当，但在石头上却容易打滑，因此通过这段路时要格外小心。跨过岩石条带后，队伍沿着西北山脊向顶峰攀登。此时，从大本营既看不到突击顶峰的队伍，也无法在对讲机中保持联系。队员们经过的是一段比较平缓的雪坡，只是路线很长。走着走着，峰顶就出现在了眼前，队员们加快了步伐。

11时20分，经过4个多小时的快速攀登，旺加、次仁多吉、边巴扎西、仁那、洛则、阿克布、加布、大其米、达琼共9名队员全部登顶卓奥友峰。在整个登顶过程中，所有队员都是不使用辅助氧气瓶登顶。当队员们到达顶峰后，发现是一块很大的圆缓坡形山体，有足球场那么大。大家找来找去，实在找不到一处觉得更高的地方，就在东南方向悬崖边上有经幡处将其作为顶点，以近在眼前的珠峰为背景，展示国旗、拍合影照，采集登顶证据。大家在顶峰停留45分钟，于12时15分开始下撤，16时全体队员撤到2号营地。

10月4日，探险队员们安全返回大本营。西藏自治区体委派出慰问团来到卓奥友峰大本营看望大家，对探险队团结协作、快速安全登顶卓奥友峰的骄人战绩给予充分肯定。

随后，探险队回到拉萨，受到热烈欢迎。

第十九章

团队登顶 14 座·1995 年登顶迦舒布鲁姆 II 峰

迦舒布鲁姆 II 峰，海拔 8034 米，世界第十三高峰，位于中国与巴基斯坦边界线及喀喇昆仑山脉主山脊线上，在乔戈里峰东南约 26 公里处。"迦舒布鲁姆"，在当地的巴尔蒂语中是"美丽、美好"的意思。从大本营远眺喀喇昆仑群山，首先映入眼帘的便是该峰那美妙、高傲的身影。但是，由于周边群峰林立，云雾缭绕，如果不进入山区近距离观察，则无缘识得其真面目。

世界登山勇士们早就想揭开其神秘面纱，但直到 1956 年 7 月 7 日，奥地利登山队的弗里茨·莫拉维克、汉斯·韦伦帕特、泽普·拉尔奇才首次从西南山脊登顶成功。但当时尚没有人从中国新疆一侧登顶。

此次，探险队从巴基斯坦一侧攀登该峰。

第一节 出征奔赴邻国执行登山任务

探险队首次前往友好邻国巴基斯坦执行登山任务，计划要连续攀登迦舒布鲁姆Ⅰ峰和Ⅱ峰。由于喀喇昆仑山区独特的地理位置和气候条件，巴基斯坦境内一年中只有一个登山季节，那就是6—7月。

5月22日晨，探险队乘飞机抵达成都。采购了食品后，队员们经过乌鲁木齐飞抵喀什，然后乘汽车途经塔什库尔干县，于6月11日从红旗拉甫边境口岸出境。出国前，指挥部与自治区外办对探险队员进行了出国教育培训，强调巴基斯坦是中国的友好邻邦、是伊斯兰国家，全体队员要在言行、饮食、交往等各方面尊重穆斯林的宗教信仰和风俗礼仪，避免因某些方面的疏忽大意，损害中巴两国人民的感情。巴基斯坦海关人员此前从未见过中国大陆人员到巴基斯坦开展登山活动，因此检查得特别仔细。海关人员主要检查是否带有酒类等物品，当把所有行李打开看到都是登山所必需的物资后，着重检查了食品，当发现有"健力宝"饮料时，他们误以为是酒类，队员们就开盖请工作人员检查，没有问题后就礼貌地放行了。

1995年夏季攀登迦舒布鲁姆Ⅱ峰队伍组成人员表

职务	姓名	国别	备注
队长	桑珠	中国	
副队长	旺加		
攀登队长	次仁多吉		
队员	边巴扎西、仁那、洛则、加布、达琼		
队员兼摄影师	阿克布		

续表

职务	姓名	国别	备注
队医兼后勤总管	洛桑云登		
翻译兼秘书	穆萨		
联络官	1名现役军官	巴基斯坦	
向导	索玛		
高山协作队员	3人		
炊事员	3名当地人		

6月11日晚，队伍沿中巴公路抵达巴基斯坦北部的吉尔吉特（Gilgit）。12日继续赶路，13日凌晨抵达伊斯兰堡。到达伊斯兰堡后，队员们顿感酷热难耐，白天温度高达45℃，这对世居气候凉爽的雪域高原的人来说，无疑是最难熬的日子。除了外出办事，大家都待在旅馆里，离开空调简直就无法生活。但由于办理登山手续烦琐，需要跑的部门很多，地方、军队都要去，尽管抓紧时间办理，还是用去一周时间才办完。

19日，全体队员与联络官向山区进发，20日抵达巴基斯坦北部重镇斯卡杜（Skardu）。期间探险队对所有物资进行了详细整理，把食品、装备等分成适合背运的小包装，雇请了170名民工运输。

22日，队员们分乘几辆老旧越野车向公路通行的最后一站——通嘎行驶。

23日，队员们从通嘎徒步向大本营进发。这段路，徒步旅游团要走18天，一般登山团队也要走11天，而探险队只走了7天。为尽早赶到大本营，队员们连续跨营行军，过了岗嘎利亚营地后，冰川上有段特别陡的坡，穿普通胶鞋的民工们根本无法通行，探险队拉了保护绳，帮助负重的民工们顺利通过。从炎热的低海拔到严寒的高海拔山区，仿佛穿越了春、夏、秋、冬一年四季。徒步行军对第一次参加长途跋涉的翻译兼秘书的穆萨来说是一次巨大考验，他一直走在队伍的最后面，步子沉重而缓慢，走一会就要坐下休息，为帮助他坚持走到大本营，桑珠队长一直陪他走，并鼓励他说："不着急、跟着我，只要能走到大本营你就'登顶'成功了。"

29日，探险队进驻海拔5160米大本营，与美国、意大利、英国、加拿大、波兰、墨西哥、日本、韩国及巴基斯坦等十几个国家的登山队聚集在这里，共同进军迦舒布鲁姆Ⅱ峰之巅。

第二节　挑战身体极限　艰难登顶

7月1日，探险队举行升国旗仪式，队员们面对国旗高唱国歌，这标志着攀登行动正式开始。在场的外国登山队员吃惊地说，这是他们几十年登山活动中首次在巴基斯坦营地看到中国国旗。随后，次仁多吉和边巴扎西负责整理绳索、铁锁、雪锥、冰锥等技术装备，其他人整理高山食品，按送往各营地的分类包装好。山区寒风刺骨，气候变化无常，时阴时晴，多变的天气给探险队带来诸多困难。由于初次进入喀喇昆仑山脉，既缺乏经验，又无详细资料，但队员们抱定必胜的信心，侦察山峰的地形、路线及观测气候变化等情况，决定率先攀登。

2日，队伍分成A、B两组开始向上攀登。次仁多吉、边巴扎西、阿克布、洛则为A组；旺加、仁那、加布、达琼为B组。从大本营到1号营地，是行程4个小时的"豆腐渣"冰川路线，这中间有海拔5300米处的前进营地。因气候变化大，冰川变形剧烈，明暗冰裂缝密布，行进时必须从冰裂缝上越过去。开始时由高山协作队员带路也找不到恰当的路线，只能靠探险队员自己找路，越向上走遇到的裂缝越宽，很难跳过去。一些外国登山队员在这段冰川上望而生畏，退回营地。有一名韩国队员不慎滑入冰川裂缝，险些丧命。日本探险队和中国探险队比较熟，大家一同拿来竹竿做成简易的"桥"，攻克裂缝，继续向上攀登和运输物资。

5日，探险队建立起前进营地。近日身体欠佳的次仁多吉到达前进营地时，脸和腿都肿得厉害。但为了不影响登山进程，他一声不吭，与其他队员一起连续运输了两趟物资。

6日，队员们打通路线并进驻海拔5800米处的1号营地。这是个岔路口，攀登迦舒布鲁姆I峰和II峰的路线此前是同一条，但再往上走就分开了：向左走是去II峰；向右走是去I峰。

8日，A组队员经过短暂休整后继续向2号营地攀登。这段路程地形十分复杂，需要在陡峭的山脊上行走，有的路段宽不到1米，背负攀登装备和高山物资的队员们随时面临滑坠的危险。大家拉好路绳、交叉保护，终于打通到2号营地的路线并进驻该营地。

9日，按照计划，A组队员打通到海拔7200米3号营地（突击营地）的道路；B组进驻2号营地。凌晨5时，A组队员就出发了，天气很不好，风大雪大，能见度很低，队员们一边修路、一边缓慢行进。离开营地不久，在一段岩石地带，他们发现雪中露出一段主绳，是以前登山者留下的，看来还能用就拽出来，大约有400米长，于是就带在身上继续使用。路上见到前人遗弃的岩石锥、冰锥等物资，他们都捡来备用，这种节约器材的好习惯伴随了队员们攀登14座高峰的全过程。经过9个多小时的攀登，4名队员终于抵达3号营地并建营。当天担负运输任务的3名高山协作队员因高山反应严重，头痛和心慌得厉害，把3号营地所需要的食品、帐篷、睡袋和录像设备等送到半路就返回了。探险队员因天晚路黑，已经无法下去接应，只好在雪地里到处寻找前人留下的物资，幸运的是他们找到一顶前一年登山者留下的帐篷，里面竟然还有一个小气罐和炉头。这顶帐篷的一半已被硬雪埋住，里面空间极小，但大家不得不勉强挤进去。后来阿克布又找到一顶烂帐篷，收拾了一下就和洛则一起用。

4个人就这样凑合着过夜，用随身带来的碗烧点热水，洛则还带了一点葡萄糖粉浸在水里，请大家喝下补充了一点能量。这一夜4个人没有吃的、也没有睡袋，只能坐在背包上勉强休息。大家忍饥挨饿、互相鼓励，等待冲顶时刻的到来。

10日1时40分，彻夜未眠的A组4名队员从突击营地出发，开始艰难地向顶峰冲刺。一路上积雪比较深，先在西南山脊直上了100米左右，然后横切绕到山峰的东侧，沿坡度有60多度斜垂的山脊向上攀登。这时队员们已经来到我国新疆一侧，由于一夜没有睡觉，也没有吃东西，体力特别差，一路上感到特别疲劳。出发前，大家用饭碗烧了点热水灌在各自的水壶里。洛则的壶盖没拧紧，水流进背包把羽绒服打湿了，贴在背上冰凉，只能在半路上脱掉，剩下毛衣和冲锋衣攀登，快到顶峰时被冷得发抖，想喝点热水，可自己水壶里已经空了，只能喝队友的。

11时22分，经过9个多小时的空腹奋力拼搏，次仁多吉、边巴扎西、洛则、阿克布成功登顶。队员们在顶峰停留33分钟，完成规定动作后下撤。同一天，B组队员抵达3号营地接应，并准备次日登顶。当A组队员返回3号营地时，B组队员已经搭好帐篷、烧了热水、备好食物。A组队员稍事休息，吃饱喝足，当天撤回2号营地。

11日凌晨，B组队员本来按计划向顶峰冲击，但猛烈的暴风雪使队员们难以前进。外国登山队已到达3号营地的队员，在恶劣的天气里开始下撤。等到7时左右，恶劣天气稍有好转，B组队员就顶着暴风雪开始突击。13时25分，旺加、仁那、达琼、加布4人成功登顶。

至此，仅用9天时间，8名队员就全部登上迦舒布鲁姆Ⅱ峰。西藏探险队成为最早登顶喀喇昆仑山脉8000米以上高峰的登山队。在大本营，一些外国登山队赞叹中国西藏探险队的壮举："这不是我们原先的估计，中国队真棒！"

第三节　罕见持续大雪中放弃攀登Ⅰ峰

7月12日，探险队员全部安全返回大本营。最初的计划是登完Ⅱ峰后全体队员撤到1号营地，在此休整三四天后接着攀登Ⅰ峰。但队员们反映，因为协作队员没有及时跟进运输，加之登顶时风大、气温低，致使体力消耗特别大。于是，桑珠队长决定改变计划，队伍撤回大本营休整。

18日，队员们在大本营休整了4天后，分两批再次回到1号营地，准备向更高、更险的Ⅰ峰发起冲击。

20日，队员们登达海拔6900米处的2号营地，但两天两夜的大雪致使队伍只能在营地待机。积雪越来越深，雪崩和流雪时时袭来。大家进退两难，旺加和次仁多吉与桑珠商量后决定全体队员于22日撤回大本营。

24日起又下了五天五夜的大雪，仅大本营积雪就达1米多厚，帐篷几乎被积雪压垮，队员们无法休息，要经常出去清理帐篷上的积雪。这也证明了队员们下撤的决定非常正确。大雪中绝大多数外国登山队都从高海拔营地撤回大本营，只有墨西哥和西班牙队坚持在1号营地待机，结果后来生存都困难，通过对讲机求救，说大雪已经把帐篷快掩埋起来，没了吃的，连呼吸都困难，请求其他登山队救援。但是所有团队和巴方联络官都因雪太大，无法救援。中国探险队提出建议：人员从帐篷里出来，并不停地清理帐篷上及周围的积雪，保持空气流通，这样就有希望自救活下来。这两支队伍听从建议熬过最艰难的时期，后来撤回到大本营。

此时，喀喇昆仑山区登山季节已过，在大雪围困面前，多支登山队明智地放弃了继续攀登，撤离大本营。中国探险队也不得不撤营，失去了本次攀登迦舒布鲁姆I峰的机会，一直等到10年之后才再次攀登此峰。

队员们在饥饿中下撤，持续降雪使攀登活动无法进行，撤离山区也非常困难，特别是食物和燃料快要用尽，22日一名炊事员下山组织民工上山撤营。由于雪大气温低，原来2天的路程预计24日之前应该返回的，直到28日晚才有9名民工赶回大本营。

29日，探险队开始下撤。9名民工背不了多少东西，桑珠决定把次仁多吉、洛则和两名高山协作及一位炊事员留在大本营看护余下的物资，其他人撤离。由于食物有限，下撤的人只带了两三天的食物，而走到通嘎营地至少要7天。为了节省食物，每人每天只能吃到一张面饼和几块饼干，但体力消耗又很大，一路上大家饿得看到飞鸟都想抓来吃。走到通嘎时，队员们的脸、眼都凹了下去，原来胖的减了十几公斤，瘦的也减了5公斤左右。炊事员难过地哭诉："没有东西，我给队员们吃什么？"到了通嘎营地，他赶紧从村民家买了3只鸡，做成当地人爱吃的咖喱饭，但是人多饭少每人只能吃很少一点、喝点汤。接着继续赶路，一会乘车一会徒步，从被洪水冲毁的路上回到斯卡杜。

8月9日，留守大本营的次仁多吉和洛则等到第7天，与到来的民工把登山装备等物资运回斯卡杜。全体探险队员到齐之后兵分两路：桑珠和穆萨随联络官到伊斯兰堡办理登顶后的相关手续；其他队员乘车前往吉尔吉特，15日从红旗拉甫口岸回国。桑珠与穆萨在伊斯兰堡因"开斋节"放假，不得不等了5天才办完手续，乘飞机回到乌鲁木齐，与先期到达的队员会合。在乌鲁木齐又遇到旅游旺季，机票难买，只能分批到达成都，然后集中回拉萨。

桑珠说："通过这次登山行动，我们对攀登迦舒布鲁姆I峰的路线、山区气候、登山季节等方面熟悉了情况，取得了经验。从此我们对喀喇昆仑山脉不再陌生了，为今后赴巴基斯坦登山打下了基础。"

第二十章

团队登顶 14 座·1996 年登顶马纳斯卢峰

马纳斯卢峰，海拔 8163 米，世界第八高峰，位于喜马拉雅山脉中段尼泊尔境内、距加德满都西北方向 120 公里处。山体以雪白的云母花岗岩和黝黑的石灰岩构成，山势优美险峻。登山路线长、积雪量大、气候变化独特是其突出特点。其周围群峰林立，3 座海拔 7000 多米高的山峰和众多 6000 多米高的山峰簇拥着马纳斯卢峰，显得格外巍峨壮丽。

马纳斯卢来源于"Manasa"，大意是"神灵之山"。从远处看，其顶峰高峻、洁白，十分醒目。当地藏族人还给它起了个绰号"崩杰"，意为"堆起来的装饰物"，视其为神山。藏传佛教噶举派经典中记载此峰为佛祖释迦牟尼的教化地，是莲花生教化下的二十一居士所在地。雪域禅师米拉日巴也曾在此山半腰的瑜伽洞内修行过一个月。因此，这座山也成了噶举派的重要修习地之一。

截至 2006 年年底，共有 297 人次登顶、53 人遇难。这是一座登山者死亡率仅次于安纳布尔那峰、南迦帕尔巴特峰、乔戈里峰，排名第四的 8000 米级山峰。

第一节 冒雪出征

3月25日,探险队从拉萨乘车向尼泊尔境内进发,因为从聂拉木县城到樟木镇之间道路上有几处塌方,便从县里雇了20多名民工,全体队员和民工背运物资徒步通过受阻路段,把所有物资搬运到樟木镇一侧,再由那边派车来接应。

1996年春季攀登马纳斯卢峰队伍组成人员表

职务	姓名	国别	备注
队长	桑珠	中国	
副队长	旺加		
攀登队长	次仁多吉		
队员	边巴扎西、仁那、洛则、加布、达琼		
队员兼摄影师	阿克布		
队医兼后勤总管	洛桑云登		
翻译兼秘书	穆萨		
联络官	尼泊尔旅游部工作人员	尼泊尔	
高山协作队员	洛桑、边巴等4名夏尔巴人		
炊事员	3名当地人		

31日,探险队到达樟木镇,当天出关抵达尼泊尔首都加德满都。探险队在这里停留5天,办理进山手续,采购补充食品和装备。

4月6日晨,探险队乘直升机进入山区。按照以往的进山方式,他们需徒步跋涉13天以上,但这次接待探险队的尼泊尔亚洲徒步旅行社拥有直升机,将全体队员和所有装备物资在一天之内就送到了马纳斯卢峰脚下的萨玛岗村。桑珠算账比对过，乘直升机与雇佣上百名民工背运物资相比，费用差不多，但却节省了10多天宝贵时间，更节省了队员们的体力，便于实施快速登山战术。

7日，探险队与从当地雇请的民工一道背运物资离开村子，在一路上坡的山间小道上行走4个多小时，到达海拔4050米的登山大本营。攀登马纳斯卢峰，可以选择三个不同高度的大本营，分别设在海拔3500米、4050米、4700米。这一年该峰山区下起了罕见的大雪，民工们无法向最高点的大本营运送物资，因此探险队只好选择在中间地带建立了大本营。

第二节 恶劣天气中两次冲顶

10日，探险队举行升国旗和开营仪式。队伍照例分成两组：A组由次仁多吉、边巴扎西、仁那、阿克布组成；B组由旺加、洛则、加布、达琼组成。大家分头开始登山前的准备工作。站在大本营远眺马纳斯卢峰，视野所及之处谷峰连绵，会让人以为是一座容易攀登的山峰，似乎从任何一个山坡都能完成登顶。但近距离观察，该峰异常险峻，其巨大的顶峰直插苍穹，山体上积雪覆盖、冰川纵横，并时常有冰雪崩发生，给登山者带来威胁。

11日，队员们离开大本营，一边修路、一边向前进营地运送物资。前进营地在海拔4860米处，位于冰川侧碛上。两天后，队员们再次运输物资并建立起前进营地。

14日，队员们继续前进，重点侦察上部攀登路线和营地的大致位置。前进营地以上积雪深达膝盖，最深处1米多。队员们轮流开路，有时还需匍匐前行，以防塌陷下去。经过5个多小时攀登，他们打通了到海拔5422米1号营地的路线，将部分装备和食品等物资存放妥当后返回前进营地。

15日，A组队员在前进营地休息一天，B组队员向1号营地运送物资，并在当天返回前进营地。

16日，山区天气晴朗，风速几乎为零。A组队员趁着难得的好天气，于12时上到1号营地搭建帐篷。然而天气异常多变，18时开始风雪交加，直到17日下午才渐渐停息下来。次仁多吉告诉桑珠1号营地积雪深达1米多，前进营地积雪也有70多厘米，这种情况下继续登山容易遭遇雪崩。桑珠决定A组和B组分别留在1号营地和前进营地待机。

18日，降雪依然不断，B组撤回大本营，而A组仍在1号营地坚守。

20日，A组队员前往2号营地探路。1号至2号营地之间的路线不长，但冰川多、地形复杂，特别是在海拔5900米高度附近，有一段六七十米的冰崩区，上方有大量散碎的冰雪堆积物，容易发生冰雪崩，非常危险。但这里又是通往2号营地的必经之路，无法避让。1972年，曾有16名韩国登山队员在此处遇难，巨大的冰崩把队员一直推到山底，无一人生还，成为国际登山史上最惨重的山难之一。但A组队员凭借丰富的经验和过硬的技术，每到危险地段就拉上保护绳，经过5个多小时奋战，终于从1号营地到达了海拔6170米处的2号营地。

21日，A组进行短暂休整，B组开始运输。从这天开始，山区再现持续降雪天气，恶劣的气候对山上队员们构成严重威胁，他们不得不再次停下攀登的脚步。

22日，A、B两组快速撤回大本营，第一次向顶峰冲击的行动宣告终止。此后，山区大雪一直降个不停，队员们在山上反复攀登几次，都因体力消耗较大再次休整。降雪持续了7天，队员们在焦急和无奈中等待着。经过这段时间的山区活动，队员们总结出了马纳斯卢峰山区独特的天气变化规律：早上多是晴朗天气；中午过后就狂风大作、雨雪交加；而太阳一落山又能看到满天星斗。针对这种奇特的天气规律，探险队很快制订出针对性的登山计划。

27日，大雪终于停止，天气好转，大家不约而同地意识到冲顶的机会到了。

28日，A、B两组队员在采取安全措施后，打破"雪后3天不登山"的惯例，紧急出动，进驻前进营地。第二天，两组队员抵达1号营地。

30日，A组队员登到2号营地建营，B组队员运输物资。

正在2号营地的队员，突然听到桑珠要求救援墨西哥队员卡洛斯的呼叫。原来墨西哥登山队先期开始攀登，已经建好营地、开辟出路线，攀登在了前面，但在29日突击顶峰时，在海拔7900米处遭遇高空风袭击，失去登顶机会。当时，卡洛斯等两人已经撤到海拔6500米处，但体力耗尽累得再也走不动了，急需等待救援。桑珠要求A组派人带上食物和饮料上去施救，帮助墨西哥队员撤下山来。体力好的边巴扎西和仁那带着饼干和咖啡上去接应，攀登了一会，远远地看到有两个人在缓慢下山，每走上三四步就坐下来休息一阵。边巴扎西和仁那快速登上去，卡洛斯和队友吃到食物身上有了力气后安全撤到2号营地，并于次日回到大本营。这次救援看似简单，其实在高海拔雪山上意义非同一般。因为登山者一般都会尽可能保存自己的体力，以保证登顶成功。如果向他人伸出援手，就意味着消耗自身体能，将登顶的难度增加，最终生命安全将受到更多威胁。探险队员关键时刻给予外国同行的帮助，让卡洛斯的家人乃至其他国家登山者深为感动。一位德国登山者得知后，专门来到探险队大本营，竖起大拇指说："中国队员的这种举动，远远超过了登山探险的本来意义。"卡洛斯回到大本营后掉着眼泪说，如果得不到救援，他们两人已没有体力，很可能回不来了。他说中国人尤其是藏族人特别好，他非常感谢。作为回报，之后墨西哥登山队给予中国探险队力所能及的帮助。当时我国探险队携带的海事卫星传真电话出现故障，文字材料发不出去。卡洛斯对桑珠说："我们是好朋友，你有什么急事，可以用我的卫星电话。"后来，探险队几次借用对方电话与国内联系。当探险队付费时，卡洛斯坚持说要全部免费，因为我们是好朋友。

5月1日，A组队员从2号营地向3号营地修路，边走边拉保护绳。队员们选择的攀登路线是一条危险性相对小一点的冰崩区，先走雪坡，再跨一条沟。这里地形看上去像个大鲨鱼嘴，裂缝特别多，周边时有规模较小的冰崩发生。队员们走了10米左右，突然，身旁的雪地裂开了，他们只好停在原地不动，观察变化，觉得没事了再接着走。刚走了五六米，雪地上又裂开一个很大的缝，约有十几厘米宽，这次情况极为严重，因为裂缝的上方是个七八十平方米的冰雪坡，如果整体性发生雪崩，队员们将全部被掩埋。最终队员们只能撤回2号营地，准备在第二天重新选择路线。

在此之前的一天下午，探险队员还第一次遭遇雷电的袭击。当时边巴扎西和仁那还在"鲨鱼嘴"沟里探路，空中在飘雪，突然天上亮起了闪电，接着就是震耳的雷声。仁那感觉头发在打电，弄不清是怎么回事。边巴扎西也是在行走时突然听到耳边有"嗞嗞"的响声，停下来找，但能见度低，什么也没找到。两人感觉不对劲，凭经验不应再向上攀登，就急匆匆返回营地，刚钻进帐篷就听到突然一声巨响，帐篷顶上划过一道闪电，帐篷似乎还被什么东西压了一下，甚至向下移动了一段距离。同时住在1号营地的B组队员帐篷被突然掀了起来，洛则突然觉得帐篷底下发烫。很快，队员们才发觉刚刚遭遇一次较大范围的雷击，好在大家都没有受到伤害。此后，大家都把金属的东西放在离帐篷远一些的地方，以免再遭雷击。

2日，A组队员继续向3号营地修路，B组队员跟进运输。边巴扎西经过观察，决定仍然选择走"鲨鱼嘴"，只是要更靠近冰壁走，这样万一冰雪崩塌下来，也可借助坚硬的冰壁躲一躲。从那里继续往上修路可以找到一个裂开但相对稳定的冰壁，大约高5米，上面插着一把前人留下的冰镐，还有一段保护绳。当大家过了一个雪坡又需要上一个冰壁时，边巴扎西感觉自己所站的那块约4平方米的冰正慢慢地滑动，他边大声呼喊边用冰镐使劲砸碎块冰，这才最终站稳。接着他迅速上到雪坡顶上，把保护绳固定住使队友们顺利攀爬了上去，这才终于打通了到海拔6830米处3号营地（突击营地）的路线。B组队员在完成运输任务后返回2号营地。突击营地的坡度达六七十度，要支帐篷就得先用积雪在山坡上垫起4平方米的一个平台，然后在崖壁上凿眼钉钉子，再用绳子把帐篷拴牢。

3日，探险队迎来冲顶的日子。A组的次仁多吉、边巴扎西、仁那、阿克布，于2时15分开始突击顶峰。仁那与边巴扎西在前面开路，4个人都没有携带氧气瓶，大家凭借良好的高山适应能力和勇气，踏着厚厚的积雪向上攀登。在海拔7500米处，队员们遇到一段冰坡，若不采取保护措施，稍有不慎就可能发生滑坠。因此队员们不得不停下快速攀登的脚步，仔细架设好保护绳，然后一个接一个地通过危险地段。半路上队员们虽然看到了在传统突击营地的帐篷，但又走了好长时间还是看不到顶峰。原来从大本营观察到的那面雪坡，看上去很像是顶峰，可到了上面才知道，实际上还有4个类似的雪坡。

经过10多个小时的奋力攀登，12时35分，4名队员终于登上顶峰，在马纳斯卢峰之巅展示了五星红旗。

峰顶很窄，从下面看显得特别尖锐、险峻，它是一块长几米、宽一米左右的狭小山顶，大部分被厚厚的积雪覆盖，形成一个尖尖的雪崖。此时，高空风非常猛烈，队员们一到顶上先要把自己牢牢地拴在前人钉好的雪锥上，才敢开展其他活动。边巴扎西说这是他遇到过的最尖的峰顶，只能同时站立3个人。因为拍照时人只能挤着站，所以照片中只有人没有峰顶，人物身后也装不下什么特殊背景作参照物。A组队员在顶峰停留了50分钟开始下撤，当天深夜回到2号营地。

因为队员们是直接从3号营地突击顶峰的，之前谁也没料到地形如此奇特，高空风又如此强劲，使登顶之路那样遥远而艰辛。桑珠队长认为，没有出色的高山活动能力，一般的登山者那天根本登不到顶峰。

探险队成功的消息很快传回了拉萨和北京，国家体委和中华全国体育总会以及中国奥委会和中国登山协会，还有总顾问袁伟民等纷纷发来贺电，表示祝贺。

这一天，B组顺利进驻突击营地，等A组队员回来时已经准备好了食物和咖啡，请大家补充能量后继续下撤。

4日1时25分，一夜未睡的B组队员根据A组介绍路线长的情况，决定尽早出发。在持续的狂风和大雪中从帐篷门口向外观察，积雪已经快要把帐篷埋起来，人出去的时候，必须先把脚伸出去蹬开外面的积雪，才能钻出去，再把帐篷旁边的积雪清理掉，后面的人才能出来。此前，大家听着一夜的暴风雪时思想上曾有过一丝犹豫：这样的天气能安全登顶吗？不上下次没机会了。最终还是登顶的决心鼓舞了大家："A组能上，我们B组也能上！"队员们毅然出了帐篷向顶峰冲击。

出发5个小时后，队伍到达海拔7900米的高度，这时天已亮了，但狂风夹着雪粒铺天盖地呼啸而来，使人难以呼吸。四周白茫茫一片，能见度很低，有时甚至看不到前面的路线和队友，前面的人刚走过的脚印后面的人就看不到了。这种情况下非常容易造成队员滑坠事故。队伍有时不得不停下来，等待高空风稍微减弱。队员们累得双腿麻木，但依然咬牙坚持，喘着粗气向顶峰迈进。

此时，桑珠在对讲机中提醒B组不可勉强为之，但旺加回答："已经到了这个高度，我们必须付出更大的努力争取成功。如果天气变得更加恶劣，实在没辙了我们再果断下撤，请大本营放心吧。"

10时05分，4名队员经过8个多小时的艰险攀登后，终于成功站在马纳斯卢顶峰。

还没来得及感受登顶的喜悦，洛则的眼睛就得了"雪盲症"。因出发时能见度低他没戴雪镜，眼睛里进了雪，太阳出来后才戴已经晚了，到顶峰录像时发觉什么也看不见，这才意识到得了"雪盲症"。下山时，夹在队友中间的洛则因看不清脚下的路而时不时摔倒，队友们轮流搀扶他小心翼翼地迈出每一步，这使 B 组下撤速度大大降低，体力消耗也很大。旺加副队长批评说："亏你还是个老队员！要牢记今天的教训！"当天 B 组只能撤到突击营地。洛则上了眼药水又休息了一晚，情况有所好转。当天，A 组回到大本营。

5 日，B 组 4 人也安全回到大本营。洛则经过洛桑云登医生的治疗，过了几天，视力逐渐恢复正常。

第三节　安全撤离

5 月 11 日，探险队清理垃圾撤营后乘直升机回到加德满都，接着回国。期间传来墨西哥登山队的喜讯：卡洛斯·卡索里奥（全名）最终登上马纳斯卢峰，成为世界上第四位登完全部 14 座海拔 8000 米以上高峰的登山者。

探险队以丰富的登山经验和过硬的技能，在遭受恶劣天气困扰的情况下，仍然成功登顶。但就在同一时期，喜马拉雅山脉大雪成灾，给各国登山者造成极大困扰。在珠峰南北两侧，先后有 9 名登山者遇难。5 月 10 日，来自我国台湾的登山家高铭和从珠峰南坡登顶成功后遭遇暴风雪，在海拔 8400 米冰坡上露天受困一整夜，第二天尼泊尔高山向导成功施救，但他的手脚和鼻梁等身体多处被严重冻伤。后来他著述《九死一生——高铭和珠穆朗玛峰登顶记》一书，讲述了他登顶、遇险、死里逃生和艰难康复的经历。

同一天，稍前于高铭和的美国记者乔恩·克拉考尔也从珠峰南坡成功登顶，所在登山团队多人遇难，他在暴风雪中艰险而幸运地返回南坳营地，后来写成登山界广为推崇的名著——《进入空气稀薄地带》。

第二十一章

团队登顶14座·1996年首次攀登马卡鲁峰失利

马卡鲁峰,海拔8463米,世界第五高峰,坐落在喜马拉雅山脉中段、我国西藏定日县和尼泊尔边境线上,其西北距珠峰24公里,4条锋利的山脊构成了金字塔形,高耸壮观。马卡鲁藏语意为"转过身来望珠峰",当地人一般称其为"乔穆娘宗",意为"神女聚集的地方"。以主峰为中心,西北侧连接两座被称为"马卡鲁姊妹峰"的7000多米山峰,东南侧连接珠穆伦措峰。不同的山脊坡面形成各自的冰川区域,而在冰川上又形成许多大大小小、千姿百态的冰塔林。其主峰山势险峻,怪石嶙峋,气候变化莫测,尤其是从中国一侧攀登难度很大。

1996年秋季,探险队从中国一侧攀登马卡鲁峰,这是中国人首次挑战这座世界著名高峰。

第一节　徒步进山

8月20日，队伍从拉萨乘车出发。

22日，队伍到达定日县卡达乡优帕村，这是公路的尽头，往后徒步进山。在村里停留一天，雇了60头牦牛和20位民工。大家边行进边修路，克服天气不好、道路泥泞等困难，6天后到达大本营。期间，第一天翻越肖吾拉山，山口海拔4900米，当时正值雨季，一路上雨水不断，走到半山腰天就黑了，大家便就地宿营；第二天队伍在时晴时雾、时雨时雪的天气里，途经时而树木荆棘、时而冰雪泥泞的道路，在山的另一面半山腰宿营。第三天来到叫热嘎的山谷之中，旁边是湍急的嘎玛藏布江，由于珠峰东坡降水量大、冰川密布、山谷深邃，河流水势很大，人和物资无法涉水通过，队伍只好停下来想办法过河。第四天队员和民工就地取材伐木搭桥，一部分人去砍伐树木，另一部分人在河边砌石头，还有一部分人先骑牦牛过河并在对岸造桥，大家从早忙到晚终于搭出一座简易木桥。第五天队员们一早就到河边查看，发现木桥没有被上涨的河水冲走，就把物资运到河边，再赶牦牛回来从桥上驮到对岸，人和物资全部顺利过河，当晚在一片沼泽地里宿营。

1996年秋季攀登马卡鲁峰队伍组成人员表

职务	姓名	国别	备注
队长	桑珠	中国	
副队长	旺加		
攀登队长	次仁多吉		
队员	边巴扎西、仁那、洛则、加布、达琼		

续表

职务	姓名	国别	备注
高山协作队员	4名参加登山集训的队员	中国	
队员兼摄影师	阿克布		
队医兼后勤总管	洛桑云登		
翻译兼秘书	张明兴		
炊事员	李世虎		

29日即第六天，队伍到达马卡鲁峰北侧海拔3900米的登山大本营。营地处于原始森林之中，积雪非常厚，经过夏天仍未融化。建营后，探险队员们盼望好天气出现，以便把路上淋湿的衣物等晒干，尽早展开攀登行动。但天气一直没有晴起来，几乎天天都在下雨。如此阴雨连绵潮湿的天气，在探险队的历次登山行动中还是第一次遇到。

第二节 攀登失利

9月9日，是到大本营后的第10天，仍然阴雨连绵。探险队商议后认为继续等下去也不是办法，桑珠队长决定派出队员侦察探路，准备冒雨向前进营地运送物资并向上攀登。于是探险队除了队员和4名高山协作外又在当地雇了2名年轻力壮的低山协作民工，开始运送物资。因长时间受阻，大家心情变得焦躁不安，终于开始行动了，大家群情振奋，迅速把高山物资运到前进营地，接着又完成了从前进营地向1号营地的运输任务。

此后，降水一直不断，能见度很低。如果贸然向上攀登将非常危险，队伍只能在大本营长时间等待时机。几十天过去了，攀登行动毫无进展，但有限的食物和燃料却消耗得非常快。眼看难以为继，探险队派出2名民工到卡达乡购买粮食，如此补充了两批，但大米和糌粑又很快消耗殆尽。这期间，他们还找边境上尼泊尔牧民买了两头牦牛，宰了用于补充短缺的食品。一碗糌粑、几块牛肉，就是一顿饭。后来作燃料的汽油也用光，队员们只好捡柴搭灶煮饭，由于柴湿生火困难，队员们的餐饮更加简单。

10月14日，探险队仍在继续努力，趁降雨稍小，继续向上修路建营。由于大本营经常降雨、前进营地以上经常降雪，队员的服装每天都是湿的。登达海拔6000多米的2号营地以上，探险队发现积雪很深，攀登起来很危险。

这年春天，一支日本登山队曾在这里耗时4个月、建立7个高山营地，首次从我国境内登顶成功。探险队曾咨询日本队登山情况，知道了登山路线，但进山后，发现日本队春季攀登时所走过的那条沟，现已被积雪填满，如果贸然通过，必然面临小则流雪、大则雪崩，危险性很大。如果从别的山头绕行，也没有能力修那么远距离的道路。最后探险队A组4人登达4号营地,眼前雪坡上冰雪已经融化。原来设想中的登山路线是雪坡,现实却是陡峭的大岩壁,凭现有装备和器材显然无法逾越,但这又是通向顶峰的唯一通道。

10月17日,雨雪仍不停歇,但队伍已经是进入山区的第49天,食物和燃料难以为继,而登达3号营地以上的队员又几乎无路可走,加上登山季节也快要过去,实在没有继续坚守和攀登的可能。面对进退维谷的困境,队员们十分纠结:一方面探险队的任务非常急迫,每登一次山的花费大而且耗时长,社会关注度高,无功而返将会感到难为情;另一方面是队员们的年龄越来越大,体能越来越弱,实在耗不起。但是,如果不顾客观条件蛮上,山上天气恶劣,险情四伏,队员们很可能遭遇不测。桑珠队长忧心忡忡地向洛桑达瓦指挥长汇报,指挥部充分尊重探险队对实际情况的分析和判断,并出于对队员安全的考虑,同意停止登山行动撤回拉萨。

第三节 下撤途中迷路事件

撤离时,1号营地附近全是积雪,前面几个队员刚下撤了一段路,就发生了流雪埋人现象,幸好后面的人及时搭救,才没出现人员伤亡。这种情况下根本无法向上攀登,充分证明停止登山行动是正确的选择。

10月21日,在雨雪交加的恶劣天气中拼争了60余日之后,探险队最终还是遗憾地撤离大本营,宣告攀登失利。中午,队员们到达雪布,这是尼泊尔牧民临时借用的放牧点,是原始森林与草场的交汇处。下午,队员们陆续抵达当天的目的地热布卡,并在此宿营。

22日,下撤途中发生了洛桑云登迷路事件。探险队计划当天翻越肖吾拉山,9时,洛桑云登自知体力不如运动员,就先期出发,此时一些队员还在整理行囊。洛桑云登走到半山腰时,还能听到后面队友的声音,但他由于在大雾中错误地拐向了右边,导致迷路7天。期间,他凭着常年随队探险练就的荒野求生本领摆脱困境,最终回到队伍中来。

独自一人行走在荒无人烟、崎岖山路上的洛桑云登,由于大雾弥漫,没看清岔路口的标记,只顾往前赶路。因刚出发时能听到队友的声音,他便认为队友们就在后边,但该向西走时,却误判方向朝东南走去。当天色渐晚、本该宿营的时候,却未见队伍跟上来,这时他才意识到自己可能走错路了。当看到前方的湖边有个树枝和木板搭建的简陋窝棚,本想进去休息会儿,可他想到队友们发现他没到预定地点宿营,会误认为发生了意外事故,就赶紧把带的路餐吃完,又折回原路寻找队伍。可走到夜里,他也没与队友们会合,又没有可以过夜的地方,只好焦虑地回到窝棚,在不安中度过一夜。次日一早洛桑云登赶紧去追赶队伍,仍然浓雾弥漫难辨方向,羊肠小道纵横交错,担心队友为找他着急,他就一直心急火燎地朝前疾走。结果走了一天后，在身心俱疲时，他又绝望地看到了昨晚住过的那个窝棚，原来是迷路导致绕了一大圈后又回到原点，无奈中又在窝棚过了一夜，饥肠辘辘，彻夜难眠。第三天清晨，天空略微放晴，他认定原来的路走错了，就朝相反的方向走去。由于连续奔走、又未进食，他感觉特别劳累，但一想到队友们正为寻找他着急，他就强打起精神，饥渴中靠吃雪支撑，以顽强的毅力赶路。走到森林边沿时，他心想有森林必有人烟，只要见到人就有救了。求生和尽快见到队友的强烈愿望支撑他在森林中穿行，傍晚时大雨滂沱，无法再向前走，他就在山脚下找到一个石洞，之后进去看了看，由于空间太小，坐进去连腿都伸不直，于是又冒雨找到一个巨大枯树的树洞，这回里面空间较大，还有堆灰烬，说明有人住过，他点燃剩下的柴火，穿着湿衣昏睡过去，后被浓烟呛醒，原来是火堆引燃了枯树，于是他用随身带的饭碗舀雨水浇灭了火。坐等天亮后他继续寻找队伍，就在饥饿加疲劳实在走不动时，迎面走来一位边民，洛桑云登一看是他在大本营曾被请去治过病的尼泊尔牧民，那人给了他两个熟土豆吃，交谈中才知道走错了方向，已从大本营所在的定日县和队伍将要赶往的卡达乡走到了定结县的陈塘区。洛桑云登经指点到达陈塘区政府所在地，在区长和文书等人的帮助下，吃饱休息一夜后，稍感体力恢复便急于归队。区里领导又给他准备了烧饼、糌粑等路上吃的干粮，还请来一位熟悉道路、名叫岗珠的50多岁长者为他带路，走了两天后他们在28日晚上21时到达优帕村，意外地与前来接应的边巴扎西和驾驶员琼达吉相逢，23时乘车回到探险队所在的卡达乡。

再说探险队到达预定宿营地点后，却不见洛桑云登的踪影，大家先以为他继续朝下个宿营地卡达乡走去了。可次日到达卡达乡后仍然见不到他，询问乡政府驻地的人都说没见到过这样一个人。桑珠队长这才感到事态严重，立即兵分多路去寻找，同时派阿克布赶往县城打电话报告自治区体委党组书记、探险指挥部指挥长洛桑达瓦。体委当即组成由洛桑达瓦书记率领的由西藏登山队队长多吉甫、西藏登山运动管理中心副主任仁青平措和日喀则地区教体委副主任顿珠扎西等人组成的搜救组，分别赶往可能走失迷路的区域——定日县和定结县进行搜救。当搜救组人员分别从拉萨赶到两县的县城时，欣喜地接到了洛桑云登归队的消息，随即返回拉萨。

这件事情的发生，是由于洛桑云登是以非运动员的身体条件跟随探险队负责后勤总管和医疗保障的繁重工作，且是探险队里的年长者，但他又不想因体力相对较弱、行走速度较慢而耽误大家的行程，所以才发生了单独行进迷路事件。但洛桑云登心系集体为创造世界纪录的荣誉、长年伴随专业登山运动员在冰峰雪岭所做的服务保障工作和一心保障探险队为国争光的进取精神是高尚的，理应得到称赞。

11月2日，探险队与搜救组回到拉萨，首次攀登马卡鲁峰的行动宣告结束。

洛桑云登因迷路而独自穿越的这片原始森林区——嘎玛沟，被外国人称为最美秘境之一，后来成为徒步探险的风景区。

第二十二章

团队登顶 14 座·1997 年登顶南迦帕尔巴特峰

南迦帕尔巴特峰，海拔 8125 米，世界第九高峰，位于巴基斯坦控制的克什米尔境内，是喜马拉雅山脉西端的最高峰，与西藏东南部海拔 7782 米的南迦巴瓦峰遥相呼应，一西一东犹如两根巨型岩石柱，撑拉着绵延 2500 公里的世界第一山脉——喜马拉雅山脉。南迦帕尔巴特是梵文的译音，意思是"裸露的山峰"，这一名字恰如其分地描绘了此山，其陡峭的山脊让落雪难以挂住堆积，裸露的外表在白雪皑皑的群山中独具一格。在海拔 4500~6000 米的登山路线上常有特大冰雪崩暴发生。据当地居民说，这座山峰是"神仙和魔鬼共同居住的宫殿"，一旦有人闯入魔域境内，将被毫不留情地夺去生命，所以又被称为"吃人的魔山"，足见其攀登难度之大。

第一节 大雪中出征

1997年，探险队以中巴联合的方式攀登南迦帕尔巴特峰。

4月23日，队伍乘飞机离开拉萨，经成都飞往乌鲁木齐。

5月1日，队伍飞抵伊斯兰堡，与巴方队员会合并办理相关手续，抓紧进山准备。

7日，中巴联合登山队乘车离开伊斯兰堡，沿中巴公路向东北方向行进，经过10多个小时的行程，于21时30分到达吉拉斯（Chilas）小城。吉拉斯是中巴公路上一个重要的枢纽，过往的人员和车辆都要在此停留。

1997年春季攀登南迦帕尔巴特峰队伍组成人员表

职务	姓名	国别	备注
队长	桑珠	中国	
副队长	旺加		
攀登队长	次仁多吉		
队员	边巴扎西、仁那、洛则、加布、达琼		
队员兼摄影师	阿克布		
队医兼后勤总管	洛桑云登		
翻译兼秘书	普布次仁		
巴方队长	萨德·达利克·西迪基	巴基斯坦	
巴方队员	热玛·杜拉、费兹·阿利、萨伯·约赛夫、阿兹·贝格		
巴方炊事员	巴克达·阿瓦尔等3人		

8日，联合登山队继续乘车前往山区，14时抵达南迦帕尔巴特峰脚下一个名叫达

布那达斯的村庄，在这里雇请145名民工背运登山物资，与民工开始徒步行军。当地气温在40℃以上，这对于巴方人员来说习以为常，却让来自高原的探险队员们十分难熬，特别是到了中午，个个汗流浃背，热得迈不动步。随着海拔逐渐升高、气温逐渐降低，队员们的状态才逐步好了起来，22时，经过4个多小时的艰难跋涉到达了首个徒步营地——海拔1740米的达玛村。当晚，由于部分民工没能按时到达，致使队员的睡袋等个人装备没有运到，影响了大家的休息。此外，巴方应该在途中提供的餐食没有准备，大家的中午饭没吃上，饿着肚子行军，体力消耗较大。

9日，联合登山队继续行军，经过6个多小时的行进，跨越了岩石区和山坡路段，来到海拔2820米的萨尔村。

10日，队伍只用了一个半小时就到达了海拔3400米目的地，这是到大本营徒步路程中最短的一段。

11日，两国登山队员进行最后一天的行军。队员们早早出发，在快接近大本营时，发现有1米多深的积雪，加上强烈阳光反射，大家前行困难。两国队员轮流在前方开路、踏雪，民工们看到道路变得好走了，也终于同意继续前进。下午，中巴联合登山队和民工们冒着风雪严寒安全抵达海拔4200米的南迦帕尔巴特峰低处的大本营。

针对山区大雪天气多的特点，南迦帕尔巴特峰登山大本营设在高、低两个不同的海拔。平时选海拔更高的大本营，有利于开展登山活动。低处大本营主要作用是应急，如遇特大降雪，登山队就可以撤下来，躲避恶劣天气和冰雪崩的威胁。

此时，中巴联合登山队是第一支进山的队伍，随后又进来3支团队，分别是日本1支、韩国2支。

第二节 艰难攀登 成功冲顶

12日上午，联合登山队建立起大本营，举行升国旗和开营仪式。第二天桑珠与达利克核对巴方提供的所有登山技术装备，并清理、调整两国队员在高山上使用的所有物资。按惯例由次仁多吉、边巴扎西负责清理技术装备，其他队员整理各营地的食品等物资。

14日，上午天气晴朗，下午阴天降雪，登山活动难以顺利进行，但中巴联合登山队面临完成登山任务的时间十分紧迫，决定不能再等下去，就各派出2名队员到1号营地侦察地形。他们计划在天气好转时，立即把部分物资送往1号营地。

15日6时许，联合登山队派出次仁多吉、仁那和2名巴方队员，前往1号营地运输物资。经过4个小时在雪地里艰难跋涉，他们到达了海拔4860米的1号营地。双方协商准备建立4个高山营地，其中的1号营地地势陡峭，危险性大。队员们把物资运到后就返回了大本营。

17日，队员们完成了第一轮的大规模运输任务。此后的两天天气不好，队员们作短暂休整，并进行A、B分组：A组次仁多吉、仁那、边巴扎西、阿克布和2名巴方队员；B组旺加、达琼、加布、洛则和2名巴方队员。

20日，联合登山队两组队员先后挺进到1号营地，继续运送了部分物资，同时打通了去2号营地的路线。从1号营地到2号营地的路段，是攀登路上的一道难关，先是要在很深的积雪上横切前进一段，但这么做引发雪崩的危险性很大。所以，在疏松的积雪上"横切"是登山运动中最忌讳的。接着，遇到陡峭的山体，平均坡度为60度，某些地段的岩石坡坡度甚至达到80度左右，其中最陡的一段是接近2号营地60多米高的岩壁，平均坡度接近90度，而且无法绕行，等攀登到这段岩壁的顶端已经耗费了五六个小时。

21—22日，边巴扎西和仁那每天花费12个小时，在冰雪坡和岩壁上修路。在通过难度最大的岩壁时，上面挂了许多新旧不一的绳子，富有经验的边巴扎西选择稍微新一点的绳子，用力拉一拉，确认安全后攀绳而上，再在岩壁上固定、架设金属软梯。与此同时，仁那在另一个支点对边巴扎西保护，两人前后固定架设保护绳600多米，终于修通了前往2号营地的路线。开路、修路固然困难，但运输更困难。后来在运输中每次通过这段岩壁，队员们不得不采取人先上、再用绳子把物资吊拉上去的办法，费时又费力。有的队员靠自己的力量很难爬上去，必须由队友从上面拉上去，这在历年的攀登中实属罕见。

24日，A、B两组队员按计划同时前往2号营地，但当到达目的地时，再次遇到降雪。此前已固定的保护主绳很快被大雪覆盖，原计划的建营也无法进行，暴露在旷野外的队员们个个成了"雪人"。桑珠在大本营频繁与山上联系，了解情况，担心意外发生。面对天气突变，A组队员为加快攀登进程仍然坚持建立2号营地，并且坚决要求留住在那里，负责为A组运送高山食品和装备等物资的两名巴方队员和两名高山协作队员不肯向上攀登，当天只把物资送到大岩石陡坡下面，边巴扎西和仁那不得不辛苦地回到陡坡处，用绳子吊运物资上去。

25日晨，边巴扎西和仁那在大风中冒着打在脸上生疼的雪粒从2号营地出发，继续向高处攀登修路。经过长达12小时与风雪搏斗，打通了到海拔6420米处3号营地的路线。

26日，A组全体队员从2号营地向3号营地攀登。当快要到达时，天空突降大雪，队员们冒雪把沉重的高山装备和食品运到3号营地，然后撤回2号营地。同一天B组队员向2号营地运送物资，当快到大岩石陡坡时天降大雪，无法翻越这道难关，只好将物资存放在大岩石下方，撤回1号营地。雪越下越大，大小流雪、雪崩不断向2号至1号营地之间袭来，1号营地上的部分帐篷被雪崩打坏。大雪使联合登山队处于危急状态，桑珠与巴方队长商定：通知B组队员立即从1号营地撤回大本营，以保障安全；A组处于雪崩区上方，原地待机。此后几天风雪不停，队伍无法按计划行动，只得将攀登行动一再向后推延。

29日，山上积雪越来越深，食品和燃料即将耗尽，困守2号营地的队员陷入危险境地。中巴队长果断命令A组立即撤回大本营。当天深夜12时，A组队员冒着风雪、躲过雪崩，回到大本营。

6月6日，此前降雪不停，队员们只能在焦急中等待，当天吃午饭时突然发生地震，大家感觉帐篷摇晃、脑袋眩晕，跑出来时看到周围山坡上接连发生大小雪崩和滚石多次。

7日，终于雪停天晴，队员们再次做好攀登准备。

8日，B组队员稍待积雪稳定后，再次前往1号营地。

9日晨，尽管天气变坏，A组仍然攀登到1号营地。B组继续向2号营地攀登，经过10多个小时的拼搏，终于完成了向2号营地所需物资的运输，并住在该营地。

10日，因昨夜降雪，两组队员无法行动，只得坚守在各自营地待机。

11日，天气晴朗，A组队员于凌晨4时出发向2号营地挺进，于15时到达并同B组队员一起建营。期间，边巴扎西出现食物过敏反应，满脸水疱，瘙痒难耐，通过对讲机他向洛桑云登医生询问后吃了消炎药症状才得以缓解。

12日晨，A、B两组队员于凌晨5时30分出发，在先阴后晴的天气里背运物资前往3号营地。除两名巴方队员因高山反应严重返回大本营外，其他队员均到达3号营地。A组留在3号营地，B组运到物资后返回2号营地。

13日，边巴扎西和仁那在1米多深的积雪中一边探路一边修路，经过10多个小时的奋战，打通了到4号营地的路线并成功返回3号营地。同时，B组运输各种物资登达3号营地，两组再一次聚在一起。达琼与B组队友在运输物资中，几天来的持续头痛使得他夜里无法入睡，运输物资中感觉疲惫不堪，实在无法忍受才向桑珠队长和洛桑云登医生报告了病情，桑珠命令他立即返回大本营。当达琼怀着歉疚的心情回来时，眼里充满了泪水。

至此，探险队中的达琼因伤病失去了登顶该峰的机会。

14日，两组队员于6时向上攀登，并在海拔7480米处建立4号（突击）营地。当晚，队员们挤在一顶帐篷内休息，渴望登顶时刻的到来。这也是队员们多年来冲顶前夜的常态，由于运输力量有限，突击营地也是帐篷和食物最少的营地。

15日凌晨2时，两组队员从4号（突击）营地出发冲击顶峰。这是探险队首次改变两组梯次、分日突击顶峰的传统战术。山上风力较大，夹杂着雪花，为保障安全，队里决定分小组结组攀登。边巴扎西在前面开路，仁那等队友保护。当中方队员出发时，巴方队员还没起来，他们发现中方队员出发后，便踩着脚印跟了上来。快到顶峰时，雪越下越大，积雪深达1米以上，边巴扎西筋疲力尽，攀登速度也降了下来。

加布这位早期的开路先锋，这时从后面超越几名队友上来替换边巴扎西开路，攀登速度再次加快。仁那作为边巴扎西的最佳搭档却因脚上冻伤无力开路，但仍坚持攀登。顶峰前面有一大片雪坡，大量积雪极易引发雪崩，因此大家攀登都十分小心。

11时15分，经过9个多小时攀登，第一批队员加布、仁那、边巴扎西登顶。15分钟后，第二批队员次仁多吉、洛则、阿克布和两名巴方队员登顶。此时天气也由坏转好，中巴队员庄严地把两国国旗高高举过头顶，相互祝贺并完成拍照、录像、采集标本等工作。40分钟后，大本营通过对讲机催促队员们赶在变天之前下撤。当天队员们分别下到4号和3号营地。

16日，所有登顶队员安全返回大本营。这时，大家才告诉边巴扎西的脸上掉皮严重。他找来镜子一看脸上全是伤口、大面积掉皮，红一块白一块，自己都吓了一跳，好在已经有了明显好转。仁那在攀登中脚后跟冻伤，先是起水疱，后来形成厚厚的死肉，他怕别人知道了报告桑珠队长命令他下撤，就一直隐痛坚持着。后来他自己把死肉剪掉，导致感染化脓，回到拉萨后住院治疗，3个月后才痊愈。

南迦帕尔巴特峰登顶，使探险队实现了"时间过半，任务完成过半"的中期目标。次仁多吉、仁那两人创造了登上8座海拔8000米以上高峰的中国登山运动员最新纪录。边巴扎西由于此前尚未登顶珠峰，至此也已登顶7座高峰。

第三节 任务过半 凯旋庆功

19日，探险队撤离大本营前往伊斯兰堡。途中，初次随队长途跋涉的翻译兼秘书普布次仁在40℃以上的高温中口渴难忍，于是便趴在河边喝水，突发中暑，当时病情危重，幸运的是经过及时治疗，病情已好转。

25日，探险队离开巴基斯坦返回新疆乌鲁木齐。

29日，探索队抵达北京等待参加庆功会，期间进行休整。

7月15日，国家体委和西藏自治区人民政府，在北京人民大会堂举行隆重的庆功大会。同时，国家体委、中华全国体育总会向西藏探险队发了贺电。探险队在5年时间内成功登上7座海拔8000米以上高峰，并且安全无事故，这在世界登山史上都属罕见。

中央军委副主席、中国登山协会名誉主席张万年出席。张万年赞扬说，西藏探险队发扬"团结互助、不怕艰难，不怕牺牲、勇攀高峰"的精神先后登上7座世界高峰，创造了前所未有的英雄业绩，这是中国登山运动史上一件了不起的事情。张万年希望西藏探险队很好地总结经验，继续发扬登山界的光荣传统，进一步科学计划、充分准备、严密组织，争取到2002年顺利完成全部任务。

国家体委副主任袁伟民宣读了国家体委决定：授予次仁多吉、仁那、边巴扎西、阿克布、洛则、加布、旺加、达琼、大其米、桑珠10人"中华人民共和国体育运动荣誉奖章"。专程来京出席庆功会的西藏自治区副主席、西藏登山协会主席吉普·平措次登和自治区体委书记、探险指挥部指挥长洛桑达瓦也向探险队员们献上哈达。国家体委主任伍绍祖称赞西藏探险队是体育界学习的榜样，号召广大体育工作者学习他们"无高不可攀、无坚不可摧"的大无畏精神。他鼓励登山健儿继续努力，登上另外7座海拔8000米以上高峰。

中国登山协会主席曾曙生，向给予高山探险活动赞助支持的企业表示感谢。

27日，探险队凯旋拉萨。

此后，旺加副队长因身体和年龄原因退出探险队，此前他已成功登顶5座海拔8000米以上高峰。

第二十三章

团队登顶14座·1998年登顶干城章嘉峰

干城章嘉峰，海拔8586米，世界第三高峰，坐落于喜马拉雅山脉中段尼泊尔和印度锡金邦的边界线上。庞大的群峰山体，在连绵的群山中突兀而起，直耸云端。峰顶以巨大的风化石而形成三角状，主峰南北两侧并列耸立着3座8000米以上的附属高峰：南侧的雅龙岗峰海拔8438米；北侧的干城章嘉二峰海拔8496米，达龙岗峰海拔8476米。在攀登主峰的路线上，从2号到3号营地是最艰险的路段，冰雪崩频繁、路线长、积雪深、裂缝多，加上冰壁坡度达70度以上，某些地段可达85度以上，成为难以逾越的障碍。半个多世纪以来，有许多登山勇士在这里罹难。

第一节 出征世界第三高峰

1998年春，探险队前往尼泊尔攀登干城章嘉峰。按照西藏登山协会与尼泊尔有关部门的协议，尼泊尔亚洲徒步旅行社提供后勤支持，并承担登山注册费。

3月16日，探险队从拉萨乘车启程，抵达聂拉木县后因通往樟木镇的道路被大雪阻断，车辆无法通行，队员们便配合道班工人在积雪中挖出一条10余米深的雪沟，又从樟木镇派汽车接应，直到26日全体队员和物资才到达樟木口岸。

1998年春季攀登干城章嘉峰队伍组成人员表

职务	姓名	国别	备注
队长	桑珠	中国	
攀登队长	次仁多吉		
队员	边巴扎西、仁那、洛则、加布、达琼		
队员兼摄影师	阿克布		
队医兼后勤总管	洛桑云登		
翻译兼秘书	普布次仁		
联络官	尼泊尔旅游部工作人员	尼泊尔	
高山协作队员	拉巴等4名夏尔巴人		
炊事员	3名当地人		

27日，探险队出国抵达加德满都。

31日，办完手续和补充物资后探险队乘车向山区进发，次日凌晨到达吉里（Jiri），大家就在车上睡了一会等天亮。

4月1日晨，刚到这里的探险队员不顾疲劳，天刚亮就从车上卸物资，再装到直升机上。探险队将从这里乘直升机飞往孜让峡谷（Taplejung）这也是亚洲徒步旅行社昂·次仁先生的安排，由于山区不通公路，徒步则要15天才能到达，而飞行只需40分钟的行程，飞了两趟，第一次人货同机，第二次运装备。降落场距大本营有两天的路程。队伍到达时，时间尚早，但是因前期派出的两名夏尔巴高山协作未能准时雇到民工，只好当晚在此宿营。

2日，探险队雇到35名民工，其中大部分是刚从高山营地上运送别国登山队物资后下山的。队员们仅用两小时就给民工们安排好背运的行李，随即向海拔4680米的奥当营地运送。

3日，探险队离开孜让峡谷，在积雪中经过5个多小时的跋涉，到达奥当营地。两天来，经民工们反复运输，所有物资在4日全部运到。但要到海拔4870米贡布嘎那（Kumbbakarna）冰川上的大本营，还有一天的路程。从奥当营地到大本营的路段全被大雪覆盖，民工们要在积雪的冰川上负重行进，行走十分困难，并且难以保证安全，即使这时给民工们提高工钱也没人愿去。联络官向民工们解释说，探险队保证把沿途的道路修好，这才有十多名民工愿意留下来运输。桑珠队长要求队员和高山协作提前修好路、拉上保护绳，并在食宿和医疗方面对民工给予照顾。

4日，桑珠派出队员前去探路和修路，发现路底下是冰川，上面是乱石，道路崎岖，脚底打滑，非常难走。队员们边探路边立路标，在陡坡上拉保护绳、清理积雪，便于民工通行。之后，民工们往返多次运送物资。

8日，全体队员进驻大本营，立即平整地面，搭建各类帐篷。接下来的几天里，队员们每天都忙着整理完善大本营、清理高山物资。营地四周的山上冰雪崩频繁，几乎时刻都能听到巨大的轰鸣声。

第二节　风雪肆虐　艰难登顶

11日，天气晴朗，探险队举行升国旗和开营仪式。

12日，民工们把全部物资运到位。

13日，除一名炊事员留守大本营外，探险队其他成员，包括年长的桑珠和洛桑云登以及毫无攀登经验的普布次仁，每人都背着高山物资徒步5个多小时，向海拔5400米的前进营地攀登。

14日，探险队召开会议，对攀登方案进行讨论完善，特别是对攀登路线、营地设置、登顶时间、队员编组等做出安排部署，还确立了三个时段的登顶方案，即攀登路线沿传统的西北坡，共建立5个高山营地；分别于5月初、5月中旬、5月底伺机突击顶峰；队伍分成A、B两组梯次行动。主力队员和高山协作连续多次往返运输，把各高山营地所需的帐篷、食品、燃料及技术装备全部运到前进营地，多数人因连日劳累出汗过多，出现感冒症状，经过洛桑云登医生及时治疗，他们很快康复。

18日，次仁多吉、仁那、洛则与3名高山协作以及1名意大利登山队的队员首次离开前进营地，趁着好天气向1号营地运送物资。这一年干城章嘉峰遭遇罕见的大雪天气，前进营地以上积雪特别深。队员们边侦察、边修路，先后加固绳索800米，拉绳修路315米。经过8个多小时的攀登，打通了到海拔6080米处1号营地的路线，完成了运送第一批物资的任务。第二天，物资继续运输。

20日，天气突变，大雪中所有队员被迫撤回大本营待机。此后暴风雪持续了6天，高山崖壁间经常发生冰雪崩。

26日，天气转晴，队员们再次出动，展开第二轮攀登行动。

27日，天气再次降雪，但队员们感到没有更多时间可以等待，经分析判断，攀登路线上没有更大危险，他们决定在坏天气里先完成向低海拔营地运输和建营的任务。在以后的几天中，除万不得已在营地待机外，其他时间队员们都能克服种种困难，完成物资运输任务并建立起1号营地。

5月2日，探险队向海拔6400米处的2号营地修路、运输。离开1号营地后，攀登路线拐进一条沟里，冰川地貌，裂缝非常多，行进困难。边巴扎西和仁那在前面修路，打通并建立起2号营地，两人就住在这里，其他队员运输物资后返回。劳累了一天的两人刚钻进帐篷，准备烧水做饭，就忽然听见一声巨响，发现帐篷上有雪崩的气浪飘过，接着听到同在2号营地的意大利登山者边喊边跑，边巴扎西和仁那顾不上穿高山靴，急忙跑到营地旁边的冰壁下躲避。过了一会，猛烈的雪崩冲击物倾泻而来，两人庆幸地躲过了雪崩。

3日，仁那和边巴扎西继续修通了从2号营地到3号营地这段最为艰难的路段。两人在陡坡上交叉保护，打好每一个支点、固定保护绳索。当通过一段较高的冰壁时，必须手脚三点支撑，把高山靴上的冰爪用力踢扎进冰里才能稳步前进。两人忍受着四肢酸麻的痛苦，坚持攀登，最终打通了去海拔7100米处3号营地的路线。这天，两人在冰天雪地里奋战了9个多小时，为后面运输和攀登开辟了道路。3号营地处在大风口上，寒风的呼啸和帐篷不停的抖动使人烦躁不安，但队员们仍然坚守营地并做好继续攀登的准备。为保持体力，大家精心做了高山晚餐，在糌粑糊中加入了紫菜、肉末和粉丝，吃上热乎的晚餐既可饱腹、补充能量，又能暖身、促进睡眠。

6日，队员们完成向3号营地运输物资后接着向上攀登，相继抵达海拔7670米处的4号营地（突击营地），并进行物资运输和建营。此时，一位上了年纪的意大利人来到中国队员跟前求助，他说自己的高山协作没有把帐篷和食品运上来，非常着急，队员们请他进帐篷喝水吃东西，然后他说出去看一下，但刚出去就滑倒，被流雪冲下山去，从下面吹上来的风中听到他用英语大喊："我的朋友，我的朋友！"边巴扎西和仁那迅速结组下去寻找，发现他在下方很远的地方躺着。降雪不停，流雪又不止，此时向上或向下行动的危险都很大。但边巴扎西和仁那还是迅速回到帐篷，全身披挂起来下去救人，当两人在流雪中下到意大利人身边时，看他倒在地上，以为他受伤了，仔细询问他，并没有大碍。此时踏在松软而滑动的流雪上，已经很难再向上攀登回到突击营地，于是两人决定陪护他下到3号营地。因没有多余的睡袋，两人晚上睡觉只好夹在B组队友的中间，身下垫上背包等，身上盖羽绒服等衣物，凑合着度过了寒冷的一夜。

7日，边巴扎西和仁那本来是与A组其他队员冲击顶峰的，现在只能和运输物资的队友一起回到突击营地，在次日向顶峰发起冲击。

8日凌晨，当队员们准备出发登顶时，七八级的高空风和持续的降雪，把队员们堵在帐篷里。大家决心坚守突击营地，等待冲顶时机。由于队员们一直在高海拔山上大运动量攀登和运输物资，加上刺骨的寒风和阳光的炙烤，队员们患上日光炎，脸上脱皮，嘴唇绽裂、流血、化脓，吃饭喝水时疼痛难忍，但队员们决心不到万不得已绝不放弃近在咫尺的登顶机会。

9日，零点刚过，大本营的桑珠队长起床后用对讲机把突击队员叫醒，下达冲顶指令。

1时35分，队员们出发了。大家戴着头灯，在黑暗和大风中向顶峰冲刺。这是一段极其艰险的岩石路段，滚石和滑坠是两大威胁。攀登到海拔8300米时，路线上突然暴发落差达上千米的巨大雪崩，好在探险队员已经刚刚越过那个路段，免遭一场大难。

桑珠一直用望远镜观察着冲顶队员们的行进情况，看到队伍后面暴发的雪崩狂泻下来，冰雪岩石和雪雾气浪打在2号营地附近。这突如其来的雪崩没有阻止探险队员的脚步，但快到顶峰时，强劲的高空风和吹雪却给登顶造成了更大困难。队员们不愿放弃近在眼前的胜利，仁那一直走在最前面开路，氧气面罩出了故障后，边巴扎西当仁不让地向前接替仁那继续开路。当两人让路挫身时，正处在一条鱼脊般的山脊上，旁边有个小雪包，仁那为给边巴扎西让路向雪包方向稍微叉出一步，这一步，脚下面的积雪立刻塌陷了，他赶紧收脚，因为下方还站着夏尔巴高山协作，大家都惊惧起来，攀登更加谨慎。

11时20分，经过近10个小时的攀登，干城章嘉峰上第一次站上了中国登山队员。次仁多吉、边巴扎西、仁那、洛则、阿克布、加布、达琼成功登顶，队员们高举五星红旗拍照录像、采集标本。

探险队在攀登前搜集资料时，从尼方人士那里了解到，干城章嘉峰在尼泊尔人民心目中是8000米以上高峰里最神圣的一座，按照国际登山界的惯例，登山者一般不会登到顶峰的最高处。所以，探险队员们也是主动停留在离顶峰下方一点的位置未完成国旗展示、拍照等任务，以尊重尼泊尔等国际登山界的习俗。队员们停留15分钟，完成规定工作后下撤。

第三节 安全下撤

当天，队员们顶着猛烈的高空风和吹雪，在极度疲惫中下撤到3号营地。

11日，登顶队员安全返回大本营。在同期攀登干城章嘉峰的5支登山队中，唯有西藏探险队取得成功。

登顶消息传到拉萨，西藏自治区人民政府向探险队发来贺电。贺电说："登山勇士们发扬了不屈不挠、团结协作、勇攀高峰的英雄主义精神……这既是一次登山活动的胜利，也是在完成攀登世界上全部14座8000米以上高峰壮举中向最后目标迈出又一大步的标志。"

第二十四章

团队登顶 14 座·1998 年登顶洛子峰

洛子峰，海拔 8516 米，世界第四高峰，位于喜马拉雅山脉中段中国西藏和尼泊尔边界线上。"洛子"藏语意为"南峰"，因其紧邻珠峰南侧 3 公里之处而得名。此峰山势雄伟险峻，攀登难度大。登山路上，需要跨越两大难关：首先是从大本营至 1 号营地间的孔布冰川，这个巨大的活动冰川随时可能发生冰墙塌陷现象，在千年冰碛和巨大冰川上行军的路线长，地形错综复杂，冰川形态变化莫测，明暗裂缝密布，多处地段需要架设金属梯子作桥越过宽大冰裂缝，走在上面一旦失去平衡，就会坠入无底深渊。其次是 3、4 号营地之间是攀登洛子峰非常艰难的路段，常有猛烈的高空风，而且登山路线坡度大，有些地段可达 85 度以上，还会随时遭遇冰雪崩袭击。据统计，半个多世纪以来，共有 300 多名登山者罹难。因此，尼泊尔人把此峰比喻为"虎口"。

此次，探险队从尼泊尔一侧攀登该峰。

第一节　恶劣天气中出征

1998年8月14日，探险队从拉萨乘车出发，这次是少见的在降水量较大的季节攀登洛子峰。

18日晨，探险队乘车离开樟木镇。从樟木镇到加德满都的道路上，有的路段桥梁被雨水冲毁，有的地段塌方，给探险队通行造成很大困难，只能请下方派车接应并雇佣当地民工背运物资摆渡通过。探险队到晚上走完平时一半的路程到达温泉，次日很晚才到加德满都，停留的几天里办理手续、采购食品和技术装备。按计划队伍应尽早乘飞机抵达鲁拉镇（Lukla），但此时的尼泊尔山区气候变化无常，浓雾和大雨使所有的小型飞机都无法起飞。

1998年秋季攀登洛子峰队伍组成人员表

职务	姓名	国别	备注
队长	桑珠	中国	
攀登队长	次仁多吉		
队员	边巴扎西、仁那、洛则、加布、达琼		
队员兼摄影师	阿克布		
队医兼后勤总管	洛桑云登		
翻译兼秘书	普布次仁		
联络官	尼泊尔旅游部工作人员	尼泊尔	
高山协作队员	拉巴等4名当地夏尔巴人		
炊事员	扎克巴多等3人		

27日，天气好转，探险队乘坐一架只能容纳25人的飞机前往山区，40分钟后抵达夏尔巴人聚居地鲁拉镇。队员们加紧整理好随行的装备物资，立即开始徒步行军，8个小时后抵达海拔2652米的帕定村（Phakding），挤在一间小房子里过夜，整夜都听到大雨下个不停。

此前，洛桑达瓦指挥长和尼泊尔亚洲徒步旅行社总经理昂·次仁商定，目前探险队经费紧张，请他给予多方面的协助。基于多年与西藏登山协会的友好合作关系，昂·次仁先生给予折合8万美元的赞助，主要用于在尼泊尔境内3号营地以下的所有开支。进山路上，探险队的食宿全部安排在亚洲徒步旅行社开设的旅馆里，不用付费。

28日，队伍离开帕定村前往下一站孔穷（Khumjung）。前一天晚上，洛桑云登胆囊炎发作，疼痛难忍。为了不影响登山计划，根据自己的经验和诊断，他坚持不返回鲁拉镇治疗，说服药后过两天会好起来。由于当时无法行走，队里便决定由桑珠和普布次仁留下陪伴洛桑云登，其他队员先行。

30日，洛桑云登经过两天服药和休息，感觉病情好转。早饭后，洛桑云登确认可以进山后，三人出发追赶前方队员，当晚到达海拔3446米的那木齐（Namche），住了一晚。

31日，探险队全体人员在海拔3890米的孔穷会合，当晚住在宾馆里遇到突发地震和数次余震。为保证队员生命安全，大家只能拿出睡袋冒雨睡在院子里。次日中午当地又发生余震，好在震级都不太大，没有造成人员伤亡。

9月2日，昂·次仁安排直升机把全部物资运到，大家卸下物资并整理打包，做好徒步运输进山准备。

4日，队伍继续徒步向大本营进发，5个多小时后到达海拔4100米的当布齐村（Tengboche）。这里已经没有可供外地人吃的食物，大家只能买来当地仅有的陈年羊肉煮面条吃，洛桑云登吃后旧病复发。桑珠让他留下治疗，但他坚持要和大家一起走，但走了一段后病情加重，疼痛得无法走路，便让普布次仁留下陪同治疗。两人找到当地一位私人医生，诊断为高山反应，医生提供了去痛片和消炎药，服药后病情好转，次日两人去追赶队伍。

8日，探险队进驻海拔5350米的大本营，这里是从南坡攀登珠峰和洛子峰的共用大本营。队员们在不停的降雪中搭建营地、整理高山物资、制订攀登计划，为攀登行动做准备。3天后，洛桑云登和普布次仁赶到大本营。

第二节　第一轮攀登失利

9月13日，探险队举行升国旗和开营仪式，登山行动正式开始。

14日，探险队7名队员和3名高山协作离开大本营，通过孔布冰川向1号营地运送物资。为了保障登山路线畅通，尼泊尔旅游部每年都安排专人在冰川上修路并维修或重新架设金属桥，其费用由各登山团队共同负担。探险队员们背负沉重的物资往返于危机四伏的冰川上。经过3天努力，他们建立起海拔5950米处的1号营地，并将物资成功运到。

攀登洛子峰和珠峰在3号营地以下的路线是重合的，直到海拔7800米左右的3号营地以上，才开始左右分路。

17日，桑珠队长决定让大家在大本营休整3天，其原因一是大家在建立1号营地和运输物资中很疲惫。二是开会进一步分析登山资料，对攀登路线、登顶时机和气候的不利因素等进行分析研究，在总结吸取外国登山队经验教训的基础上制订行动方案。大家畅所欲言，最终决定分A、B两组梯次行动，将4号营地作为突击营地，争取在10月5日前后冲击顶峰。此外，会上还制订了第二方案，以应对突发情况。

20日凌晨3时，次仁多吉率队员们在月光下出发。当天跨过1号营地，到达海拔6430米处的2号营地。此后几天，队员们以平均每天七八个小时的高强度连续攀登，先后打通了去海拔7150米处的3号营地、7900米处的4号营地（突击营地）路线，并完成了物资运输。由于山上食物简单，吃不上蔬菜，加上体力消耗大，在强烈的阳光炙烤下，队员们普遍脸上脱皮、嘴唇皲裂流血，连吃饭喝水都很痛苦。

27日，按照计划，A组的次仁多吉、边巴扎西、仁那、阿克布进驻4号营地（突击营地）；B组的洛则、加布、达琼和3名高山协作在向4号营地运输物资后，当天返回3号营地。

从16时开始降雪，到19时降雪增大。21时40分，突击营地上方出现流雪迹象，快要入睡的边巴扎西和仁那先是听到帐篷外有"嚓嚓"的细小声音，似乎有小雪球滚落的响声，凭经验他们立刻意识到不好——雪崩！还没等钻出帐篷，大量的冰雪就倾泄而下把帐篷掩埋，边巴扎西迅速翻身，朝下自救，在冰雪和帐篷一齐压下来时想伸手把仁那抓住，但没抓到，他以为仁那被流雪冲走了。此时在帐篷里的3人合力用背往上顶帐篷，但只顶了10厘米左右的空间就再也顶不动了。雪崩时睡在帐篷门口的仁那反应迅捷立刻翻身出去，但刹那间帐篷不见了，他哭喊着队友的名字，手脚并用，拼命刨雪，顺着挖出的绳索终于摸着了帐篷，从空气即将耗尽的压扁帐篷里拉出了边巴扎西、次仁多吉、阿克布，避免了重大的人员伤亡。

为了防止冻伤，大家赶紧从帐篷里找出睡袋和羽绒服包裹在身上，而救出队友前后只穿内衣的仁那顿感身体僵硬，粘满冰凌和残雪的手脚已经没有知觉且正在变黑，大家用力拍打他促进其血液循环，后来的几天里他的手先是痒、后是痛，回到大本营时已经水肿，经治疗才逐渐好转。登山者在高山营地睡觉的体会是穿得越多越不容易取暖，一般都只穿保暖内衣钻睡袋。仁那挖雪救队友时仅穿内衣，袜子也没穿，幸好那晚没风，身体失温较慢否则会严重冻伤。

A组当晚困守在突击营地，4名队员既不能睡觉休息，也无法在松软的雪崩堆积物上下撤，只能把帐篷布上的雪清理掉，蹲在上面露天过夜，大家惊恐不断，一听到声响就以为又发生雪崩，多次四肢撑地准备顶雪求生。

B组在雪崩中没受损失。两组联系后B组原打算在3号营地凑合一晚，但3个夏尔巴人坚决要求撤回2号营地，队员们只好连夜下撤。而在半路上又一次更大规模的冰崩塌下来，庆幸的是此时队员们刚从冰崩区走过，躲过一劫。

队员们虽然躲过雪崩灾难，但前进道路上固定的800多米保护绳已完全被掩埋或冲垮，第一轮登顶行动宣告失败。A、B两组只能先后撤回大本营待机。

下撤时最大的困难是两名队员的冰爪被雪崩冲走，在如此高而陡峭、溜滑的冰雪山体上没有冰爪是难以行动的。大家只好挖雪寻找，终于在新雪下找到仁那的一对，仁那把右脚的冰爪给了边巴扎西，两人合用一对、一瘸一拐地下了50多米才找到边巴扎西的冰爪。

28日早上，桑珠起先与两个组联系不上，后来与次仁多吉联系上才知道队员们经历了一场生死劫难，他提醒队员们想尽办法互相帮助撤下来，只要人员安全就是最大的成功。事后分析：A组所处的突击营地只遭遇到千分之一的雪崩冲击物，绝大部分冲击物经过营地右侧冲向了沟里，又以更大的冲击力袭击了下方的3号营地。幸好3号营地上方的地势有利于阻拦雪崩冲击物，才使B组幸免于难。

回到大本营休整期间，桑珠队长想尽办法让大家恢复体力、消除紧张情绪，以便做好准备，重新组队，再次冲顶。他跟大家做思想工作时讲："碰到这么大的雪崩谁也没办法，没有人员伤亡的这个结果已经是不幸中的万幸了。但既然我们来到这里，已经耗费了那么多的财力、物力和人力，就绝不能轻言放弃！"他召集全体队员开会，从前期进展、剩余时间、自身实力到洛子峰雪崩后的情况全面地逐一分析，得出结论是："我们还有机会登顶！"大家也渐渐从恐慌中冷静了下来，决心重新鼓起勇气，再次攀登。

休整期间，加布的胆囊炎发作，虽经治疗仍未好转，在剧烈的疼痛下无法承担攀登重任，只能退出。队员兼高山摄像师阿克布在雪崩中腰疾加剧，行军中无法跟上队伍的节奏，也只能退出。

第三节　第二次冲顶成功

10月12日，冲顶队员再次回到突击营地。队员们经过休整，毅然开始第二次冲顶行动。桑珠队长把5名队员合并成一个组，一起攀登。队员们抓住未来不超过一周的好天气周期。根据山上各营地受损情况，大家带上相应数量的帐篷和绳子等器材，边攀登边修复登山路线，重新拉好保护绳，在各个营地重新搭好帐篷，储备生活物资。

13日，次仁多吉、仁那、边巴扎西、洛则、达琼5名队员于凌晨4时出发，仅用4个半小时，就冲上顶峰。次仁多吉向大本营报告了喜讯。由于时间尚早，天气又好，队员们在顶峰上停留了55分钟，在欢呼和拥抱中高举五星红旗相互拍照留影，在完成采集标本等规定工作后平安回到大本营。

18日，探险队离开大本营，仁那激动地对洛子峰大喊："洛子峰，感谢你给了我第二次生命，我们再也不来打扰你了！"

第二十五章

团队登顶14座·1999年登顶珠穆朗玛峰

1999年初，第六届全国少数民族传统体育运动会（以下简称"第六届全国民运会"）拉萨分赛场筹委会做出决定：要从"地球上离太阳最近的珠峰顶上"采集太阳的光辉引燃火种，并将这一火种命名为"中华民族圣火"。由此火种引燃的火炬经过传递，将分别点燃北京主赛场的"中华民族圣火"火鼎和拉萨分赛场的主火炬。

第一节　领受特殊任务

1999年4月中旬，自治区体委决定民运会圣火火种以西藏探险队为主组队采集，命名为"西藏珠峰圣火采集队"，以确保这一重大任务顺利完成。

1999年春季攀登珠峰队伍组成人员表

职务	姓名	国别	备注
队长	桑珠	中国	
攀登队长	次仁多吉		
队员	边巴扎西、仁那、洛则、达琼、加布、桂桑、吉吉		
队员兼摄影师	阿克布		
高山协作队员	开尊、小齐米、拉巴、扎西次仁		
队医兼后勤总管	洛桑云登		
炊事员	多布杰		
值班车司机	谢主敏		
记者	多吉占堆、索朗罗布、薛文献		
技术人员	小土登		
司机	普布		

按照原定计划，探险队当年将去新疆攀登乔戈里峰。改为攀登珠峰的意义在于：即可使采集民运会火种任务的可行性大为提高，又可使探险队提前完成攀登珠峰的任务。由于是民运会开幕前最重要的一项活动，又有比较充裕的经费保障，探险队为确保登山任务顺利完成，提前派专人到尼泊尔购置优质登山装备，并在"西藏珠峰圣火采集队"组建后进行了充分的训练等准备工作。

第二节　攀登珠峰　采集圣火

4月20日，"西藏珠峰圣火采集队"在各级领导和亲属们的欢送中出发，3天后抵达海拔5200米的珠峰大本营，随即完成建营工作，并举行升国旗和开营仪式。

4月29日至5月2日，探险队照惯例把队伍分成两组：A组有次仁多吉、桂桑、边巴扎西、阿克布、达琼；B组有仁那、加布、洛则、吉吉。队伍用5天时间，分三批从大本营向海拔6500米的前进营地运输登山物资，并进驻前进营地。这段10公里的路程，地质结构是岩石、冰雪坡和碎石的混合体，常有冰川融水的阻挠，还有一段是相当危险的滚石区。

3日，9名队员进行第二阶段从前进营地至海拔7028米1号营地的修路和运输工作。"北坳天险"成为攀登行动的第一道难关，"北坳"是珠峰与章子峰之间的鞍部，其顶部海拔7028米，坡度平均在70度以上。在"北坳"险峻的坡壁上，常年堆积着深不可测的冰雪，分布着无数冰崩和雪崩的印槽，是珠峰最危险的冰崩和雪崩区域。攀登中队员们互相保护，在冰雪陡坡上拉了2500米左右的保护主绳，当晚抵达1号营地。以后几天里尽管天气很好，但因赞助商的宣传标志未能及时运到，队伍必须等待，否则无法兑现对赞助商的承诺。

7日，桑珠队长决定让攀登队长次仁多吉和开尊、小齐米、拉巴、扎西次仁等高山协作留在前进营地，其他队员撤回大本营，这样既能让主力队员休整，又能使桂桑和吉吉两名女队员在低海拔地区来回拉练，增强高山适应能力。下撤队员中达琼患急性胆囊炎疼痛难忍、多布杰出现肾性水肿高山反应，两人必须在队友帮助下才能返回大本营进行治疗。

12日，住在前进营地的5人再次上到1号营地建营，并继续向上攀登。次日顺利打通到海拔7790米处2号营地的路线，运送了部分物资，然后返回前进营地休整。

14日上午，3名乌克兰人登顶后下撤途中天气突变，风雪交加，能见度极低，只有一人返回突击营地随后回到大本营，另一人滑坠身亡，还有一人的四肢、面部和耳朵严重冻伤，不能行走，停留在海拔8600米处。探险队接到救援指令后派出开尊、小齐米、拉巴、扎西次仁紧急向上攀登救援，把冻伤的乌克兰人安全接回前进营地，这一举措受到攀登珠峰各国登山队的赞扬。

17日，在大本营休整的队员再次向上攀登，到达前进营地与留守人员会合。第三天上到1号营地。

20日，住在1号营地的队员8时出发，登达海拔7400米时遭遇10级以上高空风，气温降至零下30℃。队员们都不同程度地出现四肢麻木、站立困难等症状，无法继续攀登。次仁多吉决定大家撤回前进营地待机。

队员们受阻的这个区域，是攀登珠峰的第二道难关，位于"北坳"上方的"大风口"，海拔7400~7500米之间。这里处于珠峰与章子峰之间的狭小凹部之上，因为风的"狭管效应"，形成强力的通风口。遇到大风时，登山者无法行进，站立都十分困难，位于上方营地上的帐篷常被大风刮跑或撕烂。20世纪六七十年代，中国登山队两次组织大规模攀登珠峰行动时，曾在这里损失大量有生力量，一个突击组冲击"大风口"时，竟有二三十人同时被冻伤致残。

23日，根据气象预报和对峰顶"旗云"等天气状况的观察，队员们发现天气正逐步好转，判断可能会出现好天气周期。探险队决定实施登顶行动，全体队员进驻1号营地。

24日，边巴扎西、仁那、洛则、加布、开尊、小齐米、拉巴、扎西次仁等8人从"北坳"顶部的1号营地向上攀登，成功穿越"大风口"，在海拔7790米处建立起2号营地。

25日，8名队员经过7个多小时的修路、攀登，上到海拔8300米处，建立起突击营地，而后返回2号营地。当天，次仁多吉和桂桑、吉吉也登达2号营地，全体队员会合。

26日，队员们根据各自的体能状况，先后从2号营地出发，下午都到达突击营地，做好冲击顶峰的准备。

27日凌晨1时，在大本营一夜未睡的桑珠队长通过对讲机叫醒突击营地的队员们，下达冲击顶峰指令。3时，11名队员戴着头灯向上攀登。负责高山摄影摄像的阿克布最先出发，为的是在前方一些重要地段拍摄照片和录像。大家连续越过海拔8500米处"第一台阶"、8600米处以往的突击营地，通过了"中国梯"登上"第二台阶"。走在前面的边巴扎西仅用4小时47分钟，便率先登顶，实现了多年来登顶珠峰的夙愿，并创造了当时的最快登顶纪录，从此被誉为"登山飞毛腿"。随后其他队员相继登顶，其中仁那和吉吉也创造了中国第一对夫妻同时登顶珠峰新纪录。

在珠峰之巅，按照事先分工桂桑和吉吉把火炬伸向聚光器，次仁多吉聚光，火苗慢慢升腾起来，顷刻间火炬被点燃，第六届全国民运会圣火火种——"中华民族圣火"在珠峰顶上采集成功，大家兴奋地展示国旗和火炬以及赞助商的宣传标志，拍照、录像，并点燃火种盒保存火种，完成规定工作。

第三节 点燃"中华民族世纪宝鼎"

5月30日，在珠峰脚下，身着盛装的藏族群众载歌载舞，以最隆重的礼仪迎接"中华民族圣火"。12时，圣火采集队全体队员回到大本营。第六届全国民运会拉萨分赛场筹委会常务副主任、西藏自治区副主席次仁卓嘎，在自治区体委主任姬嘉的陪同下，带领自治区及日喀则地区有关部门和单位的负责人与众多媒体的记者，前来迎接圣火火种。定日县巴松乡的群众也排成长长的队伍，夹道欢迎圣火火种和凯旋的登山运动员。

次仁多吉手捧"中华民族圣火"火种盒，将其交到次仁卓嘎手上。次仁卓嘎一一向勇士们敬献哈达。她握着桑珠的手说："你们的胜利，大长了中华民族的志气，人民感谢你们！"

6月1日，"中华民族圣火"抵达拉萨。15时30分，次仁卓嘎手举用圣火火种点燃的金黄色火炬，带领"西藏珠峰圣火采集队"全体队员，在骑警的护送下进入布达拉宫前面的广场。前来迎接圣火火种的西藏自治区党政军领导和1000多名各族各界群众等候在广场上。次仁卓嘎走上主席台，把火炬郑重地交给西藏自治区主席、第六届全国民运会拉萨分赛场筹委会主任列确。列确把熊熊燃烧的火炬高高举起，人群中响起热烈的掌声。

欢迎仪式结束时，"中华民族圣火"火种盒由武警战士护送到西藏自治区政府保管。

8月18日，这盒火种点燃了全国民运会拉萨分赛场的主火炬。

9月6日，桑珠、次仁多吉、桂桑乘飞机把"中华民族圣火"火种盒从拉萨送至北京。

9月9日8时50分，火炬交接仪式在北京天坛举行。伴随着各民族欢快的歌舞，在次仁多吉和桑珠的陪护下桂桑高举火炬，带领参加民运会的34个代表团旗手，从天坛祈年殿向南跑向圜丘。伴随着《火炬歌》的歌声次仁卓嘎接过火炬，点燃了前排两名火炬手手中的火炬。56个民族的56名火炬手环绕世纪宝鼎，9列分立，首尾相传，依次点燃了56把火炬。9时9分9秒，现场3000多人同声读秒，9名火炬手代表56个民族，用采自世界第一高峰的火种，同时点燃北京天坛圜丘上的"中华民族世纪宝鼎"。

9月24日，第六届全国少数民族传统体育运动会在北京隆重开幕。画面中出现一位"民族勇士"从雪山上飞速滑下，点燃了各族人民手中的火炬，点燃了"中华民族世纪宝鼎"。

第二十六章

团队登顶14座·2000年首次攀登乔戈里峰失利

乔戈里峰，海拔8611米，世界第二高峰，喀喇昆仑山脉的主峰，又称K2，位于中国新疆和巴基斯坦边界线上。"乔戈里"，塔吉克语的意思是"高大雄伟"，雄居喀喇昆仑山脉主峰，雪峰入云，冰川纵横，其总体形态呈圆锥形，峰尖呈金字塔形，西北方向的中国一侧万仞峭壁，凶险无比。该峰只比珠峰低了200多米，但攀登难度却比第一高峰大得多，登山者死亡率彰显了其险峻和攀登难度。据1978—1999年统计，珠峰的登山者死亡率是29∶1，该峰是7∶1；无氧登山，珠峰死亡率是12∶1，该峰是5∶1。

1902年，英国登山队首次攀登此峰，以失败告终。以后的50多年里，人类多次尝试攀登也未能成功。直到1954年7月31日，意大利登山家阿基勒·孔帕尼奥尼和利诺·拉切蒂里从巴基斯坦一侧的东南山脊首次登顶。

1982年8月4日，日本登山队首次从中国新疆境内的北山脊登顶。

此次，是我国两岸同胞并肩从新疆攀登乔戈里峰。

第一节 从北京进山

为进一步扩大海峡两岸人民的交往，推动两岸登山事业发展，经过友好协商，海峡两岸登山健儿组成海峡两岸联合登山队，从我国新疆一侧挑战乔戈里峰。大陆的队员以国家登山队和西藏探险队队员为主，台湾的队员均来自台北喜马拉雅俱乐部。这支队伍规模较大，共有30多人，其中包括一支专业摄影队，计划对攀登乔戈里峰进行现场报道，并在突击顶峰期间进行卫星电视实况转播。这也是我国登山运动员第一次攀登乔戈里峰。

2000年夏季攀登乔戈里峰队伍组成人员表

职务	姓名	国别	备注
队长	桑珠、周德九	中国	
秘书长	于良璞		
攀登队长	次仁多吉		
队员	国家登山队的罗申、次落；西藏探险队的边巴扎西、洛则、加布；台北喜马拉雅俱乐部的王金荣、谢祖盛、游启义、谢江松、杨家声（香港）		
队员兼摄影师	阿克布		
高山协作队员	西藏登山队的拉巴、扎西次仁、小齐米和西藏登山学校的边巴顿珠、普布顿珠、小边巴扎西、平措、巴桑塔曲		
队医	洛桑云登		
摄影队	来自台北年代电视台的3名工作人员		

从2000年3月20日开始，中国登山协会组织全体队员在北京怀柔训练基地集训，西藏队员在离开拉萨时就带齐了所有装备，到北京后立即投入紧张的训练。当时有记者采访边巴扎西，问他有没有信心。但已多次完成重大登山任务，仅在探险队就已连续征战8年、成功登顶10座8000米以上高峰，面对任何高峰都无所畏惧的边巴扎西，这次却在一位队友没有同来的情况下有点担心。他对记者说："我有一只胳膊落在了拉萨。"这让看他四肢健全的记者一头雾水、不知何意，其实这只"胳膊"指的是他最好的搭档仁那。之前，仁那在拉萨体能训练时，因打篮球争抢过猛致左脚跟腱撕裂，队里紧急送他到西藏军区总医院进行手术治疗。这才未能参加此次乔戈里峰的攀登。

6月2日，中国登山协会为联合登山队举行出征仪式，次日乘飞机经乌鲁木齐抵达喀什，然后坐汽车到叶城。登山队雇了60峰骆驼驮运所有物资，队员们开始徒步进山。在新疆攀登8000米级高峰，与西藏相比，这里进山路线更漫长，交通条件更差，而且有多条冰川的融水从山上汇合下来，水势湍急，没有桥梁，穿过这冰冷刺骨的河流成为一件非常困难的事情。登山队在喀什买了几十只羊赶着进山，每到过河，队员们都要脱了鞋袜涉水，而这些羊也要由人来抱着送到对岸。

6月13日，经过多天的跋山涉水，队员们终于抵达大本营。

第二节 攀登受阻

攀登乔戈里峰有"三难"，登山界公认从北侧的中国境内攀登乔戈里峰难度尤其大：一是进山难。崎岖的山路约100公里，队员要步行6天才能到达大本营，体能消耗很大。二是登顶难。因高差大，比登珠峰路程长，与珠峰相比该峰大本营设在海拔3850米处，到顶峰的高差达4761米，而珠峰的高差为3648.86米。三是攀登路线难。沿北山脊攀登，因山体切削厉害，大部分路线坡度在45度左右，部分路段坡度达70~80度，山体主要为冰雪和岩石混合地形，全程需要架设保护绳6000米以上，还需要建两个运输营地、一个前进营地和五个高山营地。

中国从1981年开始对外开放乔戈里峰，至2000年前先后有日本、美国、意大利等国的6支登山队、23人从新疆一侧成功登顶。然而，从南侧的巴基斯坦境内登顶者已超过160人，这一数据对比足以表明北侧的攀登难度之大。即便如此，探险队员依然对登顶充满期待。大家深知K2在14座高峰中攀登难度最大，都希望尽早把这个"硬骨头"啃下来。否则，越到后面随着队员年龄增大攀登难度也将更大。

抵达大本营后，登山队员整理好物资立即向前进营地运输，因路线长、须经过多处冰川和碎石区，行走十分困难，体力消耗很大。运输物资中特别应该表扬的是从西藏登山向导学校选拔的6名学员担当高山协作，他们个个年轻力壮、吃苦耐劳，背负摄影器材、发电机和转播设备等，每件都在100斤以上，学员们不惜出大力、流大汗，轮流将物资背送到前进营地。

与海峡两岸联合登山队共同攀登的还有来自美国、日本、西班牙、德国的登山队，这也是历年来从中国一侧攀登乔戈里峰队伍最多的一年。等各国队伍到齐后，大家开始协调有关修路、建营等事宜，经过多次商讨达成共识。

22日，中国登山队在海拔5040米处建立前进营地后，开始按计划向上攀登。首先他们打通了到海拔5800米处1号营地的路线并建立营地，因营地位于山脊上，雪厚且地形狭窄，只能在冰裂缝里搭建两顶帐篷。此后，队伍开始向上运输物资。在此期间，西藏探险队协助台北年代电视台摄影队进行现场直播，边巴扎西学会了摄影机的操作，从前进营地向1号营地运输物资的场景，是由边巴扎西和台湾摄影师拍摄并完成回传，成功进行直播报道。

乔戈里峰北侧的攀登路线异常险峻，边巴扎西在修路时，因老搭档仁那没来一起登山，感觉心里不踏实，尽管有其他经验丰富的队友进行保护，但他仍然从攀登处返回检查绳索是否打牢绳节、系牢。的确，边巴扎西和仁那是攀登高峰开路先锋的最佳搭档，他们配合默契、最为信任，与队友们把一座座万仞高峰都踩在了脚下。

29日，登山队抵达1号营地，准备向2号营地修路和运输物资，但天气转坏，开始下雪，队员们只好撤回前进营地待机。之后，山区不可思议地连续降了20多天的大雪，仅前进营地的积雪就厚达1米以上，所有攀登行动被迫中止。

直到7月20日，天气才开始好转。雪后放晴，被困在前进营地达21天的队员们很兴奋，决定抓住时机，向海拔6500米处2号营地修路、运送物资。由边巴扎西领衔的修路组，克服种种困难终于打通到2号营地的路线，并找到一块相对安全的地方，平整雪地堆放物资。可此时天气又转坏，大风使队员们无法在2号营地宿营，只能返回前进营地。次日天气好转，队员们抓紧向2号营地接连运送了2天物资，并进驻2号营地，计划继续向上修路和建营。但从当晚开始，天空再次出现降雪，积雪厚约15厘米。队伍在2号营地待了一天，大雪依然不停，只好再次撤回前进营地。

按照登山安全规则：大雪后3天内不得行动，以防冰雪崩发生。但海峡两岸联合登山队队员们已经顾不上危险，为了抢回一些耽误的时间，大家决意冒险出击，等雪一停就再次上到2号营地，但天气紧跟着变坏，队员们如此反复地冲了多次，但结果几乎都一样。恶劣的天气，加上攀登路线陡峭且处处都有雪崩危险，使得再向上修路和运输都变得十分困难。

直到8月2日，登山队才把攀登路线修到海拔7500米处的3号营地，并运输了部分物资。这以后又开始下大雪，队员们又一次撤回大本营。

反复无常的天气、罕见的接连降雪，让登山队预定的计划全部落空。但直到此时，队员们依然没有放弃，大家商量如果8月中旬和下旬出现好天气周期，队伍将直接从3号营地突击顶峰。但是，期望中的好天气周期并未出现。摄影队首先等不下去了，提出先期撤离。因为类似的报道已经重复过多次，而登顶又遥遥无期。考虑到实际情况，加上K2地区雨季即将来临的威胁，登山队最后慎重研究决定队员分批撤离。这样的安排还是考虑到如果以后几天出现好天气，还可以组织队员作最后的努力，也许还有登顶的可能性。

第三节 失利撤离

8月15日和21日，海峡两岸联合登山队撤离两批队员。26日，出现较好天气，机不可失，尚未撤离的4名队员作最后努力，从大本营出发向上攀登。山上积雪很深，原来修好的路线大部分被风雪破坏，队员们用了3天时间才艰难地登达3号营地。但是，30日天气又转坏，队员们怀着强烈的不甘却不得不向大自然让步，放弃攀登。

9月4日，海岸两岸联合登山队撤离大本营。

西藏探险队第一次攀登乔戈里峰也就此宣告失利。

本次登山行动艰险而无果，最后的撤离也是惊险连连。山区条条河流给队员们涉水过河带来危险，有的河水深及腰部。边巴扎西涉水时，一下没站稳就突然倒在河水里，在大家惊呼靠拢施救时他沉着冷静，不让别人冒险靠近，自己划水靠岸。上岸后他才发现小腿被水中石头划破，流血不止，简单包扎后又继续前行。有个德国登山队员涉水时，他牵着的驮运物资装备的骆驼被河水冲走，无法施救。

15日，海峡两岸联合登山队最后13名队员返回北京，攀登乔戈里峰行动宣告结束。

这次攀登乔戈里峰失利，反而给仁那后来登顶该峰留下了机会。

第二十七章

团队登顶 14 座 · 2001 年登顶布洛阿特峰

布洛阿特峰，海拔 8047 米，世界第十二高峰，位于喀喇昆仑山脉乔戈里峰东南 8 公里处、中国新疆和巴基斯坦边界线上。布洛阿特峰意为"宽阔的山峰"，名称源于其宽阔达 1.5 平方公里的顶峰。主峰有 3 条主要山脊：北山脊、南山脊、西南山脊，其中北、南山脊为喀喇昆仑山脉的主脊线，也是国界线。在两条山脊上分别有中央峰（海拔 8016 米）和北峰（海拔 7538 米）。这 3 座高峰挺拔突兀，直刺青天，当地人又称之为"佛洛青日岗"，意为"三尖山"。

从 1902 年到 1954 年，英国、瑞士、意大利等国的登山队就在此峰开展了登山活动，但直到 1957 年 6 月 9 日，奥地利登山队的库特·迪蒙伯格、弗里茨·温特沙特勒、马尔库斯·施姆克、赫尔曼·比尔 4 人才从巴基斯坦首次登上顶峰。

此次，探险队从巴基斯坦一侧攀登该峰。

第一节　中巴联合出征

2001年5月17日，探险队乘机离开拉萨，途经成都和乌鲁木齐，于27日飞抵伊斯兰堡。根据事先两国有关部门商定，基于中国西藏登山协会和巴基斯坦高山俱乐部的友好合作关系，为纪念中、巴建交50周年，双方决定联合攀登布洛阿特峰，中方承担巴方人员的装备、所有食宿及民工等费用；巴方负责减免山峰注册费及联络、协调等事宜。

2001年春季攀登布洛阿特峰队伍组成人员表

职务	姓名	国别	备注
队长	桑珠	中国	
攀登队长	次仁多吉		
队员	边巴扎西、仁那、洛则、加布		
队员兼摄影师	阿克布		
队医兼后勤总管	洛桑云登		
翻译兼秘书	普布次仁		
高山协作	西藏登山学校的 扎西次仁、边巴顿珠、普布顿珠		
联络官	1名巴方军官	巴基斯坦	
巴方队长	热玛杜拉		
巴方队员	穆罕默德·库尔班和1名军人		
炊事员	古兰达姆等3名当地人		

28日，中国驻巴基斯坦大使陆树林和巴基斯坦文化旅游体育部部长、高山俱乐部主席艾米尔·古力斯坦·詹久阿等，在伊斯兰堡会见探险队全体成员。次日，巴方文化旅游体育部和高山俱乐部为联合登山队举行隆重的壮行仪式，中国大使馆有关部门和巴基斯坦社会各界代表及新闻媒体的记者参加。

6月2日，联合登山队的中方12名队员和巴方4名队员分乘两辆汽车前往山区，于次日下午抵达斯卡杜。

4日，全体队员把2000多公斤的登山物资分成若干份25公斤重的包装，便于民工背负运输。为了节省雇佣民工的费用，队员们必须轻装前进，把不必带进山的集体和个人物资都存放在斯卡杜。

5日，按照计划联合登山队分乘9辆越野车，前往徒步行军的起始点——海拔3000米的奥斯克力。

6日晨，探险队用了3个多小时，为雇佣的163名民工安排背运的包裹，并一一做好登记，然后开始徒步进山。从奥斯克力到大本营的路程，旅游团队需走18天，而联合登山队计划只用7天时间走到。队员们早起晚睡，平均每天跋涉9~10个小时。为节省时间，大家只带简单午餐，仅能充饥不能饱腹。但路途艰辛，在海拔3000米以上过沙滩、攀冰川、翻山头、挂溜索，体力消耗很大。队员们凭经验食用从高原带来的风干牛肉及酥油和糌粑等，迅速恢复体力。

12日，庞大的行军队伍终于到达海拔4880米的大本营。经过队医检查，大部分队员仅在7天的行军中体重减掉10多斤。

13日，中巴队员在冰川上忙碌一整天，一边整理登山物资，一边搭建帐篷，完成建立大本营工作。

远眺大本营所处的喀喇昆仑山脉区域，在数十公里的范围内，自西北到东南比肩矗立着乔戈里峰、布洛阿特峰、迦舒布鲁姆Ⅱ峰和Ⅰ峰4座海拔8000米以上的高峰，群峰竞秀，成为登山探险和徒步穿越爱好者的天堂。

第二节　登顶成功　激情相拥

14日，中巴联合登山队在大本营举行升国旗开营仪式。探险队员们面向国旗庄严宣誓：在庆祝中国共产党成立80周年、西藏和平解放50周年、中巴建交50周年之际，一定要奋力登顶布洛阿特峰，为三大庆祝活动献上雪域登山健儿们的一份心意！

此后几天连续降雪，使摩拳擦掌的探险队员们烦闷不已，只能与另外11支外国登山队一样困守在大本营。

18—19日，探险队终于等来短暂的好天气，大家抓紧向1号营地修路和运输物资。这段路程攀登难度很大，尽管海拔不高，但在冰川上必须通过一条200米长的岩石冰谷区路段，还有一条狭长的如烟囱似的槽，最窄处两边的岩石蹭着队员的背包。这里还是滚石频发区，队员们一触动路上的保护主绳就会有滚石飞落，如果再遭遇上方雪崩，根本无路可逃。攀登到冰川上面时，大家发现是200多米长的碎石沙坡地带，之后又是长500米的岩石地带。队员们连续奋战，终于在所有危险地段拉好主绳、作好标记，修通了到1号营地的路线，并运送了部分物资。

19日下午，正当大家全力向上攀登时突然发生雪崩，把大部分修好的路线摧毁，路绳也几乎全被砸断。

20日，全体队员重新投入修路，同时把物资运到大本营与1号营地的中间地带。

21日午后，天气急剧恶化，大雪纷飞还伴有强烈阵风，雪崩、流雪、滚石在不同地段交错发生，特别是必经之地的岩石槽里堆满积雪，使原计划22日上到1号营地的行动被迫中止。桑珠队长命令队员下撤待机，以保安全。

探险队在全面分析山区气候变化特点后，重新制订了攀登计划。在大本营期间，为保持体能，做好应战准备，探险队安排队员们每天穿高山靴、戴雪镜，在大本营附近行走2~3个小时。很快，又迎来好天气周期，队员们加紧实施新一轮的登山计划。

25日，队员们修复了通往1号营地的保护主绳。

26日5时，全体队员从大本营出发，踏着厚厚的积雪，穿过使人憋闷的冰石槽，成功在海拔5880米处建立起1号营地。1号至2号营地的攀登路线上主要是冰坡、雪坡，坡度在80度左右，要越过这段陡峭的冰和岩石层，须具备强壮的体力和纯熟的登山技巧。随着海拔高度与攀登难度的增大，队员们将面临更加严峻的挑战。中巴队员们攻坚克难，不断向上攀登、修路、建营，每天要超强度攀登9小时左右，仅用4天时间就打通了到海拔6500米处2号营地和7300米处3号营地（突击营地）的路线，并架设好路绳，把所需物资运送到位，只待冲击顶峰的决战时刻到来。

29日夜，坐镇大本营的桑珠队长与进驻突击营地的攀登队长次仁多吉通话，仔细了解天气和队员的全面情况后，叫醒队员们用餐，果断下达冲击顶峰指令。

30日零时15分，A组的次仁多吉、边巴扎西、仁那和巴基斯坦队员热玛杜拉开始向顶峰进发。山坳里积雪很深，为预防险情发生大家结组攀登。从海拔7900米到山顶多处是狭窄的山脊线，两边是深不可测的悬崖峭壁，有些特别窄的路段连踏脚的地方都没有，队员们只能骑在上面向上挪动。经过近12个小时的艰险攀登，中巴队员终于在12时登上顶峰。两国队员激情相拥，共祝成功，并展示两国国旗，完成拍照任务。这天，喀喇昆仑山区阳光灿烂，万里无云，大本营的人们用望远镜清晰地看到登顶队员们手举飘扬的两国国旗，忘情地拥抱。

队员们在峰顶停留87分钟后下撤，巴方队员热玛杜拉体力透支，中方队员就把他夹在结组中间保护下撤，但还是在快到突击营地时支撑不住发生了摔倒滑坠，幸亏次仁多吉大喊一声："保护！"边巴扎西迅速做保护动作，热玛杜拉又巧遇一处缓坡才停了下来，防止了亡人事故发生。当天，登顶队员们缓慢安全地下撤到2号营地。

7月1日零时15分，B组的加布、洛则和高山协作扎西次仁、边巴顿珠、普布顿珠与巴方队员穆罕默德·库尔班，沿着A组开辟的路线突击顶峰。经过近9个小时的攀登，于9时登上顶峰。中巴队员抓紧拍照、采集岩石标本，停留45分钟，赶在天气变坏之前安全下撤到2号营地。

登顶队员撤回大本营之后，探险队为尽早啃下"硬骨头"乔戈里峰，大家不顾疲劳，决定对乔戈里峰进行侦察，做好从巴基斯坦一侧攀登的准备。桑珠队长派出身强力壮的边巴扎西和仁那两位"开路先锋"深入K2大本营，对世界第二高峰进行侦察，了解各营地位置、攀登路线、地理特征等，从而掌握详细的攀登该峰的资料。

第三节 凯旋庆功

7月8日，联合登山队撤离大本营。途中，担任翻译兼秘书的普布次仁痛风病发作，作为非专业登山运动员的保障人员，长期待在高海拔大本营就已实属不易，这次又带病徒步行军，每走一步脚都钻心疼痛，苦不堪言。但在高海拔山区没有车辆可坐，就连抬担架的人手也找不到，他只好每天咬牙坚持着。

徒步下撤途中传来了北京申办奥运会成功的喜讯，这支疲惫不堪的队伍激动得欢呼起来。一直把"祖国至上、为国争光"为己任的体育人，内心的喜悦之情是难以言表的。

8月8日，在探险队凯旋拉萨稍作休息后，西藏自治区体育局和西藏登山协会隆重集会，为西藏探险队成功登顶世界第十二高峰布洛阿特峰举行庆功大会。自治区副主席群培代表自治区政府对登山健儿凯旋表示热烈祝贺！赞赏他们成功攀登布洛阿特峰，不仅为祖国争得了荣誉，也为西藏人民争了光。中国登山协会副主席、国家体育总局登山运动管理中心副主任汪铁铭专程赴藏，代表总局登山运动管理中心和中国登山协会向取得辉煌成就的西藏登山协会、西藏登山队和登上布洛阿特峰的全体运动员、教练员和后勤人员表示热烈祝贺和亲切慰问。自治区人大常委会副主任、西藏登山协会副主席曲加和自治区政协副主席、西藏登山协会副主席拉敏·索朗伦珠与自治区体育局领导，分别向登山健儿献上哈达和鲜花并合影留念。

第二十八章

团队登顶14座·2002年再次攀登乔戈里峰失利

从巴基斯坦一侧攀登乔戈里峰,这是第二次攀登该峰,期间遭遇了探险队成立以来最危急的局面。计划登顶那天,队员们在登达海拔8400米高度、距顶峰仅差200多米时天气突变,狂风暴雪中能见度极低,万般无奈中被迫下撤,又不断有人滑倒或踩到悬崖边上,命悬一线。在极度饥寒交迫中又一时找不着被大雪掩埋的帐篷,几次处在生死边缘。当终于找到象征生存希望的帐篷时,这些曾经出生入死、把十几座高峰踩在脚下的勇士们也情不自禁地悲伤起来,感慨生命历程中的惊险悲壮。

这次行动以中巴联合攀登的形式,选择在东南山脊攀登。

第一节　出征进山

2002年5月5日，探险队从拉萨出发，经成都、乌鲁木齐飞行中转，于15日飞抵伊斯兰堡。队员们冒着酷热到机场和海关办理登山物资出关手续、到高山俱乐部领取上年寄存的部分个人和集体装备、到旅游部门办理进山手续、举行新闻发布会、采购食品和清理装备，做好出发前的各项准备工作。

2002年夏季攀登乔戈里峰队伍组成人员表

职务	姓名	国别	备注
队长	桑珠	中国	
攀登队长	次仁多吉		
队员	边巴扎西、仁那、洛则、加布		
队员兼摄影师	阿克布		
队医兼后勤总管	洛桑云登		
翻译兼秘书	普布次仁		
高山协作	西藏登山学校的扎西次仁、边巴顿珠、普布顿珠		
联络官	1名巴方军官	巴基斯坦	
巴方队长	穆罕默德·艾克巴上尉		
巴方队员	2名当地人		
炊事员	3名当地人		

23日，队员们乘坐两辆中巴车，沿着古丝绸之路，穿过城市和乡村，当晚抵达吉拉斯，次日继续向山区进发，抵达斯卡杜。之后，队员们忙着采购进山所需的新

鲜蔬菜和粮食，并把登山物资及食品分成各重25公斤的包装，便于民工背运。

26日，探险队租用12台越野车，行驶7个多小时后，将人员和物资全部运抵奥斯克力。257名民工已经在这里集结，做好了和探险队一起进山的准备。

27日，队员们和民工一起徒步前往100多公里外的乔戈里峰大本营。为了尽快抵达，队伍每天起早贪黑走9个小时左右，途中只吃一顿随身携带的路餐。在喀喇昆仑山区行军难度比较大，海拔刚3000米多一点，好多地方就已被大雪覆盖，队员和民工在齐腰深的雪坡上艰难跋涉。行进中强烈的阳光经积雪反射，使许多队员和民工的脸被灼伤。为了涉水还不得不脱掉鞋袜，在冰冷刺骨的雪水中淌过。

6月4日，队员们经过9天的长途跋涉，终于抵达海拔5100米的大本营。在这白茫茫的雪原上，只有先期到达的一支日本登山队。

第二节　攀登失利

进山一个多月，队伍只登达2号营地。抵达大本营后，中巴队员立即投入建营工作中，经过一整天的忙碌，搭建了所需帐篷。随后，登山队员们商议制订攀登方案，确定从东南侧传统路线攀登，沿途建5个营地，大致分为两个阶段：6月初至7月中旬，为登顶做好前期工作；7月中旬至7月底，择机冲击顶峰。为了同时进行修路、建营和运输，联合登山队把12名队员分编为A、B两组。

6日晨，山区天气晴朗，白雪皑皑。借着好天气，中巴部分队员前往海拔5320米的前进营地探路。这段路程都在冰川之上，有明暗裂缝，也有雪崩的危险，曲曲折折非常难走，在接近前进营地的几个地方，需要拉保护绳才能跨过冰裂缝。

7日，联合登山队在大本营举行升国旗开营仪式，并分头对各个高山营地的食品和装备进行清理、分配和登记。在之后的几天里，队员们连续运输，把山上需要的绳索、帐篷、食品、氧气瓶等物资运往前进营地。

9日，A组队员从前进营地出发，一边修路，一边运输，在坡度达60多度、积雪深达40厘米的冰雪陡坡上缓慢行进，终于打通到海拔6080米处1号营地的路线。这段路本来是日本队修的，但探险队员们觉得路绳有点旧，尽管没什么大危险，还是在中间加固了一些绳子，增加一些雪锥，以提高安全性。从前进营地开始，队员几乎全程都要拉保护绳才能攀登。在8000米级的山峰中，乔戈里峰是最为陡峭的，站在大本营向上望，感觉山峰似乎就在自己的头顶上。有一次，桑珠队长到前进营地来，仰头往上一看，戴的礼帽就掉了，足见其高峻。

11日，住在1号营地的A组队员开始向海拔6700米处的2号营地修路。这段路是攀登乔戈里峰的第一道难关：一是路线长且陡，又处在大风口上，平均坡度都在65度以上，流雪和滚石频发。二是快接近2号营地时，有一个三面为巨大岩壁的又陡又窄的"凹"形槽，高达35米，登山界俗称为"烟囱"，一次只能容纳一人慢慢攀登通过。中方队员由于是第一次登达这个高度，只能根据资料照片，参照路上拉的绳子来判断营地的位置。2号营地面积狭小，而联合登山队人多，需要搭3顶较大的帐篷才够住。当时正在刮风，队员们轮流平整雪地，把硬雪和冰用冰镐挖平，有的地方还需要清理埋在雪里的旧帐篷，每个人挖四五十下就累得气喘吁吁。大家吃力地挖了五六个小时，铲平两块可以搭帐篷的地方，搭好帐篷后又返回到1号营地。

12—21日，山区天气一直很不好，全体队员在大本营待机长达10天时间。期间，B组队员曾数次试图向前进营地攀登，但均因天气原因返回。

22日，联合登山队为加快进度又开始了新一轮的攀登行动，但由于天气仍然不好，进展缓慢。当天，B组抵达1号营地，第二天前往2号营地运输物资，第三天因天气受阻又撤回大本营。像这样，一般3天为一个周期，前后竟然反复了三四次，队员们的体力以及燃料、食品等物资消耗很大，这使大家非常焦虑。

攀登乔戈里峰最大的难处就是变化无常的恶劣气候。早上阳光灿烂，下午就开始飘雪，甚至刮起大风。队员们早上离开大本营准备向上攀登，到1号营地后，第二天刚展开新的行动，又遭遇大风、降雪，队伍不得不再次撤回大本营。有时是阳光普照，地面积雪反射的强光把队员们的皮肤灼伤脱皮、嘴唇干裂流血，吃饭喝水疼痛难忍。有时是七八级风裹挟着降雪昼夜不停，队员们在高山营地的小帐篷里彻夜难眠，耳边充斥着震耳欲聋的暴风雪声，想互相说说话根本听不清对方说了什么。

7月中旬，大本营陆续来了两支西班牙登山队，他们带有卫星电话和电脑，可以直接接收卫星云图等气象资料，这让队员们充满期待。就在西班牙队到来的第二天，意外发生了，这支队伍的一名当地高山协作遭遇雪崩，不幸遇难。当天早晨，联合登山队的队员们还在睡觉，就听到距离大本营不远的地方传来巨大声响，边巴扎西拉开帐篷门一看，在西班牙队经过的路线上腾起了滚滚雪雾气浪，然后就听到对讲机里有哭声，后来得知西班牙登山队遇上雪崩，其中一人被雪埋了，附近的各国登山队都紧急出动帮助搜寻，找到时确认已经死亡。大家轮流把遗体抬到大本营附近的冰川上，挖坑埋好暂作保存，随后交给巴军方直升机运下山去。这使登山队员们对登山行动更加谨慎。

7月14日起，联合登山队发起最后一轮冲击。队员们深知，无论成功或失败，这都是最后一次了。大家分析全面情况后觉得在突击营地以下活动，只要头脑清醒及时采取防护措施，即使天气不好也不会冻伤。如果到了突击营地上面能碰到好天气，就有可能取得登顶成功。

首先是B组队员当天抵达1号营地，次日向2号营地运输物资。A组16日进驻2号营地。

17日，A组向3号营地修路，离开2号营地不久就碰到一块很大的岩石，需要使用金属软梯才能通过，否则想上去非常困难。边巴扎西和仁那拉了500多米长的绳索，修了一半多的路，天黑时返回2号营地。

18日，A组队员继续向上修路，翻过2号营地上面的山脊，再上一个大坡发现是岩石和冰雪的混合山体，积雪60厘米厚，于是就在海拔7450米处建立起3号营地。

此时，西班牙队的电脑上卫星云图等气象资料显示：7月21—23日有好天气。联合登山队认为这些资料来自气象科技发达的国家，预报应该是准确的，于是决定抓住这最后的好天气周期打通路线并建立4号营地，接着快速冲顶。尽管当时凭队员们的经验观察山区的风云变幻判断：近期不大可能有好天气周期出现，但最终他们还是相信科学预报，决定放手一搏。

19日，A组抓紧向海拔7900米处的4号营地（突击营地）修路，B组向3号营地运输物资。当时日本队已经建立了4号营地，但在路上并没有拉保护绳索。为保证安全，联合登山队在险要路段全部拉了绳子。在修通路线后因帐篷等物资尚未运到，队员们又返回3号营地。

20日，由于阿克布身体不适放弃冲顶，次仁多吉、边巴扎西、仁那和洛则抵达4号营地建营，准备在第二天突击顶峰。高山协作队员扎西次仁、边巴顿珠和普布顿珠抵达3号营地接应。此时，准备冲顶的巴方队员只有穆罕默德·艾克巴，但也只到达2号营地，与中方队员拉开了距离。

即使到这个时候，从西班牙队和英国队得到的天气预报依然是"天气不会变坏"。

21日零时30分，次仁多吉等4人离开突击营地结组向上攀登。此时天上还有月亮，月亮下面有一层黑色的云雾。走了不到一个小时，月亮隐去、浓雾上来，山间开始起风、飘雪。此处攀登路线大部分是雪坡，没有危险，大家继续往上登到海拔8100米高度时，天气变得越来越差，降雪连带刮风，能见度较低，大约只有三四十米远。从这里开始，仁那和边巴扎西在前面开路，边行进、边拉绳索，一直上到海拔8390米左右。再往上，没有任何可以借助的路绳，大家格外小心地寻找安全和相对好走一点的路。洛则背了一些路标上来，一边走一边插，可是刚走过去再回头看路标就已经不见了。一座冰壁横亘在队员们面前，已经开裂了一半但还没有掉下来，非常危险。冰壁下面是一块巨大的岩石，上面覆盖着冰雪，非常陡滑。边巴扎西和仁那先固定了一个冰锥，然后下到岩石和冰雪结合的地方，再往上走。仁那走在前面，刚迈步跨上岩石，稍微动了一下，堆积在上面的雪就扑簌簌地往下流。之后，4个人跨过最危险的"瓶颈"路段，慢慢向顶峰接近。

根据GPS显示高度判断，队员已到达离顶峰只剩下200多米的高度。此时此刻，4人已经登达海拔8410米的高度。在这样的高度，绝大部分8000米以上高峰都已踩在队员们脚下了。可是，这里离世界第二高峰的乔戈里峰顶峰还有相当一段距离。不仅如此，此时天气越发糟糕，小雪变成大雪，还夹杂着猛烈的高空风。

大家明确地意识到：在这高峻的空气稀薄地带将遭遇到一场猛烈的暴风雪！

桑珠队长从大本营观察，主峰被浓浓的云雾包裹得严严实实，而且黑色云团迅速围着顶峰向上翻涌，这是典型的暴风雪天象，情况十分危急。这时，在大本营的所有登山指挥者都在焦急等待，盼望奇迹发生，队员们能平安归来。

身处险境的队员们此刻面临艰难抉择：冒险冲顶！也许能成功，但很可能无人生还；下撤吧！顶峰近在咫尺，前面艰险攀登的收获又将付之东流。怎么办？攀登队长次仁多吉立刻将山上的危急情况向桑珠队长做了汇报。

第三节　惊险下撤

在山上，队员们在狂风暴雪中焦急地商议着、等待着；在大本营，桑珠等人也在紧张地思索着、讨论着。

在如此高海拔并且陡峭而没有任何避寒设施的地方，登山者遭遇暴风雪往往是九死一生。此时的决策，关乎登山行动的成败，更关乎4名队员的生命安危，容不得半点犹豫。桑珠队长果断地下达了立即下撤的命令，并嘱咐大家稳定情绪、保持冷静、采取一切措施保护自己。

此时下撤，意味着失败。事后，边巴扎西惋惜地说："当时心里非常难受，前面已经苦了那么久，身体也不错，离顶峰这么近，可惜就是不能上！"

暴风雪中登顶无门，下撤的路上也危机四伏、险象环生。由于风雪大，刚刚走过的足迹已经完全消失，大家只能凭感觉往回走。在大雪覆盖下的岩石和冰雪混合路面看起来是平的，但脚踩下去却很容易打滑，4个人深一脚浅一脚地慢慢走下山。正走着，边巴扎西一步没踩稳，身子向后一仰滑下去4米多远，他赶紧俯身做保护动作。紧接着，仁那也滑倒了，随即大喊一声："保护！"幸好这段路边的大石头多，走在后面的人赶紧降低重心，把结组绳套在石头上止住下滑。仁那后来告诉大家，他当时已经出现低血糖症状，走路不稳，感觉随时都要摔倒。大概下到海拔8100米的高度，大家感觉相对安全了一些，因为从这里往下是较缓的雪坡，滑坠的危险性较小。

在这种生死攸关的危急情形下，为了找路，队员们时常发生争执，但多数情况下还是听攀登队长次仁多吉的。此刻，又走到难以辨别下山道路的地方了，次仁多吉要求走山脊，他凭经验通过风的声音来判断方向，而边巴扎西则觉得此处山脊不安全。两人各不相让，最后是仁那和洛则劝边巴扎西走山脊。下着下着，边巴扎西突然听到"嘣"的一声，大喊："注意！"大家迅速停步，做好保护动作。此时，只见脚下前面的一片雪檐坍塌了下去，若是再向前走一小步可能会随之坠落深渊。

下山路上，桑珠一直与队员们保持联系，叮嘱大家想办法稳定情绪、稳踩稳撤、行动要慢、要防止冻伤和滑坠，他相信久经考验的探险队员们一定能凭经验、耐力和技术平安撤回到突击营地。

又下撤了两个多小时，边巴扎西的左脚一下踩到沟里摔倒，不由自主地"啊"了一声，并马上往右边翻身做保护，当感觉不是滑坠他才坐起来。本来就认为走山脊很危险的边巴扎西这时便恼怒地对次仁多吉喊："再往哪儿走？再往哪儿走？掉下去就怪你！"次仁多吉也愣在那里，随即没好气地对边巴扎西说："那你走后面，我在前面走。"经过短暂停顿，大家继续往下走，来到一个沟里。对这个沟队员们记得曾经走过，知道应该离突击营地不远了。到这个时候，4个人已经走了7个多小时。

在白茫茫、雾蒙蒙的高山上，4个饥寒交迫的人终于走到一处较缓的地方，凭感觉应该是突击营地的区域了，看GPS上显示的高度也差不多，但却看不见帐篷的影子。队员无奈中告诉大本营找不到营地帐篷了！桑珠队长安慰说："不要急，慢慢来，千万不能慌，一定能找到帐篷。"对讲机里话音刚落，边巴扎西又往下走了四五步时一点黄色的影子进入视线，他立刻高喊："帐篷在那里！"队员们近乎疯狂地奔过去，只见帐篷已被大雪埋得只剩下一点顶部，帐篷杆压断了一根。大家很快清理了帐篷上的积雪，打开拉链进到帐篷里，用冰镐支起折断的帐篷杆，躺下来休息。过了一段时间，大家缓过神来开始彼此安慰，幸亏找到了帐篷，否则后果不堪设想。既然我们都活得好好的，就什么也不怕了，下次再来登就是了，一定没问题。

4个人下撤期间，负责接应的3位高山协作队员一直在3号营地焦急地等待，当得知4位队员已安全回到突击营地进了帐篷时，激动地在对讲机中说："我们一直在担心，老师们一定要注意安全，老师们出了事我们怎么办？这下好了，老师们安全撤了下来！"本来4位队员还都在坚强地挺着，最危急关头也没人掉眼泪，但听了这些话，小小帐篷里气氛突变，大家的眼泪开始涌出，竟情不自禁地痛哭起来。惊魂初定，几个人用哭声代替了交流，在心里感叹着终于死里逃生。

当大家在帐篷里烧茶吃了点东西正准备休息时，突然听到已经躺下了的仁那先是"嗯、嗯"的哼哼，然后撑起身、瞪起眼，一会儿跳起来，一会儿使劲拍打帐篷，一会儿躺着不动，有点神志不清。其他3个人给他套上睡袋，抓起他的手轻轻按摩，把剩余的氧气给他吸，这才使他慢慢平静下来。不过仁那自己却不知道发生了什么，后来他问队友："我怎么啦？我怎么啦？"他说当时只是感觉"身体里有一股气，憋不住，要蹦起来"。后来他询问医生，才知道是低血糖症状。

4名队员在风雪中搏斗了14个小时，找到帐篷就意味着找到了生存的希望。桑珠每每谈起这段经历来，都心有余悸："我看着山顶上黑云一团接着一团，又是下雪，又是大风，情况很紧急。我们一直在通话，安慰大家冷静应对。最后大家找到了帐篷，我的心里总算是放松了一点。因为在那个高度、那个地方，有好多个国家的登山队员滑坠或冻死，太危险了！"

7月22日，下撤途中巴方队友不幸罹难。几乎一夜未眠的4名队员从突击营地下撤，天空中一直飘雪。在3号营地的3位高山协作队员要求前去接应，被次仁多吉以向上攀登太危险为由拒绝了。因为到3号营地前有一个大雪坡，没有保护绳，能见度特别差。当时，次仁多吉走在后面，大面积的流雪从雪坡上蔓延下来，接近3号营地时才停下来，好在没有对人员造成伤害。同时，边巴顿珠在3号营地烧好了水接应。劫后相逢，大家又一次哭了起来。此时，扎西次仁和普布顿珠已前往2号营地准备食物接应。

在3号营地稍作休息后，大家把营地里剩余的物资收拾好，分别装进背包继续下撤。到了山脊时，次仁多吉追上下撤的巴方队员穆罕默德·艾克巴上尉，告诉他自己先走，在下面的大冰坡下等他。次仁多吉下去时发现路线上既有新绳，也有旧绳。而这一点穆罕默德·艾克巴恰恰没有注意到，当次仁多吉发现他是抓着一条旧绳子下撤时，就告诉他返回去找到新绳子后抓着下来。走在后边的洛则等人看到了奇怪的一幕：这样的天气里居然有人向上攀登，走近才看清是穆罕默德·艾克巴上尉正在往新绳子上换挂铁锁。

到了2号营地，穆罕默德·艾克巴进帐篷休息，扎西次仁端了一杯热水给他，劝他休息时间不要太长。其他人到了以后都喝了点水，短暂休息后又立即下撤。此时，扎西次仁和普布顿珠已提前到1号营地接应。次仁多吉和穆罕默德·艾克巴先走。从2号营地到"烟囱"的这段距离很长，下撤速度快的边巴扎西在中间休息了一会，等待洛则和仁那下来。洛则和仁那抵达"烟囱"上面的时候，边巴扎西已经在下面等着了。再往下走一点，大概在海拔6500米左右，必经之路上有一块巨大的岩壁，形状像刀切的一样，中间有两个台阶，队员们必须用下降器挂保险绳才能安全下来。

在下岩壁的时候，次仁多吉走在最前面，突然间听到"啊"的一声，然后就看到一件类似背包或什么物件从他头上飘了下去，起初他以为是走在上边人的背包被狂风吹落下去了，但很快发现是人，而且是走在后边的穆罕默德·艾克巴，心里猛地一颤：不好了，出事了！这时正从上方接近岩壁的边巴扎西，在对讲机里听到次仁多吉特别焦急的声音："不好了，人掉下去了！"一直监听着对讲机的桑珠的心一下子提了起来，马上问："慢点说，谁掉下去了！"次仁多吉说是巴方队长。边巴扎西很快就到了岩壁上方，他下台阶的时候发现上面有两三根新旧不同的绳子，就把这些绳子都挂在铁锁上。下着下着，他突然看到只剩下了一根新绳子，就知道巴方队长一定是挂错了绳子，绳子突然断头消失，表明人已经摔下去了。下完岩壁，边巴扎西看到地面上有血迹，心里非常难受道："已经下撤了，不应该发生这样的不幸。"

在大本营，其他国家的登山者来了解情况，询问桑珠有什么可以帮助的，桑珠就请他们一起寻找穆罕默德·艾克巴上尉的遗体。一会儿大本营就集合了四五十人，有中方的阿克布、加布、洛桑云登和巴方人员及其他外国登山队员，大家带上一副担架去前进营地寻找。

次仁多吉等在 1 号营地稍作停留，把能继续使用的装备物资装好后背上下撤。下来时，搜寻人员已经把穆罕默德·艾克巴上尉支离破碎的遗体用一顶帐篷裹好，绑在担架上抬回大本营。据一位当地的高山向导介绍，他和两个夏尔巴高山向导正从前进营地向 1 号营地走着，突然就看到一个黑影从空中飞了下来，发现是人的尸体，跌落时被撞得很惨。

当撤回队员与留守人员在大本营相逢时，大家都情不自禁地流下了热泪，为又一次从死亡线上挣扎回来唏嘘不已。

队员们在冰川边沿挖冰坑把巴方队长的遗体暂作存放，同时联系巴军方直升机。第三天，队员们平整好直升机降落场，11 时，两架直升机降落在大本营，把巴方队长的遗体运到斯卡杜，再用小型飞机运回伊斯兰堡，举行追悼会后，运回他的家乡拉合尔安葬。在中方队员眼中，穆罕默德·艾克巴是位很友善的人，此前有西班牙的巴方协作队员遇难时，他主动帮助抬运遗体到岗嘎利亚，还因此比别人晚了两天上山。

中巴联合登山队一边继续从 1 号营地和前进营地撤回装备，一边在大本营举行了悼念仪式。在西北角的一个小山包上，汇集了许多攀登 K2 时遇难者的纪念碑，有的把名字刻在餐盘上，有的刻在锅盖上，也有的是刻在金属制品上，但更多的是刻在石头上。穆罕默德·艾克巴的名字被刻在了金属盘子上，永远地留在了乔戈里峰脚下，供后人凭吊和追思。

8 月 10 日，探险队返回伊斯兰堡，当天就前往拉合尔慰问穆罕默德·艾克巴的亲属，给予这个不幸的家庭力所能及的帮助。他家里有个刚会笑的孩子，队员们都抱了抱，然后到他的墓碑前献花，表示深切的哀思。

与以往的登山活动相比，第二次乔戈里峰之行，队员们遭遇了极度恶劣的天气，又反复上山下山折腾多次，还在高海拔营地长时间待机，历经种种磨难。冲顶和下撤时遭遇暴风雪劫难，特别是巴方队友又不幸罹难，种种不如意的事件堆积在一起，使多数队员的精神上受到很大打击、情绪低落，留下难以抚平的心理创伤。

第二十九章

团队登顶 14 座·2003 年再次攀登马卡鲁峰成功

2003 年,探险队再次攀登此峰,与 7 年前的第一次攀登不同,此次选择了从尼泊尔一侧攀登。

1996 年秋,西藏探险队曾从我国一侧攀登马卡鲁峰,因遭遇旷日持久的阴雨和连降大雪天气,在拼争了 60 多天、所有食物和燃料反复补充又行将耗尽时向大自然让步,宣告攀登失利撤离大本营。

第一节　再次出征

2003年3月31日，探险队在漫天飞雪中从拉萨乘车出发，送行的人们都说："这洁白的飞雪，是敬献给你们的最好的哈达。"

2003年春季攀登马卡鲁峰队伍组成人员表

职务	姓名	国别	备注
队长	桑珠	中国	
攀登队长	次仁多吉		
队员	边巴扎西、仁那、洛则、加布		
队员兼摄影师	阿克布		
队医兼后勤总管	洛桑云登		
翻译兼秘书	普布次仁		
联络官	尼泊尔旅游部工作人员	尼泊尔	
高山协作	4名当地夏尔巴人		
炊事员	3名当地人		

4月6日，探险队出樟木口岸抵达加德满都。队员们从飞雪中的拉萨来到酷热难耐的加德满都，一时难以适应。但大家不顾汗流浃背抓紧时间办理进山手续、采购装备、雇用民工。按原计划探险队只能在此停留3天，接着前往山区。

10日，进山手续终于办完。

13日，全体队员乘坐小型飞机，离开加德满都飞抵海拔2827米的鲁拉镇，在这里办理攀登马卡鲁峰的环保手续。

14日，次仁多吉、边巴扎西和夏尔巴高山协作乘坐直升机抵达海拔4795米的低处大本营。这里是一处山谷地带，四周白雪皑皑。由于探险队的物资较多，而直升机为了安全飞行，对运输重量限制很严，无法使队员和物资一次性运到目的地。因此，在当天飞了两个架次，第二天又飞了一趟，这才把探险队全部人员和物资运送到低处大本营。乘坐直升机进山，省去了徒步进山和雇佣民工运输物资的巨大麻烦，还大大节省了队员们的体能和时间。一下飞机，队员们就忙着卸货、建营。

15日，桑珠向指挥部报告，经过观察，山区的天气状况不是很理想，有的地方积雪非常厚，给今后的修路、运输和建营等攀登行动带来很大不便。

按照计划，探险队在低处大本营只停留两天，接着前往海拔5700米的高处大本营，但由于提前派往山区的两名夏尔巴高山协作未能雇到足够的民工，使运输工作被迫延期。据高山协作讲，这个时候山区气温很低，沿途的高海拔和低海拔山口全被大雪覆盖，通行十分困难且危险，加之路程远，必须在很深的积雪中行走6天左右才能到达大本营，致使许多民工不愿冒险前来运输登山物资，驮运物资的牲畜也无法上山。

几经周折，探险队终于雇到15名体格健壮的当地夏尔巴民工。根据计算，探险队的全部物资从低处大本营运送到高处大本营，共需要民工140人次。由于时间紧、任务重、运力不足，为了按期完成登山任务，队员们决定与高山协作和民工共同背运物资。同时，队员们可以利用运输物资进行适应性登山训练。

21日，探险队经过多天的紧张运输，当天下午就把所有登山物资从低处大本营运到了高处大本营。这些天里，全体队员从低处大本营出发，越过地形复杂的冰川，穿过滚石区的危险路段，克服严寒缺氧和雪地反射阳光灼伤面部等艰难险阻，每天经过7个多小时的行军背运物资到达高处大本营，为尽早开始向上攀登争取了时间。这里是探险队攀登14座高峰期间，建立的海拔最高的大本营。

从低处大本营向高处大本营的行军，对洛桑云登和普布次仁来说是严峻的考验。这两人本就不是专业登山运动员，没有那么强壮的体格，况且洛桑云登的胃不舒服，行进间数次呕吐，走50米左右就要休息一下。其他队员都已经走远了，两人还远远落在后面，只能尽力往前赶。经过滚石区时，因为山坡上滚石很多，他们俩只能一边走一边观察，这样更慢，到最终走完这段路时要比别人多用了2个多小时。

第二节　成功登顶

22日早饭后，队员们忙着在大本营搭建帐篷，平整营地，整理物资。然后，桑珠队长主持召开会议，分析研究马卡鲁峰的图文资料和以前各国登山队开辟的路线，制订并完善攀登方案。考虑到这次是从尼泊尔境内攀登，对地理、气候、路线均不熟悉，而聘用的夏尔巴高山协作又未登上过顶峰，探险队决定在以安全为重的前提下，采用边侦察、边修路、边建营的快速攀登战术，并把队员分成A、B、C三个组：A组有次仁多吉、仁那、阿克布；B组有边巴扎西、洛则、加布；C组有4名夏尔巴高山协作。三个组分别负责修路、运输、建营工作，以提高攀登速度。探险队还确定第一阶段的主要任务就是打通从大本营到3号营地途中各营地的攀登路线，建立营地并把登山物资装备运送到位。

23日晨，探险队举行升国旗开营仪式，全体队员整齐列队行注目礼，升起的中国和尼泊尔国旗高高飘扬在马卡鲁峰脚下。

24日，攀登行动正式展开。8时10分，A、C两组成员从大本营出发，向上侦察路线和修路，前往海拔6490米处的1号营地。从大本营观察，到1、2、3号营地的登山路线比较清晰，主要是岩石和冰雪混合路线，难度较大。连日来，山区每到下午就变天，昼夜温差很大，高空风强烈，好在对低海拔区域的登山行动影响不大。队员们穿过冰塔林，翻越70度以上雪坡，在海拔6000米处的硬冰坡上架设了100多米长的保护主绳。大家边侦察边修路，仅用一天时间就打通了到1号营地的路线。此后几天，各组分别进行物资运输和建营工作，并在交替分阶段完成各自任务的间隙回大本营作短暂休整。

27日，从夜间开始山区下起大雪，探险队不得不取消28日的运输计划，全队撤回大本营待机。

5月1日，连绵的降雪终于告一段落，山区天气转好，探险队抓住时机，在第二天紧急出动攀登到1号营地，继续建营和运输物资。

3日，风云突变，整日狂风大作。A、C两组顶着大风，前往海拔6800米处的2号营地探路、修路，最终打通了这段路线。无奈风势太大，无法在那里建营，只能存放物资后撤回1号营地。这天夜里，狂风把帐篷吹得摇摇晃晃，风的啸叫声震耳欲聋，使疲劳的队员们根本无法入睡。

4日，大风仍在继续。据西藏自治区气象台提供的天气预报，当天马卡鲁峰山区的高空风强度高达12级，大本营的风力达9~10级。鉴于恶劣的气候条件，为了队员们的安全，桑珠队长命令全体队员撤回大本营待机。即便如此，大风也造成高山营地上多顶帐篷被刮烂、登山物资被损毁。

在这之后的4天里，全体队员都在大本营待机。边巴扎西和队友们经过仔细观察得出了规律性结论：这个登山季节，整个喜马拉雅山脉南坡的高空风都异常猛烈，而且每当看到西北方的珠峰上"旗云"飞舞时，东南面的马卡鲁峰上就必然有大风相伴，这俨然成为队员们判断风力的规律。在海拔较低的大本营，山风也很大，大风来时固定在帐篷上的旗帜都可以被吹走，就连炊事帐篷也被吹翻过一次。

8日，连续多日的大风稍有收敛，C组成员再次出动，向2号营地运送物资并建营。据返回的高山协作讲，山上为阵风，至少5~6级。

进山以来，根据西藏登山队与西藏气象台签订的天气预报协议，桑珠用卫星电话每天都与自治区气象台首席预报员普布卓玛联系，了解马卡鲁峰山区的天气情况。普布卓玛预报说："产生于孟加拉湾的热带风暴将于15日进入马卡鲁峰山区，届时很可能是登山中最危险的暴风雪天气！"

桑珠感到情况紧急，必须当机立断！登山如同作战，战机转瞬即逝。眼下时间又所剩不多，怎么办？他问队员们在没有建立突击营地的情况下，有没有可能直接冲顶？最后全体队员对面临形势经过研判达成共识：与其等待好天气，而雪后3天内不宜行动，将使等待中耗尽食物而丧失登顶机会，不如凭借以往跨营登顶经验，抢在暴风雪来临之前向上攀登，直接跨越突击营地冲击顶峰！

于是探险队决定：主力队员轻装快速上到3号营地，跨越传统上应建的突击营地，抢在暴风雪来临之前突击登顶；高山协作跟进运送物资，并做好接应准备。

9日，风力减弱，为4~5级阵风，A、B两组队员赶紧登达1号营地。

10日，队员们登达2号营地。

11日是非常关键的一天，尽管天气状况仍是阵风不断，但队员们还是鼓足勇气前行。次仁多吉、边巴扎西、仁那在冰雪中苦战9个多小时，终于打通了到海拔7450米处3号营地的路线，并顺利返回2号营地。这段路程坡陡险情多，有一条很长的沟槽，是冰和岩石混合地形，特别不好攀登，几乎需要全程拉上保护主绳，以确保队员安全。就在队员们向3号营地集结时，阿克布却因在冰面上滑倒摔伤了腿和脚，不能向上攀登而不得不遗憾地从2号营地下撤，放弃登顶机会。

之后两天，队员们继续向3号营地运输物资，完成建营任务，为冲顶做好准备。

3号营地只能建在一个风口上，夜晚睡觉时，为保证安全需要从外面用绳索把帐篷牢牢地固定好，看起来就像蜘蛛网一样。即便如此，狂风吹来时，队员们在帐篷里仍觉得人和帐篷像是要被吹飘起来似的，可见风力之大。

5月14日，队员们要抢在暴风雪来临之前登顶。当天夜里，大风撕扯着帐篷，全体队员为怎样克服前所未有的困难、能否赶在暴风雪之前冲顶而辗转反侧，一夜未眠。

零时15分，次仁多吉、边巴扎西、仁那、洛则、加布5名队员从3号营地出发，在一片漆黑的陡峭雪刃上向顶峰冲刺。当猛烈的阵风袭来时，队员们须用冰镐支撑在地、弯伏下身体才能站稳，在攀登路线上更是危机四伏。但是，暴风雪即将来临的紧迫感、1996年北坡登顶失利的耻辱感，促使勇士们打消撤退的念头！

天亮时，队员们又看到了珠峰上的"旗云"飞舞，而马卡鲁峰猛烈的高空风正恣意肆虐，给攀登造成极大困难。大家互相鼓励，将生死置之度外，经过9个小时的奋力攀登，终于在9时15分胜利登顶。

峰顶上地势非常狭小，队员们排着队到达顶峰，在狂风中用了25分钟时间抓紧完成展示国旗、拍照、采标本等规定动作。拍照时，由于风力特别大，队员们手中的旗帜很难展现出完整的图案，在队员们的背后，巍峨的珠峰气势磅礴，蔚为壮观。

16时，全体队员安全下撤到3号营地，下撤的时候，高空风依然很大，队员们必须要抓着绳子才能艰难地往下走，如果不抓紧绳子就感觉身体要被大风吹得飘起来。至此，探险队跨营冲顶行动取得圆满成功。

登顶两天后，全体队员撤回到大本营。

第三节 英雄凯旋

21日，探险队撤离大本营。

23日，全体队员回到加德满都。

27日，西藏探险队代表所有曾经登顶珠峰的中国人，参加了在加德满都举行的"人类首次登顶珠穆朗玛峰50周年庆典"活动，桑珠、次仁多吉、边巴扎西、仁那、洛则、加布6名曾经登顶珠峰的勇士，被尼泊尔国王授予银质奖章。探险队员还与埃德蒙·希拉里、莱茵霍尔·梅斯纳尔、田部井淳子等世界著名登山家进行了座谈，介绍了中国人正在以团队形式挑战世界14座8000米以上高峰。我们在高规格国际登山界的盛会上宣传展示这一创举，受到了业界的一致赞赏。

2003年年底，14座探险指挥部对探险队员进行了再次精简：老队员加布、阿克布和队医兼后期总管洛桑云登不再随队执行任务。3人在过去的10年间连年征战、屡建功勋。其中，队员兼电工和维修工"多面手"加布，长期患有鼻窦炎、胆结石等病症，仍然带病先后登顶10座8000米以上高峰；队员兼摄影（像）师的阿克布，登顶9座8000米的以上高峰，并在险象环生的恶劣环境里边攀登、边拍摄大量珍贵照片和录像资料，为纪录西藏乃至国家的探险事业留下了宝贵财富；从1993年探险队组建就长期随队负责医疗和后勤保障的洛桑云登，刻苦学习高原病防治知识，虚心向国内外同行请教交流，掌握了高超的防病治病医术，使探险队员无一人因病死亡，他所担负的后勤总管工作也受到探险队员的一致好评。

第三十章

团队登顶14座·2004年第三次攀登乔戈里峰成功

第三次挑战乔戈里峰，仍在巴基斯坦一侧以中巴联合的方式攀登。在精减部分队员后，为了集中精兵强将夺取攀登最后2座高峰的胜利，也为了培养登山探险后备人才，探险队决定继续选用西藏登山学校的3位实力很强的年轻人担任高山协作队员。这3位曾在2001年随探险队登顶布洛阿特峰，他们既有多次攀登8000米以上高峰的业绩，又有为探险队默默奉献的优秀品格，是值得信赖的可靠队友，也是西藏登山运动员的后起之秀。其中，扎西次仁和边巴顿珠曾在"2003·站在第三极"中国首支业余登山队攀登珠峰行动中登顶。调整后的探险队为最终登顶乔戈里峰和海拔8068米的迦舒布鲁姆Ⅰ峰，创造团队登顶14座海拔8000米以上高峰世界新纪录做好了充分准备。

新华社西藏分社多年来一直关注报道宣传西藏探险队的事迹，首次派出记者随队跟踪报道。

第一节　出征向高海拔营地进发

2004年5月5日，探险队乘机离开拉萨，途径成都和乌鲁木齐飞往巴基斯坦。

16日，探险队飞抵伊斯兰堡。从飞机舱门走出来，队员们立即有冰火两重天的感受，几天之内从气候宜人的拉萨来到酷热难耐的异国他乡。最让队员们难以忍受的是当地无法喝到开水，实在渴得不行只好喝自来水，因此许多人会腹泻。就在这种种不习惯中，队员们还要分头办理进山的各项准备事项。例如，到海关领取从国内带来的装备物资，再一一整理装车运输，还必须到各处采购食品和办理各种手续，同时参加当地举办的新闻发布会等一系列活动。

2004年夏季攀登乔戈里峰队伍组成人员表

职务	姓名	国别	备注
队长	桑珠	中国	
攀登队长	次仁多吉		
队员	仁那（兼高山摄影师）、边巴扎西、洛则		
翻译兼后勤总管	普布次仁		
记者兼秘书	薛文献（新华社西藏分社副总编辑、高级记者）		
高山协作	西藏登山学校的小扎西次仁、边巴顿珠、普布顿珠		
联络官	法鲁克·阿扎姆（1名现役军官）	巴基斯坦	
巴方队员	尼萨、侯赛因、纳赛尔		
炊事员	默森、普尔马、马哈迪		

19日晚，中国驻巴基斯坦大使馆举行宴会，为西藏探险队壮行。

21日晚，联合登山队在伊斯兰堡举行新闻发布会，巴基斯坦联合通讯社、《国民报》、国际新闻网等十多家媒体的记者参加。记者们就联合登山队的组成、攀登乔戈里峰的路线、营地建设以及日程安排等问题进行了采访。

22日晨，探险队乘车离开伊斯兰堡向斯卡杜进发，当晚抵达吉拉斯。

23日晨，继续赶路，当天下午抵达目的地。两天来，车队一直沿着印度河逆流而上，随着海拔升高到2400米，只见山谷越来越窄，山势越来越陡峭，植被越来越稀少。抵达斯卡杜后，联合登山队全体队员集中会合，除了10名中国队员外，又有7名巴基斯坦队员加入。

27日，联合登山队租用了10台小型的老旧越野车，这些越野车有的是生产于20世纪70年代的丰田陆地巡洋舰，有的是更早期的吉普车，样子笨重，但马力大，适合在山间崎岖小道上行驶。在驱车行驶90多公里后队伍抵达海拔3070米的奥斯克力营地，雇请的当地民工已在这里集结。探险队一到奥斯克力就遭遇了阴雨天气，下午稍晴，晚上又是一夜大雨。

28日，探险队离开奥斯克力，开始第一天的徒步行程。在以后7天徒步走向大本营的过程中队员们感受到了四季冷暖的变迁。在探险队出发时，200多名民工也随队背运物资前行，经过中途两次休息，抵达廓若峰（Korofon）营地。这里海拔3150米，是山谷中一块相对平整的草地，间有低矮的灌木丛。队员们抵达营地后，刚刚吃完随身携带的路餐，天空又开始飘雨。

29日晨，探险队继续向高海拔营地进发，两小时后赶到久拉（jhula）营地。民工大队也先后抵达这里。久拉营地建设得比较规范，有冲水厕所，搭帐篷的地方也经过平整，取水也很方便。休息了一个多小时，队伍继续往上走。晴空下烈日烘烤着山坡，似乎随时都能把灌木丛烤焦。队员们在炙热中肩上的背包似乎越来越重，双腿也越来越沉。4个多小时后，他们到达当天的目的地——海拔3320米的措布（SoqBu）营地。初次长途跋涉的巴方联络官和记者兼秘书薛文献的脚上起了水泡，经验丰富的老队员用骨刺帮他划破水泡（不感染），这样才可以保证次日行军时脚不疼痛。

30日，这天的行军路程较往日短一些，但道路明显比前两天难走，大多数路段为河边悬崖上的羊肠小道。有时行走的山坡是完整的一块大石壁，上面只有浅浅的凹坑可以立足，队员们靠着登山杖和手的支撑勉强可以通过。当天的宿营地是海拔3470米的巴玉（paijo）营地，这是当地人在一处长有树木的山坡上开出的多条长形台地，极似梯田。营地里有自来水、洗脸池和厕所，还建有一些低矮的石头房子。探险队决定在此作短暂休整。

31日，探险队利用难得的休整时机整理物资、清洁个人卫生。休整的最主要原因是让民工们准备此后4天行军的食物——烤制当地人日常食用的一种面饼。因为进入冰川地区后，再难找到生火用的干柴。探险队还买下一头牛，把肉分给民工们改善伙食。

6月1日晨，队伍接着赶路，这天的路程最长，达25公里。离开营地不远，就开始进入巴尔托洛（Baltoro）冰川，其长度在喀喇昆仑山区的冰川里位列第三。冰川区的道路非常难走，要不停地爬上爬下。路面是沙石和泥土混合的冰川堆积物，大家常常能看到墨绿色的冰和听见冰川下暗河里巨大的流水声。队员们有时在大石头上蹦跳，有时在碎石丛里找路，双眼紧紧盯着路面，生怕踩空崴脚或摔倒受伤。当天的宿营地是乌都卡斯（Urdukas），营地平整，帐篷搭建在层次错落的台地上，环境不错。

2日晨，大家踏着昨晚的积雪出发，大多数路段是在冰川上行进。中午队伍到达果荣Ⅰ号营地吃午饭，当时正下着雪，路餐是一片面包、一块油炸土豆饼和两张面饼，这对于赶路的队员们来说，食物多样便是丰盛的午餐。当晚抵达果荣Ⅱ号营地，晚饭后特别冷，所有人都早早钻进睡袋休息。

3日晨，队员们早饭后出发，先是经过一段沙石路，走不多久就进入冰雪路面，阳光反射使所有人都往脸上涂抹防晒霜。中午大家在岗嘎利亚休息吃午饭，饭后继续在溶化的冰雪中行进。在冰雪地上行军必须早出发、早宿营，否则气温升高使冰雪溶化，就会使队员们不时陷入冰雪中而增加行进困难甚至发生危险。这里是一个岔路口，从左边的山谷进去就到乔戈里峰大本营，往右边就走到迦舒布鲁姆Ⅰ峰和Ⅱ峰。

4日晨，全体队员冒着小雪出发。这天按计划提前几小时多赶路，为的是到大本营后有充足时间搭建营地。经过2个小时的行程，队员们于上午9时抵达海拔5100米大本营。营地坐落在冰川上，从东向西并折至西南，绵延数公里，地势东高西低，北边是乔戈里峰，南边是布洛阿特峰。

全体队员在满是积雪的冰川台地上平整出地基，上午先搭好炊事帐篷和餐厅帐篷，下午接着搭建个人帐篷。此时，先到的只有意大利、日本、西班牙共3支登山队。

第二节 历经艰辛终成功

5日，桑珠队长召集开会，总结前两次的攀登经验和教训，分析面对的困难和有利条件，制订攀登方案。在14座8000米以上高峰中，尽管乔戈里峰的高度排第二，但攀登难度绝对是最大的。乔戈里峰山体不是特别巨大，但攀登路线异常陡峭、地形极为复杂。从大本营到前进营地的冰川上布满了明暗裂缝，前进营地到1、2号营地之间是异常陡峭的雪坡。特别是1号和2号营地处几乎没有平整的地面可供建营，为了搭一顶帐篷，必须得在冰雪中挖很久才能造出一块"平地"来。从1号营地到2号营地之间还有一段被称作"烟囱"的咽喉要道，是在高约50米岩壁中间的一个窄槽，三面是岩石，中间仅容一个人上下通行。2号营地以上又有冰壁、大风口等险关，高空风猛烈，容易发生冻伤和滑坠。3至4号营地之间是东南山脊的刃脊，全是冰雪和岩石混合路段，雪坡上积雪较深，又有大的裂缝，必须架设保护绳索，还需要设置大量的路标。如果天气不好，队员们在这里一旦迷路，极易摔下悬崖。4号营地建在刃脊上，猛烈的高空风很容易把人和帐篷吹下深谷，非常危险。再往上，有一段非常陡峭的路线，被登山人称为"瓶颈"，是整个登顶路线上最难、最险的路段，坡度约80度，行进路线的上部堆积着庞大且厚重的冰壁，队员们随时都有遭遇冰崩和雪崩的危险。沿东南山脊传统路线登顶的许多登山者，就是下撤到这里遇难，有的是迷路滑坠，有的是因体力耗尽而停下冻死。

由于乔戈里峰特殊的地形条件，登顶所需要的技术装备数量最多、要求最高。从前进营地开始架设安全主绳上去，到达顶峰至少需要5500米长，而且绳子必须是最好的主绳。此外，对登山者的要求更高，只有技术全面、经验丰富、胆量过人、体能超强的勇士，才有可能成功登顶并安全撤回。

天气，从某种程度上来说是能否登顶乔戈里峰的关键因素。此峰一日之间多种气象交替出现，三天两头不是刮风就是下雪，即使有气象卫星预报，也很难准确预测山区的气象变化。据资料记载，乔戈里峰历史上很少出现超过一周的晴好天气。

6日，山区出现较好天气。联合登山队紧急出动，先后攀登到海拔5320米处建立前进营地、海拔6080米处建立1号营地。此后，连续几天的降雪和大风天气迫使队伍回到大本营待机。

10日，在多日连续降雪后乔戈里峰又迎来难得的晴好天气，全体队员抓住机会向前进营地运送物资。中午12时，等全体队员返回大本营集中后，联合登山队举行升国旗开营仪式，在一片银白色的世界里，以红色和绿色为主调的中、巴两国国旗迎风飘扬。

11—14日，连续出现4天的好天气，队员们抓紧向前进营地和1号营地运送了多趟物资。

15日，又出现大风降雪天气。

16日，尽管天气不理想，但已经到达1号营地的高山协作队员扎西次仁、边巴顿珠、普布顿珠依然攀登到海拔6700米处的2号营地，运送了3顶帐篷、部分绳索和雪锥等装备，并在一块非常狭小的缓坡上挖冰建营，搭建了一顶帐篷。在随后几天里，队员们继续向2号营地运输物资。

19日，从晚上开始连续降雪，白天的能见度也变得很低，大家只能在帐篷里待机。有的打扑克，有的看书，有的静听雪花落在帐篷上的声音，大家的耳边还不时传来冰雪崩发出的巨大轰鸣声。

与在国内登山时的大本营不同，乔戈里峰的大本营"地基"是冰川，搭帐篷时要找那些石头多且相对平缓的地块，帐篷四周围上大石头，中间再用碎石铺平。但住不多久，随着温度升高，石头下的冰川就开始融化，"地基"经常倾斜或塌陷。有时队员们睡得正香，只听"床"底下传来一声清脆的"咔嚓"声，不啻夜半惊雷，似乎身下随时会出现大裂缝，使人很难睡踏实。住在冰川上，不仅没有绝对的平地，反而还要经常搬家。

连日来，又有日本、西班牙、韩国、瑞士等国家登山队先后抵达大本营，这些团队在巨大的冰川上安营扎寨，搭建起大小约140多顶帐篷，五颜六色的帐篷在冰雪和乱石混合的台地上绵延排列，至少有1公里长。另据一位当地民工领队介绍，大约有12000名民工正在100多公里长的山路上，为登山者背运物资。

25日，降雪已经持续了六天六夜，大本营周围积雪达60厘米，高海拔山区的积雪更深。队员们每天早上起来的第一件事就是清理帐篷顶上和周围的积雪，而且过一会儿就得再次清理，以防积雪压断帐篷杆。大家最担心的是已经建好的3个高山营地，那里的帐篷有可能被积雪压坏，这将给下一步的登山行动造成困难。持续降雪也使山区的气温急剧降低，在白天的大部分时间里，队员们只能穿上羽绒服和双层高山靴全副武装待在帐篷里，看书、打牌或聊天。

桑珠队长要求全体队员做好打持久战的准备，对大本营的食品等日用物资都要节省使用。

26日下午，降雪终于停止。

27日，山区阳光灿烂，但是山间流雪、雪崩、冰崩声此起彼伏。在登山行动开始之前，发生这样的险情也无妨。

由于2004年是纪念人类首次登顶乔戈里峰50周年，攀登该峰的各国团队数量明显多于往年，特别是意大利人共组织了两支庞大的登山队，计划从乔戈里峰南、北两侧同时登顶，意大利国家电视台计划对登山行动进行现场直播，以庆祝50年前属于他们的辉煌。趁着难得的好天气，11支国际登山队在瑞士队营地召开协调会，各国领队就登山活动中的合作事宜进行了商讨，大家纷纷表示要在下一步的登山活动中精诚合作，为登顶乔戈里峰共同努力。桑珠在协调会上谈到从2号营地到3号营地是攀登乔戈里峰的关键路段，修路任务非常艰巨，希望各国登山者携手合作，克服困难，共同把道路修好，为成功登顶做出各自的贡献。

29日，3名巴方队员在大雪后首次向1号营地运输物资，发现路绳和营地已经被风雪损坏。

30日，中方队员也按计划准备攀登到1号营地。当来到前进营地稍作休息准备挂冰爪时，大家才发现大雪前放在这里的4副冰爪已被掩埋，在雪地里搜寻了一个多小时仍无结果，于是决定由次仁多吉和仁那留下继续寻找，其他人向1号营地攀登。

记者兼秘书薛文献随桑珠从大本营到前进营地采访，尝试了一次冰川行军。他在平缓的台地上行走时发现有一段路边的雪地上布满了大小不等的冰雪球，这是乔戈里峰南侧山沟里滚下来的雪崩前沿堆积物。桑珠说早上雪崩的可能性不大，但在返回时一定要快速通过这里。果然，等中午返回大本营时，此处发生了大规模雪崩。两人刚通过雪崩区就进入冰塔林，与珠峰东绒布冰川那漂亮壮观的冰塔林相比，这里的冰塔林被队员们形象地称为"豆腐渣"，两人蜿蜒穿行在"豆腐渣"里忽上忽下，身前背后的冰川上布满了大大小小的冰裂缝，有的往下能看到闪着蓝幽幽的光，有的只在路面雪地上露出一个小口，暗示这里有暗裂缝。有些地段特别陡容易打滑，桑珠就用雪杖拉着薛文献上去。有些地段非常危险，尽管拉了保护绳，但绳子大多被积雪埋掉，无法使用。一个多小时过去了，两人终于走出"豆腐渣"迷宫般的道路，沿乔戈里峰南部继续向东边攀登，虽然已经看到前进营地鲜艳的帐篷就在头顶上方不远处，但走起来却感到非常吃力，必须不停地在大小不等的石头上跳来跳去，寻找稳当的下脚处。当终于赶到前进营地，站在这里向上望时，两人看到各国登山者在一面巨大的雪坡上缓慢地向上攀登，山坡的陡峭程度远远超乎想象。离开这里再向上，所有队员必须挂冰爪、使用上升器。1号和2号营地就在头顶上面，但站在山脚下却很难看到那里的帐篷。桑珠说，这里的坡度才50度左右，上面更陡。薛文献对桑珠说，对他来讲这里就是顶峰，面对高耸在眼前的乔戈里峰，他唯一想到的词就是"高山仰止"。而对于登山队员们来说，征战的路途才刚刚开始。

向上攀登的边巴扎西从前进营地向上刚走了大约200米，就突然感觉自己的膝关节疼，但他没告诉别人，忍痛登到了1号营地。在1号营地周围的积雪已深达2米，超过往年，曾经搭好的两顶帐篷已经损毁。队员们挖开积雪，从帐篷里取出食品和备用帐篷，重新清理地面，又搭建了两顶帐篷。等忙完了，边巴扎西坐下来时惊奇地感觉到膝盖不痛了，只是腰还有点疼，就贴上膏药，想着过一晚看看情况再说。第二天早上起来，边巴扎西在穿登山靴时发现右脚抬不起来，洛则对他说如果不行就下去，边巴扎西试着走了一下，说还可以走，便咬牙坚持上到2号营地。

7月1日，边巴扎西带着扎西次仁向3号营地修路。本来计划拉1000米左右的主绳，但高空风很猛，积雪深达膝盖，只向上拉了270米就不得不返回。

2日，山区云雾弥漫，高空风仍然很大。边巴扎西、洛则和扎西次仁为争取时间，继续向3号营地修路，接着昨天修的路继续拉了约30米的主绳后，由于猛烈的吹雪三人无法看清路面，甚至连雪锥都固定不了，再次被迫返回营地。

3日晨，持续的大风依然肆虐，大风卷起的雪粒不停地敲打着帐篷，坚守在2号营地的6名队员无法继续向3号营地修路。桑珠队长分析了山上的天气状况后命令队员后撤。当天中午，所有队员回到大本营。这以后的日子里队员们又只好耐心待机。

10日，天气开始好转。联合登山队派出高山协作前往高山营地运送物资，为避免帐篷再被损坏，便将高山帐篷等物资包裹好，放在安全的地方，等用时再搭建。

12日，天气比前几天稍好一些，时阴时晴。探险队抓住时机向上攀登，终于在海拔7450米处建立起3号营地。之后天气突变，队伍又一次撤回大本营。

21日，中巴队员和高山协作再次离开大本营进驻高山营地。1号营地的积雪较厚，最先搭起的帐篷已被积雪掩埋，其中一顶帐篷的外帐受损，队员们不得不花费很大的力气清理积雪。2号营地高空风特别猛烈，还有吹雪，攀登行动非常艰难。这一天的天气变化非常快，凌晨3时繁星闪烁，但在两个小时后天空就被厚厚的云层遮掩，还时有飘雪。整个白天乔戈里峰的山体一直被云雾包裹着，从大本营只能看到顶峰上空的云层在快速移动。下午4时许，山区出现强烈的阵风，开始降雪。

22日，山区依然是多云大风天气，高空风猛烈。分别进驻2号和1号营地的10名队员无法继续向上攀登，而待机也会大量消耗体力和食品。桑珠队长命令下撤，队员们再次撤回大本营。如此往返折腾，大家颇感无奈。

24日，探险队员开始跨营急行军。根据天气预报和在大本营的详细观察，乔戈里峰将出现难得的好天气，联合登山队决定抓住时机向上攀登。其中，6名中巴队员和高山协作当晚进驻2号营地，次仁多吉进驻1号营地。

25日晨，边巴扎西、仁那、洛则离开大本营，用头灯照明开始急行军。因为按计划要跨营行动，厨师给大家准备了开水、油饼、煮鸡蛋等作为路餐。队员们一鼓作气跨越前进营地，到1号营地吃了路餐，接着于中午时分抵达2号营地，与提前到达的次仁多吉会合。如此快的攀登速度，除了西藏探险队员之外，在国际登山界只有尼泊尔的夏尔巴人才能做到。与此同时，先期出发的6名中巴队员则从2号营地攀登到3号营地，搭建起两顶帐篷，做好了继续向上攀登的各项准备。看到2号营地的帐篷里外都被狂风刮烂，大家就设法堵塞破洞勉强使用。好在当晚没有刮风，否则帐篷里吹进雪很容易发生人员冻伤。由于前几次的反复折腾，队员待机时间较长，使营地的食物消耗很多，大家吃方便面时，连火腿肠也不能每人分到一根。

26日6时，次仁多吉、边巴扎西、仁那、洛则离开2号营地向3号营地攀登。这段路程较远且陡峭，是岩石冰雪混合路面。特别是接近3号营地时，炙热的太阳下，队员们穿着厚重的羽绒服、背着沉重的物资向上挺进，个个疲惫不堪，停下喘息的次数也渐渐多了起来。到了3号营地，队员们发现地形地貌与两年前相比起了很大变化，积雪不是很多，好多地方也不需要再拉保护绳。为了减轻负重，大家决定把睡袋留存在这里。

当天早上8时30分，扎西次仁、普布顿珠、边巴顿珠和3名巴方队员已经离开3号营地，顺利攀登到海拔7900米处的4号营地（突击营地）搭建了两顶帐篷，并运送了部分高山物资和技术装备。由于巴方队员纳赛尔不准备登顶，遂返回3号营地。

至此，已经进山快两个月的联合登山队终于建立了突击营地，为登顶奠定了基础。

4名主力队员在3号营地休息了一个小时，就继续向突击营地攀登。这段路的变化也比较大，2002年攀登时，这里有很多雪崩区，需要绕来绕去，现在不用绕了，只是路线变得比以前更陡峭。突击营地的下面，过去有较深的裂缝，现在已被大雪填了起来，比较好走。

乔戈里峰的"瓶颈"是最为艰险的一个关口。2002年冲顶时，因为天气不好，队员们没能从3号营地出来的陡坡上看到"瓶颈"那令人恐惧的真容。这次，边巴扎西特意多看了几眼，感觉地形变化很大，他认为只要天气好，登顶应该是有把握的。

至此，联合登山队全体队员和高山协作共9人全部进抵突击营地。大家摩拳擦掌，等待着突击顶峰时刻的来临。

这一天，山区依然是不可多得的好天气，晴空万里，但高空风比前两天要大些。意大利和西班牙的9名队员已经率先登顶，其中有50年前首次登顶乔戈里峰的孔帕尼奥尼的儿子和一名西班牙女性。这给其他国家的登山者带来莫大的鼓舞。天黑以后，队员们脱了高山靴和衣躺在帐篷里，把睡袋盖在身上，只休息了3个小时，就起来烧水吃饭，食物是糌粑和风干牦牛肉。

26日23时30分，队员们早早地出发了。在如此早的时间就突击顶峰，这在探险队乃至西藏登山队的历史上还从未有过，因为勇士们要挑战的是伟大的乔戈里峰！次仁多吉等6名队员为第一组，走在最前面；边巴扎西、仁那、洛则3人为第二组，稍后出发。桑珠、普布次仁和薛文献一直在大本营的帐篷里，等对讲机里传来队员们开始出发的消息后才去休息。

高空风慢慢刮起来，队员们打开头灯，依次踩着前面队员的脚印，一步步向顶峰冲刺。队伍来到一段非常陡峭的雪坡路上，前面攀登的队伍拉了约150米长的保护绳，由于要挨个通过，走在后边的人只能排队等候。而上面，就是著名的"瓶颈"，这是一段宽五六十米的冰雪陡坡，横切过去的时候，如果脚踩不稳，或因体力不支，或因保护绳索拉断，都将导致最为严重的滑坠事故——登山者从海拔8000多米的高处，顺着几乎垂直的冰雪坡和岩石峭壁，一直掉落到海拔5000多米的山脚下。如果坠落3000多米的高差，人将绝无生还的可能。而此时这里使用的保护绳，却只有6毫米粗，大家不敢使用上升器，只挂了保护铁锁，一只手撑冰镐、另一只手拉绳子，斜侧着身体小心翼翼地逐一通过别无它途的"瓶颈"。

27日凌晨5时许，顶峰上开始出现大片的"旗云"。在大本营，大家开始为冲顶队伍可能遭遇强烈的高空风而担忧起来。冲顶队员终于登到了"瓶颈"上部的平台，这时天已放亮。此后的路线上没有了保护绳索，大家单个行进，走得比较快，连续超越了一些别国的登山者，向顶峰接近。

6时30分，扎西次仁和仁那率先登上了顶峰。从下面往上看时，峰顶正在吹雪，但到了顶上发现风力其实没有想象的那么大。乔戈里峰的背后是中国一侧的悬崖，队员们无法全部站上去，就坐在坡地上等后边的队员登顶。第三个上来的是洛则，紧接着是巴方队员尼萨、侯赛因。由于先上的几个队员都没携带对讲机，大本营这时并不知道队伍已经登顶。

6时50分，边巴扎西登顶，他把自己固定在顶峰的冰层上，然后迅速摘下氧气面罩，在对讲机里向大本营报告："我们到顶了！我们成功了！"一直等在帐篷里的桑珠，一把抓过对讲机，激动地大声应答："大本营听到你们的好消息了！向你们表示热烈祝贺！扎西德勒！"

此时，边巴顿珠、普布顿珠、次仁多吉也相继登顶，盼望5年的登顶梦想终于实现。大家在寒风中展示中巴两国国旗，相互拍照留影。队员们从没有想象过世界第二高峰的峰顶竟然如此窄小，照相时，另外8名队员竟然不能一起站在顶峰上。在酷寒的峰顶上停留了20多分钟后，队员们开始下撤。桑珠队长叮嘱大家一定要控制速度，注意安全。

乔戈里峰顶峰上面是冰层和积雪，没有任何岩石。在下山的时候，队员们不忘捡一些小石头放进背包里，作为从人迹罕至的冰峰雪岭采集来的礼物，带给国内关心和支持登山探险事业的友人。

在如此陡峻的山体上，下山在一定程度上比上山更加艰险，一脚踉跄，就有可能发生严重的坠亡事故。因此，在一些特别陡峭的地方，队员们采取倒退着下来的方式下山。有心的洛则不惜多耗体能把结组绳背到顶上，下山时得以继续使用，非常难得！

从顶峰下到约200米处，坡度稍缓，队员们可以缓慢地斜着下山，到了"瓶颈"上面的平台休息了一下。这时，有两名瑞士的登山者插到他们结组里，其中一人走过来向边巴扎西要水喝，说他的手冻伤了。边巴扎西递给他水壶，凭经验帮他揉搓双手，不断地敲打他的手掌，加快其血液循环，以缓减冻伤的程度。通过"瓶颈"的时候，大家一手抓绳子、一手用冰镐固定，终于走完了这段最难通行的路程。

等队伍报告全部回到突击营地，记者兼秘书薛文献才通过海事卫星电话，向新华社传送了登顶消息。他说此前不发，是考虑到队员们还未到达安全地带。这一天，全国有52家报纸以及互联网站刊登了这则消息，大量广播电台、电视台也播报了新华社发出的独家新闻。

喜讯传到西藏，自治区人民政府第一时间发来贺电。

当晚20时，边巴扎西、仁那、洛则、扎西次仁、普布顿珠、边巴顿珠和巴方队员纳赛尔陆续回到大本营。从离开大本营到凯旋，还没用到76个小时。

28日，次仁多吉和巴方队员尼萨、侯赛因返回大本营。至此，中巴联合登山队攀登乔戈里峰的行动宣告胜利结束。

第三节　谱写中巴友谊新篇章

8月2日上午，天气稍有好转，探险队利用半天时间收拾物资装备和个人行李物品、清扫大本营、处理垃圾，做好撤营准备。下午，天空开始刮风降雪，雇来撤营的60多位民工顶风冒雪陆续抵达大本营。

3日晨，在漫天的大雾和纷飞的雪花中，联合登山队全体队员撤离了整整生活了两个月的乔戈里峰大本营。离开途中，普布次仁的痛风病就又犯了，痛苦地走在路上，一瘸一拐的。在来往途中，作为后勤总管的他是最忙的，既要与当地相关部门联系办理各种手续，又要订机票、安排食宿、拟订购物清单、提取行李物品、雇佣民工并发放劳务费、采购补充食品、协调行程时间安排等。一旦他倒下，许多工作将无人替代。第二天，次仁多吉的痛风病也犯了。这两人咬紧牙关，忍受着剧烈的疼痛，慢慢回到山下。常年在冰天雪地奋战的探险队员们，因出汗少、喝水少、食物单一，大都患有痛风病。

8日，中巴联合登山队分乘越野车，列队返回斯卡杜。在进城的桥头上受到当地社会各界人士的热烈欢迎，人们给登顶队员献上用纸币做成的大花环。此后，由五六十辆汽车组成的庞大车队在斯卡杜大街小巷里穿行，跟随在车队后边以及街道两旁的人们不断地高呼，向两国登山英雄们致敬。随后，当地高山俱乐部组织了简单的庆功会，向联合登山队登顶成功表示祝贺。由于尼萨和侯赛因是巴尔蒂斯坦首次登顶乔戈里峰的人，所到之处均受到超乎寻常的礼遇，成为人们心目中的大英雄。

13日，联合登山队返回伊斯兰堡，参加了由巴基斯坦高山俱乐部、探险旅游协会和中国大使馆举行的一系列庆功会。大家称赞联合登山队的成功登顶，为中巴两国传统而深厚的友谊再次谱写了新的篇章。

15日，探险队回国，在乌鲁木齐和成都受到当地体育部门及登山系统干部职工和山友们的热烈欢迎。

23日回到拉萨，探险队受到了自治区党委、人大、政府、政协领导和体育系统干部职工和家属们的热烈欢迎。

10月15日，西藏自治区体育局和西藏登山协会举行盛大集会，为胜利归来的西藏探险队庆功。西藏探险队向新华社西藏分社和西藏自治区气象局赠送了锦旗。桑珠队长郑重地把这面锦旗献给新华社西藏分社副社长陈良杰，锦旗上写道："电波千里传佳音，妙笔谱写英雄篇。"表达了探险队对新华社派薛文献同志作为记者兼秘书随队报道的衷心感谢。

西藏自治区体育局主办的《西藏体育》季刊，在2004年第4期以"热烈祝贺西藏登山探险队成功登顶乔戈里峰"为主题，特办"西藏攀登世界14座8000米以上高峰探险队成功登顶乔戈里峰专刊"，以表示祝贺和纪念。

第三十一章

团队登顶14座·2005年攀登最后一座高峰中仁那罹难

迦舒布鲁姆Ⅰ峰，海拔8068米，世界第十一高峰，简称"G1"，位于喀喇昆仑山脉中段中国和巴基斯坦边境主脊线上，北侧属中国新疆自治区，南侧属巴基斯坦控制的克什米尔地区。"迦舒布鲁姆"，巴尔蒂语的意思是"美丽的山峰"，其Ⅰ峰处于乔戈里峰东南约21公里处，是喀喇昆仑山脉的第二高峰。因为所处的位置山高谷深，云雾缭绕，不易被人们发现，所以又有"隐蔽的山峰"之称。该峰山势陡峭，地形复杂，攀登难度大。特别是山区气候恶劣，好天气周期短，成为登山过程中最难逾越的障碍。

1892年，英国探险家维·马丁·康韦在探险中首次发现了此峰，并收集了观测资料、照片和测量勘察数据。

2005年在巴基斯坦一侧攀登迦舒布鲁姆Ⅰ峰，本该是西藏探险队成立12年来的收官之战，几乎所有人都毫不怀疑英雄的西藏探险队将会顺利登顶，并将成为世界上第一支团体登顶14座海拔8000米以上高峰的队伍。社会各界人士都在关注这支队伍，都在热切地期待着这一新的世界登山纪录诞生。但是，谁也料想不到著名登山家仁那却在攀登最后一座高峰的行动中突遭滚石袭击不幸罹难。

第一节　壮士出征

2005年5月5日，同去年一样的时间，探险队离开拉萨，经成都飞抵乌鲁木齐。15日，在参加了新疆登山协会和乌鲁木齐市登山协会组织的一系列为探险队壮行、与业余登山爱好者攀登雅玛里克山、为获得"登山健身明星"称号者颁发奖状奖品等活动后，队员们从乌鲁木齐飞抵伊斯兰堡，巴基斯坦高山俱乐部主席纳齐尔·萨比尔、副主席曼祖·侯赛因、秘书长达利克等到机场迎接。这次攀登，依然以中巴组成联合登山队的方式攀登，除联络官做了调整外，巴方其他人员均和2004年一样。

2005年春季攀登迦舒布鲁姆I峰队伍组成人员表

职务	姓名	国别	备注
队长	桑珠	中国	
攀登队长	次仁多吉		
队员	仁那（兼高山摄影师）、边巴扎西、洛则		
翻译兼后勤总管	普布次仁		
记者兼秘书	薛文献		
高山协作	西藏登山综合培训中心（西藏登山学校）的小扎西次仁、边巴顿珠、普布顿珠		
赞助公司代表	周行康（北京奥索卡体育用品有限公司）		
联络官	安塔赫	巴基斯坦	现役军官
巴方队员	尼萨、侯赛因、纳赛尔		
炊事员	默森、普尔马、马哈迪		

在伊斯兰堡期间，桑珠等人专程拜访了巴高山俱乐部原主席詹久阿先生，82岁高龄的詹久阿尽管已经退休，但精神矍铄，热心于中巴登山事业。

21日4时30分，在完成登山手续办理和食物采购等进山准备工作后，联合登山队乘坐两台中巴车离开伊斯兰堡的姐妹城市——拉瓦尔品第，前往山区，途中在吉拉斯住宿。

22日，探险队抵达斯卡杜。

24日晚，探险队获悉中日女子联合登山队和珠峰高程复测登山队成功登顶的好消息，致电祝贺。

26日，联合登山队派出部分队员和炊事人员前往奥斯克力运送物资，其他人员按计划在27日离开斯卡杜赶往那里，并在那里适应待机到31日。因为这一年喀喇昆仑山区的气候反常，山区积雪深、气温低，徒步进山比较困难，联合登山队要根据山区的气象条件再决定下一步的行动。

第二节 遇险

27日6时，联合登山队分乘4辆在当地仅能租到的帆布顶棚吉普车，从斯卡杜向奥斯克力进发。中午12时许，仁那等4位队友乘坐的第一辆车在经过一段滚石多发路段时，山上突然滚下一阵碎石击穿帆布车顶，其中一块石头击中仁那的头部，他当场流血不止，昏迷过去。与此同时，另一块石头击中了边巴扎西的后脑部，他也当场昏迷。同一辆车上的次仁多吉和普布次仁也受了轻伤，但没有大碍。

由于遇险地点在一个狭窄的山谷里，直升机无法降落，所有车辆紧急退回到一处相对平缓的河谷。同时，在联络官和当地驻军的协助下，队员们紧急向斯卡杜呼救，军用直升机在15时20分飞来抢救伤员。由于仁那伤势过重，当直升机到达时他已经停止了呼吸。

多年来一起出生入死的探险队员们，眼睁睁看着队友牺牲在面前，大家无不痛哭失声。在直升机巨大的轰鸣声中，队员们把仁那的遗体和尚在昏迷的边巴扎西抬上了飞机。在颠簸的飞机上，友好的巴基斯坦军医仍给仁那注射了强心针剂，为最后一次抢救努力，但依然没能把他救醒。

飞机到了斯卡杜，边巴扎西被送到当地驻军医院的急救室，尽管处于昏迷状态，但他还能不时地睁开眼睛看一看，说出几个字，可是仁那的遗体却只能抬入太平间。

当天，从15时40分开始，斯卡杜陆军医院一直在抢救边巴扎西。队员们分成几拨，昼夜轮流守护。

当晚，桑珠向西藏自治区体育局领导详细汇报了突发事件。自治区体育局紧急决定：停止攀登迦舒布鲁姆Ⅰ峰行动，全力抢救边巴扎西；成立由自治区体育局党组书记、西藏登山协会主席群增任组长，局办公室主任芮庆芳、西藏登山协会秘书长张明兴、翻译窦常身、仁那妻子吉吉、边巴扎西妻子普布为成员的山难善后慰问组，赶赴巴基斯坦慰问探险队并处理善后等事宜。

27日，中国驻巴基斯坦大使馆张春祥大使得知探险队遇险消息后，连夜召开使馆紧急会议，指示文化处、武官处等有关部门紧急与巴方联系，安排飞机接探险队全体人员回伊斯兰堡。

28日6时，桑珠再次前往医院探视边巴扎西。医生说边巴扎西已经脱离生命危险，经过15个小时的治疗和休息，他现在心率正常，手脚都能活动，可以讲话，记忆也在恢复中，这种情况下可以乘坐飞机前往伊斯兰堡接受更好的治疗。

11时30分，中国大使馆文化参赞单宝祥和秘书张冰与巴基斯坦高山俱乐部负责人等，乘坐巴空军一架C-130"大力神"运输机前往斯卡杜接回探险队。当单宝祥等祖国亲人走下飞机和每个队员见面握手时，许多人禁不住抽泣起来。单宝祥安慰说："我代表中国驻巴基斯坦大使馆、代表张大使本人来接大家回家，大家受惊了。"他勉励队员们节哀，保重身体，我们共同渡过难关。

13时15分，飞机降落在拉瓦尔品第杰格拉拉空军基地，张春祥大使亲自到机场迎接，并安排紧急护送边巴扎西前往巴基斯坦三军联合医院治疗。院方特意安排两名主治大夫和两名护士进行24小时不间断地精心治疗，没让探险队派人陪护。同时，仁那的遗体也得到了冷藏存放。

30日，经过连日紧急救治和精心护理，边巴扎西伤情稳定、渐渐康复。从这天开始，院方同意探险队派人陪护伤员，以便大夫在观察治疗期间与边巴扎西进行语言沟通。

上午，桑珠等人再次来到医院看望边巴扎西，他前几天因面部水肿而不能睁开的右眼现在已能睁开，他拉着桑珠的手说："现在就是头有点疼。"桑珠问他："吃饭了没有？"他说："吃了。"桑珠说："好好休息，听医生的。"边巴扎西说："好的。"桑珠又问："别的（部位）不疼吧？"他说："不疼。"洛则告诉边巴扎西："我们都很想在这里照顾你，但医院规定前边急救不允许陪，现在只允许1~2人陪你，是让你休息好。"边巴扎西说："行，（你们）不用待。吃了点饭，挺好，你们回去休息吧。"主治大夫穆·多德介绍诊断结果说："边巴扎西的头脑清醒，呼吸正常，主要伤情是右耳后部头骨上有一条裂缝，有部分脑液渗漏，日后可以慢慢愈合，治愈率可达90%以上，没有大的问题。医院主要采取保守疗法，不需要手术，但要持续观察7~10天，目前他还不适合空中旅行。"

同一天，自治区体育局成立的山难善后慰问组，在派车接吉吉从珠峰大本营中日联合登山队回到家中稍作准备后，乘飞机离开拉萨途经乌鲁木齐转机赴巴基斯坦。

中国登山协会、西藏自治区体育局、西藏登山协会和西藏登山队等单位分别发来慰问电，境内外许多山友和自治区体育局系统的干部职工对仁那罹难表示沉痛哀悼、对边巴扎西的伤情高度关注，通过手机短信或互联网，祝愿边巴扎西早日康复。

31日下午，医院工作人员对仁那的遗体进行了清洗等葬礼前的准备，为他换上崭新的衣服和鞋袜。

第三节　送别仁那

6月1日10时40分，自治区体育局山难善后慰问组抵达拉瓦尔品第。吉吉从下飞机的那一刻就开始哽咽，看到前来迎接的探险队员们，她抱住桑珠和次仁多吉放声大哭起来。回到宾馆后，群增书记听取了桑珠的情况汇报，随后与中国大使馆和巴基斯坦高山俱乐部的领导讨论了善后工作安排。

12时30分，大家来到存放仁那遗体的太平间，摆上花圈并把哈达覆盖在遗体上，点燃自家乡带来的藏香和酥油灯，按传统礼仪祭奠仁那。看到仁那遗体的那一刻，羸弱的吉吉挣脱搀扶，猛扑到亲人的身上号啕大哭起来，她一边哭一边亲吻着仁那冰冷的脸颊，抚摸着亲人僵硬的双手，要求自己能单独和亲人多待一会儿。时间一分一秒过去，吉吉的每一声痛哭都撕扯着在场所有人的心。

12时50分，吉吉在众人的搀扶下，几乎是拖着双脚离开了太平间。随后，群增书记一行来到边巴扎西的病房前，所有人员都把臂上的黑纱（当地没有宽幅的黑纱，只有一种窄窄的黑色布条）取下来才进去，避免让边巴扎西知道仁那已经离去。望着躺在病床上的丈夫，普布强忍着泪水抚摸着边巴扎西的头说："你要好好休息，心里不要紧张，好好治疗，伤口会很快好起来。"为了不让边巴扎西受到刺激，桑珠和其他队员提前做了普布的工作，让她俩见面时千万不要哭。

6月1日19时，中国大使馆举行吊唁仪式，临时设立的灵堂里响起哀乐，灵堂正中摆放着仁那的遗像，遗像上方是"沉痛哀悼仁那勇士"八个白底黑字。在遗像两边摆放的花圈上，大使馆敬献给勇士的挽联上写着"青山有幸留傲骨，苍野无语悼英雄"。张春祥大使、詹久阿准将（高山俱乐部前主席，有军衔）和吉吉以及其他中方和巴方人员都佩戴黑纱和白花向遗像三鞠躬并依次敬献哈达。

走近遗像的一瞬间，吉吉再一次失声痛哭起来。遗像中仁那脸上依旧挂着人们熟悉的那质朴憨厚的笑容，更让吉吉悲痛欲绝。

吊唁仪式结束后，巴基斯坦友人纷纷提笔在悼念簿上留言，高度赞扬仁那为中国乃至世界登山事业做出的杰出贡献，表达对仁那的无限哀思。詹久阿准将在留言中写道："我们失去了一位伟大的登山队员和亲密的朋友，我代表高山俱乐部以及我本人表示深切的哀悼！仁那，你的灵魂将永驻喀喇昆仑的天堂之巅，那是一个你所热爱的地方。"

达利克秘书长写道："巴基斯坦失去了一位很好的朋友，他在喀喇昆仑山脉体现出来的成就、勇气和奋斗，一定会进一步加强巴基斯坦和中国之间的关系和友谊。他的成就比喀喇昆仑山脉还要坚固。"

张春祥大使也给予仁那很高的评价："中华民族英雄，全人类的勇士！"

2日17时50分，仁那的灵柩被运到位于拉瓦尔品第城中的火葬场。灵柩上覆盖着白布和五星红旗，上面摆放着花圈、撒满花瓣。送葬的人们把哈达献在灵柩上面，在灵柩的四周煨桑烟、点酥油灯和藏香，按照藏民族的礼仪厚葬仁那。

中国大使馆和巴基斯坦旅游部、高山俱乐部，西藏自治区体育局山难善后慰问组一行和西藏探险队队员前来为仁那送行。大家臂戴黑纱，深情目送仁那离去。在燃烧的大火中，这位为中国登山事业奋斗了20多年的英雄，走完了他短暂而光辉的一生。

5日16时20分，探险队和慰问组一行乘飞机回到乌鲁木齐。新疆维吾尔自治区有关方面的领导和体育系统的干部职工及登山运动爱好者到机场迎接，举着"祝登山英雄早日康复""新疆登协和乌市登协向西藏8000米高峰探险队致敬"等横幅。坐在轮椅上的边巴扎西，在机场工作人员和队友的护送下，登上早已等候的救护车前往新疆第二人民医院住院治疗。到医院后，经诊断为颅骨骨折和脑震荡，这与巴基斯坦军医诊断结果基本一致。探险队主力队员洛则作为与边巴扎西生死与共的战友，他不顾家人担心和天气炎热主动要求留在新疆的医院里陪护。他说："自己与边巴扎西十几年在一起，彼此特别熟悉，一定能按照医院和边巴扎西的要求尽心尽力照顾好他。"

随后，覆盖着哈达的仁那骨灰盒由队友捧出机场。探险队在乌鲁木齐受到新疆各界的极大关注，一场为伤亡者的捐款活动正在发起。新疆登山协会常务副主席南国桓说："西藏登山队攀登世界14座海拔8000米以上高峰的计划是人类的壮举，这次登山队不幸遇险，我们将通过实际行动体现对勇士们的支持。"

8日15时15分，搭载着仁那骨灰盒的飞机抵达贡嘎机场。西藏自治区政府副秘书长德吉卓嘎和自治区体育局的领导，以及西藏登山运动管理中心、西藏登山队的负责人到机场迎接。桑珠队长捧着仁那的遗像，扎西次仁捧着覆盖有国旗的骨灰盒与其他队员走出机场。

回到拉萨后，仁那的遗像和骨灰盒安放在西藏登山队的荣誉室里，这里被布置成一个庄严肃穆的灵堂，全体登山队员和职工家属向仁那的遗像和骨灰盒深深地三鞠躬并献上哈达。

第四节　悼念仁那

6月13日16时，根据西藏自治区主要领导同志指示，自治区人民政府办公厅协调有关部门在拉萨西山殡仪馆举行追悼会。全国人大常委会副委员长热地、全国政协副主席帕巴拉·格列朗杰、西藏自治区党委书记杨传堂等领导同志和西藏自治区党委、人大、政府、政协，中国登山协会和新疆、青海、四川3省区登山协会，西藏自治区体育局和西藏登山协会、新华社西藏分社及西藏登山运动管理中心、西藏登山队等局属各单位献了花圈。鲜花丛中安放着覆盖有党旗的骨灰盒，黑色幔布的前面是用白花缀成的4个巨大花圈，上面悬挂着仁那的大幅遗像。

自治区副主席甲热·洛桑丹增和自治区人大、政府、政协领导与专程赶来的中国登山协会领导，还有自治区直属机关工作委员会、自治区民政厅、自治区体育局、新华社西藏分社等单位的负责人，与400多名西藏各族各界代表、体育系统部分干部职工家属、因共同登山爱好而与仁那结识的山友派出的21名代表等，向仁那的遗像敬献哈达与骨灰告别，并向仁那的妻子吉吉等亲人表示亲切的慰问。

自治区体育局副局长平措江村在悼词中高度评价仁那从事登山运动以来所取得的辉煌业绩，称他的不幸罹难给西藏探险队乃至国家和世界登山事业造成了不可挽回的损失，号召全区体育工作者学习他崇高的敬业精神和优秀的思想品德。探险队员要继承他的遗志，奋力成就登顶世界14座海拔8000米以上高峰的宏伟事业。

仁那在20多年的登山生涯中，先后登上除迦舒布鲁姆Ⅰ峰以外的其他13座海拔8000米以上世界著名高峰，以及数十座海拔六七千米的雪山，多次参加"西藏登山大会"，精心培训了众多业余登山爱好者，两次荣获国家体育总局（原国家体委）授予的"中华人民共和国体育运动荣誉奖章"，是国际级登山运动健将和登山界公认的著名登山家。

多年来，仁那几乎参加了西藏乃至全国所有重大登山行动，他技术全面、不畏艰险、舍生忘死，以一次次挑战极限的壮举刷新着中国登山运动的新纪录，罹难前和队友一直是世界登山最好成绩的保持者，赢得了国内外登山界同行的敬仰，为祖国和人民争了光。

仁那还是西藏攀岩运动的开创者，他曾以高超的攀岩技术，在1987年10月21—22日，参加由中国登山协会和中国软件公司联合举办的北京"中软杯"攀岩邀请赛上，从参赛的12支代表队、40多名男女运动员中，以2分22秒14的成绩获得男子单人攀岩冠军，一同参赛的加布获得男子单人攀岩第5名。仁那和加布还获得双人结组攀岩赛冠军和团体总分亚军。这也是西藏自治区首次派员参加全国性攀岩比赛。

6月29日，仁那被西藏自治区直属机关工作委员会追认为"优秀共产党员"，边巴扎西被授予"优秀共产党员"光荣称号。

仁那牺牲后，被推举为"2005 CCTV 中国体坛十大风云人物"之一。

时任西藏自治区党委书记杨传堂高度评价仁那的英雄业绩时说："优秀的登山运动员仁那不幸牺牲了，但他带给我们的精神，将永远鼓舞着我们勇攀高峰，挑战极限，挑战自我，创造一流的业绩。"

7月1日，在西藏自治区直属机关工作委员会举行的"两优一先"表彰大会上，特意安排西藏登山队书记、副队长尹逊平以《用鲜血和生命为党旗增光添彩》为题，介绍了仁那的先进事迹。他表示要继承仁那的遗志，把攀登世界14座高峰的宏伟事业继续进行下去，一定要创造团体登顶14座8000米以上高峰的世界新纪录，以告慰壮志未酬的登山探险英雄仁那！

第三十二章

团队登顶 14 座·2006 年洛则补登安纳布尔那峰登顶

安纳布尔那峰以地形复杂、攀登难度大而闻名于世。它的明暗冰裂缝纵横交错，山间雪崩、冰崩的轰鸣声不绝于耳，攀登路线上危机四伏，是登山者死亡率最高的山峰。据《山野》杂志 2007 年第 9 期《十四座 8000 米——极限之上的极限 辉煌中的辉煌》一文中统计：攀登该峰者死亡率高达 51%，而攀登乔戈里峰者死亡率为 39%、攀登珠峰者死亡率为 10% 以下。

1993 年 4 月 26 日 16 时 30 分，西藏探险队的次仁多吉、边巴扎西、仁那、阿克布成功登顶该峰，取得了挑战 14 座 8000 米以上高峰首战告捷。但是分编在另一组的洛则和旺加、达琼、大其米、加布 5 人，在随后冲击顶峰时，大规模雪崩破坏了线路和保护绳，掩埋了存放在高山营地的冰爪、冰镐等技术装备，因为探险队必须按照与尼泊尔有关部门的约定，赶在夏季登山"关门时间"之前攀登另一座高峰，而被迫放弃登顶。

第一节　申请补登

2006年，探险队计划休整一年。2005年底，刚从医院陪护边巴扎西由别人接替后回到拉萨的洛则申请补登安纳布尔那峰，以便赶上已登顶13座8000米以上高峰的次仁多吉和边巴扎西。他在申请书中写道："只有自己补登安纳布尔那峰并努力取得成功，才能为最终实现探险队成立之初就确定的3人以上登顶14座高峰的目标创造条件。同时，也为牺牲的好兄弟仁那实现遗愿。"

西藏自治区体育局及其西藏登山运动管理中心和西藏登山队都认为洛则申请补登行动，无论是对他个人还是对探险队来说都意义重大，因为作为探险队主力队员，只要缺席一座8000米级高峰，都将是终生的遗憾！对探险队来说只剩下2人登顶13座高峰，没有洛则补登安纳布尔那峰，就不能创造团队登顶14座高峰的世界纪录，之前所有奋斗牺牲换来的成果将大打折扣。但是西藏登山队和探险队在是否同意洛则补登的问题上又处于两难的境地：同意补登，将面临不可预知的危险；不同意补登，则意味着目标不能实现。

2004年，探险队还在巴基斯坦攀登乔戈里峰时，洛则就曾在大本营谈起过想单独补登安纳布尔那峰的打算。洛则已经登顶12座高峰，距离实现14座高峰"大满贯"目标是"咫尺之遥"。他经过慎重考虑，并在家人的支持下，向西藏登山队递交了攀登计划和安全登顶下撤的保证书。西藏登山队和探险队在仁那牺牲后，也确实需要洛则补登成功，以实现预定目标。但是，队员的人身安全更为重要，是否同意补登必须全面权衡、慎重决定。西藏登山队和探险队在经过反复征求其他队员和有关部门意见、分析讨论论证后认为洛则的攀登计划基本可行，最好是加入尼泊尔接待团队中，攀登就更有把握，于是同意洛则补登，并向西藏自治区体育局和西藏登山协会上报了请示文件。

国家体育总局登山运动管理中心主任李致新和中国登山队队长王勇峰等对洛则勇于补登安纳布尔那峰、为创造世界登山新纪录而创造条件的想法表示支持，特别是王勇峰队长，个人向洛则赞助50000元经费，他们指示外联部与尼泊尔登山管理部门联系，安排洛则加入当地接待的登山团队中攀登。

西藏自治区体育局和西藏登山协会也批准了西藏登山队和探险队关于洛则补登安纳布尔那峰的请示。西藏登山协会还在经费和装备等各方面给予保障，以便最大限度保障洛则的人身安全。

这是探险队成立以来首次只有一名队员参加的攀登行动，给他派出的高山协作是曾经登顶珠峰和卓奥友峰的西藏登山综合培训中心（西藏登山向导学校）优秀毕业学员小边巴扎西，另聘请一名尼泊尔夏尔巴人为高山向导。洛则在尼泊尔社会局势混乱的情况下，义无反顾地带上高山协作抵达加得满都，然后加入一支攀登该峰的国际登山队。

第二节　两回冲顶成功

5月4日，洛则加入由2名波兰人、1名捷克人、1名加拿大人组成的国际登山队，开始徒步进山，3天后抵达安纳布尔那峰南侧海拔4130米处大本营。这次进驻的大本营和攀登路线与1993年攀登时不同，是中国人首次从安纳布尔那峰南侧路线建营攀登。

7—20日，队伍抓住较好天气周期，先后建立6个高山营地，完成了物资运输任务，人员进驻突击营地，做好了冲击顶峰准备。

21日，队员们天亮后从突击营地向顶峰冲击。队员结组行进，山上积雪很深，前进速度很慢，洛则有氧气瓶就主动在前面开路。但仅靠一人开路没人替换，使洛则感到与在探险队攀登时有很大不同，这种由不同国家的人组成的登山队缺乏协同，攀登起来很累，只能边开路边停下休息。当登到离顶峰只剩下100多米时，天色已完全黑了下来，其他几个人都没有准备头灯，登顶面临很大困难。大家商量说即使登到顶峰，也没办法照相取证，更难以安全撤回到营地。于是，同伴们决定20时开始下撤。

从早上出发时洛则吃了饼干喝了速溶茶直到现在没进食，体力消耗很大，感觉非常疲劳，开路时还摔倒一次，冰镐丢在了积雪中找不到，下撤中走过岩石地段时，因路窄又没保护绳非常危险，洛则向波兰队友借了一把冰镐才觉着有了点安全感。在多数人没有头灯的情况下只能摸黑下山，一直到22日大约8点多钟队员们才回到突击营地。洛则与队友烧水吃饭，然后睡了一会。醒来时发现自己患了雪盲，眼睛睁不开。估计是昨晚下撤时，因天黑看不清路便摘掉了墨镜，加上高空风吹雪很厉害，患上轻度雪盲，好在眼睛不痛。

23日，洛则仍然什么也看不见，只能躺在帐篷里休息。他通过对讲机让高山协作小边巴扎西和夏尔巴人上来接应。

24日，一名波兰队友意外地在帐篷里找到一袋酥油茶，用热水冲泡给洛则喝了。经过两天休息，尽管视力还是模糊，甚至连放在帐篷门边的鞋也看不见，但在接应的两人上来后洛则还是坚持下撤。由于三天两夜没有吃上充足的食物，洛则的体力很差，每走几步就得休息一会。从5号营地（突击营地）到4号营地是山脊线路，从4号营地到3号营地是冰雪陡坡，洛则强打起精神认真走好每一步，以防止滑坠。下到3号营地以后，他们发现帐篷里有食物，3个人吃了一些东西后继续下撤。

25日，即出发后的第5天，3人才回到大本营。其他国际队友已先后撤离，但洛则决定不能轻易放弃。此后，经过短暂的休息他基本恢复了体力。洛则决心凭借已经熟悉了的线路和较好的体能，在好天气周期尚未结束之前，要与高山协作和向导再次向上攀登。

6月1日，洛则一行3人离开大本营再次向顶峰进发。当天抵达1号营地，第二天从1号营地跨越2号营地登达3号营地，第三天又跨越4号营地登达5号营地（突击营地）。像这样连续跨营攀登对一般体力的登山者来说是难以承受的，但对于洛则这位常年奋战在冰峰雪岭之上的探险队主力队员来说，已是屡见不鲜。无论是和队友征战马卡鲁峰，还是最终登顶乔戈里峰，都是跨营冲顶的成功案例。在这次补登行动的第二次冲顶中，为了节省时间和所剩不多的食物、燃料，也必须采取这种超常规的战术手段去实现目标。洛则认为小边巴扎西作为已经成功登顶珠峰和卓奥友峰等8000米以上高峰者，具备这样的实力，后来的事实也证明了这一判断。

4日，3人再次突击顶峰，凌晨1时就出发了。早先天气尚好，但在8时左右开始吹雪，从山下面涌上一团团的浓云。洛则说："攀登到8000米左右时，山上的云越来越厚，能见度也越来越低。怎么办？距离顶峰越来越近，这个时候肯定不能下去，一定要坚持到底！"就这样，3人互相鼓励，最终在13时20分登达顶峰。

顶峰上云雾迷蒙，能见度不到10米，拍照录像时看不到其他山峰作参照背景。3人在顶峰上只停留了15分钟，小边巴扎西和夏尔巴人展开国旗，洛则拍照录像，然后几个人互相拍照留影。因为风特别大，3人就赶快下撤了。当天撤到4号营地，第二天撤到1号营地。

6日，三人撤回大本营。当时山上在下雪，大本营则在雨中。

第三节　为团队登山纪录创造条件

6月14日，洛则和小边巴扎西回到拉萨，向领导们汇报说："这次没有遗憾了！明年一定要完成最后一个心愿（登顶最后一座8000米以上高峰）。"

洛则勇敢完成补登安纳布尔那峰的大局观念和英雄行为，受到各级领导的高度评价，称赞他不仅实现了个人的愿望，更重要的是使探险队保有了3人团队登顶13座8000米以上高峰的实力，为最终实现团队登顶14座8000米以上高峰的目标、创造世界登山新纪录提供了可能性。

此外，洛则还创造了中国人首次从安纳布尔那峰南侧路线登顶的纪录。

冒着山峰所在国战乱危险和登山高死亡率的生命危险，独自带上高山协作人员登顶安纳布尔那峰凯旋的洛则，跟出发时相比消瘦了许多。他说："以前出来登山都有队友，习惯了团队的严密组织和队友之间通力合作，这次是与陌生队员攀登，无法配合，感到很不适应。自己也是第一次离开团队单个走，思想负担就比较重，老想着如果失败了怎么办？平时队员多，还有队长，有什么事可以商量。这次登山语言沟通困难，也找不到人商量。即便如此，在最艰难的时候我也没想到过放弃。唯一的目标就是想尽一切办法也要再上去登顶，一定要珍惜这次来之不易的机会。"

第三十三章

团队登顶14座·2007年登顶迦舒布鲁姆Ⅰ峰

经过2006年部分队员休整和洛则补登安纳布尔那峰成功,特别是边巴扎西基本康复后坚决要求攀登最后一座高峰,西藏探险队恢复了登山探险的战斗力和创造团队登顶世界高峰新纪录的实力,于2007年春季赴巴基斯坦,第三次攀登迦舒布鲁姆Ⅰ峰。

此前,探险队曾在1995年春季登顶迦舒布鲁姆Ⅱ峰后计划接着攀登Ⅰ峰,但在登达2号营地时遭遇两天两夜大雪,只得撤回大本营等待时机。接着便是罕见的5天5夜连降大雪,不仅丧失了继续攀登的一切可能性,而且使食物和燃料即将消耗殆尽,队员们面临生存危急,探险队被迫停止攀登,在饥饿中下撤。2005年春季,探险队进山途中遇险,被迫中止攀登行动。

第一节　弥补遗憾　为梦想出征

　　身负重伤的边巴扎西以重度残疾之身，不顾个人安危，说服家人，要求随队攀登最后一座高峰。他受伤后虽经巴基斯坦军队医院抢救和回国接受新疆、北京、深圳、拉萨各大医院和著名专家治疗，但仍然落下重度残疾：面瘫、右耳失聪、右眼球外突、下眼睑无法眨动闭合、嘴巴左斜、说话时舌头淤滞口齿不清、身体平衡能力差、思考问题反应慢，因大脑受伤诱发的癫痫病还不时发作。边巴扎西为了这次关键性的攀登，一直默默地积蓄着力量，他说："从2005年出事到恢复记忆，我就一直想着要完成最后一座（高峰攀登）。"为了这个目标，他忍受了常人难以忍受的痛苦。所有人对他的治疗和康复非常重视，从自治区体育局领导、国家体育总局登山运动管理中心领导到社会各界人士通过各种方式给予他关怀、支持和帮助，安排他到最好的医院接受治疗，西藏登山队派人全程陪护，各地的山友给他寄送营养品。他从受伤抢救到在各地医院治疗康复期间，剧烈的伤痛和治疗时的疼痛，加上为恢复攀登技能锻炼身体时的痛苦轮番折磨着他。2006年边巴扎西在北京治疗期间一直躺在病床上，导致肌肉松弛，他摸着小腿感觉像是装了水的塑料袋一样软软的，他心想腿上没有肌肉这样去登山可不行，要赶紧锻炼，于是就忍痛瞒着医护人员下床走动，并逐步增加运动量，随着运动强度加大肌体逐渐恢复。但是治疗面瘫就更加痛苦，要接受漫长的针灸治疗。他每次治疗时半边脸上共扎二三十根针，如此连续6个月。特别是在做肌电图时，他经常疼得想喊，但都以顽强的毅力忍住了。他还以竖直物体作参照物，故意爬坡越沟锻炼身体的平衡能力，增强走路时的平衡感。他说为了实现心中那个神圣的目标，他在所不惜，甘愿忍受一切痛苦！

　　洛则因补登安纳布尔那峰体能消耗很大，身体尚未完全恢复，但一定要登顶最后一座山峰的求战心切。

身为登山运动员的吉吉抑制失去丈夫的内心伤痛，决心为实现亲人的遗愿，坚决要求替仁那攀登最后一座高峰。2006年秋天，吉吉被西藏自治区体育局选派到北京体育大学学习。在这之前她曾于1999年和仁那双双登顶珠峰采集民运会圣火火种、2002年参加中日联合攀登卓奥友峰成功登顶、2005年参加复测珠峰高程和纪念中日女子登顶珠峰30周年再次登顶。她还多次担任"西藏登山大会"教练，登顶多座海拔6000~7000米以上的雪山，是实力派登山运动员、国际级登山运动健将。为了登顶，她做好更加充分的准备，她不愿在攀登中给其他队员增加负担，不断加大训练力度和难度。每天早上，她都坚持在校园大操场跑10圈以上，并利用一切机会进行腿部力量训练。出国前，她把即将参加小学升初中考试的女儿托付给亲戚照看，带着对女儿的牵挂和为丈夫实现遗愿的强烈愿望，吉吉跟随探险队出征了。

西藏登山队和探险队通过组织边巴扎西与其他队员攀登启孜峰，对他身体恢复状况进行全面检验；对吉吉要求随队攀登进行全面评估，确认两位参加攀登行动具备一定的成功率，随即报请上级批准了两位的请求。

2007年夏季攀登迦舒布鲁姆Ⅰ峰队伍组成人员表

职务	姓名	国别	备注
队长	桑珠	中国	
攀登队长	次仁多吉		
队员	边巴扎西、洛则（兼高山摄影师）、吉吉		
翻译兼后勤总管	普布次仁		
记者兼秘书	薛文献		
高山协作	西藏登山综合培训中心（西藏登山学校）的边巴顿珠、小边巴扎西、索朗扎西		
联络官	贝拉·穆罕默德上尉	巴基斯坦	现役军官
巴方队员	尼萨、菲达、达盖、纳赛尔		
炊事员	萨盖、伊萨、易卜拉欣		

2007年5月16日，探险队乘飞机离开拉萨。

19日，探险队途经成都抵达乌鲁木齐。探险队抓紧时间采购补充物资、托运大件行李、办理报关手续。同时，桑珠带领队员专程到给边巴扎西治疗过的新疆维吾尔自治区第二人民医院拜访，向医院在2005年给予探险队的支持和帮助表示深深的谢意。

26日，探险队乘飞机离开乌鲁木齐途经喀什飞抵伊斯兰堡。85岁高龄的高山俱乐部前主席詹久阿仍然到机场迎接，让大家倍感亲切、深受感动。之后的几天里，探险队忙着清点和整理物资。在烈日下大家把2005年寄存的所有食品、药品、装备和高山帐篷的包裹一一打开，把一顶顶帐篷在草地上搭起来，仔细检查所有物资是否可用，然后再把各种物资分类包装好，就像在山区建营和整理物资装备的一次预演。大家还分头在伊斯兰堡和拉瓦尔品第采购大米、面粉、罐头、茶叶和调料等食品。炎热的天气里要在众多的小商品店里仔细搜寻这些食品，颇费了一番周折。

30日下午，探险队全体队员来到中国驻巴基斯坦大使馆，拜会新任大使罗照辉。罗大使详细询问登山活动的准备情况，他说："大使虽然换了，但提供服务不会变，大使馆就是你们的家，你们有什么需要尽管来找我们。"罗大使的话语使大家心里感觉甚是亲切和温暖。

桑珠和边巴扎西、吉吉、普布次仁冒着高温特地到巴基斯坦三军联合医院拜会了医院领导、主治医生和护士，对院方精心救治边巴扎西和曾给予探险队的大力支持和帮助表示诚挚的感谢，并赠送了纪念品。

这次攀登仍然以中巴联合的方式进行。在与联络官及当地工作人员会面后，中巴联合登山队在伊斯兰堡举行了新闻发布会。

中国大使馆文化处特意安排宴请了探险队全体成员，为勇士们壮行。

6月3—4日，联合登山队乘车离开伊斯兰堡抵达斯卡杜，与4名巴方队员和3名炊事员会合，做好了进山前的各项准备工作。与往年进山方式不同的是，经过西藏自治区体育局批准，为保障队员们进山途中安全，此次将租用直升机从斯卡杜直接飞到大本营。按照巴军方的有关规定，直升机飞往高海拔山区时，一次只能乘坐4人，而且不能携带较大和较重的行李。除少量随身装备外，联合登山队的绝大部分物资只能雇请民工背运。为此，请当地工作人员安排在6日用越野车将所有需要背运的物资运往奥斯克力，等民工集中后再用6天时间步行运往大本营。在此期间，探险队就留在斯卡杜休整训练，等待民工把物资运抵后再飞往大本营。

6日下午，斯卡杜社会各界举行招待会，热烈欢迎来自中国西藏的老朋友们。斯卡杜民工管理计划委员会负责人古拉姆·巴拉维对中国队员的到来表示欢迎，并预祝探险队创造新的世界纪录、登顶取得圆满成功。斯卡杜地方行政委员会官员古拉姆·胡赛恩表示，探险队有什么问题请告诉我们，当地政府一定会尽力帮助解决。当晚，当地旅游和交通部门负责人哈吉·拉赛邀请全体队员到他兄弟在斯卡杜以东12公里处修建的乡村公园做客。他说："巴中两国亲如兄弟，你们的成功也就是我们的成功。巴尔蒂语和藏语中有一半左右的词汇是相通的，所以大家能够相互理解，见到你们就像见到了亲人。"

在此期间，桑珠和普布次仁、边巴扎西先后拜会了斯卡杜医院和当地驻军及政府机关，对在2005年山难事故中给予探险队的紧急救援和大力支持表示感谢。

13日7时12分，中巴部分队员和联络官等共12人乘直升机离开斯卡杜，48分钟后降落在巴玉营地加油。除联络官贝拉上尉为适应高海拔环境，要从这里开始徒步进山外，其余11人分三个架次相继飞抵大本营。记者兼秘书薛文献乘坐的是第一个"航班"，记下了乘机飞行过程：只用了20分钟就抵达了目的地。这段路，直升机全在冰川上空飞行，在喀喇昆仑连绵不绝的群山中，直升机沿着峡谷中间飞行，高度并不是很高。在隆隆的轰鸣声中，大家透过舷窗，仔细地辨认着往年曾多次经过的那些熟悉的道路和营地，甚至能回想起来在哪个山坡上曾经休息过、哪条河流曾经挡住过前进的脚步。有段路在高高的半山腰上，当飞机掠过时，能清晰地看见民工们排着长长的队伍、背负着物资前行。当年我们也曾这样用脚步丈量过这里的山山水水。随着海拔的逐渐升高，目力所及的地方均被大雪覆盖，四周白茫茫一片。目的地到了！降落场位于一处军营附近，用废旧油桶围成一个圆圈，中间的冰雪台地就是降落点。大家从这里再走15分钟就到了大本营，与前一天徒步抵达的3名巴方队员和3名炊事员会合。

此时大本营只有一支先到的捷克登山队。

大本营设在冰川上面，海拔5000米，冰面凹凸不平。在短短几十分钟内大家一下子从低海拔上升了2600米，尽管身体还来不及适应，但大家立即投入建营工作。选择一些相对平缓的地方，先把冰刨平，再弄来小石头铺在上面，四周用大石头圈起来，就是一个理想的帐篷用地。经过大半天的辛苦劳作，联合登山队共搭建了10顶帐篷。

这天的天气非常好，白天阳光灿烂，气温较高，干活时许多队员只穿着短袖上衣。但当太阳在5时40分落山以后，夜晚气温骤降，队员们又全都穿上羽绒服。

由于是从低海拔处起飞后一下子"空降"到高海拔大本营，少数队员有轻微头疼和心跳加快等高山反应。

14日，队伍在大本营才过了一个晚上，天气就变了。从早上开始，迦舒布鲁姆I峰就被厚厚的云层遮住，高空风比较大。下午，山间云雾弥漫继而开始降雪。晚上，雪粒的敲打声，间或还有巨大而沉闷的雪崩轰鸣声在山谷里回荡。此后，山里出现连续降雪天气，给各项活动带来不便，队员们无法整理已经运来的物资，也无法继续平整地面和加固帐篷，只能等待天气好转。在此期间，不断有成批的民工在严寒和风雪中艰难跋涉而来，陆续将各种物资运到大本营，连续降雪一直持续到19日晨。

第二节 同舟共济 成功登顶

6月20—25日，出现较长的一段好天气周期。联合登山队举行升国旗开营仪式后，首先打通了到海拔5400米处前进营地和5750米处1号营地的路线，随即派出部分队员将物资运送到1号营地。未安排参加运输的队员或在山区进行适应性行军训练，或拍摄影像图片资料，目的是让边巴扎西和吉吉有较充足的高山适应时间，向更高海拔攀登做准备。在此期间，队员们顺利完成了第一阶段的各项任务。

从大本营到前进营地的这段路况，与1995年探险队第一次攀登时比较变化很大，冰川路段更加艰险难行，许多路段积雪过膝，给行进造成很大困难。沿途布满了大大小小的冰裂缝，队员们花费了很长时间来寻找适合攀登的路线，第一次去探路就插了60多个路标。这些冰裂缝有的可以绕过去，有的则无法绕过，必须拉保护绳抓着绳子才能通过，整条路段共拉了200多米长的绳索，有七八处是高达两三米甚至四五米的冰壁，攀登难度超乎想象。

对于第一次出国登山，而且是队伍中唯一女性的吉吉来说，迦舒布鲁姆 I 峰的攀登路线长、裂缝多、坡度陡等艰险程度都超过了她的设想。尽管没有说什么，但她心里还是相当担忧：担心自己的体力差跟不上男队员的攀登速度、忧虑登不上顶实现不了爱人的遗愿。后来，攀登队长次仁多吉看出她的心思，多次鼓励她说危险路段都拉了绳子，攀登中采取的保护措施比以前登山时都多，不用担心，这才使她稍微轻松一点。

除了复杂的"豆腐渣"路面，烈日当空也给攀登在冰雪反射强光中的队员们带来了烦恼。洛则有天从1号营地回到大本营说："走在冰雪中上面暴晒、下面强光反射，感觉热得就和在伊斯兰堡一个样。还有午后冰雪融化，不是滑倒就是陷进冰坑里，我一路是摔着跤回来的。"

边巴扎西进入山区以来，每天坚持服用藏药和西药以减轻伤痛。对于这次攀登，他事后说："自己心里其实没底，受伤后脑子不一样了，眼睛也不行，看东西不能确认远近，感觉处处都有危险，一直担心会出事。在斯卡杜的时候，癫痫病还发作过一次。你们别看我在大本营走路很轻松，那是装的。在山上见到40度以上的陡坡，心里就很害怕，以前可不是这样的。"

28日，联合登山队开始第二阶段的攀登行动。队员们离开大本营前往1号营地，在那里搭起两顶帐篷，之后山区开始飘雪。午后，大本营也开始降水，先是雨加雪，后是小雪，山间白茫茫一片，能见度变低。而1号营地的降雪更大，积雪过膝。除中巴队员外，其他登山团队都在这天撤回了大本营。

29日，看着天气没有好转的迹象，队员们将新搭建的两顶帐篷拆卸，与其他物资集中包裹在一顶帐篷里，然后紧急撤回大本营。之后又是在4天雨雪交加天气中的漫长等待。

这几天，先后有匈牙利、瑞士、捷克等国的登山团队来到大本营，使原本狭窄的大本营"用地"更加紧张，大大小小和花花绿绿的各式帐篷挤满在各个小山包周围，估计有一百多顶。

7月4日，连绵降雪终于停止，联合登山队的高山协作等7名队员迅速进驻1号营地建营并做好向上攀登的准备。

5日，队员们打通了到海拔6300米处2号营地的线路，搭建起帐篷并运输了首批物资。从1号营地到2号营地全是冰雪缓坡路面，中间有少部分地段为不规则的"豆腐渣"冰川路面，先期抵达这里的外国登山队已经拉了一些绳索，攀登难度较小。

6日，次仁多吉、边巴扎西、洛则和吉吉4名主力队员也相继进驻各个高海拔营地，进行适应性攀登。边巴扎西把这天离开大本营向上攀登，看成是自己人生中最后一次攀登高峰的机会。他把备用羽绒服和内衣裤叠得整整齐齐，放在大本营的个人帐篷里，上面还放了一个头灯，气垫和备用靴子也放在了帐篷里。帐篷外面有一个蓝色行李桶是锁着的，里面有一些钱物，是准备留给他妻子和两个孩子的，他把钥匙交给了桑珠队长。还有两个行李桶里放的是整理后的登山公用物资，每样东西他都交代得清清楚楚。对于他的这一举动，留守大本营的人都感到很难过——这分明是做了一去不复返的准备——悉心收拾好的服装和钱物是为方便别人移交给他的亲人！然而大家知道他不惜一切来登山的目的，也就不忍心劝阻他。后来边巴扎西告诉我们他登顶前是做了牺牲准备的："出发的时候，我都想好了，这次有可能回不来，所以要把自己的东西都整理得好好的。"7月4日他在大本营留给妻子和孩子的信中写道："我这次上去（登顶）一般没有事的，但是我和其他队员不一样，如果出了事你自己要照顾好自己啊！小孩现在一天比一天大，没有事的。你呢，一天比一天老，要照顾好自己……"

7日6时，担任修路任务的高山协作小边巴扎西、边巴顿珠、尼萨顶着猛烈的高空风和吹雪，一早离开2号营地向3号营地攀登修路。三人当天攀登到海拔6600米的高度，架设主绳300多米长，在与风雪搏斗了8个多小时后返回2号营地。

上午，边巴扎西在高山协作索朗扎西的陪同下从1号营地出发抵达2号营地。受伤后基本恢复的边巴扎西进入高海拔山区后到底行不行，一直是大伙最担心的。经过几天来对他的适应程度和攀登情况观察，大家包括他自己在内都更加有信心了。对他的攀登技能水平、心理素质、高海拔适应能力和勇于牺牲精神，大家都钦佩不已。

从早上开始，迦舒布鲁姆Ⅰ峰那巨大的山体就一直被浓密的云雾遮挡，从大本营可以看到海拔六七千米的山脊上吹雪不断。到14时，大本营也开始飘雪，天气由晴转阴，人们心头为之一紧。夜间，2号营地周围的大风又一直吼叫不停，队员们普遍没有休息。

8日，经过一天一夜的降雪，加上白天一直有阵风和吹雪，队员们只能待在高山帐篷里休息，什么也干不成。这场雪也是联合登山队自进山以来遇到的最大降雪。

9日晨，经过漫长降雪后，迦舒布鲁姆Ⅰ峰迎来难得的晴好天气。小边巴扎西、边巴顿珠和尼萨再次试图打通到3号营地的路线。连续降雪后，山上的积雪深厚，最深处可达队员的大腿根，给行进带来很大困难。攀登中修路组发现前期固定的绳索和支点都被大雪掩埋了，所有工作又得从头开始。从2号营地到3号营地的路段，几乎全是冰雪和岩石的混合路面，坡度有五六十度，攀登起来非常吃力，修路组几乎要全程拉上保护绳。他们从出发到海拔6920米的3号营地共用了10个小时，打通路线后返回，等到3名修路勇士回到2号营地，桑珠队长通过对讲机向在冰天雪地里连续奋战了12个小时的中巴队员们表示祝贺和慰问。他说，打通3号营地是攀登迦舒布鲁姆Ⅰ峰的关键性一步，为整支队伍冲击顶峰奠定了坚实的基础。

由于联合登山队主动承担了率先向上修路的重任，所带的主绳、冰锥、雪锥等技术装备已经不够用了。因此，桑珠和普布次仁当晚紧急会晤澳大利亚、意大利等登山团队负责人，希望援助一些修路用的技术装备。为了实现共同的登顶梦想，外方人士痛快地答应了，同意联合登山队使用各个外国队留在2号营地的所有修路技术装备，并答应继续向山上运送后援装备。

10日，山区风和日丽，碧空如洗。联合登山队抓住这难得的好天气周期，11名队员经过5个多小时的攀登，进驻3号（突击）营地，在那里搭建了3顶高山帐篷，同时完成了所需物资的运输任务。次仁多吉进山以来一直牙痛，在2号营地待机的5个晚上几乎都没睡好，但他一直忍痛坚持着。因为，他深知这次登山行动对于探险队以及他个人有着多么重大的意义。

11日22时，桑珠队长下达了冲击顶峰的命令！夜空中繁星满天，除巴方队员达盖以外，10名队员离开3号营地开始突击顶峰。而大本营工作人员几乎一夜未眠，时刻关注着山上的进展情况，期待着14年来那个奋斗目标的实现。

12日晨，天渐渐亮了起来。从下达冲顶命令到现在这段时间里，桑珠队长一会儿在帐篷里沉思，一会儿又到外面观察天气，一会儿又拿着对讲机去附近的山坡上呼叫。这样的情景是桑珠队长率领探险队征战十数年来，每逢决战时刻都必有的习惯性动作。他要掌控全局，根据天气和山上冰雪状况、修路和路绳架设情况、队员体能情况等诸多因素，决定何时喊醒队员、何时下达冲击顶峰或者下撤的命令，还要在接到队员登顶报告后，在第一时间向西藏自治区体育局和指挥部报喜，更要在队员们登顶亢奋、体力透支、缺氧使判断能力降低，又急于下撤的时刻，反复提醒大家一定要控制情绪、时时处处注意安全、预防冻伤滑坠，确保稳步安全下撤。

此时，预计用10个小时登顶的时间已到，可是对讲机依然静默。凡是在突击顶峰的关键时期，为了保证探险队员们集中精力应对各种危险和突发情况，大本营从不轻易与山上联系。

12日9时20分，对讲机里突然传来巴方队员尼萨用乌尔都语的呼叫："热烈祝贺巴中联合登山队全体队员登顶成功！"紧接着，对讲机里又传来一位中方队员的声音："我们已经到顶了！"他说："我是边巴顿珠，我和小边巴扎西、尼萨到顶了。"

"祝贺你们！上面高空风大不大？"

"风很大。"

"你们在上面要多加小心，防止手脚冻伤。"

"没问题，我们会注意的。"

"边巴扎西大哥上来了吗？特别向他祝贺！扎西德勒！"这时传来边巴扎西的声音："我是边巴扎西。"

桑珠说："边巴扎西，听到你的声音了，祝贺你！"

边巴扎西因舌头瘀滞口齿不清，只听他用不太流利的话语激动地说："谢谢！感谢——大家再次给了我这个机会！感谢——所有支持我、关心我的朋友们！感谢，感谢，特别感谢！"

"你的愿望实现了，很高兴，我们为你自豪，再次祝贺你！你们下来的时候一定要注意安全。"

"上去的路线比较难吧？"

"在我去过的山里面，除了K2以外，就是这个最难。K2有绳子，这个没绳子。现在就担心怎么下山。这座山很陡，坡度有70度以上。"

"别忘提醒大家，你们下来的时候，要一步一个脚印慢慢下来。"

"队长放心，我们会慢慢下的，不会有什么事。大本营的薛记者、翻译官（普布次仁），请你们放心，我们过两天见！"

"昨天我把电话打到你家里去了，你夫人让你放心去登山！我告诉你夫人，你的身体很好，叫她不要担心！"

"谢谢！现在洛则、次仁多吉到了，吉吉也到了，我们抓紧时间拍照。"

9时31分，对讲机传来了次仁多吉的声音。次仁多吉说："我现在心情很激动，有很多话想说，就是说不出来。"从对讲机里听到他在抽泣。

桑珠说："能理解，你们已经胜利登上顶峰，今天是个难忘的日子，我们大本营的所有人员向你们3位队员表示祝贺，祝贺你们画了一个圆满的句号！"

次仁多吉说："最后一座山，全世界人民都知道，边巴扎西是重伤员，吉吉是女性，我们能够登上这座山是不容易的，我的眼泪也出来了。"

在一阵哽咽后，便是次仁多吉激动的话语："感谢西藏登山学校的小边巴扎西、边巴顿珠、索朗扎西，还有巴基斯坦的队员和全国所有的山友们，对大家的大力支持表示感谢！没有大家的支持，就没有我们今天的成功。新华社的报道中千万不要把这些人的事迹给忘了。"

"我们虽然已经登顶了，但还是有一定的困难，下边积雪比较深，3号营地以上拉了700多米的绳子，但有许多很陡的地方没有了绳子，现在我正考虑怎么下的问题。"次仁多吉补充说道。

桑珠队长一字一句地再次交代："下来的时候，一定要注意安全，千万不要麻痹大意。现在已经到顶了，大家心里很激动，但体力消耗很大，这个时候更要注意安全问题。"

就在队员们登顶的那一刻，一项新的世界登山纪录正式诞生：次仁多吉、边巴扎西、洛则三位勇士历经千难万险，登顶世界全部14座海拔8000米以上高峰，为14年前开始的以团队形式攀登14座高峰的创举画上了圆满句号。

在此之前，全世界仅有13人以个人的形式登上14座高峰。3位藏族登山家的成功，以毫无争议的成绩和壮举跻身国际登山界最高端的舞台。这次成功，也使中国以新兴登山大国的身份首次成为国际登山界公认的"14座俱乐部"新成员。

吉吉在完成丈夫遗愿的同时，也成为中国第一位登上迦舒布鲁姆I峰、第一位到国外攀登海拔8000米以上高峰的女性。吉吉一到顶峰，就忍不住哭泣。她后来告诉我们："如果两年前他（仁那）只是受伤（就像边巴扎西那样）就好了，那么现在站在顶峰上的肯定是他了。如果他还活着，一定能完成登顶14座高峰的任务。现在他没来，我来了，我就是想着要把他的心愿实现。"

细心的吉吉把仁那的骨灰用塑料盒和塑料袋再用哈达包了好几层后，一路上不离身地背到了顶峰上。可是她发现顶峰上全是冰，生怕埋在冰雪下，一旦融化暴露出来被后人踩着，就在顶峰稍下一点找了个安全地方，把骨灰盒存放在一块很大的岩石上，再用一些小石块仔细掩埋好。

当天登顶的10人是：次仁多吉、边巴扎西、洛则、吉吉、小边巴扎西、边巴顿珠、索朗扎西、尼萨、纳赛尔、菲达。

10时40分，登顶队员们在完成展示两国国旗和安葬仁那骨灰、拍照取证、采集标本等工作后开始下撤。由于坡度特别陡，又没有保护绳，一脚踩空就会坠落悬崖，其危险性远高于珠峰。因此，队员们采取相互结组保护的办法，倒退着身体一步一步下山，下得十分缓慢。吉吉说，当时自己满脑子都是女儿的样子，一再提醒自己要注意安全、安全、安全！

14时44分，队伍撤到了3号营地，3名巴方队员决定留在那里，当时有达盖在那里接应，他因高山靴不合脚放弃登顶。7名中方队员则稍作休息后，一直下撤到2号营地。

13日中午，为迎接凯旋的勇士们，桑珠队长、贝拉上尉和薛文献记者在纷飞的大雪中带上奶茶、蛋糕和饼干等前往冰川区迎接，普布次仁则和炊事人员在大本营准备丰盛的宴席。当11位脸庞黝黑、神情疲惫的队员出现在视野里时，大家不约而同地高声喊起来："扎西德勒！""Congratulations（祝贺）！"大家热烈拥抱，亲切握手，庆祝这次来之不易的成功！

14时20分，全体队员回到大本营，受到本队及邻近登山团队工作人员的热情欢迎。大厨师萨盖端出特制的庆祝成功的大蛋糕，由次仁多吉首先切开，然后请每个人品尝，还烹制了烤肉、披萨饼、炸牛排等食物，犒劳已经在山上生活了10天左右的队员们。这几天队员们食物短缺，又在两天之内连续行军超过25个小时，万分艰辛。

成功的喜悦，并没有让队员们忘掉仁那。次仁多吉说："现在其实心情很复杂，探险队成功了，但我们毕竟少了一个人，我经常在睡梦中想到这件事。仅从我个人的角度来说，少了一个人，就没有完全成功。"边巴扎西和洛则也同样为仁那的不幸缺席感到深深的遗憾，他俩说："14座高峰拿下来，高兴吗？不高兴，如果他在，我们肯定会又说又唱又跳。他辛苦攀登了13座，就提前走了。我们这次代他画了一个圆满的句号，但再怎么说仁那兄弟也不在了！"

14年，14座，终于成功了！

第三节　王者归来　凯旋庆功

7月18日，联合登山队全体队员乘直升机返回斯卡杜。这次是中国驻巴基斯坦大使馆出面联系，巴军方派出直升机免费到大本营接回全体队员。

22日，大家专程前往仁那遇难的地方达索（Dasso），把一块从国内带来的纪念铭牌固定在巨石上，按照藏民族传统习俗举行了悼念仪式。

26日中午，我国大使馆举行宴会，祝贺探险队成功登顶最后一座海拔8000米以上高峰。罗照辉大使向探险队表示热烈祝贺："你们登顶全部14座高峰意义非常重大，这是全中国人民的骄傲。这次胜利既是登山英雄的胜利，也是体育精神的胜利，更是中巴人民团结友谊的胜利，为中巴友好合作做出了新贡献！"巴基斯坦旅游部部长和高山俱乐部负责人也应邀出席庆功宴会。巴基斯坦旅游部长加齐·古拉卜·贾迈勒说："两年前我告诉你们，一定再回来！现在非常高兴看到你们凯旋。今天你们取得的成就，在巴中两国漫长的友谊史上具有里程碑意义。吉吉女士作为其中一员成功登顶，我想仁那勇士的灵魂一定会得到安慰。"曼祖·侯赛因是探险队的老朋友，他说："我在1975年就知道桑珠，当时他在登珠峰，我在登乔戈里峰，后来是登山把我们联系在一起。这次成功我们都感到非常高兴，非常激动，是因为我们承担了共同的悲伤和痛苦。"

桑珠队长代表全体队员感谢大使馆的盛情款待和大力支持，感谢巴方友人的倾情帮助。他简要回顾了探险队12年来7次到巴基斯坦境内攀登5座高峰的经历，祝愿中巴友谊像两国共有的乔戈里峰一样万古长青。

27日，巴基斯坦高山俱乐部宴请全体队员。纳赛尔·萨比尔主席说："今天我们非常高兴和探险队分享这一胜利的时刻。巴中两国是友好邻邦，共同修筑了喀喇昆仑公路，拥有漫长的国境线，又共同攀登上了巴基斯坦境内的5座海拔8000米以上高峰，看到来自中国的朋友最终在巴基斯坦实现了心中的梦想，我们感到非常高兴。"

为了这次宴会，高山俱乐部特地将印有14座高峰图像和探险队全体队员头像的一张明信片制作成油画，张贴在宴会大厅的墙壁上，大家纷纷在油画前合影留念。

28日，巴基斯坦总理阿齐兹接见了探险队全体队员，就在探险队即将回国去机场之前，阿齐兹总理于北京时间10时30分，步入总理府会客厅，大声说："各位早上好！"然后他和探险队全体队员一一握手。阿齐兹总理说："你们是我们的好朋友，非常高兴在总理府见到你们，你们中的一些人我听说过，中国和巴基斯坦是全天候的朋友，现在正在不断扩大各方面的友谊与合作……"接见结束时，桑珠按照藏民族传统礼仪，向阿齐兹总理敬献了哈达。阿齐兹总理说："很漂亮！非常好！"他还询问哈达的名称和意义，并和全体参见人员合影留念。临别时，阿齐兹总理向每位队员赠送了《巴基斯坦山峰》一书和印有"巴基斯坦伊斯兰共和国总理"字样的纪念品。桑珠邀请阿齐兹总理方便的时候到访西藏，他高兴地答应了，并说自己看过一些有关西藏的照片，那是一个非常美丽的地方。

11时，接见结束。全体队员乘车离开总理府赶往机场，罗照辉大使和使馆部分工作人员、巴基斯坦高山俱乐部负责人等前往机场送行。

当探险队回到乌鲁木齐时，国家体育总局、中国登山协会和新疆维吾尔自治区政府的领导，西藏体育局和新疆体育局及其登山协会，以及西藏登山队的负责人前往机场迎接，各级领导向队员们敬献了哈达。乌鲁木齐市第十小学的少先队员们为全体队员佩戴红领巾、敬献花束。当晚，新疆维吾尔自治区体育局举行了欢迎宴会。

30日，阿齐兹总理通过中国驻巴基斯坦大使馆，向探险队发来贺电，再次祝贺这支英雄的队伍成功登顶世界上全部14座海拔8000米以上高峰。

31日，探险队从乌鲁木齐飞抵北京，住在国家体育总局登山运动管理中心怀柔国家登山队训练基地。

8月9日，西藏自治区人民政府和国家体育总局在北京人民大会堂为"中国西藏攀登世界14座8000米以上高峰探险队"举行隆重的庆功大会，刘鹏等国家体育总局领导陪同，陈至立国务委员出席。国家体育总局授予次仁多吉、边巴扎西、洛则3位登山家"中华人民共和国体育运动荣誉奖章"，并授予西藏探险队"不畏艰险、勇攀高峰先进集体"荣誉称号。大会背景板上不仅印有庆功大会会标，还有桑珠、次仁多吉、边巴扎西、洛则、仁那的头像，特别值得一提的是增加了仁那的头像，以表示对他的缅怀与对他为创造世界登山运动新纪录所做出突出贡献的肯定。

在大会开始前，国务委员陈至立会见探险队队员，代表国务院向探险队表示热烈祝贺和亲切慰问。陈至立说，自1993年开始，中国西藏攀登世界14座海拔8000米以上高峰探险队克服千难万险，不怕流血牺牲，胜利完成了攀登世界14座海拔8000米以上高峰的艰巨任务，让五星红旗在14座高峰上飘扬，创造了世界体育史和国家登山史上的新奇迹，在国际上引起了强烈的反响，为中国登山界赢得了光荣，为中华民族赢得了荣誉，祖国和人民感谢这支勇敢的探险队伍。

陈至立指出，探险队所表现出的爱国主义精神，不畏艰险、勇攀高峰的革命英雄主义精神，团结奋斗、甘于奉献的集体主义精神，是伟大的中华民族精神的生动写照。探险队的英雄壮举是体育战线的骄傲，也是中华民族的骄傲。她号召广大运动员、教练员和体育工作者学习西藏探险队"不畏艰险、顽强拼搏、团结协作、勇攀高峰"的精神，刻苦训练，扎实工作，力争在2008年北京奥运会上取得运动成绩和精神文明双丰收。她也希望中国西藏攀登世界14座海拔8000米以上高峰探险队和中国登山界继续保持光荣传统和优良作风，为我国乃至世界登山事业和体育事业的发展做出新的更大的贡献。

22日，探险队回到拉萨，受到自治区党政领导和体育系统干部职工及新闻媒体的热烈欢迎。当探险队一行抵达自治区体育局大院时，早已等候在这里的欢迎队伍立刻敲锣打鼓、燃放鞭炮，身着民族服装的藏族姑娘向每一位队员敬献了鲜花，自治区副主席甲热·洛桑丹增和自治区体育局、西藏登山协会的领导及体育系统干部职工向队员们敬献哈达。随后，全体队员和欢迎队伍在院子里以"过林卡"的方式庆祝探险队胜利完成任务。

28日，西藏自治区人民政府在拉萨召开庆功表彰大会，表彰为我国登山事业做出特殊贡献的西藏探险队。自治区主席向巴平措等领导出席并向探险队员敬献哈达、颁发荣誉证书，为西藏登山协会颁发了荣誉奖牌。自治区副主席甲热·洛桑丹增在讲话中高度评价西藏登山探险队成功登顶世界14座海拔8000米以上高峰重大意义的同时，希望全体队员谦虚谨慎，戒骄戒躁，珍惜荣誉，发扬成绩，再立新功。他同时号召全区广大干部职工特别是体育系统的运动员、教练员和工作人员向探险队学习。

讲话、庆典、贺电

第四节　铸造梦想　践行登山精神

中国西藏攀登世界14座8000米以上高峰探险队队员次仁多吉、边巴扎西、洛则3人于2007年7月12日站在海拔8068米的世界第11高峰——迦舒布鲁姆Ⅰ峰的峰顶，让鲜艳的五星红旗迎风飘展，庆祝他们全部登顶14座高峰。

几代中国登山人多年的梦想在这一刻变为现实。历史会铭记这个时刻，记住这些创造了新的奇迹的中国人。

14座高峰作证：这是人类不畏艰险、顽强拼搏、挑战极限的宝贵精神。

14座高峰作证：这是一种团结协作、勇攀高峰、无私奉献的宝贵精神。

14座高峰作证：这是一种祖国至上、为国争光、服务经济社会发展的精神。

登山运动可谓是最接近大自然、最为艰辛、最具挑战性的运动。14年来，全体队员一次次向巍峨的高山挑战，没有观众，没有鲜花和掌声，也没有金牌和喝彩。然而，他们用生命创造的奇迹，为祖国、为登山人赢得了荣誉。

在攀登历程中，他们到底吃了多少苦，流了多少汗，经历了多少危险，无法进行统计。大家只知道，在每一年拉萨最好季节到来的时候，他们却进入冰天雪地的高海拔山区，开始一次又一次艰险的攀登。在每一次登山行动中，他们都会面临种种艰险考验，有时甚至是生死考验，而队员们凭借着智慧、决心、信念和经验取得了成功。然而，2005年进山途中遭遇的滚石袭击，使这支英雄的队伍遭受了重大损失，往年多少次的逢凶化吉未能重现，勇士仁那献出了宝贵的生命，边巴扎西也付出了右耳失聪、局部面瘫等重度残疾的沉重代价。

地球上共有14座海拔8000米以上的高峰，从意大利人莱茵霍尔·梅斯纳尔1970年开始挑战14座高峰以来，全世界共有16名登山家完成了这一目标，其中就有3位中国藏族登山运动员。这是西藏各族人民的骄傲，也是中国人民的骄傲！

在人类的历史长河里，14年弹指一挥间，但对于这群甘于寂寞的登山队员来说，这是他们宝贵生命中最为灿烂辉煌的一段青春岁月。在他们身上体现出的"不畏艰险、顽强拼搏、团结协作、勇攀高峰、祖国至上"的西藏登山精神，已成为新时期中华民族精神的重要组成部分。

不朽的喜马拉雅和喀喇昆仑山脉默默地记录着人类的登山精神，只要14座高峰存在，人类攀登就将永不停止。这种伟大的登山精神，必将伴随人类历史的发展进程而成为永恒！

第五节 英雄背后的英雄

中国西藏攀登世界14座海拔8000米以上高峰探险队终于成功了，回首14年征程，人们不能忘记参与过14座高峰探险行动的每一位队员。14年中，有一些队员相继退出了探险队，但他们同样是这个集体中的一员，探险队的成功，同样是他们的荣耀。

退出人员：原西藏登山队副队长、高级教练员、西藏探险队副队长旺加（登顶5座高峰后退出），主力队员仁那（登顶13座高峰后不幸牺牲）、加布（登顶10座高峰后退出）、阿克布（登顶9座高峰后退出）、达琼（登顶8座高峰后退出）、大其米（登顶3座高峰后退出），队医兼后勤总管洛桑云登（2004年因精减队伍退出），翻译兼秘书张明兴（1993年随探险队到尼泊尔攀登两座高峰和1996年从中国一侧攀登马卡鲁峰后退出），翻译兼秘书穆萨（1995随探险队到巴基斯坦攀登迦舒布鲁姆Ⅱ峰后退出）。

随队担负高山协作和翻译秘书工作或为采访报道探险队事迹做了大量工作的同志，在探险队最终走向胜利的过程中也是功不可没：跟随探险队在国内和国外登山行动中担负高山协作的各位西藏登山队队员和西藏登山向导学校的学员，特别是翻译兼秘书和后勤总管普布次仁，从1997年开始随探险队担负翻译兼秘书工作，2004年接替洛桑云登担任后勤总管，直至2007年探险任务完成，随队担负保障工作长达10年。时任新华社西藏分社副总编辑、高级记者兼探险队秘书薛文献，从1998年开始长期采访，报道登山活动和探险队事迹，并连续于2004年、2005年、2007年3次随队前往巴基斯坦采访报道登山探险全过程。时任新华社西藏分社副社长、高级记者多吉占堆，从1987年开始一直采访报道登山活动，并从1992年随队采访报道攀登南迦巴瓦峰行动和酝酿组建探险队，直至2007年探险任务结束，他一直是独家发布追踪报道探险队新闻消息和事迹的首席记者。多吉占堆与薛文献还合著出版《雪山雄鹰——西藏登山运动50年》《逐梦云端——西藏探险队攀登14座8000米高峰纪实》等著作，这是记录和见证西藏登山队和西藏探险队的勇士们克服千难万险、付出巨大牺牲，勇创世界登山新纪录的两本专著，也是西藏登山精神和西藏登山文化的重要载体。两人以大量采访报道登山行动的文章和著作，成为国内为数不多的长期关注报道登山运动的著名专业记者。

14年中，中国西藏攀登世界14座8000米以上高峰探险指挥部一直为探险队出谋划策，从各个方面推动了探险队创造"团队登顶14座8000米以上高峰"世界登山新纪录的诞生。指挥部在1992年成立时的组成人员如下。

总 顾 问：西藏自治区主席　江村罗布
　　　　　国家体委副主任　袁伟民
顾　　问：西藏自治区副主席、西藏登山协会主席　吉普·平措次登
　　　　　西藏自治区人大常务委员会副主任、西藏登山协会副主席　朗杰
　　　　　西藏自治区政协副主席、西藏登山协会副主席　拉敏·索朗伦珠
　　　　　西藏军区副司令员、西藏登山协会副主席　董贵山
　　　　　中国登山协会主席　曾曙生
　　　　　中国登山协会顾问　王富洲
指 挥 长：西藏自治区体委党组书记、西藏登山协会常务副主席　洛桑达瓦
副指挥长：西藏自治区体育总会主席、西藏登山协会副主席　贡布
秘 书 长：西藏自治区体委登山管理处处长　高谋兴
副秘书长：西藏登山协会副秘书长、西藏登山队队长　罗则

14年中，由于领导的更替，指挥部的组成人员也先后有所变化，但所有成员都一如既往地支持探险队，特别是西藏体育局及其西藏登山运动管理中心、西藏登山队的历届领导班子，始终不渝地支持探险队的攀登行动。正是由于各方面的关心支持，才使得这支队伍历经千难万险最终走向成功。这些继任者是姬嘉（曾任西藏自治区体育局局长）、西珠朗杰（曾任西藏自治区体育局党组书记、西藏登山协会主席）、群增（曾任西藏自治区体育局党组书记、西藏登山协会主席）、尼玛次仁（曾任西藏登山运动管理中心副主任、西藏登山协会副秘书长、西藏登山向导学校校长、西藏登山队队长、西藏自治区体育局副局长、西藏自治区体育局局长）、索南措姆（曾任西藏登山队党支部书记、西藏登山运动管理中心党支部书记、西藏登山协会副秘书长、西藏自治区体育局副局长）、张明兴（曾任西藏登山运动管理中心主任、西藏登山协会秘书长、西藏自治区体育局副局长）、罗则（曾任国家高级教练员、西藏自治区体委登山管理处处长、西藏登山队队长、西藏登山队党支部书记）、多吉甫（曾任西藏自治区体委登山管理处副处长、西藏登山队队长）、尹逊平（曾任西藏登山队党支部书记、西藏自治区体育局办公室主任）。

此外，还有许多的各级领导干部、工作人员和山友为探险队的成功付出了自己辛勤的劳动。西藏探险队的成功，无疑是许许多多人共同努力的结果，西藏探险队的光荣，同样是许许多多人的光荣！

第六节　全世界16人创造登顶14座高峰壮举

2007年之前，全世界共有16人创造登顶世界14座8000米以上高峰的壮举。

莱茵霍尔·梅斯纳尔（Reinhold Messner），意大利人。从1970年6月27日登顶首座高峰到1896年10月16日登顶最后一座高峰，历时16年多。时年42岁。

捷茨·库库奇卡（Jerzy Kukuczka），波兰人。从1979年10月4日登顶首座高峰到1987年9月18日登顶最后一座高峰，历时7年多。时年41岁。

艾尔哈德·洛勒唐（Erhard Loretan），瑞士人。从1982年6月10日登顶首座高峰到1995年10月5日登顶最后一座高峰，历时13年多。时年36岁。

卡洛斯·卡索里奥（Carlos Carsolio），墨西哥人。从1985年7月13日登顶首座高峰到1996年5月12日登顶最后一座高峰，历时10年多。时年33岁。

克里茨托弗·维埃利奇（Krzysztof Wielicki），波兰人。从1980年2月17日登顶首座高峰到1996年9月1日登顶最后一座高峰，历时16年多。时年46岁。

华·奥伊阿扎巴尔（Juanito Oiarzabal），西班牙人。从1985年5月15日登顶首座高峰到1999年4月29日登顶最后一座高峰，历时13年多。时年43岁。

瑟吉亚·马尔蒂尼（Sergio Martini），意大利人。从1983年8月4日登顶首座高峰到 2000 年 5 月 19 日登顶最后一座高峰，历时 16 年多。时年 49 岁。

朴永锡（Park Young Seok），韩国人。从 1993 年 5 月 16 日登顶首座高峰到 2001 年 7 月 22 日登顶最后一座高峰，历时 8 年多。时年 38 岁。

严弘吉（Hong-GilUm），韩国人。从 1988 年 9 月 26 日登顶首座高峰到 2001 年 9 月 21 日登顶最后一座高峰，历时 12 年多。时年 41 岁。

阿尔贝托·伊努拉特基（Alberto Lnurrategui），西班牙人。从 1991 年 9 月 30 日登顶首座高峰到 2002 年 5 月 16 日登顶最后一座高峰，历时 10 年多。时年 33 岁。

王永翰（Wang-YongHan），韩国人。从 1994 年 9 月 28 日登顶首座高峰到 2003 年 7 月 15 日登顶最后一座高峰，历时 8 年多。时年 39 岁。

埃德蒙德·维耶斯图尔斯（Edmund Viesturs），美国人。从 1989 年 5 月 18 日登顶首座高峰到 2005 年 5 月 12 日登顶最后一座高峰，历时 15 年多。时年 45 岁。

阿兰·欣克斯（Alan Hinkes），英国人。从 1987 年登顶首座高峰到 2005 年 5 月 25 日登顶最后一座高峰，历时 28 年多。时年 50 岁。

次仁多吉，中国人。从 1993 年 4 月 26 日登顶首座高峰到 2007 年 7 月 12 日团队登顶最后一座高峰，历时 14 年。时年 47 岁。

边巴扎西，中国人。从 1993 年 4 月 26 日登顶首座高峰到 2007 年 7 月 12 日团队登顶最后一座高峰，历时 14 年。时年 42 岁。

洛则，中国人。从 1993 年 5 月 31 日登顶首座高峰到 2007 年 7 月 12 日团队登顶最后一座高峰，历时 14 年。时年 44 岁。

第三十四章

创造"7+2"探险新纪录

> "7+2"是指攀登七大洲最高峰,且徒步到达南北两极点的极限探险活动。探险者提出这一概念的含义在于,这9个点代表的是地球上各个坐标系的极点,是全部极限点的集合,代表着极限探险的最高境界。2016年12月25日,西藏登山队年轻一代队员次仁旦达、德庆欧珠与中国地质大学(武汉)登山队完成了徒步攀登世界七大洲最高峰和徒步南北极点(7+2)探险任务,实现了中国西藏登山队在世界登山领域的"大满贯",再次刷新了西藏登山探险运动史的新纪录,为"不畏艰险、顽强拼搏、团结协作、勇攀高峰、祖国至上"的西藏登山精神注入了新的时代内涵。

第一节　西藏队员参与"7+2"攀登徒步活动

中国地质大学（武汉）于2012年启动"7+2"攀登徒步活动，西藏登山运动员次仁旦达、德庆欧珠成为该队伍的主力队员。

登山探险是一项专业性运动。在登山探险行动中，不仅要求运动员具有良好的身体素质和思想品质，还要求他们熟练掌握攀登岩石、冰雪和保护等各项登山技术，同时还要尽可能具备对高山环境中的各种危险因素的识别能力及遭遇危险时的清醒应变能力。

"作为西藏登山队中的'85后'，次仁旦达和德庆欧珠既有扎实的登山技术，又具备站在世界前沿的专业水准。"西藏自治区体育局局长尼玛次仁说，"此前两人曾多次前往法国，在阿尔卑斯山区与国际同行交流，代表了新一代中国登山人的形象。"

在进入中国地质大学（武汉）读书之前，来自珠峰脚下日喀则市定日县的次仁旦达和德庆欧珠曾分别在2002年和2004年进入西藏登山向导学校学习，并因奥运火炬接力珠峰传递的机缘被送进中国地质大学（武汉）读书，同时成为中国地质大学登山队的一员。在入校之前，次仁旦达、德庆欧珠就已经多次登顶珠峰、卓奥友峰等海拔8000米以上高峰，有着非常丰富的登山经历。

2012—2016年，四年多的时间，"7+2"全部9个站点的攀登徒步活动，次仁旦达和德庆欧珠都全程参与。其中，次仁旦达除了登山队员这一身份外，更以高山摄影师的身份记录下每一次历险的精彩瞬间。

2016年11月29日，两人从拉萨启程赶赴南极挑战"7+2"攀登徒步活动的最后两项——攀登南极洲最高峰文森峰及南极点徒步前，西藏登山队曾为他们举行隆重的壮行会。尼玛次仁在会上表示，此前西藏登山家完成了全球14座8000米以上高峰的攀登，这一次两位年轻队员继承了老一辈的优良传统，去完成"7+2"的攀登徒步活动，如果此次文森峰攀登及南极点徒步活动顺利进行，西藏登山队也将实现登山"大满贯"……这同时体现了我们在登山理念上的转变，从攀登高海拔山峰转向更丰富的山峰类型。"让尼玛次仁欣慰的是，两名年轻队员在参加这一活动的过程中，也带回了其他国家先进的登山服务理念，为西藏乃至全国登山事业的发展起到了一定的作用。

第二节 "7+2" 9 站点介绍

亚洲——珠穆朗玛峰

世界最高峰，是喜马拉雅山脉的主峰，海拔 8848.86 米。地处中尼边界东段，北坡在西藏定日县境内，南坡在尼泊尔境内。藏语名称为 Chomolungma，意为"神女第三"，尼泊尔名称为 Agarmatha，意为"天空之神"。

难度系数：★★★★★

欧洲——厄尔布鲁士峰

欧洲最高峰，海拔 5642 米。坐落在俄罗斯联邦的卡尔巴达－巴尔卡尔共和国，西侧紧靠俄罗斯的斯塔夫罗波尔边疆区的东南隅，是大高加索山群峰中的"龙头老大"。

难度系数：★★

非洲——乞力马扎罗峰

非洲最高峰，海拔 5895 米。位于赤道，坦桑尼亚与肯尼亚两国的交界处。是非洲的屋脊，世界最高的火山成因独体山脉，被喻为"上帝的殿堂"。巨大的山体能够使人在几十公里之外依然感受到它的震撼，动物及植被分布具有明显的垂直分带特色。"乞力马扎罗"在非洲斯瓦希里语中意为"光明之山"。

难度系数：★★

大洋洲——科修斯科峰

位于澳大利亚东南部大分水岭的雪山山脉，为澳大利亚最高峰，海拔 2228 米。1839 年，波兰探险家斯切莱凯发现该山，以波兰民族英雄塔迪乌什·科修斯科之名为其命名。

难度系数：★★★

南美洲——阿空加瓜峰

南美洲最高峰，海拔 6962 米。属于科迪勒拉山系的安第斯山脉南段，在阿根廷与智利交界的门多萨省的西北端。阿空加瓜峰，还是地球上海拔最高的死火山。1897 年，人类才首次登上阿空加瓜峰。

难度系数：★★★

北美洲——麦金利峰

北美洲最高峰，海拔 6193 米。位于美国阿拉斯加州中南部。当地印第安人称迪纳利峰，印第安语中称为"太阳之家"。

难度系数：★★

北极点

北极点上是时停时进的浮冰，所以只能用仪器来确定北极点的准确位置。而人们通常所说的北极是指北纬 66°34′（北极圈）以北的广大区域，也叫北极地区。北极地区包括极区北冰洋、边缘陆地海岸带及岛屿、北极苔原和最外侧的泰加林带。到达北极地区有多种方式，但是要抵达北极点就比较困难了。

难度系数：★★

南极洲——文森峰

南极洲最高峰，海拔 4897 米。是南极大陆埃尔沃斯山脉的主峰。文森峰山势险峻，且大部分终年被冰雪覆盖，交通困难，夏季气温在零下 40℃，被称为"死亡地带"。

难度系数：★★★★★

南极点

从纬度上讲，南极点就是南纬 90°，位于大陆的中部，海拔 3800 米，气候比较严酷。跟南极半岛的旅行不同，前往南极大陆的中心——南极点需要更多的体力和耐力。由于交通不便，每年全球仅有几十人可以抵达。截止到 2014 年，国内首家南北极旅行专业机构"极之美"连续五年组织中国探险队前往南极点，拥有国内最丰富的南极点探险经验。

难度系数：★★★★★

第三节　登顶七大洲最高峰及到达南北极点时间

自 2012 年 5 月 19 日成功登顶珠峰至 2016 年 12 月 25 日成功抵达南极点，"7+2"探险活动圆满完成，历时 4 年 7 个月，行程两万多公里，标志着中国西藏登山队和中国地质大学（武汉）登山队创造了目前全世界用时最短完成"7+2"的纪录。中国地质大学（武汉）也成为全世界首个独立组队完成"7+2"极限探险科考的大学。"7+2"的成功也成为西藏登山队的一座里程碑，至此，西藏登山队成为世界首个以团队形式完成攀登 14 座海拔 8000 米以上山峰和"7+2"探险活动的团队。

一、亚洲最高峰——珠穆朗玛峰（海拔 8848.86 米）

2012 年 5 月 19 日 08 时 16 分登顶

二、非洲最高峰——乞力马扎罗峰（海拔 5895 米）

2014 年 2 月 9 日 11 时 45 分登顶

三、欧洲最高峰——厄尔布鲁士峰（海拔 5642 米）

2013 年 7 月 18 日 9 时 06 分登顶

四、大洋洲最高峰——科修斯科峰（海拔2228米）

2014年9月22日13时52分登顶

五、南美洲最高峰——阿空加瓜峰（海拔6962米）

2015年1月19日23时00分登顶

六、北美洲最高峰——麦金利峰（海拔6193米）

2015年6月10日04时36分登顶

七、北极点

2016 年 4 月 27 日 21 时 57 分成功抵达北极点

八、南极洲最高峰——文森峰（海拔 4897 米）

2016 年 12 月 14 日 02 时 30 分登顶

九、南极点

2016 年 12 月 25 日 06 时 16 分成功抵达南极点

第四节　1993—2016年西藏登山队迎来"大满贯"

2016年12月25日6时16分，西藏登山队队员次仁旦达、德庆欧珠与中国地质大学（武汉）登山队队员成功徒步至南极点。

这是继1993—2007年西藏登山探险队三名主力队员完成攀登世界14座海拔8000米以上山峰后，西藏登山运动史的新篇章。至此，西藏登山队创造了以团队形式实现世界登山运动"大满贯"的壮举。

西藏登山队队员次仁达旦表示，完成"14座"和"7+2"的"大满贯"对西藏登山队有着非比寻常的意义。1993—2007年间，西藏登山队的前辈们用14年时间登顶世界上14座海拔8000米以上高峰，把中国送进了"世界十四座登山俱乐部"；如今，29岁的自己和西藏登山队的同伴德庆欧珠与中国地质大学（武汉）登山队完成"7+2"征程，意味着至此西藏登山队已经圆满完成了登山界的"大满贯"！

而且，在此次活动中，次仁旦达和德庆欧珠两人9个站点全程参与，成为自1997年俄罗斯人费奥多尔·科纽霍夫第一个完成"7+2"至今，世界上完成此项壮举的十余人之一。

"7+2"活动是一项团体性探险活动，中国地质大学（武汉）登山队无法保证所有登山队员全程参与，会根据不同情况对参与队员人选和人数进行调整。全部9个站点里，包括老师在内只有4名登山队员全程参与，次仁旦达和德庆欧珠便在其中。

"7+2"征程路途艰险，处处隐藏风险。每次出发前，不管是家人还是领导，每一个关心西藏登山队队员次仁旦达和德庆欧珠的人都会为他们"壮行"，献哈达、敬酒、祈福。谈到此次圆满完成"7+2"壮举的经历，次仁旦达说："登山行业是高危行业，虽然处处危险，但久而久之也便像吃饭一般习惯了，每次出发前，反而期待会更多一些。我和德庆欧珠都非常珍惜这次难得的学习和积累经验的机会。29岁前能完成这些事情真的是没想到，我还年轻，登山是我一辈子的事业。"

第五节　次仁旦达谈南极感受：
永远是白天的日子也很爽

2002年，正在读初中的次仁旦达被自治区登山学校选中，从此便走上了登山探险之路。母亲深知儿子选择的是一条充满困难和危险的道路，尽管心存顾虑，但最终还是抱着理解的心态送儿子一次次离开，又一次次备好美酒庆祝他的归来。只是偶尔在电视上看到晒黑的儿子，老人便会落泪。

一、从秒速 30 米的大风中冲向顶峰

此次赴南极,登山队要去到南极洲最高峰文森峰和南极点两个地方,这是"7+2"9个站点里的最后两站。集散中心、文森峰、南极点三个地方呈三角形分布,集散中心是休整之地。

从集散中心到文森峰顶,再从文森峰顶回到集散中心;从集散中心出发徒步至南极点,再从南极点回到集散中心,两边各自预留 7 天时间,再加上两到三天的预留时间防止天气等意外情况。整个时间预计在 21 天左右。

在冲顶文森峰的时候登山队遭遇暴风,从海拔 3000 米的突击营地到顶峰再回来要用 11 个小时完成。在接近顶峰的时候,风速达到每秒 30 米甚至 40 米,几乎能把人吹倒。次仁旦达对当时的情景还记忆犹新:"当时就是拼了命也要上,我在队伍里还承担了高山摄影的角色,为了拍照片手被轻微冻伤,回来后掉了一层皮。"

次仁旦达表示,南极探险总体还是非常顺利,如果非得说一个困难的话,那就是气候极寒,"太冷了,地球上没有比那儿再冷的地方了。南极大陆当时是极昼,天气好的话天空特别蓝,天气差的话就是暴风雪,微微一点风就会导致气温骤降"。正常情况下,南极的温度在零下 20℃到零下 30℃之间,但只要稍微起风,气温就会骤降至零下 60℃到零下 80℃之间。一般到这种温度条件下,登山队就不再行动,放弃徒步,队员们纷纷钻进羽绒睡袋里睡觉,燃料充足的话就会在帐篷里取暖。

对于这种极昼的日子,次仁旦达表示,刚去的时候不太适应,每天 24 小时都是太阳,没有黑夜,日出而作、日落而息的生活状态不会再有。每天就是看表看表看表,早上八点起床,九点吃饭,晚上十点睡觉。白茫茫一片,去南极点也是看 GPS。"后来就习惯了,感觉永远是白天的日子也挺爽的。有一天早晨有风无法行动,大家就停下来休息,下午五点风停了,大家就接着走,没有黑夜影响,只需要考虑抢时间。因为只要体能充足、天气好,随时都可以出发。"

二、团结协作、勇攀高峰的精神

谈到此次"7+2"活动的意义,次仁旦达觉得不管是对于中国地质大学(武汉)还是西藏登山队来说都意义重大。中国地质大学(武汉)因此成为首支独立组队完成"7+2"极限探险科考的大学,西藏登山队也完成了自己的"大满贯"。

但次仁旦达强调:"不同于国外的一些个人形式的登山,我们是以集体形式来完成的。不管是'7+2'还是'大满贯',我们都是一个集体,所以我们西藏登山队的精神就是团结协作、勇攀高峰。"次仁旦达说,在登山队员选拔考试的过程中,除了身体、骨骼等重要体检项目外,团结协作也是一项非常重要的考量内容。

像前辈们把中国送进了"世界十四座登山俱乐部"一样,次仁旦达和德庆欧珠

也秉承这种团结协作的精神，把荣誉归于集体。对于两人来说，个人成长和学习的意义更为重要。

在西藏自治区登山向导学校读书时，次仁旦达从未想过自己有一天会做这样一件事情。完成"7+2"探险在登山技术水平、登山经验方面有着非常高的要求。次仁旦达说，自己之前从未设想过，因此面对这么好的机会时才会倍加珍惜，而珍惜的最好方式就是在队伍里有更多的付出和承担更多的责任。

三、学习实践是探险活动的安全保障

登山探险面对的往往是海拔三四千米以上并终年覆有积雪的山峰，是人的生命力和严酷的生存条件之间的较量，面临很大的风险。风险是登山运动重要的魅力来源，但其背后也隐藏着很大的安全隐患。尽可能地降低风险所带来的威胁成为每个登山者必须考量和面对的问题。

在次仁旦达看来，对一名登山运动员来说，通过不断地学习和实践积累来的知识经验是他最大的安全保障。在决定要攀登某一座山之后，次仁旦达要做的第一件事就是通过各种途径尽可能多地搜集对象山峰的资料，这些资料会涵盖当地的地形、气候、水文、攀登路线等各个方面，几乎能够做到对对象山峰的全面了解。次仁旦达表示，这是个学习的过程，很重要，但却不是最重要的，最重要的是在攀登了数座海拔六七千米山峰后所积累的经验，这些经验能够帮助自己处理攀登过程中遇到的各种可预见或不可预见的困难，能够帮助自己在体验探险快乐的同时，也能保证自身的安全。"不同于其他竞技类运动，登山运动对年龄要求并不是很严格，经验的积累才更加重要。"次仁旦达说，"一名出色的登山运动员往往不是身体条件最好的二十几岁的人，反而可能是年近五十但经验丰富的人。"

"但这并不是说身体条件就不重要"，次仁旦达表示，登山运动员都是经过层层选拔的，是千里挑一甚至万里挑一的，这其中一个很重要的标准就是身体素质。在登山探险活动中，运动员面对的是高山缺氧、强风低温、陡峭地形以及随之而来的各种困难和危险，如果没有良好的身体条件，是无法与恶劣的自然环境相抗衡的。即使是一位出色的登山运动员，在出征前往往也要进行两三个月的体能储备训练。在去南极之前，次仁旦达也经历了长达两个多月的训练，通过徒步、骑行以及力量训练等方式来增强体能。

第三十五章

西藏登山队英雄谱

西藏登山队是一个英雄辈出的集体，自1960年成立以来，这里涌现出一大批技术过硬、意志坚定的登山英雄，他们勇于奉献、敢于牺牲，完成了一系列国家重大登山任务，为祖国和人民赢得了尊严和荣誉。据统计，60年来，西藏登山队先后有300多人次登顶珠峰、2300多人次登顶海拔8000米以上高峰（高度），3人登顶世界上全部14座海拔8000米以上高峰，创造了团队登顶世界14座8000米以上高峰的登山运动新纪录。与此同时，在英雄登顶的背后，还有许许多多的西藏登山运动员、教练员、指挥员、向导、协作和后勤保障等从业人员。在只有少数人最终登上顶峰的情况下，他们甘作"人梯"、顽强拼搏、默默奉献，他们都是无名英雄。

第一节　贡布：我的心永远属于珠穆朗玛

贡布，男，藏族，1933年出生于西藏日喀则聂拉木县琐作乡嘎琼村。中共党员，国家级登山运动健将，2次荣获国家体育运动荣誉奖章，1次获得破全国纪录奖章，荣获"新中国体育开拓者"称号，因"为和平解放西藏、建设西藏、巩固边防作出特殊贡献"受到西藏自治区人民政府的表彰。曾任西藏自治区体委副主任、中国登山协会副主席、西藏自治区政协常委等职，1995年退休。

从奴隶到登顶珠峰第一人

1960年5月25日4时20分，是新中国登山史上最为神圣的一刻：贡布和王富洲、屈银华一起，首次从北坡登上珠穆朗玛峰，书写了人类高山探险史上的光辉篇章。

贡布出生在喜马拉雅山脚下的一个农奴家庭，出生就是农奴，从小为领主放牧，受领主的打骂和凌辱是常事，吃饱穿暖都是奢望。他说："那时我从来都没有想到过，有一天会成为能为国家争光的登山运动员。"

1951年，西藏和平解放，万里高原迎来新的时代。1956年9月，23岁的贡布光荣地参加了中国人民解放军，成为西藏军区日喀则军分区独立营（班禅警卫营）的一名普通战士。

1958年底，他参加国家登山集训队，次年初登上唐拉堡峰（现称唐拉昂曲峰）。1959年7月7日，他随中国男女混合登山队登上慕士塔格峰。

1960年3月初，贡布作为中国登山队的正式队员来到珠峰脚下。最初他并不是突击顶峰的主力队员，主要承担修路、运送物资的任务。由于突出的个人表现和高山适应能力，当登山队组织第四次冲顶行动、重新调整突击队组成人员时，贡布光荣地入选了。

5月24日晨,贡布和队友开始从突击营地向珠峰顶峰挺进。他们走了大约3个小时,才上升了约100米,来到珠峰北坡上著名的"第二台阶"下边。

"第二台阶"就像城墙一样,拦阻着他们的去路。贡布说:"没想到第二台阶怎么也上不去,耽搁了近5个小时,我们用尽了各种登山技术都没能上去,最后还是用搭人梯的办法上去的。等我们到达8700米处时,天都快黑了。在这里待是不可能的,很快就会被冻僵直至死亡。下撤也不是办法,那样就会耽误时间,错失良机。我们商量了一下,决定在夜里登顶,刘连满因为在第二台阶搭人梯时体力消耗过大,没有办法继续攀登。"

夜色浓重,山岭间朦胧一片,只有顶峰还露出隐约的轮廓。到达海拔8830米左右的地方,3人的氧气已经全部用完了。他们抛掉氧气筒,开始了人类史上从未有过的无氧攀登。

由于严重缺氧,他们头痛、眼花、气喘、无力,行动非常艰难。"那时候嗓子哑,嘴巴全裂开了口,我们很少说话。走几步,就要停下来喘息。"60年后,贡布对登顶的记忆依然十分清晰。

越过一片岩石坡后,3人登上一个岩石和积雪交界的地方。朦胧夜色中,再也找不到可以向上攀登的山岩了,他们终于登上了珠穆朗玛峰的顶峰,创造了人类历史上第一次从北侧攀上世界最高峰的壮举。

贡布说:"那时心里别提有多激动了,我们知道,全国人民都在注视着我们,我们登顶成功了,就能到北京去,就能见到毛主席!"

在顶峰,贡布从背包里拿出了登山队委托他们带上顶峰的一面五星红旗,他双手举旗,红星红旗第一次飘扬在珠峰顶峰。然后他们把五星红旗和一尊小型白色毛主席半身石膏像,放到顶峰东北侧冰雪和岩石交界处,用细石保护起来。

这次登山,奠定了贡布终生从事登山事业的基础。"当然,如果没有翻身得解放,我仍然是个农奴,广大西藏人民也不会有机会参加国家的各项建设活动,我也不会参加到伟大的登山行动中。"他说。

为登山事业领航开路

1961年,贡布随中国登山代表团访问苏联。第二年,为提高西藏登山营的工作水平,他被调回西藏登山营任分队长。1964年6月,他出席了中国共产主义青年团第九次全国代表大会,被选为大会主席团成员,并受到毛泽东主席等党和国家领导人的亲切接见。1963—1965年,他被选送到中央民族学院干部训练班学习,毕业后参加了国家登山集训队,任大队副队长。1966年5月,集训队在珠峰北坡进行实地攀登训练时,他再次登到了海拔7790米高度。

尽管党和国家给予了贡布较高的荣誉，贡布的职位也在不断提高，但他始终在一线从事登山工作。从1958年到1972年，他一直在登山队里任教练、分队长、队长，同时也兼运动员。1972年起，他担任西藏自治区体委副主任，后兼任中国登山协会副主席。1981—1996年他兼任西藏自治区登山协会副主席。贡布参与指挥了1975年中国男女混合登山队攀登珠峰等4次攀登珠峰活动，为中国登山运动的发展可谓是尽心竭力。

贡布在担任西藏自治区体委副主任分管登山业务期间，正是西藏登山队乃至整个中国登山运动从百废待兴，历经改革开放走向辉煌的这一阶段。1980年，西藏首次对外开放了珠峰、希夏邦马峰等山峰，使登山成为西藏对外开放最早的领域。

贡布说："从此，我的工作就格外繁重，既要组织国内西藏自己的登山活动，又要开展接待外国登山团队的工作，还要协调、组织中外联合登山活动，以及负责开放、管理山峰等工作。"

西藏拥有上千座海拔6000米以上的山峰，怎样使沉睡了亿万年的山峰、冰川、河谷活起来，为西藏走向繁荣富裕服务，这是开展国际登山探险运动的价值所在，也是他所操心的问题。要开发、利用山峰资源，首先要做好考察、规划，建立一套完整的山峰档案。

他说："从登山角度讲，我们的资料很不充分，必须对海拔6000米以上的山峰进行全面调查，不但要搞清楚山峰的高度、位置、气候变化特征和攀登路线等情况，还要介绍与山峰有关的民间故事、传说等。有了详细、实用的山峰档案，外国来登山的人才会增多。"

除了登山事业，贡布还广泛参与社会活动，曾当选西藏自治区革委会常委，中共西藏自治区第一届代表大会代表，西藏自治区政协第四、五、六届委员、常委，西藏自治区政协文化体育卫生委员会主任，西藏体育总会主席，全国人大第三、四届代表大会代表，西藏对外友好协会委员，西藏野生动物保护协会副会长，西藏珠峰自然保护协会委员等。

1989年1月20日，他带头起草了成立野生动物保护协会的倡议书，得到西藏各界人士的响应。此后，西藏自治区野生动物保护协会和珠峰自然保护区相继成立，贡布功不可没。

贡布还多方筹集资金，帮助家乡发展社会公益事业。他利用去尼泊尔开会和考察的机会，会见了当年和他一起放牧长大现定居加德满都的藏胞，通过他们的多方努力，筹集了近80万元资金，在他们的家乡聂拉木县办起了一座有40个床位、占地900平方米的县人民医院分院，缓解了那一带农牧民看病难的问题。他还参与修建了3所乡村小学。

情系奥运

1993年9月2日，第七届全国运动会"中华行"火炬传递交接仪式在北京举行。下午4时，在天安门广场，金水桥头，中共中央总书记、国家主席江泽民把手中的火炬交给贡布。贡布手持七运会火炬，带领小火炬手们跑向劳动人民文化宫。

9月4日，在七运会开幕式上，贡布手持全运会火炬，从工人体育场北门跑进场内，把火炬交给射击运动员王义夫。"成功举办七运会是我们国家的大事，我有机会参加并且为此做这么重要的工作，感到非常自豪。"贡布说，"不过，我还有一个更大、更迫切的心愿，那就是希望北京申办奥运会成功。"

贡布说："我盼望着有生之年能够在祖国的土地上看到一次奥运盛会。"北京第一次申奥前，他给国际奥委会主席萨马兰奇寄去一封信，表达了希望国际奥委会把2000年奥运会的主办权交给北京、交给十几亿中国人民的愿望。遗憾的是，北京最终与奥运会擦肩而过。

2001年，北京再次申办奥运会并获得了成功，贡布和全国人民一道热切期盼着2008年的到来。

2008年5月8日上午9时17分，北京奥运会火炬成功在珠峰点燃。贡布将此视为中国登山界的巨大荣耀。

当天，他一大早就守在电视机前观看直播报道。他说，登山运动员把奥运圣火传递至珠峰顶峰，这是对中国登山事业发展作出的巨大贡献，作为一名老登山运动员，他感到非常高兴，"这不仅是中国登山界的骄傲，也是全体中国人民的骄傲"。

2008年6月21日，"祥云"火炬在拉萨传递。上午9时，西藏自治区副主席、拉萨市委书记秦宜智将火炬交给第一棒火炬手——贡布，"祥云"圣火开始在古城拉萨传递。

跑完属于自己的60米路程，贡布激动地说："我很荣幸能成为第一棒火炬手。传递路程虽然较短，但是我会把奥运圣火团结、拼搏的精神向年轻的登山队员传递，向更多人传递。"

他表示自己已经好多年没这么激动了，能够手擎火炬在拉萨市传递是他的梦想，也是他作为一位老一辈运动员为北京奥运会应尽的一份义务。

负责火炬传递的工作人员此前曾多次询问贡布如果进行火炬传递，身体条件是否允许。他说："我虽然现在有心脑血管疾病，身体状况不是很好，但还是要去传递。如果不能跑，那我就步行，一定要展示出自己最好的精神面貌。"

2008年8月8日，精彩绝伦的北京奥运会闪耀登场，贡布应邀出席了开幕式，他为北京奥运会的成功举办感到无比骄傲和自豪。

老英雄的奥运梦，终于实现了。

晚年岁月

在西藏登山队成立60周年前夕,新华社西藏分社的记者曾到贡布家拜访这位在中国登山界德高望重的耄耋老人。他家的小院坐落在拉萨城内一片绿树掩映的居民区里,院子干净、整洁,阳台上摆满姹紫嫣红的鲜花。

现年87岁的老登山家依然精神矍铄。他家客厅的墙壁上悬挂着1960年登顶珠峰后在北京受到毛主席等中央领导亲切接见,并和毛主席握手的照片,以及珠穆朗玛峰壮观的航拍图片。

关注登山、关注珠峰、关注环保,是贡布安度晚年的生活主题。闲暇时,他喜欢养花,也喜欢给年轻人讲故事,讲西藏各地山峰的海拔、名称来历和民间传说。现在,他正用藏文撰写山峰情况,并计划撰写回忆录。

他的儿子格桑次仁也是个登山人,多年担任西藏登山协会联络官,经常驻守珠峰等山峰大本营。

2003年秋季,格桑次仁以大本营总联络官的身份成功地登上了卓奥友峰。当他回到家时,平时从不喝酒的父亲高兴地端起了酒杯,说要破例喝一杯。父亲对他说:"这一次登顶成功了,表示祝贺!下一次,不要盲目行动,要找好机会。"

2017年10月,西藏自治区林芝高原训练基地竣工交付使用,格桑次仁调任基地的负责人。2018年,西藏自治区林芝高原训练基地由国家体育总局更名为"国家山地户外运动基地"。格桑次仁延续着父亲贡布的登山精神。贡布的4个漂亮活泼的孙女、外孙女名字的头两个字,就是珠穆朗玛峰的"珠穆"(仙女)二字。老登山家与登山、与珠峰的缘分,一代一代血脉相传。

2010年5月31日,贡布出席了在北京人民大会堂举行的"纪念中国登山队首次登顶珠峰50周年座谈会",受到党和国家领导人的亲切接见,并被授予荣誉奖章,同时也见到了阔别多年的队友,大家回首往昔,共话当年。

老英雄尽管身体有些不舒服,但他说起话来依然思维敏捷,逻辑清晰,风采不减当年。

2019年10月8—10日,由国家体育总局、中央广播电视总台、西藏自治区人民政府联合主办的"第二届跨喜马拉雅国际自行车极限赛"在林芝、山南、拉萨三市之间举行。期间,在布达拉宫前广场举办了"西藏体育事业成就展"。贡布不顾年迈体弱,应邀参观了展览,并主动担当义务讲解员,向参赛车手、游客和拉萨市民讲解在中国共产党领导下,西藏体育事业60年来所取得的辉煌成就,话语间充满了由衷的自豪感。

第二节　洛桑达瓦：团队登顶 14 座 8000 米高峰的功臣

洛桑达瓦，男，藏族，1938 年 8 月 8 日出生于西藏昌都芒康县盐井纳西民族乡。中共党员，1956 年毕业于西南民族学院。曾任西藏自治区体委主任、党组书记，中国奥林匹克委员会执行委员，中国登山协会副主席，西藏登山探险队指挥长，西藏登山协会副主席等职，1998 年退休。

勇挑重担

1950 年，人民解放军在盐井创办了当地历史上的第一所小学，洛桑达瓦成为首批学生。1953 年开始，他先后到丽江、昌都、成都等地干部学校学习，1957 年返回西藏，在西藏自治区筹委会农牧处、七一农场等单位工作，先后任拉萨物资局副局长，拉萨鞋帽厂书记、厂长，拉萨市交通局副局长，南木林县委书记等。

1973 年 6 月，洛桑达瓦任西藏自治区体委主任，从此与登山运动结缘。1984 年，他率团到奥地利考察，意识到西藏当时的登山模式已经跟不上时代的变化，要主动寻找机会，在完成国家登山任务的同时实现自我的发展壮大。同年，西藏自治区体委决定，西藏登山队于 1985 年单独组队攀登卓奥友峰。这次登山探险行动被视为西藏登山事业发展史上的重大转折点。

1985 年春，西藏登山队选派一支精干、小型的队伍攀登卓奥友峰，在较短的时间实现了登顶，开创了国内登山的新模式。此后，攀登宁金抗沙峰也是用小型化队伍的形式，既减少财力负担，又便于组织，成功率也大大提高。"这个模式一直延续到现在。"洛桑达瓦说。

在洛桑达瓦看来，经历过攀登卓奥友峰这个转折点后，西藏登山队无论从队员素质、登山技术、高山活动能力、攀登路线选择、高山营地设置，还是通讯联络、指挥水平、物资保障、经费支持等方面，都积累了宝贵的经验。

风雪历练

20 世纪 80 年代，中外联合登山活动较多，倾心登山事业的洛桑达瓦也有更多的机会参与组织指挥重大登山行动，为日后引导西藏登山事业的大发展奠定了基础。

1988 年，中日尼三国联合横跨珠峰，从活动筹备到实施攀登，洛桑达瓦一直积极参与。在动员大会上，他对队员们讲："这次的任务十分重大，我们要奋勇争先、为国争光，让祖国人民放心。现在登山队有两件大事需要办，一是没有固定的基地，二是许多运动员是打短工的农民，我们要想办法尽快解决。"

此后，洛桑达瓦主持召开专门会议，西藏自治区体委向自治区政府提交了有关请示，自治区政府很快给西藏登山队批准了 40 个农转非的编制，使得次仁多吉等一批技术出众、热爱登山事业的人，从"登山打工者"变为专业登山运动员。一年后，西藏自治区体委在北郊建设西藏登山队永久基地，解决了队员们办公、训练和吃住问题。

1989年，中国计划和苏联、美国联合组队于次年攀登珠峰，中国登山协会将参与谈判及筹划、组织实施的任务交给了西藏方面。洛桑达瓦任中方总队长，他第一次走到重大登山行动的台前，代表中国登山界与外方代表进行多轮谈判，商讨合作事宜。

1990年春，三国联合登山队进驻珠峰大本营。外方曾提出要在4月22日"地球日"当天实现登顶的建议，而洛桑达瓦则指出，此时山上风大、严寒、攀登难度大，只能是积极准备。实践证明，中方的意见是正确的。

5月，美国队提出了一个攀登方案，洛桑达瓦认为技战术不科学，同时，提出了中方的攀登计划。经过反复商榷，最后登山队按照中国的计划攀登，由中方队员在前面开路，直至登顶成功。

那一次，洛桑达瓦在大本营工作生活了92天。

1991年和1992年，中日联合登山队两次攀登南迦巴瓦峰，洛桑达瓦均担任中方总队长。

由于他对南迦巴瓦峰比较熟悉，当中日商谈攀登事宜时，中国登山协会都委托他出面谈判。经过两年的努力，在洛桑达瓦和日方总队长山田二郎、登山队长重广恒夫等人的正确指挥下，中日队员战胜重重艰难险阻，最终有11名队员成功登顶。这也是迄今为止人类唯一一次登临南迦巴瓦峰。

洛桑达瓦说："我一直主张联合登山，利用外国人的资金，登我们的山。西藏登山界不仅要创造优异的登峰业绩，还要赚点钱。"在多次联合攀登中，他通过努力，在实现登顶的同时，也为处于起步阶段的西藏登山事业争取到宝贵的发展资金，很好地维护了切身的利益。

运筹帷幄

从1993年到2007年，西藏登山探险队用14年时间，以团队形式成功登顶世界14座海拔8000米以上高峰，创造了世界登山史上的奇迹。这个伟大设想正是由洛桑达瓦根据一批登山老将和教练员的集体提议，提交西藏自治区体委办公会议研究同意后上报自治区人民政府批准的。在以他为党组书记、姬嘉为局长的体委领导班子的正确决策和指挥下，又经过继任的西藏自治区体育局党组书记西珠朗杰、群增等几届领导班子成员的全力推进，"团队登顶世界14座8000米以上高峰"的新纪录才得以创造。

早在1990年登顶珠峰后，洛桑达瓦就问罗则、成天亮等人："这次攀登证明西藏登山队的实力已经很强，美国和苏联的队员也比不上我们。登山队下一步该怎么办？"

洛桑达瓦查阅了大量资料，发现著名登山家莱茵霍尔·梅斯纳尔、捷茨·库库奇卡等人已经登完世界上14座8000米以上高峰。这些高峰全在亚洲，反而被欧洲人率先登完了，作为亚洲登山人，他感到很不服气。他说："许多登山老将和老教练提出下一次咱们也要向14座高峰挑战。"他的想法得到了同事们的赞成和支持。

1991年秋，首次攀登南迦巴瓦峰时，挑战14座8000米以上高峰的计划也已日渐清晰。洛桑达瓦和日本登山家探讨，日本朋友们认为这是伟大的设想。

1992年3月下旬，在洛桑达瓦的主持下，西藏自治区体委正式向自治区政府提交了申请，请求组队攀登14座高峰。随后自治区政府组织召开新闻发布会，正式向世界宣布了这一重大登山计划。

作为一项前无古人的事业，洛桑达瓦对这项工作进行了周密的计划，诸如队伍的组织架构、行动日程、人员配备、经费筹措等，先经过反复思考、酝酿成熟，再提交自治区体委办公会议集体讨论决定。当时根据经费来源、队员年龄结构、高山活动能力、身体条件、登山经验等综合因素，计划一年登顶两座高峰，用七八年时间登完。至于经费，主要是使用西藏登山协会的收入，其次是广告费，还有企业的赞助等。

为了实现顺利登顶的目标，洛桑达瓦亲自任指挥长，查阅了莱茵霍尔·梅斯纳尔攀登14座高峰的资料，利用到尼泊尔出访的机会，通过登山界人士详细了解安纳布尔那峰和道拉吉里峰等山峰的山体结构、攀登路线、危险地段、气候特征等，把这些资料提供给西藏登山探险队。他还给自己的好朋友——尼泊尔登山协会主席昂·次仁先生交代，一定要给西藏登山探险队派出最好的向导，选择最好的路线，确保成功登顶。

1993年春，中国登山史揭开了新的一页。西藏登山探险队第一次走出国门，到尼泊尔攀登两座海拔8000米以上高峰。尽管不能跟探险队的兄弟们一起冲锋陷阵，但守在后方的洛桑达瓦尽可能地出主意、想办法、解难题。探险队在出发攀登每一座高峰前，他都要把攀登的技战术、山体的情况、危险地段等给队员们交代清楚，要求队伍安全第一，稳扎稳打，不要急于求成，发挥团队优势，抓住有利时机。探险队每次出征的时候，自治区体委（体育局）都要举行隆重的壮行仪式，回来后还要举行欢迎仪式和庆功会，这也成了探险队征战14年来的传统。

洛桑达瓦说："登14座山，确实带有赌博性质。我在想，登一座南迦巴瓦峰西藏登山界就承担了那么大的压力，此次同时面对14座世界高峰，战线、时间都很长，攀登难度和危险性又特别大，不确定因素更多。同时还要多次前往国外攀登其中的11座，花费也很大。因此，如果不能顺利完成任务，自治区体委，特别是我个人要承担很大的责任。但是除非不让我当这个体委主任，否则我会竭尽全力完成任务。这个行动是中国从登山大国走向登山强国的重大举措，不迈出这一步就不可能创造历史。最终，我们将愧对伟大的时代！"

洛桑达瓦也坦言，探险队每一次出去时他都有压力。"每一次欢送，给队员们献哈达，有时突然会想到他们还能不能回来？等到登完14座后，不知道要少哪些人？但是现实就是这个计划必须要进行到底。"在洛桑达瓦担任指挥长期间，西藏登山探险队成功登顶了9座8000米以上高峰。

历经千难万险，探险队终于在2007年成功登顶最后一座高峰，创造了3人团队登顶14座高峰的世界登山纪录。尽管此时已经退休9年，但洛桑达瓦发自内心地高兴，因为由他和一批登山老将、老教练策划实施的壮举终于画上完美的句号。

他说："14座山峰登顶成功后，我心里特别高兴，我们为国家争了光！无论干什么工作，'祖国至上'四个字，始终都要放在心里。然而，仁那的不幸遭遇使我十分痛心。他是我最喜欢的一个队员，登山实力、技术、责任心都很强，他多次对我说'这次登山我豁出去了，心甘情愿'。为了这项事业，我们确实付出了很大的代价。"

情系登山

洛桑达瓦尽管不是登山运动员出身，但他坚持研究登山，喜欢向专业人士请教，因此，组织指挥重大登山行动方面他是行家里手，在中外登山界享有崇高的威望和地位。

洛桑达瓦任职期间，尽管群众体育、竞技体育、体育产业、人才培养等工作都要抓，但他始终强调要"抓牛鼻子"，即把登山运动放在西藏体育工作的重要位置来抓，使得西藏登山运动及西藏登山队的事业蓬勃发展，走上了快速发展的道路。

1998年12月退休后，洛桑达瓦仍一如既往地关心登山事业的发展，关注西藏登山队的发展，为登山等体育事业贡献余热，被评为"全区退休干部先进个人"。

退休后，他坚持不懈地做两件事：一是每天徒步行走2小时以上，二是坚持读书写作。因为坚持锻炼，年过八旬的他，保持着挺直的腰背和良好的健康状态。他笔耕不辍，撰写了《登山的技战术》《登山市场的探讨》等专业论文和《把红旗插遍世界高峰》《西藏体育发展战略》《如何发展群众体育和竞技体育》《从农奴到登山英雄——记仁青平措闪亮的人生》等文章，发表在各类报刊上，还主持参与撰写了《西藏自治区志·体育志》（首部《西藏体育志》）和《西藏自治区志·体育志（2001—2010年）》（第二部），记录保存了丰富的西藏体育发展历史资料。

洛桑达瓦认为，从全国来看，登山事业方兴未艾，形势很好。当今的登山事业与过去单一以登高为目的相比，在内涵、理念、模式、人员结构等方面都发生了巨大变化。当代登山运动，从政府走向民间，从官办走向市场，从专业走向业余，而且更加注重与科研、环保、健身、市场、文化、旅游相结合，推动了装备、食品、医药的研究，呈现出广阔的发展前景。

至于有关部门如何抓登山这项工作，他认为一定要以科学发展观和习近平新时代中国特色社会主义思想为指导，以英模人物为榜样，以开拓创新为着力点，培养一批有文化、有知识、热爱登山事业、德才兼备的登山人才。只有这样，才可以促进登山事业的可持续发展。

中国是登山家的摇篮，西藏是登山探险者的乐园。洛桑达瓦衷心希望西藏登山事业继续开拓创新，坚持引进来、走出去的方针，为促进我国从登山大国向登山强国的转变谱写新的篇章。

第三节　张俊岩：名副其实的登山"老兵"

张俊岩，男，汉族，1930年出生，吉林省德惠市人。中共党员，国家级运动健将，高级教练员。曾任西藏登山营营长、西藏体工大队队长，是西藏现代登山运动的开拓者之一。

珠峰运输队长

张俊岩于1956年参加中华全国总工会举办的首届登山训练班，并于同年4月25日登上了海拔3767米的秦岭最高峰——太白山。这次活动，也成为我国现代登山运动诞生的标志。1958年，他正式调入国家体委登山队，先后任队员、教练员，在几次登山活动中任副队长、队长等职，参与了组织策划工作。

1959年，张俊岩参加了中国男女混合登山队攀登慕士塔格峰活动，任总务长兼队员，并于同年7月7日登上顶峰，被评为一级运动员。

1960年，张俊岩参加中国登山队首次从北坡攀登珠峰行动。根据工作需要，中国登山队党委决定任命他为运输队队长，担负十分重要却又默默无闻的物资运输工作。两个月时间里，他带领运输队员们顶风冒雪，在珠穆朗玛峰险峻而漫长的山路上连续往返攀登。头痛等高山反应不能阻止他和队员们前进的脚步，他总是走在队伍的前列，经过几次艰苦行军，最终在预定的时间里，把突击顶峰需用的全部高山物资运送到各个高山营地，为突击队胜利登顶提供了物质保障。

在一个狂风呼啸的夜晚，尽管天气十分寒冷，但聚集在海拔7600米营地帐篷里的人们，却感觉热血沸腾。这天是张俊岩入党预备期满的日子，登山队党委决定在紧张而艰难的行军营地中召开会议，讨论并批准他转为中共正式党员，作为对他模范行为的肯定与表彰。

党委书记史占春说："张俊岩同志在征服珠峰的战斗中，担任了运输队长的重要工作，多次冒着风雪圆满地把物资送到各号营地。在每次行军中，他都承担了这一任务，并决心把物资运送到海拔八千米以上的地方……"经过讨论，全体党员举手表决，一致同意张俊岩转为正式党员。

张俊岩表示："我一定不辜负党的期望，继续努力，把自己的青春献给祖国壮丽的登山事业，把红旗插遍祖国的群峰。"

在这次登山行动中，张俊岩登达海拔8100米的高度，荣获国家体育运动荣誉奖章和破全国纪录奖章，并被评为国家级运动健将。

创建西藏登山营

1960年9月，受国家体委指派，张俊岩带领几名教练员进藏，担负创建西藏登山营和开展登山教学的工作。

他的到来给西藏登山运动员留下了很深的印象。后来曾任西藏登山事务管理处处长、西藏登山队队长和书记的登山家罗则，在《甜美的苦役——一位老登山队员的心路历程》一书中这样描述初次见到张俊岩的情景："西藏登山营刚组建时，来了一位身高一米八几的威风凛凛的中年男子，他就是张俊岩同志。""他不仅有高超的登山技能和丰富的经验，而且有强烈的登山安全和保护意识。他还经常教育藏族队员，要多学习文化知识，争做建设新西藏的优秀人才。"

1961年，张俊岩任西藏登山营副营长，主管登山和教练工作。当年春季，他带队侦察希夏邦马峰，秋季又率队到希夏邦马峰进行冰雪技术实地训练。

1962年，张俊岩任代理营长职务，带领全营人马在林芝基地修建登山营的新营房和训练场地，直到1963年上半年才基本竣工。

他回忆说："有关部门拨出专款，还派来工程技术人员。队员们脱掉运动服，换上工装，当起了木工、瓦工、石工，开始了伐木破板、开山取石、打造土坯的工程建设工作，大家边劳动边训练，每天工作10个小时，有的手上磨出了老茧，有的手上打起了血泡，但从不叫苦叫累。经过一年多的时间，我们用自己的双手和智慧，终于建起永久性的登山营地，有体育场、宿舍、办公室、厨房餐厅、淋浴室、仓库等，总建筑面积近3000平方米。"

西藏登山营在八一新村建立的基地，在困难时期为西藏登山事业的发展提供了重要的物质基础，保证了西藏登山运动员正常的训练和生活，为西藏登山运动打基础、建队伍、攀高峰、取得辉煌成就发挥了举足轻重的作用。

登顶希夏邦马峰

1964年，张俊岩任西藏登山营营长，同时任中国希夏邦马峰登山队副队长。3月，他们进驻希夏邦马峰大本营，先后建立了5个高山营地，完成了物资运输任务。

4月25日，最后的突击开始了，张俊岩担任突击队副队长。他和队友们离开大本营，朝云雾弥漫的顶峰进发，迎接他们的是漫天的飞雪和刺骨的寒风。

28日，风停雪止，太阳出来了，冰雪地上反射出耀眼的光芒。突击队员们开始以急行军的速度奔向海拔6900米的冰雪峡谷。

忽然，身材高大的张俊岩眼前一阵昏暗，视线变得朦朦胧胧，眼球像针刺火燎般胀痛。他停住脚步，拉开高山防护眼镜。队员们看到他双眼红肿，泪水不住地流下来，知道这是患上了"雪盲症"。大家关切地想各种办法，他却若无其事地笑了笑，用手帕擦了擦泪水，戴上护目镜，又继续前进了。

5月1日深夜，天空乌云密布，八九级阵风冲撞着石壁，嘶吼声宛如狂怒的海潮般奔腾起伏。张俊岩已经钻进了鸭绒睡袋，但他一点睡意也没有。他想起了4年前在珠峰开会转为正式党员的那个夜晚。现在又将冲顶出征了，他的心情格外激动，每隔几分钟便拉开帐篷门看天色，为第二天的天气而深深焦虑，但他坚信："即使是坏天气，我们也要赢得胜利。"

21日凌晨6时，月亮高挂天空，星星还在闪烁，在留下3位体力较差的队员后，张俊岩和9名队友从突击营地出发了。他们10个人分成3个结组，分别由许竞、张俊岩、王富洲担任结组长，各结组轮换在前方开路。

当队伍登达海拔7800米时，又遇到一堵约50度的冰坡，坚冰如镜，发出幽幽蓝光。坡下是数百米的冰崖峡谷，他们不得不用冰镐刨出台阶，采取互相保护的办法通过。行走时尽量保持重心平稳，双脚小心翼翼地挪动。越过冰坡时天已大亮，朝霞满天。

离顶峰越来越近，张俊岩的呼吸更加急促，两腿有些酸软而沉重，上升的速度更缓慢了。他和队友们就这样一步步向上移动，大家互相勉励，相互支持，绕过一个蘑菇状雪檐，来到一个呈三角状的冰雪坡顶部，眼前豁然开朗，呼啸的山风，不断向他们扑来。大家忘记了疲劳和严寒，脸上露出了胜利的喜悦。经过4个多小时的攀登，10时20分，中国10名登山队员终于踏上了从未留下人类足迹的希夏邦马峰顶峰。

张俊岩和队友们轮流拍下同伴登上顶峰的合影，成为非常珍贵的历史资料图片。

在他们下撤的路上，有一个约40度的冰坡，当时风雪弥漫，能见度很差。张俊岩所在结组的一位队员失足滚坠下去，连带他和另一位队员一起向坡下滚落了一百多米，才停留在一处缓坡上。附近的支援组队员发现后，立即赶来抢救，当时3人都受了些轻伤，处于半昏迷状态。他们搀扶着受伤队员，安全下撤到4号营地，避免了一场亡人山难事故的发生。

这次登顶后，张俊岩荣立特等功一次，获得国家体育运动荣誉奖章一枚。

再登珠峰

1965年春，张俊岩带领部分教练员和运动员赴西藏波密县易贡山区考察。通过对冰川、河流等地质地貌的考察，论证在易贡修建城市的可行性。在一次涉水时，他被急流冲倒，经过大家奋力救援，才死里逃生。

就在这一年，中国登山集训队在西藏成立，并先后两次在珠峰北坡进行攀登性实地训练，张俊岩担任集训队副队长。这是一次大规模的集训活动，仅运动员就有300多人。在这次实地攀登训练中，张俊岩登达海拔7790米的高度。

1972年5月，张俊岩被任命为西藏自治区体育工作大队（简称：体工大队）大队长，西藏登山营改称西藏登山队，直属体工大队编制序列。

1975年春，中国再次组队攀登世界最高峰，张俊岩任副队长兼党委副书记，在第一突击队突击顶峰失利的关键时刻，他挺身而出，组织实施第二次冲顶，率领第二突击队登达海拔8200米的6号营地。在极度缺氧的情况下，他和队友们克服重重困难，坚持待机了七八天，但最终还是未能实现登顶。因长期劳累，加上超预期待机时间长、人数多，使高山食品严重不足，他在劳累、饥饿的折磨下身体变得疲惫、虚弱，在队友们的帮助下才平安返回大本营。

1977年6月，张俊岩任中国托木尔峰登山队队长，带领队员们来到天山最高峰——托木尔峰脚下。为了找到一条通往顶峰的攀登路线，张俊岩带领3名具有丰富登山经验的老教练员和部分青年队员，兵分三路上山侦察。经过4天的艰苦奋斗，他们登达海拔7000多米的高度，可以清楚地看到登山路线及主峰，拍摄了一张张高山照片，画下一幅幅行军路线草图，终于在托木尔峰南侧的西穷特连冰川上，找到了通往顶峰的道路。

7月3日，回到大本营休息不到一周，张俊岩等侦察队员又带着修路器材出发了。他们绕过一道道冰裂缝，翻过一个个冰陡坎，顶着凛冽的寒风，登达一个个新的高度。8天后，侦察队员们按照预定计划，攀登到海拔7200米的高度，进一步看清了登顶路线，打开了托木尔峰的大门，为后续队伍的成功登顶奠定了基础。

登山不了情

1978年，张俊岩调回国家体委登山队，被任命为副政委。1981年被评为高级教练员。1984年调入中国体育旅游公司任总经理助理兼党总支部书记。

1985年，西藏登山队单独组队攀登卓奥友峰时，年过半百的张俊岩再次回到西藏担任顾问。在大本营，人们经常可以看到他举着高倍望远镜，向卓奥友峰瞭望。有时山间云雾缭绕，望远镜里除了白雪和云雾之外什么也看不见，但他还是不停地望啊望。

5月1日，当突击队员从顶峰上报告成功的消息时，张俊岩拿着报话机冲向山坡，向队友呼喊："请在山顶上拍下珠峰、希夏邦马峰！"这位曾经上过珠峰的老运动员声音嘶哑，眼睛湿润了。

在丰富的登山实践基础上，他先后撰写了《登山危险及其预防方法》《希夏邦马峰——世界第14高峰》《卓奥友峰登山纪实》和《征服卓奥友峰》等文章，为后人留下宝贵的历史资料。

1991年秋，张俊岩离职休养，在北京安度晚年。但他一直牵挂着西藏的登山事业，参加了多种活动，为登山事业的发展尽心竭力。2000年11月，他应邀出席了西藏登山队成立40周年庆祝活动。2010年5月31日，他又在人民大会堂出席纪念中国登山队首次登顶珠峰50周年座谈会，同年9月28—29日重返高原参加西藏登山队（西藏登山营）成立50周年庆祝活动，与老战友、老朋友共话今昔，喜不自禁。西藏登山队的新老队员仍亲切地称他为"张营长"。

在西藏登山队成立50周年前夕,新华社西藏分社的副社长多吉占堆和高级记者薛文献,通过信件、电话等方式采访了这位80岁的老人,他在电话中的声音依然是那样洪亮,精神依然那样矍铄:"50年来,西藏登山队克服重重困难,因陋就简,白手起家,从无到有,自力更生,艰苦奋斗,一步步成长起来,很不容易!50年来,西藏登山队涌现出一大批优秀的登山运动员、教练员及组织指挥骨干,用短短的14年时间登上了世界上全部14座8000米以上高峰,顺利完成北京奥运火炬传递,创造了一个又一个人间奇迹,谱写了一曲又一曲人类与大自然抗争的英雄凯歌,一次又一次把五星红旗插在世界高峰上,为全国各族人民争气,为伟大的祖国争光。实践证明,西藏登山队是一支组织严密、训练有素、管理规范,富有爱国主义和革命英雄主义精神的专业登山队伍。我作为这个队伍中的一名'老兵',今天怀着与同志们、战友们同样喜悦的心情,庆祝这个'生日',分享欢乐,感到无比的骄傲和自豪!"

第四节 罗则:在艰辛中品尝甜美

罗则,男,藏族,1938年出生于日喀则拉孜县查务村。中共党员,国家级运动健将,高级教练员。曾任西藏登山队教练员、副队长、队长、队党支部书记,西藏自治区体委登山事务管理处处长等职,1998年退休。

新建营地

罗则出生在一个贫苦的农民家庭,从小光着脚为领主放牧,受尽了苦难和折磨。1956年,他光荣参军,在西藏军区日喀则军分区独立营当战士。1960年9月初,他从部队被选调到正在筹建中的西藏登山营当运动员。

1961年初春,西藏登山营迁至林芝八一新村,边训练、边生产、边学习。一年后,在训练之余,罗则按照营领导指派,带领一个小组的人员用了18天时间,完成了15辆卡车的木材砍伐任务,换来10吨石灰和几万块红砖。1963年3月,营建工作正式开工,罗则和队友们有的挖地基、运石料、和泥巴,有的当石匠和木匠助手。

经过几个月的辛勤劳动,队员们用双手建起了几栋别墅般的红瓦房,告别了之前四面透风、漏雨、阴湿的旧营房,搬进了自己修建的新居。

罗则回忆说:"那个年代人与人之间的亲密关系,非常可贵,那时人们的思想特别淳朴,生活特别朴素,劳动热情特别高涨,表现出与天斗、与地斗,敢于艰苦创业的进取精神。"

初登雪山

1961年9月,在淅淅沥沥的秋雨中,罗则和100多名队友来到希夏邦马峰脚下,开展冰雪作业训练。正当大家满怀信心准备正式攀登时,攀登公格尔九别峰的5名队员遭遇雪崩遇难,这次活动被迫停止。

1964年春季,攀登希夏邦马的行动正式开始,作为二线队员的罗则,尽管没有登顶的机会,但他甘做人梯,完成了建立海拔7500米和7700米两个高山营地,以及从6900米至7700米营地修路和运输物资的任务。当队友下撤的时候,他还曾一个人留守在6300米营地,第一次在冰天雪地里单独执行任务。

1964年6月,根据贺龙元帅的指示,国家体委决定于1967年再次攀登珠峰。1965年8月,已经是教练员的罗则受指挥部派遣,到定日县执行带领民工修路任务,担任施工现场指挥组组长。他与民工们按时修通了从老定日(岗嘎镇)到珠峰大本营之间90公里的简易公路,保证了汽车运输物资的通行。9月中旬,罗则同登山队进驻大本营,开展攀登教学工作,帮助年轻队员掌握各项技术要领,特别是掌握冰雪作业的特殊技能。

1966年4月,登山队又一次前往珠峰进行登高练兵活动,以考察新队员的高山适应能力及攀高能力。经过3次负重适应性行军后,有30多人登上海拔8100米高度,有300多人次登上海拔7028米的北坳顶部。罗则本人也上到7790米的高度,感觉良好。

就在200多名登山队员紧张备战时,传来因开展"文革"运动而取消攀登珠峰计划的消息,队员只好各奔东西,有100多名新队员集体入伍当兵。

登顶珠峰

1973年,国家体委准备于1975年再次攀登珠峰,组建了中国男女混合攀登珠峰登山队,罗则参与了招收新队员的工作。

1975年3月,全体队员进驻大本营。4月24日,队伍进行第四次行军。5月2日,罗则所在的第一梯队20多名队员,从海拔6500米前进营地出发,顺利登达第一难关"北坳"顶部。第二天攀登到7400米的高度时,把存放的物资分配给每位队员背上,继续向上攀登。通过"大风口"时,罗则在呼啸的风雪中,坚持向上攀登,大风把结组绳吹向空中,绳子在风中飘动,使前进非常艰难。当风刮得他不能站着前进时,就依靠手中的冰镐支撑,缓慢移动,风力稍弱时,队员们立即向上攀登。经过12个小时的艰难攀登,他和队友终于冲过"大风口",战胜了第二大难关,来到了7790米营地。

5月6日,坚守在8680米营地的罗则和19名队友准备突击顶峰,但暴风雪无情地向他们袭来,强劲的高空风刮得人无法从帐篷里出来。大风连续刮了两天两夜,帐篷里的气温非常低,人们呼出来的热气不一会儿就在嘴边结成冰霜。

7日,就在队伍再次准备突击顶峰的时候,女队员桂桑刚走出帐篷就晕倒了。罗则陪同桂桑下撤。

8日，罗则随第二梯队再次攀登到8500米处时，仁青平措的步伐越来越慢，双手严重冻伤，肿得连鸭绒手套也戴不进去，还出现了昏迷状态。大本营命令罗则护送仁青平措下撤。罗则服从命令，用一根主绳把自己和仁青平措连接在一起，缓缓下撤。直到11日他们才回到大本营。

罗则说："队友们看见我被冻伤的脸蛋，穿着破烂的鸭绒裤子，像乞丐似的可怜兮兮地站在他们面前时，他们都哭了。特别是女队员们看见我的模样时都哭着对我说：'罗教练，你们辛苦了'。这让我也情不自禁地流下了泪水。"

15日，登山队决定实施最后一次突击，罗则位列18名突击队员之中。26日，罗则等第二组队员顺利抵达突击营地后，在继续向上攀登时，和前两次冲顶队员的遭遇一样，又一次走错了道路，只好原地返回突击营地，并和当天前往"第二台阶"架设金属梯的第一组队员会合。

当晚22时，索南罗布主持召开突击队临时党支部扩大会议。作为党支部副书记的罗则，使出全身力气说："我们现在处在最关键的时刻，为了明天登顶珠穆朗玛峰，我们要做好付出一切代价的准备，做好不怕冻伤手脚、不怕冻掉鼻子、不怕冻掉耳朵、不怕与老婆离婚、不怕找不到对象等最坏的打算，就是爬也要爬上去！"

27日一早，突击组9名队员开始向顶峰冲击。他们通过搭建好的金属梯，顺利越过"第二台阶"这个第三难关。在离顶峰大约只有五六十米的时候，天气开始变坏。在最困难的时候，罗则和队友们彼此鼓励、互相帮助，走过了最艰难的一段路程，最终在14时30分登上顶峰。

现在我们看到的那张顶峰上的照片，其中有三个人举着国旗，但居中有一个人的脸是被国旗挡住的，那就是罗则。他说当时风很大，国旗展不开，为了拍好照片，他就站到了国旗的后面。

在顶峰上，勇士们争分夺秒地战斗了70分钟，圆满完成了组织交给的各项任务。随后，他们按计划下撤。

回到拉萨，罗则和队友们受到西藏自治区党政部门和亲人的热烈欢迎。随后，登山英雄们来到北京，受到邓小平等党和国家领导人的亲切接见，获颁奖杯和国家体育运动荣誉奖章。

罗则说："在山峰上我们没有观众，没有热烈的掌声，更没有鲜花，但登山的成功，使我们一样领略到鲜花和掌声那种鼓舞人心的滋味，同样感受到光荣的分量。在这种鼓舞人心的场面激励下，我们每一名登山队员暗暗地下决心，勇敢攀登更多的高峰，继续为祖国争光，并树立起'雄关漫道真如铁，而今迈步从头越'的决心。"

开创新业

从 1975 年到 1980 年，罗则和西藏登山队的队友们长期在其他省份集训，并参加了攀登托木尔峰的活动。从 1980 年开始，西藏对外国登山者开放山峰。1981 年，西藏体委组建登山事务管理处，成立了西藏登山协会，罗则担任西藏登山队副队长，并主持西藏登山协会、登山事务管理处和登山队的全面工作。1984 年 10 月被任命为登山管理处处长。在此期间，他通过多种方式学习外事业务，在西藏外事工作中起到了骨干作用。他还积极协助登山协会进行山峰普查，为日后的山峰开放和联合登山做了充分的准备工作。

1986 年 4 月，他成功地组织指挥了快速攀登宁金抗沙峰的行动。

1988 年 4 月，西藏登山队升格为独立县级事业单位，罗则改任西藏登山队队长。他首先做的是完善、补充制定新的规章制度，把外国团队来藏登山探险活动的双边谈判和接待工作移交给登山协会，而登山队则重点完成登高任务。登山队还积极选拔新人，正式调入 16 名新队员，同时组建女子登山分队。

此后，罗则先后两次作为洛桑达瓦的助手，代表中国参加国际联合登山行动，取得了举世瞩目的成就。1990 年春，西藏登山队代表国家登山队参加了中美苏三国联合攀登珠峰行动，罗则担任中方副队长，在山区奋战了 3 个月，期间还登到 6500 米的前进营地指挥前方行动，最终使队伍成功登顶。1992 年秋，罗则参加中日联合登山队再次攀登南迦巴瓦峰行动，并担任协调山上行动的中方总队长助理。他充分调动西藏登山队现有的攀登力量，为最终实现人类首次登顶世界最高未登峰，作出了贡献。

1992 年，西藏登山协会组织东线山峰的侦察活动，罗则带领几名队员对那曲地区的嘉黎、比如、那曲和拉萨市的当雄等县的山峰进行了实地普查。

1994 年，罗则担任西藏登山队党支部书记。

发挥余热

退休后的罗则依然关心登山事业的发展，不遗余力地发挥自己的余热。退休之前，罗则就计划在西藏登山队里办一个"荣誉室"，并做了一些前期的准备工作，还把自己准备好的照片等资料交给继任的领导，为荣誉室的建成发挥了重要作用。后来，西藏登山队荣誉室成为进行革命传统教育和"西藏登山精神"教育的基地。

虽然退出了工作岗位，但罗则没有放松对自己的要求，坚持每天看报纸、听新闻，关注国内外大事，关注登山事业的发展，以此来充实自己的精神生活。在西藏自治区体育局组织创办登山大会时，他还应邀给来自国内各地的登山爱好者讲授登山常识课。每次见到罗则，他总是一如既往的慈祥、乐观，脸上堆满笑容，风趣幽默、充满智慧，对亲人和朋友满怀挚诚。

罗则善于观察事物，对登山运动怀有执着的追求，他还养成了记日记的习惯，积累了大量宝贵的登山史料。退休以来，这位从小没有上过几天学、一生与高山打交道，并且创造了辉煌成就的老登山家，用3年多的时间，克服难以想象的困难，写出了自己的登山回忆录，反映他从事登山工作38年中所经历的生与死、胜利与失败、失去战友的悲与苦和有关登山方面的技战术及丰富的人生阅历。在书中他不仅详细记录了自己的人生轨迹和心路历程，同时，用真诚的语言，赞美身边的领导、战友，抒发对遇难战友的深深怀念。

当我们怀着敬佩的心情，捧读《甜美的苦役——一位老登山队员的心路历程》和《无限风光在险峰——西藏登山健将的摇篮》两本书后，想进一步了解罗则前辈是如何写出这两本令人回味绵长的专著的时候，他表示，自己克服困难，努力撰写回忆录的主要目的，不仅是回顾往事，更重要的是让人们不能忘记国家对登山事业的支持，不能忘记登山前辈的光辉足迹和英雄事迹，不能忘记为登山事业献出宝贵生命的邬宗岳、西绕、仁那等英雄，不能忘记所有为了登山事业发展做出突出贡献的无名英雄们。

2010年9月28—29日，罗则应邀参加了庆祝西藏登山队成立50周年的活动，他代表老登山家们作大会讲话，以充满激情的话语，深情回忆了往昔的峥嵘岁月，又对西藏登山事业的美好前景寄予希望。

2015年5月27日，西藏自治区体育局举行纪念中国人再登珠峰和首测高程40周年座谈会，罗则等健在的"九勇士"代表出席并讲话，以铭记中国人再登和测量珠峰高程的英雄壮举，再叙"九勇士"传奇故事，传承弘扬"西藏登山精神"宝贵财富，激励当代西藏体育人不断砥砺奋进、开拓创新，沿着老一辈体育人的足迹，努力开创高原特色体育事业新局面，为推动全区经济社会跨越式发展和长治久安而不懈奋斗。

2020年6月24日，罗则应邀出席西藏自治区登山爱国主义教育基地展览脚本专家评审会议，作为西藏登山历史的亲历者与见证人对资料提出了宝贵的修改意见与建议。同年10月1日，罗则出席西藏自治区登山队成立60周年座谈会，与几代西藏登山人齐聚一堂。虽然已82岁高龄，但罗则表示，要继续为西藏登山事业奉献光和热。

第五节　成天亮：从剿匪战士到登山教练

成天亮，男，汉族，1940年出生于陕西省富平县白庙乡。中共党员，国家级运动健将，国家级教练员。曾任西藏登山队队长、总教练，《西藏体育志》编委等职，2001年4月退休。

藏北剿匪

成天亮出生于贫农家庭，从小放羊，读过小学、初中，1958年11月参军。1959年3月，他所在的部队进军西藏，开展剿匪工作。5月的一天中午，在纳木错北岸的一片开阔地里，部队与叛匪遭遇，在纷飞的大雪中发生激烈战斗，最后敌人全部投降。在这次战斗中，成天亮作为机枪射手，完成了从新兵到战士的转变。

7月，部队从那曲出发向嘉黎县境内挺进，参加一次大的战役。战役打响的那天清晨，天气晴朗，草地上到处是土匪的帐篷，炊烟四起。突然一架撒传单的飞机从他们头顶飞过，土匪窝里炸了营，许多人翻身上马，像无头苍蝇一样到处乱窜。成天亮所在的部队和友邻部队一起攻占了所有的山口，将土匪团团包围起来，只要有土匪接近就开枪射击，消灭了大部分匪徒。

有一次，成天亮与战友在一条山沟里与20多个土匪遭遇。他骑马向敌人冲去，敌人开始还击。就在奔跑的过程中，成天亮的马蹄子别在石头缝里，把马腿别伤了，他连人带枪摔了下来。他不顾疼痛爬起来，端着枪就往前冲。敌人占据了制高点，把成天亮他们压在山坡上抬不起头来。激战中，他的胶鞋后跟被一发子弹穿了个眼，所幸人没有受伤。但他眼睁睁看着一名战士因为抢救受伤的翻译，被打中头部牺牲了……

1960年元旦刚过，成天亮被选入珠峰登山队，为运动员运送高山物资。成天亮从一名战士转变为登山队员，开始了新的探险生涯。

首登珠峰

1960年2月，成天亮来到珠峰大本营，开始为海拔6500米以下的3个营地运送食品和登山器材等物资。初次见到珠峰，好多人不以为然，有个战士说，登这么个山，还要花那么多人力物力，如果连长下个命令，我怀揣几个馒头就上去了。后来说这话的战士只上到6000米营地就头疼得受不了，先期撤了下去，以后谁也不敢轻视眼前这座大山了。

成天亮等人第一次登上"北坳"，为试验这里的风到底有多大，他们在那里搭起一顶当时最好的法国高山帐篷。第二次去的时候，那里只剩下固定帐篷的冰锥和两根金属杆，连固定帐篷的绳子都被大风吹断了。

第三次行军，运输队到达海拔7300米的冰雪坡，高空风来了，从中午一直刮到天黑，人都不能站起来行走，只能趴在雪坡上向上爬行，速度非常慢。直到天黑，他们才攀登到7450米的冰雪与岩石交界处，风依然很大，帐篷搭不起来，队员们就在雪坡上刨个坑，大家挤坐在一起。这一天冻伤了大部分登山队员，还有两个大学助教因高山病牺牲，永远留在了山上。

在最后突击顶峰的行军中，成天亮完成了最后一次高山运输任务，登达海拔8100米营地，获得国家体育运动荣誉奖章和破全国纪录奖章各一枚，并被评为一级登山运动员。

1960年，成天亮调入西藏登山营，并参加了在北京举行的庆祝活动。11月，他参加南迦巴瓦峰侦察活动，12月又转战到定日县，步行进入希夏邦马峰进行侦察。1963年，成天亮随队赴新疆天池、重庆，参加登山技术和身体素质训练。他是全队有名的"瘦猴子"，身高1.70米，体重却一直保持在61公斤左右，伙食再好体重也不会增加。

登顶希峰

1964年春季，中国首次组队攀登希夏邦马峰。成天亮被分到一线队，即突击顶峰的分队。

5月1日晚，队伍顺利登达海拔7700米的突击营地，此处是60°左右的硬冰坡。天快黑时，大家开始烧水吃干粮，成天亮走出帐篷去取冰烧水。为了方便，他脚上只穿了一双鸭绒袜子就离开帐篷，手里也没拿冰镐，只端了个小铝锅。结果一迈步就滑倒了，坐在硬雪坡上向下滑去。这个营地的下方可是万丈深渊。

就在这千钧一发之际，下边帐篷里的邬宗岳也出来取冰烧水，听见成天亮的呼喊，抬头一看，就知道发生了什么，立即将冰镐插在他滑下来的雪坡里。成天亮双腿叉开骑在冰镐上，才没有滑下深渊，幸免于难。

成天亮回忆说："也算我命大，没有邬宗岳的这一冰镐，后果不堪设想。他可是救了我一命呀！"

当晚，成天亮一夜没睡，一是心情激动。二是半个帐篷吊在空中，他们只能靠坐在里面，背靠着雪墙，把两条腿吊在空中。三是异常寒冷，高空风吹过山脊上的黑色岩石柱子，发出尖利的呼啸声，非常刺耳。

5月2日凌晨4时，成天亮叫醒大家准备出发。尽管离天亮还有3个小时，但明亮的月光把雪山照得如同白昼，只是气温很低，毛线手套粘在冰镐上取不下来，呼出的哈气很快就在衣领结冰，冰碴子把下巴戳得生疼。突击队分成3个结组突击顶峰，没人说话，只听到喀嚓声和喘息声。

登达海拔7800米时，遇到一大片硬冰区，队友王富洲横切时脚下没有踩稳，一下子滑了下去，幸亏有固定绳索保护住，才避免了一起亡人事故。

在快到顶峰的时候，天气突变，漫天的云雾沿着山体向他们涌来，风也变大了，他们立即抓紧时间登顶，害怕在顶峰无法拍照和摄像。没想到一抬头，顶峰就在眼前20多米的地方。

成天亮回忆，希夏邦马峰就像翘首的渔船，长三角形，周围有半米高的围墙，往下看，西边和南边是悬崖，东边陡坡与它的姊妹峰相连，北边是犬牙交错的山脊。

在顶峰上，成天亮有主绳保护，邬宗岳站在悬崖边用电影机把西南方向的兰塘冰川和四周美景拍了下来。他们在顶峰活动40分钟后，赶快下撤。至此，世界全部14座海拔8000米以上高峰顶上，都留下了人类的足迹。

在登山队中，成天亮中等个头，从表面上看，身体并不怎么强壮魁梧，尤其是背上庞大的登山背包之后更显得瘦小。在雪山上，当人们看着他吃力地跨出第一步时，甚至会担心他是否有力量迈出第二步。前进了一段路程以后，人们以为他会停下来休息片刻，但他只回头看了看，又继续前进了。成天亮经常在冰雪上为战友踩出坚实而均匀的脚印。他那永不衰退的斗志、百折不挠的毅力，使人们联想到他在人民军队中那段战斗生活的锤炼。

登上希夏邦马峰后，成天亮荣立特等功一次，获得国家体育运动荣誉奖章一枚，被评为国家级运动健将。

1965年，成天亮任登山分队政治指导员和教练员。

1975年，成天亮参加了中国登山队再登珠峰的行动。5月2日，他和张俊岩带领第二突击队登达"北坳"营地，按计划每个结组当晚可吸用一瓶氧气，但是发现有几个氧气瓶调节器漏气，他就和邹兴禄教练修理。在修到最后一个的时候却发生了意外，只听"轰"的一声，一股火焰喷了出来。所幸没有发生爆炸，只是成天亮的左手掌和两个手指严重烧伤，尼龙手套粘在烧伤的手上，中指露出了骨头。

尽管被烧伤，但成天亮轻伤不下火线。第二次突击顶峰的时候，他带领5名队员从突击营地向顶峰攀登时迷路，偏向右方直接走到被称为"诺顿峡谷"的死胡同里去了，最后被迫原路返回，失去了一次好天气周期和自己登上顶峰的机会。

就在他们返回的路上，成天亮突然感到头昏眼花，晕倒了。要不是战友保护，有可能就滑坠深渊了。大家把他放到一块较为平缓的坡上，给他吸氧，然后由其中的两人护送他下山，最终脱离了危险。

大难不死

在成天亮的登山生涯中，1980年掉进冰裂缝是最大的一次危险，但幸运的是，他又一次逢凶化吉。

1980年4月，在希夏邦马峰海拔6300米左右，他掉进了暗裂缝。事发突然，但他头脑冷静、清醒，没有慌乱，还想起来掉进裂缝后应采取的措施：一是双手尽力紧贴冰壁，以减缓滑落的速度；二是双腿叉开，避免身体发生倒置，保护头部不要先落地。尽管如此，他还是没有坚持多久，只感觉"轰"的一声，眼前一黑，就昏了过去。不知过了多久，他才清醒过来。只听到上面有人喊、有人哭，他明白了眼前发生的事情，通过冰洞透下来的光亮，发现自己骑在一堵雪墙上，周围是冰层和岩石结合部。

为了稳住大家的情绪，他就在裂缝里和队员们开玩笑，然后和大家商量营救的方法，紧张的气氛顿时缓和了许多。最后，队员们把8个人背架上的尼龙绳解下来再连接起来，扔进冰洞，才把成天亮慢慢吊上来。

因为坠落时产生的冲击力很大，又突然落在冰墙上，使他的股骨受到严重撞伤，不能走路，大家只好搀扶着他往下挪动。这一天，太阳光非常刺眼，成天亮的高山防护眼镜又落到冰裂缝深处去了，尽管他双眼紧闭，还是患上了雪盲。

在中国登山历史上，掉进如此深的冰裂缝里而能活着出来的，成天亮还是唯一的一个。

开创新业

1981年成天亮被国家体委评为高级教练员，1984年被任命为西藏登山队队长。他一上任，就着手组织西藏登山队单独攀登海拔8000米以上高峰的重大行动。

1985年4月1日，成天亮率领的登山队从拉萨出征，4日抵达卓奥友峰大本营。随后，他们在该峰西北侧的富士拉冰川进行了为期一周的冰雪技术训练，之后经过不到一个月的时间，就打通了到海拔7500米突击营地的路线，完成了修路、建营、物资运输任务，为登顶奠定了基础。

5月1日，12名突击队员冒着强劲的高空风向顶峰突击。17时50分，有9名队员成功登顶，开创了西藏登山队单独组织、指挥、攀登，登顶海拔8000米以上高峰的先例。

由成天亮在一线指挥的首次独立攀登海拔8000米以上高峰的行动，在西藏登山的历史上乃至在中国登山史上都具有里程碑式的重要意义，他又一次立下大功。

这次攀登行动践行了全新的登山行动理念：队伍精干、指挥灵活，行动迅速、高效，队员协同一致、战斗力强，采取一次行军后就突击顶峰的战术，开创了小规模、短时间、抓住时机迅速突击顶峰的新型"喜马拉雅"登山模式。

1986年5月，成天亮任中日联合登山队中方队长，成功组织指挥了攀登章子峰的行动，再立一等功。1987年秋季，他担任中日拉布及康峰联合登山队队长，在遭遇特大暴风雪袭击的困难情况下，他带领的队伍不但没有发生伤亡事故，还成功地登上了海拔7367米的顶峰。

1998年，成天亮晋升为国家级教练员。

1988年至2001年，成天亮任西藏登山队总教练，培养了一大批优秀登山运动员和教练员。在此期间，他曾多次赴日本、法国、奥地利、瑞士、尼泊尔、巴基斯坦等国进行考察和登山技术交流。

2001年4月，成天亮光荣退休，返回陕西老家安度晚年。

此后，他搜集整理了大量资料，总结了自己42年登山运动的经验，与西藏民族大学的副教授邵生林合作撰写出版了《西藏登山运动史》，为西藏登山事业留下一份宝贵的史料。

2010年9月，成天亮应邀回到拉萨，参加庆祝西藏登山队成立50周年庆典活动。

第六节　多吉甫：这辈子搞登山不后悔

多吉甫，男，藏族，1939年出生于日喀则拉孜县。中共党员，国家级运动健将，获得过国家体育运动荣誉奖章和破全国纪录奖章。曾两次入伍，转业后曾任西藏自治区体委办公室副主任、登山事务管理处副处长，西藏登山队副队长、队长等职，1999年退休。

无名英雄

多吉甫于1956年9月入伍，在西藏军区日喀则军分区当战士，1958年11月参加国家登山集训队，首次进行冰雪作业训练，成为西藏高原上首批现代登山运动员之一。首次正式攀登雪山——唐拉堡峰（现称唐拉昂曲峰）时，他为护送高山反应严重的队友下山，失去了第一次登顶雪山的机会。

1959年，多吉甫随队攀登慕士塔格峰。7月3日，队伍在2号营地遭遇暴风雪袭击，一夜之间，积雪厚度几乎要高过帐篷，他和队友们被迫在那里停留一天，此后顶着大风继续向上攀登。7月6日，登达海拔7200米的4号营地。第二天突击顶峰的时候，队友崔忠义高山反应严重、电影摄影师沈杰因雪面反射光长期照射患上"雪盲症"。此时，身为解放军副班长，且身体强壮、热情友善的多吉甫被领导安排照顾队友，第二次失去了宝贵的登顶机会。

1960年初，多吉甫被派到兰州清理统计登山装备，为攀登珠峰做准备。3月底，他抵达大本营，加入突击组开始行军。第一次攀登到"北坳"的时候，由于从低海拔地区短时间内上升到高海拔的7028米营地，使他的高山反应特别严重，在那里休息了好几天，连帐篷也不能出去。等回到大本营以后，指挥部就安排他担任接应队员，又在海拔6500米的前进营地生活了20多天。当登山队组织第四次突击顶峰时，多吉甫坚决要求参加。这次他的身体状态很好，一直攀登到8300米的高度。当时，教练员张俊岩把多吉甫和几个体力不错的年轻队员叫在一起，指派他们护送一个队友下山。那个队友当时还在7800米的下方处，有严重的高山反应。他们几个人服从指挥摸黑下山，借着月光下撤到7700米的营地，但一直没有找到那位队友。直到第二天凌晨4点多，精疲力尽的他们才在休息的地方烧了点水喝，吃了点东西。随后，他们下到海拔6500米的前进营地，天亮后找到那位队友，发现他高山反应已大为减轻也没有冻伤，就带他一起回到了大本营。

就在这天晚上，队友王富洲、屈银华、贡布成功登上了顶峰，创造了中国人攀登珠峰的新纪元。

撤营的时候，多吉甫向指挥部建议，由他带领30多名队员，把海拔7700米及以下各营地的物资、装备等全部撤回大本营，受到登山队领导的高度评价。这次登山行动结束后，多吉甫获得了国家体育运动荣誉奖章和破全国纪录奖章各一枚，并被授予国家级运动健将称号，是西藏首批获此殊荣的藏族登山运动员之一。

登顶托木尔峰

1961年，多吉甫留在国家登山队集训。1963年9月起，他被选派到中央民族学院干部训练班学习了3年。1966年10月，他回到西藏，成为西藏登山营教练员，为1967年攀登珠峰做准备。但此后由于"文革"的影响，攀登活动被取消。

1967年3月，多吉甫再次入伍回到部队，先后在西藏军区机关和亚东、日喀则、拉萨等地的驻军单位任职。1975年，他调入解放军八一登山队，任副队长。

1977年，国家登山队组织攀登托木尔峰，队员来自国家登山队、八一登山队和西藏登山队，由80多人组成的联合登山队分成3个突击队，多吉甫任第二突击队队长。

托木尔峰是天山山脉的最高峰，海拔7435米，地形复杂，攀登难度大。在前进的道路上，脚下是一道道明、暗冰裂缝，纵横交错、深不可测，头上是一座座冰峰雪岭，随时都有发生冰崩、雪崩的危险。经过两次适应性行军，多吉甫和队友们经受住了冰雪严寒的考验，取得了一定海拔高度的适应性。同时完成了侦察、修路、科考、测绘和装备器械、食品燃料、氧气瓶等物资的运输任务，为冲击顶峰做好了准备工作。

7月30日，多吉甫带领第二突击队的17名男女队员，在突击营地被暴风雪整整围困了56个小时之后，终于在13时15分成功登顶，他也在自己的攀登生涯中首次实现了登顶的夙愿。

登山无悔

1984年，多吉甫从部队转业到地方工作，先后任西藏自治区体委办公室副主任、登山事务管理处副处长和西藏登山队副队长等职，1994年任西藏登山队队长。

他刚到西藏登山队工作时，队员大多是刚从农牧区招来的试训队员，基础比较差，加之队里还没有配备专职书记，没有专人进行思想政治教育工作，大家自认为身体好就一切都好。上班的时候，队员有的在茶馆里，有的在大街上，他首先做的工作就是整顿作风和纪律，对全队人员严格要求、严格管理。

登山队此前的党支部里只有3名党员，后来随着各项工作的稳步开展，要求进步入党的人越来越多，先后又有5名队员由于表现出色而光荣地加入中国共产党。与此同时，登山队一直坚持进行正规化训练和半军事化管理，懒散习气逐渐少了，队员们训练和吃饭前都要排队点名，严格落实工作、训练和生活制度。他还继承和发扬前面历届领导班子的工作作风，不断完善各项规章制度，提高队员的综合素质和登山探险的积极性，使队伍的精神面貌、工作作风得以改善，政治思想与文化水平得到了不同程度的提高。西藏登山队先后多次被评为自治区体育系统和全国体育系统先进单位，队党支部几乎年年被评为先进党组织。

多吉甫还见证了"西藏攀登世界14座8000米以上高峰探险队"从成立到取得初步战果的发展时期。从1993年开始，探险队出国到尼泊尔攀登两座高峰，首战告捷，此后连年征战，取得一个又一个的胜利。但随着时间的推移，一些队员逐渐被淘汰，有的出现伤病，有的错失登顶机会。作为西藏登山队队长，多吉甫积极参与探险队的组织指挥工作，做好后勤保障的协调工作，尽力为队员们解决一些实际困难。

退休后的多吉甫，一直关注着西藏登山事业的发展进步，经常应邀参加西藏自治区体育局和西藏登山队的相关活动，对登山运动和登山从业人员充满深情厚谊。2007年夏天，西藏探险队在巴基斯坦境内成功登顶最后一座8000米级高峰，创造了世界登山史上的奇迹。得知这一消息，退休在家的多吉甫异常兴奋。他说："中国登山历史这么短，西藏登山队成立也不到50年，就有这么一支队伍创下团队登顶14座高峰的纪录，在世界上也是首屈一指的。"

从事了大半生的登山运动，尽管自己一直未能登顶珠峰，但多吉甫说他并不感到后悔。在他看来，登山是最苦最危险的运动，没有观众和奖牌，队员们要几个月生活在山沟里、雪山上，吃尽各种苦头。但从其具有的重要意义上来说，又超过了其他运动项目。

"一些登山者说，我的后代绝对不能再从事登山运动。但在我看来，登山给人带来了希望，人总是要往上走，要敢于挑战高峰。从国防建设上来讲，过去部队经常聘请登山教练员和老运动员搞登山培训、冰雪作业、攀岩，一批批地搞，目的就是要保卫边疆、保卫祖国，登山能起到很重要的教育作用。"多吉甫说。

他不仅这样说，而且也是这样做的，西藏探险队攀登最后一座世界高峰时牺牲的著名登山家仁那，就是多吉甫的亲外甥。仁那从解放军退伍时，被招录到西藏登山队当了登山运动员。

回顾自己几十年来走过的历程，他说，从农民到解放军，又到登山运动员，这是做梦都没有想到过的。过去在农村的时候，只听说过印度有人在登山，说那不是人干的事，但每个登山运动员都是"一旦自己真的参加了登山运动，'怕'字就被扔得远远的"。

在多吉甫看来，登山能锻炼人的意志、提高人的思想境界、培养爱国主义和集体主义精神，"没有这种精神，登山想都不要想。团结就是力量，登山有了团结才能成功。"

"也许有人会说我没有当过英雄，没有登上珠峰，但我自己和全家人从来没有这种感觉。我觉得自己还是当一个无名英雄比较好。我很高兴自己能参加到登山队伍中来，而且能够健康地生活到现在，从事登山这项事业还是选对了，现在回过头来看，依然是很愉快、很高兴的。"热情开朗、能歌善舞，个性阳光的多吉甫老队长，就这样评价自己平凡而幸福的登山生涯。

第七节 潘多、邓嘉善：雪山伉俪

邓嘉善，男，汉族，1936年出生于江苏省无锡市。中共党员，曾任西藏登山队教练员、领队（队长）等职。1980年起，任无锡市第十中学（后改任江南中学）副校长，已先于潘多逝世。

潘多，女，藏族，1939年出生于西藏昌都江达。中共党员，国家级运动健将，世界首位从北坡登顶珠峰的女性。三次荣获国家体育运动荣誉奖章，两次获得破世界纪录奖章，荣立特等功、大功、一等功各一次。曾任中华体育总会副主席、中国登山协会副主席等职。1980年，潘多夫妇调回无锡工作，潘多任无锡市体委副主任。1998年退休，2014年3月31日逝世。

苦难童年

潘多6岁多开始放牧，8岁父亲去世后跟着母亲经过一年的乞讨、赶路，于1950年来到父亲的老家日喀则。在那里，娘俩靠织氆氇为生。12岁那年，母亲病倒了，潘多开始代替母亲干活。13岁时，她成了一个小农奴，去给领主放牧牛羊。

后来，母女俩当起了背夫。那时的西藏还没有公路，运输货物靠马帮、牦牛帮或人力背驮。商队从印度、尼泊尔穿越喜马拉雅山口，把罐头、大米、玻璃器皿等运到西藏，卖给农奴主，再把盐和羊毛等运走。她们和一帮穷人，来到喜马拉雅山脉南麓，每人背上压着一个沉重的木箱，从南麓到北麓，不知爬过多少高山峻岭。

当了一段时间的背夫后，她和母亲从锡金的甘托克城出发，一路前往印度噶伦堡投亲未果，就到处流浪，横穿恒河平原，抵达新德里，后又到达佛教圣地——尼泊尔王国的蓝毗尼，经过加德满都返回噶伦堡，用了半年的时间在印度、尼泊尔各地来往奔波。

在南亚流浪的日子里，潘多母亲的身体每况愈下，返回日喀则后不久就离开了人世，潘多只得来到拉萨投奔母亲的朋友。1958年，她来到拉萨，人生也就此发生了重大转机——在西郊"七一"农场当了一名种菜的农场工人。

登山新兵

1958年底，中国登山队队长许竞带人到"七一"农场挑选登山队员，潘多踊跃报名，并幸运地入选登山集训队。经过紧张、艰苦的训练，潘多通过了三次选拔测试，以优异成绩成为中国登山队正式队员。

潘多说："教练披着军大衣，踩着军靴，神气极了。我和其他藏族女孩子，都以为这是要招兵，就去试了试。"

在朋友记忆中，潘多皮肤黝黑，高高的个头，宽厚的下巴，身体也很有力量，训练特别刻苦。"我们除了每天长跑、举重、跳鞍马，还要接受严格的训练，很多人都坚持不到最后。"潘多说。

凭借从艰苦环境中成长起来的坚韧性格，潘多坚持了下来，并很快从队员们中间脱颖而出。艰辛生活造就了潘多倔强的性格、强壮的体魄和一股不服输的精神。在登山训练中，不论是跑步还是负重行军，她从不落后男队员一步。她高山适应能力强，毅力坚韧，再苦再累从不吭声。

1959年2月4日，潘多第一次登雪山，成功登上唐拉堡峰（现称唐拉昂曲峰），随后就开始了挑战慕士塔格峰的征程。

在攀登慕士塔格峰适应性行军中，随着海拔高度的上升，潘多的身体出现了高山反应，头开始痛起来，心跳也逐渐加快，恶心呕吐，但她一声不吭，坚持攀登。7日，是突击登顶的日子。潘多和队友顶着10级左右的大风，踏着没膝深的积雪一步步向上攀登。空气稀薄，呼吸困难，他们每前进一两米就要趴在冰镐上休息喘息片刻。

当潘多所在的结组快到顶峰时，许竞大声问："上来的有没有女队员？"结组长王富洲回答："潘多上来了！"潘多与队友一起登上了慕士塔格峰，打破了当时世界女子登山的最高纪录（海拔7546米）。

1961年，潘多参加中国女子登山队攀登公格尔九别峰。6月17日上午，4位突击队员分成两个结组从突击营地出发，加速向顶峰挺进。在登达海拔7560米左右时，队友王义勤和查姆金因体力消耗过大，累得迈不开步了。天色将黑，大本营决定让潘多和西绕抓紧时间赶在天黑之前登上顶峰。

这时候，积雪已深及膝盖，每前进一步都要付出很大的努力，前进的道路上还要攀登两个很长的陡坡，潘多忍着剧烈的头疼、干渴和手脚麻木的痛苦，奋力攀登过一个又一个雪坡，经过9个小时的顽强拼搏，终于在22时30分登上顶峰。这是潘多等中国女子登山队员第二次打破世界女子登山的最高纪录（海拔7595米）。

就在他们下撤的时候发生了雪崩，西绕、拉巴才仁、陈洪基等5名队友不幸遇难，潘多也被雪崩掩埋，身体多处受伤，经历了生死考验。

雪山伉俪

攀登公格尔九别峰的时候，潘多遇到了心中的"白马王子"。当时她所在的第二分队队长叫邓嘉善，是一个中等身材的英俊青年。1958年从西安测绘学校毕业，分配到国家测绘总局工作，同年参加登山集训，又被选派到苏联强化训练，登上过列宁峰。

在登山过程中，潘多和邓嘉善越谈越投机，感情十分融洽。潘多见邓嘉善忙，就经常在宿营时把铲雪、烧水、煮饭的活儿包揽了，甚至在晚上帮他把鸭绒被铺好。两人同吃、同住、同战斗，两颗年轻的心紧紧连在了一起。

登顶后下山过程中，潘多冻伤了脚趾，患上了"雪盲症"。正当她艰难下撤时，邓嘉善牵着一匹马出现在她面前，并把她扶上马。在邓嘉善的精心护理下，潘多的伤情逐渐好转。

1962年，潘多和邓嘉善双双调到西藏登山营工作，邓嘉善任教练员。1963年春节，俩人喜结连理。

新婚后不久，上级决定派潘多去中央民族学院干部训练班学习。此后，邓嘉善又前往希夏邦马峰进行侦察活动。在各自忙碌的时期，他们鸿雁传书，交流学习心得，探讨登山事业等。

1964年，中国登山队正式攀登希夏邦马峰，邓嘉善通过信件向潘多讲述了登山的过程。有一次队伍在积雪中行进，邓嘉善在前面踏着一尺深的新雪开路。一会儿他的右腿掉进了覆盖着积雪的暗裂缝，一会儿他的左脚又踏进冰洞里拔不出来。尽管四肢又麻又软，但邓嘉善仍然坚持不让别人替换，使出全身的力气，一步又一步，为后面的队友踩好脚印。

1965年，潘多从中央民族学院毕业后，回到西藏登山营，被安排在集训队工作，带领新队员进行登山训练，为次年攀登珠峰作准备。

1966年，"文革"开始了，西藏登山营的一切工作都停了下来。1969年，西藏登山营的大部分人员被分散安置，只留下十几名骨干队员，其中潘多是唯一留下的女队员，邓嘉善任领队。在此期间，他们的3个孩子先后于1965年、1967年和1974年出生。

登顶珠峰

1974年，"中国男女混合珠穆朗玛峰登山队"组建，潘多任副队长，邓嘉善任副政委。当时的潘多还在无锡，小女儿刚出生不久，还在哺乳期。两口子一边为再次攀登珠峰感到无比兴奋，同时也为自己的特殊情况忧虑。当时的潘多已经36岁，是3个孩子的母亲，体重达80公斤，她问自己：长期没有锻炼，还能适应雪山环境吗？最小的孩子才6个月大，尚未断奶，怎么办？3个孩子谁来带？

经过激烈的思想斗争，他们把孩子们留给家人照料，奔赴了集训队。为了恢复体能，潘多付出比别人更多的时间和代价，经过一个半月的苦练，再次踏入登山队员的行列。

1975年3月，潘多随大部队来到珠峰脚下。在最初的登山行动中，潘多被编入运输队，负责从大本营到8100米高度之间的高山物资运输工作。她服从安排，甘做人梯，带领运输队员们奔波在冰天雪地里。有一次登达8000多米的高度时，潘多突然两眼发黑，什么也看不见了，只得坐在地上，慢慢地往下蹲，下到7600米的高度时，才完全恢复视力。在潘多担负运输任务的同时，邓嘉善则带领十几名教练员和年轻队员，负责修通"北坳"天险的道路。

在前面几次行军突击顶峰失败后，登山队重新组织起新一批突击队员，潘多凭借在运输队里的出色表现和良好体能入选，参加了新一轮突击顶峰的战斗。经过5天的强行军，5月21日，他们登达海拔7600米营地。

尽管同在一个队里，但潘多和邓嘉善见面的机会并不多。在海拔7500米处，已在高山营地连续指挥了5天、为突击队设计完上山路线后向下撤回的邓嘉善，正巧遇上潘多与队友向上攀登。潘多看到两个月没见的丈夫，在远处就冲他热情挥手，看到妻子的邓嘉善却只是举起冰镐向峰顶指了指。

"我当时看他将手中的冰镐朝顶峰上指了指，就明白了，他是示意我一定要登顶。我顺着他指的方向，看见他在上面山路上细心铺设好的一面面小红旗路标，当时眼泪就流了下来。但为了登顶必须保存体力，我只能冲他点点头，擦肩而过。"潘多说。

在高山营地，高空风卷着大雪铺天盖地而来，潘多和队友们蜷缩在帐篷里，不吸氧气、少吃食物，苦苦地坚守了3天。

5月24日，就在潘多等队员与大自然展开生死搏斗的时候，登山队党委通过报话机向潘多传来喜讯："根据潘多本人的要求和表现，正式批准潘多为中国共产党党员。"闻讯，她那又红又黑的脸上，露出了庄严的笑容，眼里还滚动着泪花。

25日，珠峰山区的天气稍有好转，突击队员们抓住时机奋力攀登，到达8300米的高度。

26日，突击队与狂风搏斗了几个小时后，完成了侦察、修路和强行军任务，进驻8680米的突击营地。当晚，突击队召开临时党支部扩大会议。作为唯一的女队员和新批准加入党组织的正式党员，潘多发誓："只要我还有一口气，就是爬也要爬上珠穆朗玛峰顶峰！"

27日，在攀越"第二台阶"时，潘多向上面的队员递送背包。有一根帐篷杆被岩石卡住了，她用力去拉，因用力过猛，失去重心，身体突然向后仰翻。眼看就要掉下悬崖，她急中生智，迅速抓住岩壁上突出的岩石，脚插进岩壁缝隙里，控制住了身体。14时30分，经过艰险攀登，潘多终于成为我国首位登临地球之巅的女性，也是世界首个从北坡登顶珠峰的女性。她在8848.13米的高度留下一份心电图记录，至今仍是唯一一例。

谈及顶峰的情景，潘多多年后回忆说："我们先把五星红旗举起来，大家都很激动！然后，我们把一个3米高的金属架竖立起来，这是国家测绘总局给的任务，准确测量出珠峰的高度是海拔8848.13米。我的任务是做一次心电图测试，从科学的角度来分析，看女性在世界最高峰上和男性比较有哪些不同。"潘多和队友在顶峰停留了70分钟，没有吸一口人造辅助氧气。

她说："在旧社会，我们妇女是最底层的。西藏民主改革后，妇女获得解放，实现了男女平等。我能登上珠峰，显示了我们妇女在新中国的地位。男同志能做到的事，女同志也一样能做到！"

就在潘多登顶的那一刻，在大本营的队员把喜不自禁的邓嘉善抛向天空，人们久久地沉浸在欢乐之中。

情系高原

潘多勇攀珠峰后，受到全国人民的爱戴。1978年9月，她出席了中华全国妇女联合会第四次全国代表大会；连续当选第五届至第九届全国人大代表，而且还入选全国人大主席团；被评为建国35周年、40周年、45周年"杰出运动员"；1979年，被评为"全国三八红旗手"；1985年，被国家体委授予"新中国体育开拓者"荣誉奖章；1995年，出席了第四次世界妇女大会。

鉴于潘多夫妻俩长期生活在西藏、与子女分居的情况，在上级领导的亲切关怀下，1980年，潘多夫妇调回无锡工作，潘多任无锡市体委副主任，邓嘉善任无锡市第十中学（后改任江南中学）副校长。

潘多说，初到无锡时生活不习惯，当地政府和人民给了她细致周到的安排和照顾。在新岗位上，她干一行，学一行，爱一行。退休后，她应邀担任上海宝山区同洲模范学校的名誉校长，竭尽所能为教育下一代贡献力量。

尽管在无锡工作，但潘多一直情系雪域高原，几次踏上故土。2008年，潘多回到珠峰大本营。她说："每一次回家心里都很激动，所有身体的不适都阻挡不了自己对大山的依恋。"

"尽管已经离开了西藏登山队，但我始终是西藏的女儿，一直关心西藏登山事业的发展，每一次登山活动都得看，都得听。现在西藏登山事业后继有人，取得了很大的成就，我非常高兴。"潘多说。

2008年8月8日晚23时36分，在北京第二十九届奥林匹克运动会开幕式上，作为我国不同时期优秀运动员代表，潘多和其他7位执旗手手持奥林匹克会旗入场，再次经历了人生中难忘的一刻。2009年，她入围"100位为新中国成立作出突出贡献的英雄模范人物"和"100位新中国成立以来感动中国人物"候选人名单。

2010年5月31日，潘多在北京人民大会堂参加"纪念中国登山队首次登顶珠峰50周年座谈会"，被授予国家体育运动荣誉奖章，还作为老一辈登山家的代表做精彩发言。

2010年9月28—29日，潘多邓嘉善夫妇应邀重返高原，参加西藏登山队（西藏登山营）成立50周年庆祝活动，与老战友、老朋友共话今昔，喜不自禁。潘多仍然以健壮的身材、稳重的脚步、干练的作风、爽朗的笑声出现在人们面前，一代登山名将的风采展露无遗。

第八节　仁青平措：从农奴到登山英雄

仁青平措，男，藏族，1946年出生于西藏隆子县新巴乡新巴村。国际级登山运动健将，4次荣获国家体育运动荣誉奖章，多次立功受奖，还曾被评为全国优秀共产党员，西藏自治区全区劳动模范，先进工作者，当选党的十二大代表，享受政府特殊津贴。

翻身农奴　军营建功

仁青平措出生于一个农奴家庭，从出生时身上就被打上了农奴的烙印。1955年，刚满9岁的他被迫成为农奴主的牧羊人。1959年，在中国共产党的领导下，全区各族人民以高昂的热情投身于平息叛乱和民主改革的革命热潮，彻底推翻了政教合一的封建农奴制度，百万农奴获得了解放。自此，仁青平措一家也分到了土地和牛羊，永远结束了悲惨的农奴生活。家乡成立生产队后，他又为集体放牧羊群，度过了6年快乐的牧羊生活。

1965年的一天，一桩喜事打破了仁青平措平静的牧羊生活，他被选入国家登山集训队，成为1967年中国登山队再次攀登珠峰的队员。登山集训期间，在国家登山队教练员无微不至的关心和精心培育下，他第一次接触到现代登山运动，懂得了登山运动的目的、意义和为国争光的道理。在训练学习过程中，仁青平措刻苦钻研，不怕苦、不怕累，身体素质、登山技能、登山知识、汉语水平都有显著提高，成为集训队员中的骨干。后因受"文革"影响，中国登山队再次攀登珠峰的任务搁浅。1967年，仁青平措等登山集训队员应征入伍。在部队的培养教育下，仁青平措成为一名优秀的解放军战士。1968年他光荣地加入了中国共产党并晋升为军官。1974年调入八一登山队，多次执行国家登山任务。

仁青平措服役期间，在部队领导的培养教育和战友们的热情帮助下，政治素质、思想素质、文化素质、军事素质、身体素质等各方面都有了明显进步，为后来在登山运动中创造优异成绩打下了坚实的基础。

1975年，仁青平措借调到国家登山队，执行攀登珠峰并在顶峰竖立觇标测量高程的任务。仁青平措深知任务的艰巨性和重要性，全然不顾高山缺氧和暴风雪，在高海拔区域顽强拼搏了四五天，他的双手严重冻伤，左手2个指头、右手4个指头都做了截肢手术。但他所做出的贡献为后人登顶珠峰完成测量任务打下了基础。为此，国家登山队给他记一等功。

1977年，仁青平措再次借调到国家登山队，执行攀登中国与苏联边境上海拔7435米的托木尔峰任务。在经过艰苦的攀登到达海拔7400米的高度、距顶峰只有35米、登顶已成定局时，一名队员严重冻伤、体力透支，生命危在旦夕。仁青平措毅然要求放弃登顶机会，精心护送队友安全下山。为表彰他的无私奉献、自我牺牲精神，国家登山队再次给他记一等功。

1980年8月31日,他被成都军区评选为成都市金牛区第九届人民代表大会代表,同年9月被成都军区评为优秀共产党员。

无畏艰险　志在高峰

1982年,仁青平措从部队转业分配到西藏登山队工作,他把解放军的优良传统带到西藏登山队的学习生活和训练管理之中,以身作则、严于律己,坚持做好人好事,关心队友,关心队里的全面建设,在他身上体现出一名转业军人的高尚品德,得到登山队全体人员的认可和好评。

1985年,西藏登山队组队向海拔8201米的世界第六高峰——卓奥友峰挑战,由仁青平措担任攀登队长。在他的带领下,经过全体队员的艰苦努力、奋力拼搏,9名队员于5月1日从我国一侧一举登顶成功,创下西藏登山队第一次单独登顶海拔8000米以上高峰的纪录,展现了西藏登山队在登山指挥、技战术运用、后勤保障、通讯联络,选择攀登时机、登山路线、高山营地等方面较强的组织能力和较丰富的经验,同时也创立了西藏乃至我国登山运动的新模式——"喜马拉雅"模式。一个好的设想和好的决策能够实现,必须由具有高度事业心、责任心和有能力、有智慧、勇于奉献的人去完成。仁青平措就是这样一位勇于拼搏、勇于献身、不怕危险的勇敢者。

1988年,中国、日本、尼泊尔联合组织横跨珠峰登山行动,仁青平措担任尼泊尔一侧(南侧)中方攀登队队长,这是他第一次从尼泊尔一侧攀登珠峰,执行南上北下并在珠峰顶上会师的任务。此次登山第一次以电视实况转播的形式向世人展示了3国登山运动员南上北下、北上南下攀登珠峰的全过程。由于珠峰南北两侧的登山路线、攀登难度、气候条件差异大,当北侧3国队员以海拔8000米为目标的第二次行军开始时,南侧3国队员却遭遇恶劣的天气围困,经过9天的艰苦行军只到达海拔5800米的孔布冰川大本营。仁青平措心急如焚,不顾体力的极大消耗,以坚强的意志力和为国争光的使命感立即开始侦察这陌生的登山路线。4月7日高山营地附近遭遇了突如其来的雪崩袭击,许多架设在冰裂缝上的金属梯桥被砸进了裂缝中,整个攀登时间被延误。如果南侧3国队员在规定时间内不能登达珠峰顶峰或攀登失败,3国横跨珠峰并在顶峰会师的目标将无法实现。身为中方攀登队长的仁青平措深知责任重大,毅然带领队员艰难地向海拔7400米的3号营地挺进,他不顾攀登路线上的各种艰难险阻,冒着生命危险抢先探路,把安全留给队友,终于安全登达3号营地。但前进的道路上仍然充满着各种无法预知的困难,在打通海拔7980米的"南坳"天险路线的过程中,再次遇到了前所未有的极端天气,无奈之下选择在3号营地待机了13天。4月19日南侧又出现了暴风雪,狂风席卷起的冰块猛烈地砸在帐篷上,噼啪作响,队员们为了避免被冰块砸伤头部,只能用睡袋蒙住头部,在惊恐中渡过长夜。仁青平措也相当疲惫,但他一直忙个不停，为了使其他队员多休息恢复体力，他一会儿观察天气，一会儿清除帐篷周围的冰雪，一会儿为队员熬茶做饭。通常遇到这样的坏天气，队员必须下撤到较为安全的营地待机，但3国队员肩负着横跨珠峰并在峰顶会师的重任，所以在仁青平措的带领下团结一致，不顾个人安危，坚守在3号营地。直到4月23日，天气终于出现了转机，仁青平措紧紧抓住难得的良机，充分发挥团队的力量和智慧，终于打通了海拔7980米的"南坳"天险路线，为横跨珠峰并在顶峰会师修通了道路，创造了条件。

5月5日15点32分，是中国、日本、尼泊尔3个国家登山运动员横跨珠峰并在峰顶会师的历史性时刻。仁青平措为之付出了巨大的努力，他踩踏着齐腰深的浮雪，走在队伍前面，带领突击队员艰难而不停地攀登，历经10多个小时终于登上了珠峰顶峰，实现了人类横跨珠峰并在顶峰会师的宏伟目标。

由于在3国登山运动员攀登珠峰并在顶峰会师过程中的突出表现，国家体委授予仁青平措国家体育运动荣誉奖章及国际级运动健将称号。尼泊尔国王和王后授予仁青平措尼泊尔王国一级勋章，这是尼泊尔王国第一次向外国人授予这一勋章。

为了祖国的登山事业，仁青平措超越自我、无私奉献。在1991—1992年的中国、日本南迦巴瓦峰联合登山行动中，展现出高尚的情操和思想境界。中日联合攀登该峰是旨在纪念两国邦交正常化20周年而开展的重要登山活动。南峰山体复杂，登山路线长且高差大，冰雪崩频繁而冲击力大，气候变化无常又难以预测，山体陡峭更加大了攀登难度。登山物资的运输保障直接关系到攀登的成败。中方经认真研究，决定由仁青平措担任高山运输队队长，抽调西藏登山队精干队员担负高山协作任务。对此决定，日方总队长山田二朗、登山队队长重广恒夫表示："这一决定是非常明智、非常英明的决策，对登山的成败关系很大。"

仁青平措本不必承担具体的运输任务，但他从不只动嘴，而是始终亲自带领队员运送物资，而且每次都拣重的物资运送。在南峰运送物资，路线长、山体陡峭，冰雪崩频繁、险象环生，整个路线上存在诸多潜在的危险。特别是被称作"鬼门关"的必经之路——喇叭口，更是每时每刻都会给通过者带来生命威胁。仁青平措和队员们在运送物资的过程中，虽遭遇多次冰雪崩袭击，经历了多次险情，但仍40多次往返于危险路线上，把1500多公斤登山物资从2号营地运往各高山营地。

10月19日，南峰山区天气骤变，在3号营地待机的中日双方队员进退维谷，登山行动毫无进展，无奈之下整整待机了8天之久，食品燃料等物资消耗巨大，处境危险。正在2号营地的仁青平措焦急万分，决心闯过"鬼门关"喇叭口向3号营地运送物资。指挥部和在3号营地待机的中方队长桑珠一再强调，现在处于坏天气周期，运输路线上危险四伏，不要轻易行动，待天气好转后再行动。但仁青平措非常清楚在3号营地待机的中日两国队员的困境，他们的食品燃料即将消耗殆尽，如不能及时得到补充，后果难以想象。他说："我知道'鬼门关'喇叭口冰雪崩越来越频繁，危险无处不在，但我们只有这条路，别无选择。""鬼门关"地形特殊，呈倒喇叭口形状，一旦暴发冰雪崩，冲击力大、速度快，能躲避的可能性几乎为零。1984年中国登山队攀登南峰期间，喇叭口曾经发生过一次冰雪崩，冰块和雪块几乎瞬间就将2号营地所处的山谷填满，而冰雪崩造成的气浪波及到数公里之远。仁青平措把自己的生死置之度外，一心想着在3号营地待机的中日队员的安危。他带领2名队员在没膝的积雪中前往3号营地运送物资，自己在前方轻装开路，2名队员负重随后。万幸的是，仿佛南峰也被仁青平措的执着而感动，他们一路没有遭遇冰雪崩，胜利地完成了向3号营地运送物资的任务。这一惊心动魄的行动令大本营的中日指挥人员和在3号营地待机的中日队员万分感激，日方总队长说："真是不可思议，只有仁青平措和西藏队员才能做出这种不畏艰险的行动。"

救援搜索　义无反顾

仁青平措和西藏登山队员在梅里雪山救援搜索中日登山队员的艰险历程，让人们见到了"活雷锋"。

1991年1月3日至4日，17名中国和日本登山队员在攀登西藏与云南交界处、海拔6740米的梅里雪山时与大本营失去联系。为了及时救援搜索，中国登山协会立即派6名优秀登山队员日夜兼程赶到梅里雪山，在空中侦察机的配合下实施救援搜索工作。但由于降雪量过大，加上云雾笼罩，能见度过低，侦察机始终未能拍摄到山体地形照片，弄不清山上发生的任何情况。在地面救援搜索的队员又因登山路线上积雪太深而难以继续前进，只能下撤待天气好转后再行动。

1月11日，中国登山协会要求西藏登山协会立即派人参加梅里雪山救援搜索和取证工作。西藏登山协会立即召开紧急会议，经研究决定由仁青平措带领嘎亚、丹真多吉、拉巴、阿克布等西藏登山队的老队员和西藏登山协会的尼玛次仁组成西藏梅里雪山救援搜索队，翌日从拉萨乘车连夜赶赴梅里雪山。他们忍着饥饿和疲惫，3天时间内在群山间盘绕的公路（土路）上行车1500多公里。于1月14日到达云南省德钦县后，立即在陌生、危险的山峰开展救援搜索工作。

从德钦县城至梅里雪山登山大本营，首先必须翻越一座大山，连日降雪造成进山困难重重，在平常情况下翻越这座山需要八九个小时，但救援搜索任务的使命感和紧迫感使西藏救援搜索队只用了6个小时就快速翻越了这座大山，于1月17日到达梅里雪山大本营，并连夜做好第2天救援搜索取证的准备。1月18日，西藏救援搜索队在仁青平措的带领下向1号营地挺进。由于多日连降大雪，登山路线已被大雪淹没，积雪深达2米。仁青平措走在队伍的最前面，用雪铲刨雪开路，他们都非常清楚破坏雪层易引起雪崩暴发，但别无选择。有些低凹地路段积雪特别深，一段只有10米的路程竟用了40多分钟才通过。经过顽强拼搏，克服重重艰难险阻，他们终于到达了1号营地，看到了被大雪淹没的4顶帐篷的顶端。队员们刨开积雪，寻找中日队员的遗物。在1

号营地帐篷里只找到一件鸭绒背心、一双高山鞋、一部高级照相机和三个镜头。向大本营报告这一情况后，他们又迎着暴风雪继续前进到2号营地的位置。但这里已经丝毫看不出营地的痕迹，完全被大雪所覆盖。凭借多年登山的丰富经验和较强的高山活动能力，他们在被大雪覆盖的一块篮球场大小的山坡上反复踩踏，但未能接触到任何硬物。听着周围山上震耳的雪崩声，仁青平措确定再继续前进已不可能了，于是将情况详细汇报给大本营指挥部。此时梅里雪山一带已进入冬季降雪季节，加之近期天气没有好转的趋势，大雪即将封山，如不中止行动必将造成西藏救援搜索队无法撤离的危险局面。中日梅里雪山救援搜索指挥部经充分协商，为避免发生新的意外事件，决定停止救援搜索。1月22日，指挥部发出下撤命令，第一次救援搜索暂告结束。西藏救援搜索队圆满完成工作，于1月24日全部安全撤回到大本营，向日方移交了照相机等物品。日方人员非常感动，流着眼泪说："中国西藏救援搜索队已尽到了最大的责任，你们不顾自身的安危，我们将永远铭记在心，向你们表示衷心的感谢，向中国西藏登山救援搜索队全体英雄致以崇高的敬意。"

中日联合攀登梅里雪山17名登山队员遇难事件，引起了国内外登山界的高度关注，震撼了中日两国登山界和国际登山界。为查清17名队员同时遇难的事故原因，中日两国登山界决定第二年再次组织联合救援搜索队，中国登山协会要求西藏登山协会派人参加。西藏登山协会认真研究后，决定仍由仁青平措为队长，丹真多吉、加措、阿克布、拉巴、洛则为队员，参加联合搜索行动。他们于1992年4月下旬再次进入梅里雪山。4月26日在梅里雪山海拔3500米处建立了搜索大本营，4月28日到达海拔3900米的高度，4月29日到达海拔4300米的高度。此时，梅里雪山区域仍然是大雪纷扬，远处什么也看不清楚，只有震耳的雪崩声回荡在山谷之中。他们已进入了难以想象的危险境地。有登山界的朋友说，"梅里雪山山体复杂、气候变化莫测、冰雪崩极其频繁，继续往前走，你们有可能和17名队员一样长眠于此山中"。而仁青平措和西藏队员没有考虑自己的安危，一心想着完成好国家交给的任务。他们义无反顾地继续前进，一直登到海拔4400米的高度，这里可以看到3号营地。从2号营地到3号营地的路线已被雪崩破坏，3号营地几乎被雪崩堆积物填平，营地上方有非常明显的雪崩痕迹，在3号营地的17名登山队员遭遇雪崩遇难已毋庸置疑。他们向指挥部汇报了上述情况，认为再继续往前搜索已没有实际意义。仁青平措在中日登山界中具有很高的声誉，指挥部一致同意仁青平措取证的结论意见，决定立即下撤，终止搜索工作。

西藏登山队员先后两次在仁青平措的带领下奔赴梅里雪山开展救援搜索取证工作，圆满完成了任务，获得了中日两国登山界的高度评价，得到西藏自治区党委、政府、云南省委、政府，国家体委和中国登山协会的高度评价。此举进一步增进了中日两国登山界的友谊，树立了中国登山队员在国际登山界的良好形象。

1994年，仁青平措调到西藏自治区体委登山管理处任副处长。有一次某国登山协会友人说："有一些国家的登山者从兰巴拉山坳越境进入中国一侧偷登卓奥友峰。"此事引起了西藏登山协会的高度重视，决定由仁青平措负责，在当地公安机关的协助下，驻扎在海拔5000多米的兰巴拉山坳，设卡检查非法越境偷登山峰者。仁青平措4次驻扎兰巴拉山坳，每次20多天，抓获4批外国偷登者，向他们认真宣讲了我国的法律和外国人来藏登山管理条例，欢迎他们通过正当渠道来藏登山。经过4次设卡检查，阻止了一些外国偷登者的越境行为，维护了我国的国家主权和法律尊严，得到西藏自治区领导、中国登山协会、国家和自治区外事部门及西藏自治区体委领导的好评。

仁青平措先后4次荣获国家体育运动荣誉奖章，获得国际登山运动健将称号，多次立功受奖，被原成都军区评为优秀共产党员，还曾评为全国优秀共产党员、西藏自治区全区劳动模范、先进工作者，当选党的十二大代表，享受政府特殊津贴。他退休后依然关心登山事业的发展，发挥余热，积极献计献策，同时坚持做好人好事。2019年在中华人民共和国成立70周年之际，仁青平措荣获"庆祝中华人民共和国成立70周年纪念章"。

第九节　尼玛次仁：西藏登山户外运动产业体系建设设计师

尼玛次仁，男，藏族，1968年出生于西藏芒康县。中共党员，研究生学历，国家级运动健将，两次荣获国家体育运动荣誉奖章。1984—1989年，在西藏体工大队射箭队当运动员。1990—2001年，任西藏登山运动管理中心（西藏登山协会）翻译和联络官（期间，从1999年起创办并担任西藏登山向导学校校长）。2002—2004年，任西藏登山运动管理中心副主任、西藏登山协会副秘书长、西藏登山学校校长。2004—2008年，任西藏登山运动管理中心副主任、西藏登山协会副秘书长、西藏登山综合培训中心（西藏登山向导学校）主任（校长）。2008—2013年，任西藏登山队队长。2013—2018年任西藏自治区体育局副局长，2018年至今任西藏自治区体育局局长。

多次登顶珠峰创佳绩

尼玛次仁热爱学习，富有上进心和创新精神。早在当射箭运动员时就自学外语，调到西藏登山运动管理中心（西藏登山协会）工作后，为学习世界上先进的登山运动理论和技能，并方便与接待的外国登山团队交流与合作，更加努力地一直坚持自学英语和日语，还在登山淡季或休假期间去登山运动较为发达的尼泊尔和日本等国学习登山知识和技能，同时学习和练习英语和日语的口语。此后，尼玛次仁以深厚的登山理论技能功底和一口流利的外语成为对外联络和接待国外登山团队的骨干翻译，又凭借出众的管理能力担任派驻各著名山峰大本营的联络官。在担任翻译和联络官期间，为了更加胜任本职工作、全面掌握和熟练运用登山运动知识和攀登技能，做好接待登山客户的服务和管理工作，更是出于对登山运动的热爱，尼玛次仁跟随登山探险团队攀登海拔8000米以上高峰，在攀登中进一步练习、掌握登山知识和技能。他还曾跟随接待的国外登山团队接近登顶珠峰。在担任西藏登山向导学校校长期间，尼玛次仁先后于2003年纪念人类首登珠峰50周年攀登行动、2008年北京奥运火炬接力珠峰传递中，两次组织、指挥并带领队员登顶珠峰，与中国国家登山队队长王勇峰共同创造了国内体育界县（处）级以上领导干部中登顶珠峰次数最多的纪录。

在"2003·站在第三极"中国业余登山队首次攀登珠峰行动中，尼玛次仁带领西藏登山学校的40多人担任登山向导和高山协作，与中国登山协会副主席颜金安，中国登山协会副秘书长、中国登山队队长王勇峰一起负责组织、指挥登山行动的全过程。经过一个多月的营地建设、物资运输和协助攀登，A组7人于5月21日登顶珠峰，他们是：陈俊池、梁群、尼玛次仁和担任中央电视台特聘摄像师及高山协作的阿旺、扎西次仁、普布顿珠、旺堆；B组3人22日登顶珠峰，他们是：王石、刘健、罗申。本次登山行动还创造了四项新纪录——首次有国内业余登山爱好者登顶珠峰；首次获得国家最高领导人祝贺登顶成功这一殊荣；首次由中央电视台第5频道在攀登的最后一周现场直播登顶实况，这是中央电视台第一次实施攀登珠峰的现场直播；首次使用手机在大本营与各营地及顶峰人员联系，结束了只能依赖海事卫星电话或步话机联系的历史。这些首次纪录，都彰显了登山事业广阔的发展前景和时代的发展进步。攀登行动取得登顶和下撤的圆满成功。这次参加登山行动的人数不亚于1988年中日尼三国联合攀登珠峰行动时的规模，电视直播更是使本次活动产生了广泛影响，尼玛次仁在顶峰指挥大家合影、展示国旗、取证等，并用手机向家人报平安的画面给电视机前的观众留下深刻印象。特别是在当年的"非典"时期，为提升国民战胜病魔的信心起到了鼓舞作用。时任中共中央总书记胡锦涛发来贺电，指出："你们的英勇行动再一次证明，在伟大的中国人民面前，没有克服不了的困难，没有战胜不了的风险。"贺电高度赞扬了登山健儿"不畏艰险、顽强拼搏、团结协作、勇攀高峰"的奋斗精神。

尼玛次仁在2007—2008年担任北京奥运火炬接力珠峰传递中国登山队副队长兼副总教练期间，与队长兼总教练王勇峰和副队长兼副总教练的罗申再次成为完美搭档。在北京奥运火炬接力珠峰传递领导小组的组织指挥下，他们率领西藏登山队的8名运动员和西藏登山综合培训中心（西藏登山学校）的72人（其中，10人入选火炬传递队、10人选入西藏公安边防部队火炬护卫队、15人担任中央电视台特约高山摄像记者和新华社特约奥运火炬珠峰传递报道记者、8名高山厨师担负高海拔营地炊事工作、29人承担了最为繁重的修路建营和物资运输等高山协作任务。学员们担负了难度最大、技术性最强、决定火炬传递和电视直播成败关键环节的珠峰之巅火炬引火手、主火炬手和中央电视台实况直播摄像师等不可替代的重要任务）与从其他省市选拔的队员，共同实施了2007年北京奥运火炬接力珠峰传递测试和2008年的正式传递这项重大登山行动。作为火炬测试和传递的主力队员与组织指挥者，尼玛次仁既是指挥员，更是冲锋陷阵的战斗员，最终再次成功登顶并担任第三棒火炬手，与另外4名火炬手在珠峰上成功传递奥运圣火，兑现了我国向世界人民的庄严承诺，喊出了"One World, One Dreanm（同一个世界，同一个梦想）"的口号，被誉为创造了奥运史上的奇迹。奥运火炬接力珠峰传递成功后，时任中共中央政治局常委、国家副主席习近平发贺电视贺，指出："举办北京奥运会是中华民族的百年期盼，奥运火炬接力珠峰传递是中华儿女向世界人民作出的庄严承诺，北京奥运火炬接力珠峰传递中国登山队经过两年多的精心准备和艰苦努力，克服重重困难，排除各种干扰，圆满完成了奥运火炬接力珠峰传递任务，充分展示了中华儿女自强不息、奋发图强的精神面貌，深刻诠释了奥林匹克运动'更快、更高、更强'的目标和'和平、友谊、进步'的宗旨。这是奥林匹克运动历史上的一次壮举，是中国人民献给奥林匹克运动、献给人类的一份厚礼。"

这一年，尼玛次仁走过了人生的第40个年头，是体育运动让他一步步走到今天，也是登山事业让他有机会创办国内第一所登山学校，使得那些原本注定一世困守山村的孩子们来到拉萨，成为他的学生。这些孩子，绝大多数学成毕业后经过历练成为西藏登山事业的后起之秀，也改变了自身命运和家庭生活条件。他还记得十年前那一张张稚嫩却又不羁的面孔，如今经过西藏登山学校和西藏圣山登山探险服务有限公司的培养淬炼，已成为攀登在高山之巅的优秀登山向导和高山协作人员，他们用自己出色的表现，证明了西藏登山学校和圣山公司培养出来的登山向导和高山协作具有强大的实力，能够承担国家的重大登山任务和面向世界的商业登山任务，将为进一步发挥西藏山峰资源优势和登山人才优势，大规模开发商业登山探险市场，促进经济社会发展作出新的更大贡献。

从拉萨出征之前，尼玛次仁向参加北京奥运火炬接力珠峰传递的80名西藏队员作动员讲话时说："因为北京奥运会，我们西藏登山人才能跟奥运会结缘，这样的机会百年难遇。我们从事登山的人最能代表生活在高海拔雪域的藏族人的体质特征和优秀品质，这次火炬珠峰传递的历史使命落在我们肩上，大家一定要与全国各地选拔来的队员团结协作、全力以赴，把象征着世界和平的圣火送上珠峰，兑现中国向世界人民的庄严承诺，为伟大祖国争光！"

尼玛次仁在攀登途中拍摄的《奥运火炬上珠峰》组照4幅，荣获"中国西藏珠穆朗玛摄影展"金奖。

创办登山学校树丰碑

西藏登山向导学校是中国第一所、世界上第二所培养登山人才的专业学校。

1998年，在珠峰担任联络官的尼玛次仁，结识了一位来拉萨寻找商机的瑞士户外装备商人汉斯·希伦伯格先生（Hans Shallenderger，户外运动装备品牌ozark奥索卡的创始人）。两人进行了一次前往卓奥友峰大本营的徒步旅行。在目的地，他们遇到一支德国登山队，发现为该队服务的登山向导等协作人员全是来自尼泊尔的夏尔巴人。汉斯忍不住问尼玛次仁："你知道这是一件多么奇怪的事吗？欧洲人来中国西藏登山，却要跑到尼泊尔去找夏尔巴人，难道在中国就没人能够帮助这些外国登山队吗？"

"我们没有这方面的经验，缺乏这样的专业人才！"尼玛次仁回答道。尼玛次仁还讲了他早在1994年去现代登山运动的摇篮法国沙木尼学习考察期间，就向同行的西藏自治区体育委登山处处长高谋兴提出了这个想法，得到了领导的支持。回国后就招了七八个人，这些人最终虽然没能成为登山向导，却都成了商业登山的联络官。此后，在1997年尼玛次仁又招了一些人，打算作为登山向导来培养，但由于当时各种条件都不成熟，尤其是经费紧张，培训未能持续下去。

两人开始讨论创建一所登山学校的设想，汉斯从尼玛次仁的话语中感觉到这是一个对山峰充满热爱、对登山事业有远大抱负、肯付出的人。这个话题使两人越聊越兴奋，汉斯当场取出笔记本电脑，让尼玛次仁直接列出建校所需的启动资金。尼玛次仁早已深思熟虑，便报出一连串的数据，他每说一项汉斯就计算一项，累计下来大约需要30万元人民币。

"好，我愿意承担15万元。"汉斯很爽快地表了态。有了汉斯的慷慨资助，西藏登山学校的雏形就如同种在土壤中的种子得到雨露滋养，开始生根发芽。

位于西藏自治区体育运动技术学校院内的六间平房，是1999年西藏登山学校创办时的旧址。2002年，经过尼玛次仁的多方奔走争取，在西藏自治区党委政府和区体育局的亲切关怀和大力支持下，西藏登山学校被列入国家117个援藏项目之一，得到近1000万元拨款。新校园建成后，学校终于有了正规的教学楼、学生宿舍、攀岩塔等教学、生活、训练设施，后来又逐步完善。

学校从刚创办到第一批学员毕业，三年间唯一持续教学的老师只有一位，那就是尼玛次仁，其他教师都是临时聘请的。他既当老师授课，又是班主任，还当生活老师，负责给学生采购牙膏、牙刷、内衣、袜子、运动服装和被褥、食品等大大小小的一切生活和学习用品。因为学校招生时承诺是全免费的，所以学员们连饭碗都没带，都是空着手就到了拉萨。

因为没有自己的训练场地，需要借用体校的训练场，又担心这些农牧区来的孩子与生源多为城市的体校学生混在一起，产生虚荣心而讲究吃穿，尼玛次仁拉起一道铁丝网把两边的学生隔开，并立下三条铁律：不准谈恋爱！不准抽烟！不准喝酒！这三条比军规还严格的校规让这些看上去比城里青年木讷的学员们的行为更加谨慎，生怕违纪被开除。当时尼玛次仁请来体工大队的边巴顿珠担任体能教练。边巴顿珠是摔跤运动员出身，对下肢的力量训练很在行，他每天亲自示范，边喊口令边带着学员们反复侧踢、深蹲、蹲跳，看起来像是少林寺的练功场。

当时的一日三餐也都由学员们轮流学着做，连老师都不够，更不能奢望有专职厨师，这也使开设高山厨师课程提上了议事日程。因为学员们正经历着魔鬼式体能训练，体力消耗极大，必须提高伙食标准等生活水平，尼玛次仁便聘请职业厨师授课，手把手地教会学员们炒菜、煮米饭和面食等，高山厨师课程应运而生。

无论春夏秋冬，每天清晨的6点25分，天还一片漆黑，宿舍外准时会响起尖锐的哨声，将学员们从梦中惊醒，5分钟后的6点30分，哨声再次响起时，学员们必须排成整齐的队列出现在操场上。如果迟到，哪怕半分钟，也要接受尼玛次仁校长的严厉惩罚——做俯卧撑。军事化的管理训练，让这些自由散漫惯了的山里孩子的纪律性逐渐增强，每天7点以前开始的800米长跑使学员们的体质也强健了起来。随后，通过与法国沙木尼登山滑雪学校联合办学，聘请该校的教授色基·柯尼西（Sergc Koenig，中文名：高宁，专门培养职业登山向导）等外教来藏教学，西藏登山学校也派出优秀学员前往法国沙木尼登山滑雪学校深造。同时，派出学员参加世界著名的罗塞尔喜马拉雅国际登山探险公司，跟随学习组织登山探险、积累经验，使西藏登山学校的教学水平不断提高。

尼玛次仁创办西藏登山向导学校以来，经过20多年的艰苦创业，到2019年已培养出登山运动员、登山向导、高山协作、高山厨师、高山摄像（影）师、高山救援队员、攀岩运动员、滑雪和滑翔伞运动员、外语翻译等共12批310人，分别成为西藏登山队及西藏高山救援队的优秀运动员和西藏攀岩队、滑雪队、滑翔伞队的优秀竞技项目运动员，大部分成为西藏圣山登山探险服务有限公司的高管和员工。这些新一代西藏登山和户外竞技项目运动员中有的已登顶珠峰14次以上，创造了国内个人登顶珠峰次数最多的纪录，大多数人多次登顶海拔8000米以上高峰，成为经由学校正规系统培训、出国深造，具有国际视野、掌握世界最新攀登技能、综合素质高、登山探险技能全面的一代新秀，是西藏登山事业和登山产业的骨干力量。

2006年西藏登山向导学校选送学员到江西省赣州应用技术职业学院攀岩队学习，由该院副教授、国家级攀岩教练丁承亮执教培训的毕业生组建的西藏攀岩运动队，在参加国内外各类比赛中取得了优异成绩。2018年从西藏登山向导学校选派到其他省市学习滑雪登山和越野滑雪的学员，在不到3年的时间里就在国内外系列比赛中共获得11枚金牌、16枚银牌、15枚铜牌的优异成绩。西藏圣山登山探险服务有限公司已成为全国最大的致力于登山户外运动推广、登山文化传播和提供高海拔攀登、技术攀登、徒步、探险、攀岩培训、攀冰培训等服务的专业化公司，更是中国商业登山探险行业的专业高山探险服务领军团队。

西藏登山向导学校和西藏圣山登山探险服务有限公司创办以来，随着大批学员毕业后成为登山运动员、高山救援队员、攀岩运动员、滑雪登山运动员、滑翔伞运动员和登山产业从业人员，改变了我国高海拔登山运动员后备人才奇缺、断代，登山运动项目单一、发展前景不明，喜马拉雅山脉北侧登山探险产业服务人员完全被外国公司和夏尔巴人垄断的状况，为加快我国登山事业和登山产业的转型升级发展、增加山区为登山提供服务的农牧民收入脱贫致富，促进西藏经济高质量发展和社会长治久安做出了重要贡献。西藏登山向导学校被誉为"登山家的摇篮"，尼玛次仁被国内登山界誉为"登山教父"。

除此之外，尼玛次仁还派出西藏登山向导学校的优秀学员担负"中国西藏攀登世界14座8000米以上高峰探险队"的高山协作任务，多名学员在以老带新和互相协助下成功登顶珠峰、乔戈里峰、马卡鲁峰、安纳布尔那峰、布洛阿特峰、迦舒布鲁姆 I 峰等多座海拔8000米以上著名高峰，为创造团队登顶世界14座8000米以上高峰新纪录贡献了不可或缺的重要力量。

开创登山事业新局面

2008—2020年，尼玛次仁任西藏登山队队长，并任西藏自治区体育局副局长、局长职务。期间，在自治区党委政府坚强领导下，在区体育局领导班子成员大力支持下，他经过深入思考探索，对于西藏登山运动和登山户外体育产业发展进行了全局性、开创性的统筹规划。

他在大力整合登山综合资源，促进登山运动加快转型、登山产业不断升级的同时，大抓喜马拉雅山脉高山环境保护、西藏高山救援队和户外竞技项目队的组建、登山户外运动基础设施建设。他多方联系筹划由西藏圣山登山探险服务有限公司牵头，邀请热衷于登山运动公益事业的企业和基金捐资成立喜马拉雅高山环境保护基金会。采用聘请山区农牧民组建环卫队常态化清洁环境、每年组织开展山区环保大行动、收取登山探险者环保押金、购置处理登山垃圾配套机器设备等措施，使各著名山峰环境得到明显改善和保持。2009年8月，在培训救援队员、购置补充救援器材和急救医药用品、与医疗急救单位建立联动机制后，报请上级批准西藏高山救援队在西藏登山队挂牌成立。与此同时，报请上级批准把西藏登山综合培训中心（西藏登山向导学校）与西藏登山队合并，形成可持续发展的强大合力。随即针对国家赋予登山任务逐渐减少的实际，大力发展登山户外运动健身、登山技能培训等公益事业和户外竞技体育项目、登山户外运动体育产业，相继成立西藏攀岩、滑雪、滑翔伞运动队。为完善登山产业服务体系和基础设施配套建设，在管理使用好西藏登山向导学校新校园、羊八井高山训练基地一期工程建成设施的同时，尼玛次仁向上级领导汇报并奔走于有关部门，争取到立项建成羊八井高山训练基地二期工程项目、西藏林芝户外运动训练基地（国家林芝高原训练基地）工程项目、西藏拉萨登山体验健身训练馆项目，以及从2019年10月开工建设的日喀则珠峰国际登山探险服务运营中心工程项目。

这些工程项目竣工投入使用后，将在西藏自治区境内形成高、中、低海拔梯度区域配套的接待和训练、活动与救援、探险及休闲的设施完善的配套体系，进一步健全登山探险和户外运动救援体系，将更便于在各著名山峰和适宜户外运动区域开展活动，更便于及时救援遇险者，更有利于提高安全性、增强吸引力，更有利于提升服务质量、拉长产业链、节约成本、提高经济效益。

多年来，尼玛次仁还坚持持续推动举办"西藏登山大会"和以其为龙头带动开展的户外运动大会、登山旅游大会、"第三极"中国西藏登山大会等，先后培训众多山友登顶多座海拔6000~7000米以上高峰和在全区各地市探索开展多项体育赛事,提高以"西藏登山大会"为品牌的户外运动知名度和美誉度，更为西藏登山运动成功转型、西藏体育产业改造升级，打造中国业余登山户外运动著名培训品牌做出了不懈努力，被誉为西藏登山户外运动产业体系建设设计师和大力倡导与推动者。

尼玛次仁在2008年被评为"北京奥运火炬西藏传递工作先进个人"，同年由西藏自治区党委、政府评为"全区民族团结进步先进个人"，2009年作为唯一的北京奥运圣火传递火炬手，受邀参加国庆60周年奥运冠军彩车在天安门广场游行活动。

第十节　桑珠：探险队的"领头羊"

桑珠，男，藏族，1952年出生于西藏日喀则市曲布雄乡。中共党员，国家级运动健将，四次荣获"国家体育运动荣誉奖章"。1993年任"西藏攀登世界14座8000米以上高峰探险队"队长，1994年以来先后任西藏登山队副队长、队长，2008—2014年任西藏体工大队党总支部书记、副大队长，2014年7月退休。

1975年登顶珠峰"九勇士"之一

桑珠从小在高海拔山区放牧，1969年应征入伍，1974年入选中国登山集训队，参加了在珠峰举行的技术培训和实地攀高训练。1975年3月，桑珠和队友们进驻珠峰大本营，进行中国登山队第二次攀登和测量珠峰高程行动。最初他被安排在修路组，登到海拔8100米后返回大本营，因表现出良好的体能、技术和精神状态，在第二轮突击顶峰时，桑珠从修路组被紧急抽调到突击队，登达海拔8680米的突击营地。就在队伍准备突击顶峰时，副政委邬宗岳滑坠牺牲，加之高空风猛烈，队伍撤回到海拔8100米营地。此后，包括桑珠在内的十几个身体好的队员作短暂休整后，再次向顶峰突击。在好不容易越过海拔8680米的营地后，却一直找不到第二台阶，只好从第一台阶下面横切到了北壁，竟发现前面是万丈深渊。同行的几位队员出现昏迷、体力透支等症状。当时桑珠还背着准备架设到第二台阶的金属梯，身体状况不错，他和索南罗布请示，希望由他们俩继续攀登，但大本营命令撤回。第二次突击顶峰的行动宣告失败。

时间已经临近5月底了，攀登珠峰行动进入最后的紧要关头。指挥部从状态相对好的队员中进行筛选，确定了18名突击队员，桑珠位列其中。5月25日，桑珠所在的第二突击组攀登到海拔8100米营地，又将这个营地搬迁到8300米高度，年轻的他背了两瓶氧气和行李，还加了一顶帐篷。26日，又登达海拔8680米营地，与修路组会合。这也是他在这次登山行动中第三次登达这个高度。5月27日早上，第三次冲顶行动开始了，刚开始天气很好，越过第二台阶后，桑珠拍了不少珍贵的照片。登顶时桑珠背了一瓶氧气，但他自己并没有舍得用，而是把氧气留给唯一的女队员潘多，以保证她顺利登上顶峰。当天下午14时30分，桑珠终于和8名队友一道胜利登上顶峰，平时一直非常坚强的他激动地流下了热泪。他从背包里取出从大本营带来的一面国旗，和罗则、索南罗布一起高高举起，留下了永恒的纪念。此外，他在顶峰上和大家一起忙着竖觇标、拍照片、收集标本等，完成了一系列的规定工作。

桑珠说："当时在顶峰上感觉非常高兴，前面那么辛苦，现在终于成功了，太好了！从顶峰往下一看，大本营根本看不到，山那么高，不知道什么时候才能回到大本营。"

脱下军装转业到西藏登山队

1977年6月，桑珠参加攀登托木尔峰行动。他是修路组副组长，一直修路到海拔7200米。当时天气突变，连夜降雪，队伍被困在那里待机长达三四天后才撤回大本营。7月30日，桑珠所在的第二突击队终于顺利登顶。

1981年1月，桑珠调入解放军的八一登山队，任分队长、教练。1982年2月25日，他脱去戎装，转业到西藏登山队。当时他在部队已经是副团职军官，但转业到西藏登山队后，领导说干部待遇没法解决，他说就去当一个普通运动员，对此毫无怨言。

1984年底，桑珠被选派到中央民族学院干训班学习一年，错过了1985年西藏登山队单独攀登卓奥友峰行动。到干训班后，桑珠克服底子薄、基础差等困难，认真学习，以优异的成绩毕业。

1986年春，罗则和桑珠带领西藏登山队攀登宁金抗沙峰，目的是通过开展登山活动培养新队员，同时侦察熟悉登山路线和设营位置，为以后向外国人开放山峰做准备。年轻一代的西藏登山队员显示出过人的体魄和胆略，只用了11天就成功登顶并安全下撤。

1988年，西藏登山队恢复正县级建制，桑珠先后任教练和男子分队队长。在此期间，他先后参加了对阿里的山峰普查、为中日尼三国双跨珠峰担负后勤服务工作、带队攀登藏色岗日峰等行动。

1992年，中日联合登山队再次以两国最强阵容攀登南迦巴瓦峰，桑珠担任中方队长。南迦巴瓦峰攀登路线长、地形复杂、坡陡路险、气候多变，处处隐藏着冰雪崩、流雪、滚石等险情，攀登难度极大。桑珠曾三次到这里侦察，1991年正式登了一次，对这座山有了详细的了解，他发现登顶至少要过三关：一是"喇叭口"关，冰崩、雪崩多，路线狭窄；二是乃彭峰与南迦巴瓦峰之间一个深达4000多米的山谷关，这段路线非常陡峭，冰崩、雪崩不断；三是海拔7200米到7500米之间的岩石区关，必经之路上流雪岩槽十分危险。在桑珠看来，南迦巴瓦峰是喜马拉雅山脉上最难攀登的一座高峰。

从9月14日开始，桑珠带领着大家在南迦巴瓦峰的山间摸爬滚打，经过多次反反复复的修路、行军和运输，克服道道难关，最终于10月30日12时09分我方的6名队员和日方的5名队员成功登顶，创造了新的登山历史。

在多年的登山行动中，桑珠多次遇到雪崩、狂风、滑坠、滚石等险情，但他从未退缩，一次次忍受着强烈的高山反应，迎着疾风暴雪在险峻的雪山上攀登，积累了丰富的指挥和登山经验，为创造更高的登山纪录奠定了基础。

率领探险队创造世界登山新纪录

1993年春，西藏自治区体委组建"西藏攀登世界14座8000米以上高峰探险队"，计划用10年左右的时间攀登世界上14座高峰，其中3~4人实现全部登顶的目标，桑珠任探险队队长。当时领导找他谈话，让他担任队长职务，他感到压力很大，他说："10年期限承担不了，我自己没有这个能力，任务太艰巨了。"时任自治区体委主任的洛桑达瓦对他说："对登山队所有的人选都考虑过了，从登山的指挥能力到年龄层次上，你是最好的人选，组织上的决定必须服从。"桑珠尽管觉得心里没底，但还是告诫自己：党和人民培养这么多年，这是组织需要，必须服从。

1993年春，探险队第一次走出国门，到尼泊尔接连登顶两座海拔8000米以上高峰，首战告捷。在此后的14年间，探险队先后在尼泊尔、巴基斯坦和我国的西藏、新疆境内攀登世界高峰。在每年拉萨花红柳绿最好季节到来的时候，桑珠和队友们正在冰天雪地的高海拔山区开始一次又一次的艰险攀登。在每次登山行动中，探险队都会面临种种艰险考验，有时甚至是生死攸关的考验。他带领队员克服重重难关，危急时刻沉着应对、冷静分析判断情况，果断决策指挥、及时进行自救和救援，最终创造了世界登山史上的奇迹。

2002年7月21日，是探险队冲击乔戈里峰顶峰的关键时刻。当4名主力队员攀登到距离顶峰只差200多米时，一场突如其来的暴风雪把队员们困在了齐腰深的积雪中，上下的道路全被大雪掩埋，能见度几乎为零，队员们的生命受到严重威胁。危急时刻在大本营指挥的桑珠根据报告，果断命令下撤！在队员们下撤途中，桑珠心急如焚但临危不乱，一边鼓励、安慰队员们坚定信心战胜困难，一边安排、部署后续队员前去接应。在桑珠的鼓励、指导下，遭遇险境的4名主力队员凭借非凡的勇气和丰富的经验，最终找到了已经被积雪掩埋的突击营地及其残存的帐篷，顽强地生存下来。

除了登山行动中经常遭遇意想不到的险情外，即使是在进山途中或在大本营，各种困难和危险也经常相伴。在尼泊尔，探险队乘直升机从城市直达大本营，直升机在高海拔山区飞行难有安全保障，一旦出事后果不堪设想。2005年在巴基斯坦，桑珠和队员们乘车进入山区时遭遇滚石袭击，主力队员仁那当场牺牲，边巴扎西受重伤，这也是探险队成立以来遭受的最重大损失。2004年攀登乔戈里峰时，桑珠进山后就胃和肚子痛，吃什么药都无济于事，想返回城里治病又不现实，这位探险队中从事登山运动时间最长的老登山人硬是靠自己的毅力与病痛抗争，仅仅依靠一个热水袋捂在腹部，一直在大本营坚持了两个月。

每次进山，尽管是探险队中年龄最大的人，但桑珠仍然与其他队员一样，照样徒步行军七八天，长途跋涉上百公里，从低海拔地区走到高海拔大本营，在那里生活一两个月，然后再徒步下山，这已经成了探险队员们的必修课。

2007年7月12日，3名主力队员终于登上最后一座海拔8000米以上高峰，实现了攀登14座高峰的"大满贯"。就在队员们登顶前夕，桑珠一会在帐篷里沉思，一会在外面观察天气，一会拿着对讲机跑到附近的山坡上呼叫。队员登顶后，他脸上洋溢着孩童般的激动："我们终于成功了，我太高兴了，终于放下一个'大包袱'！"

桑珠说："作为指挥员，我的心里牵挂着所有队员，整个队伍从出发到撤营，前前后后的工作都要考虑，这项工作琐碎、辛苦、责任重大。如果某个方面考虑不周，或登山物资采购携带不齐全，队员们在山上就无法正常开展攀登行动。"

每次进山，他既有心理上的压力，又面临体力方面的考验。担心队伍能否登顶，担心他能否与年轻队员一起在行军一周后顺利进驻大本营，并坚持到最后。他说："这些年来，我的心里其实一直很有压力。队伍登顶成功还好说，如果我在指挥上出现了什么大的失误，导致队伍遭受重大挫折，我就是历史的罪人。"桑珠说离成功越来越近了，他反倒心里越来越害怕，曾经想过是不是向组织上提出更换队长？但转念一想，"这是组织上对我的信任，也是队友们对我的信任。这是一个很光荣的任务，也是很自豪的事情。人应该为了一个远大目标去奋斗，与探险队员们共同战斗到底就是我的目标，我应该坚持下来"。就这样变压力为动力，桑珠与全体队员一直走到最后。

1994年后，桑珠先后担任西藏登山队副队长、队长，肩上的担子更重了，除了带领探险队攀登14座高峰外，他还负责登山队的行政管理等工作，为登山事业的发展尽心竭力。2001年以来，他多次担任总指挥，成功举办多届"西藏登山大会"，在国内外产生了重要影响。通过接待国内外业余登山团队，与众多山友结下了深厚友谊；通过培训班教授登山技能、保姆式陪伴服务和高登顶率，吸引了更多热爱登山运动的人们来藏登山观光旅游，有力地促进了西藏的对外开放和登山事业的发展。

由于常年累月地生活在高寒缺氧的雪山上，导致桑珠的记忆力明显下降，有时连家中的电话和自己的手机号码都忘记了，想在山上给家中报平安都要问队友电话号码。

随着年龄增大，他的身体也不像以前那样强壮。2007年探险队登顶成功后不久，他就在体检中发现心脏问题，此后多次到其他省市休养治疗。

自参加登山运动以来，桑珠因成绩突出，在1975年荣记大功一次，1977年荣记一等功一次，1992年获得"国家体育运动荣誉奖章"一枚，2007年受到西藏自治区政府的表彰。

桑珠，中等个头，相貌英俊、身强力壮、坚定沉着，高山适应能力、沟通协调能力和组织指挥能力都很强。作为一位从牧民家庭走出来的青年，他通过自己坚持不懈的努力和奋斗，从参军、登山、上学，到担任专业运动队主要领导职务，迈向一个个人生新台阶，最终成为1975登顶珠峰的"九勇士"之一、世界上唯一一位带领一支队伍成功登顶14座海拔8000米以上高峰的队长，成为享誉世界登山界的登山家、指挥家，走向事业的巅峰，在人类登山史上留下鲜明的印记。

2015年5月27日，西藏自治区体育局举行纪念中国人再登珠峰和首测高程40周年座谈会，桑珠和索南罗布、罗则等健在的"九勇士"代表出席并讲话，以铭记中国人再登和测量珠峰高程的英雄壮举，再叙"九勇士"传奇故事，传承弘扬"西藏登山精神"宝贵财富，激励当代西藏体育人不断砥砺奋进、开拓创新，沿着老一辈体育人坚实的足迹，努力开创高原特色体育事业新局面，为推动全区经济社会长足发展和长治久安而不懈奋斗。

2020年6月24日，桑珠应邀出席西藏自治区登山爱国主义教育基地展览脚本专家评审会议，对登山史实提出宝贵的修改意见建议，继续为西藏登山等体育事业发展贡献力量。

第十一节　仁那：折翼的雄鹰

仁那，男，藏族，1966年出生，西藏自治区谢通门县人。1982年参军，1984年退伍被安排到西藏登山队参加集训，1993年入党。生前系西藏登山队党支部委员、国际级运动健将、"西藏攀登世界14座8000米以上高峰探险队"主力队员。2005年5月27日，仁那与队友在巴基斯坦进入山区攀登最后一座高峰途中，突遭滚石袭击，头部受重伤不幸牺牲，时年39岁。仁那牺牲后被评选为"2005CCTV中国体坛十大风云人物"。2006年，西藏自治区区直工委报请中央组织部批准，追授仁那"优秀共产党员"称号。

千难万险　勇创奇迹

仁那在20多年的登山生涯中，创造了骄人的运动成绩：1985年春季参加西藏登山队单独攀登卓奥友峰时，运送物资到达海拔7200米的突击营地；1986年春季参加中日联合攀登海拔7543米的章子峰时成功登顶；1988年春季在中日尼三国"双跨珠峰"时担任运输队员，从南坡登达海拔8000米的高度；1990年春季参加中美苏"珠穆朗玛和平登山队"成功登顶，同年被授予"国际级登山运动健将"称号，荣获"国家体育运动荣誉奖章"。

仁那作为西藏探险队的主力队员，自1993年以来已成功登顶除迦舒布鲁姆Ⅰ峰以外的其他13座海拔8000米以上高峰，其中两次登顶珠峰，成为世界登山界公认的著名登山家。此外，还担任多届"西藏登山大会"的教练员，攀登过数十座海拔六七千米的雪山。1997年再次荣获"国家体育运动荣誉奖章"，同年被评选为西藏自治区"全区优秀共产党员"。

1992年4月16日，西藏自治区人民政府批准了一项宏伟的登山探险计划：组建"西藏攀登世界14座8000米以上高峰探险队"，争取3~4人登顶全部14座高峰，创造团队登顶世界高峰的新纪录，为使我国跻身世界登山强国作出贡献，为中华民族争光。仁那等10名运动员以超群的实力入选，从此开始了12年艰苦卓绝的探险生涯，经历了无数次的生死考验。每次接受登山任务，队员们不恋家庭的温馨，顾不上对子女的疼爱和教育，舍弃都市安逸的生活，交待好家中大小事项，像战士奔赴战场一样踏上征程，攀登于崇山峻岭之中。面对死神，面对险恶的环境，面对长达几个月的与世隔绝，长期不能与亲人联系，长期吃不上新鲜食物，长期无法洗浴更换洗不了衣服等常人难以忍受的艰险寂寞生活，全然把个人的生死置之度外，毫无保留地去奉献、去塑造闪光的人生，被誉为中华民族的英雄、全人类的勇士。队员们的家属长期忍受离别之苦、担惊受怕、独自支撑家庭，承受着巨大的心理和生活压力，可队员们的亲人都无怨无悔地支持探险事业。十多年间队员们从没在拉萨度过一个气候宜人的夏天，更是很少感受家庭的温暖和照料孩子的成长。每次进山面对生死未卜的探险之旅，都要向亲人、组织交代后事。每次从大本营向上攀登或突击顶峰前，都要把身上的贵重物品和多余的衣物打包托付给留守人员，以备发生不幸时转交家人。

仁那和队友们在艰苦卓绝的探险生涯中，百折不挠、自强不息，一次又一次迎着急风暴雪，在深渊万丈的高峰上攀登。一次又一次跨过危机四伏的明暗冰裂缝，一次又一次冒着滚石、雪崩、冰崩、雷击、大雾、严寒、雪盲、缺氧、滑坠和暴风雪等瞬间就有可能终结生命的各种山间危险，一次又一次登达没有观众喝彩、没有鲜花、没有掌声的雪峰之巅。

登山探险作为向人类极限挑战的运动项目，队员们屡屡闯进人类未知领域，把自己当作试验品，并采集植物、冰雪和岩石等各种标本，配合科研部门研究自然环境和人类生存能力。配合有关单位测量世界高峰高程等，为人类认识自身、认识自然、利用自然，推动登山探险旅游，促进经济社会发展，发挥了积极作用。

1993年，探险队攀登世界第十高峰——海拔8091米的安纳布尔那峰时，4月26日仁那等4名队员登上顶峰，但在下撤时路线已全被雪崩冲毁，极度疲劳的队员们在夜幕下看不清道路、走偏了方向、找不到营地和帐篷，在没有任何避风避寒设施的情况下摸索下撤了 3 个多小时，后来在夏尔巴高山协作的煤气灯光指引下，最终在凌晨 1 点钟回到营地，攀登 14 座 8000 米以上高峰行动首战告捷。由于过度疲惫，仁那患上了急性胆囊炎症，冒着生命危险、忍受着剧烈的疼痛走出大山。在加德满都简单治疗后，又带病投入到同年 5 月攀登海拔 8172 米的世界第七高峰——道拉吉里峰的行动。仁那因病后身体虚弱，被编在 B 组，但仍与 A 组等 8 名队员先后成功登顶，创造了一个登山季节内（一年中有春、秋两季）连续登顶两座世界高峰的奇迹。1994 年 5 月 7 日，仁那因担心影响集体成绩，顾不上照顾即将分娩的妻子，说："完成 14 座高峰探险任务是我为之奋斗的事业，不能半途而废！"在妻子吉吉的支持下随队登上了世界第十四座高峰——海拔 8012 米的希夏邦马峰。此后，他和队友们克服重重险关、连年征战，又成功登顶卓奥友峰、迦舒布鲁姆 II 峰、马纳斯卢峰、南迦帕尔巴特峰、干城章嘉峰和洛子峰等。

1999 年，探险队领受特殊任务，与其他运动员共同攀登珠峰为第六届全国少数民族传统体育运动会采集"中华民族圣火"火种。仁那和妻子吉吉于 5 月 27 日登顶并与队友成功采集火种，俩人成为第一对同时登顶珠峰的夫妻，被誉为"比翼双飞的雪山之鹰"。2001 年，仁那成功登顶海拔 8047 米的世界第十二高峰——布洛阿特峰。2002 年，乔戈里峰再次将探险队逼上绝境，仁那所在的突击组在攀登到海拔 8410 米、距顶峰仅差 200 多米时，遭遇暴风雪袭击被迫下撤。他和队友们凭着顽强的毅力和丰富的经验，在暴风雪的围困中顽强拼搏。在没有路绳、能见度几乎为零、几次差点滑坠万丈深渊的情况下，在与暴风雪搏斗了 14 个小时后才找到被大雪掩埋的残存帐篷得以大难不死（攀登该峰的死亡率高达 39% 以上，而攀登珠峰的死亡率则是 10% 以下）。在随后的两年中，探险队又先后登顶海拔 8463 米的世界第五高峰——马卡鲁峰和海拔 8611 米的世界第二高峰——乔戈里峰。登顶的高峰中多数创造了中国人首次登顶纪录。

至此，12 年的漫长征战，距离实现登顶 14 座高峰的终极目标仅剩一步之遥。仁那和次仁多吉、边巴扎西共同保持着登顶 13 座世界高峰的中国登山运动员最好成绩，也保持着团体登顶 13 座高峰的世界登山最新纪录。

给党旗添彩　为党徽增光

仁那自 1984 年参加登山集训以来，特别是加入党组织以后，处处起模范作用，严格自律。二十多年里几乎参加了西藏乃至全国所有重大登山行动，他听从指挥，勇挑重担，不畏艰险，吃苦在前，一次次挑战极限的壮举赢得了国内外同行的敬仰，为党、为国、为人民争了光，在雪山之巅书写了辉煌的人生篇章。仁那还是西藏攀岩运动的开创者，他曾以高超的攀岩技术，在 1987 年 10 月 21—22 日，参加了由中国登山协会和中国软件公司联合举办的北京"中软杯"攀岩邀请赛，在参赛的 12 支代表队、40 多名男女运动员中，以 2 分 22 秒 14 的成绩获得男子单人攀岩冠军，一同参赛的加布获得男子单人攀岩第5名。仁那和加布还获得双人结组攀岩赛冠军和团体总分亚军。这是西藏自治区首次派人参加全国性攀岩比赛，就首战告捷。入选探险队以来，仁那作为西藏登山队党支部委员兼探险队临时党支部副书记，总是全力支持登山队党支部副书记、队长兼探险队临时党支部书记、队长桑珠的工作，坚持过组织生活，及时安排工作、解决出现的问题，维护队伍团结，密切协作完成任务，被大家公认为是探险队"领头羊"，充分发挥了临时党支部的战斗堡垒作用，给党旗添彩，为党徽增光。

仁那做工作总是争先恐后，但又从不争名逐利。每次评选表彰先进，他总是把荣誉让给别人。他常说："我是支部委员，应用更高标准要求自己，要多给别的同志表彰奖励，调动大家的积极性，更好地攻坚克难完成任务。"在3名已登顶世界13座8000米以上高峰的主力队员中，那两人都评选为"全国劳动模范"和"全国先进工作者"，而他牺牲前只在1997年被评选为"全区优秀共产党员"，除区体育局党组直接确定他为年度"先进工作者外"外，再未获得过省级以上的表彰奖励。

仁那还处处顾全大局，从各方面严格要求自己。以个人利益服从集体利益，舍小家顾大家。每年出国登山离开拉萨的日子，根据中外各方商定都是5月5日。可这天正是他独生女儿拉姆央金的生日，但他从没有提过给女儿过了生日再走的要求。2005年吉吉作为中日女子联合登山队的队长，早在3月19日就去了珠峰大本营，家里只有年幼的孩子和保姆，他仍没有提出推迟出发的要求，只是在出发的前夜，一边收拾行装，一边强装出一身轻松地给孩子许愿说："等爸爸和妈妈登完山回来再给你补过生日！"谁知这个愿望竟成了永远无法实现的遗憾。

仁那时刻牢记自己是共产党员，处处起模范带头作用。他一直用实际行动体现着共产党员的先进性，特别是在登山过程中，他总是为别人着想。例如，乘车时他常坐在最危险的位置，徒步行进时他都走在最前边，在明暗裂缝密布的冰川雪原上为大家探路，还要尽快赶到营地为大家搭帐篷、烧水做饭。在大家都精疲力竭、迈不动步的情况下为别人提包铺睡袋。他后来接替阿克布担任运动员兼摄影师，在与边巴扎西配合探路、开路、修路的同时，还要花费更多精力、冒更多危险，冲在最前面、处在更险境地，选好角度拍摄影像资料，为圆满完成历次登山任务做出了更多贡献，留下了异常珍贵的影视资料。

仁那临危不惧，舍己救人的壮举也有多次。1998年，在攀登海拔8516米的世界第四高峰——洛子峰时，仁那与队友遭遇了探险队成立以来第一次致命危险：8月27日23时40分，探险队A组在海拔7900米的4号营地（突击营地）突遭雪崩袭击，睡在帐篷门口的仁那迅捷翻身逃出帐篷，另外3人顷刻间就被雪崩掩埋，他只穿内衣裤边哭喊着队友的名字，边冒着再次雪崩的危险和刺骨的严寒，拼命手挖脚蹬积雪，最终顺着隐约露在外面的绳索，快速把队友救出来。这时才感到手脚已经冻得失去了知觉，回到大本营发现手上起了很多水泡。幸好那晚没有刮大风，否则他的手脚会因严重冻伤而被截肢。死里逃生后他再次攀登,在10月13日成功登顶。同年攀登干城章嘉峰时,在海拔7670米的突击营地和边巴扎西救援被流雪冲下山去的意大利人。这人得救了,但两人踏在松软而滑动的流雪上,已经很难再向上攀登回到突击营地,于是两人决定陪护他下到3号营地。晚上睡觉时因没有多余的睡袋,两人只好夹在B组队友的中间,身下垫上背包,身上盖羽绒服等衣物,凑合度过了寒冷的一夜。两人所在原本计划拂晓冲击顶峰的A组只能和B组重新回到突击营地。在次日向顶峰发起冲击中,刚通过的路段就发生了深达千米的雪崩。

壮志未酬　英年牺牲

长期患难与共的探险生活,使队员们像兄弟般亲密无间。大家团结互助,在危难时刻甘愿牺牲个人换取集体安全。就在仁那牺牲前的三十多分钟里,他仍然把危险留给自己,把安全让给别人。在全队乘车进入奥斯克力营地(乘车到达的最后营地)前一天,为提前拍摄沿途的录像而不影响次日通过时的速度,并事先对路况、山势等进行侦察,队长安排他先乘车走一趟,摸清情况。于是,第二天在车辆通过第一个滚石区后,他对队友们说:"这段路上有两个滚石区,我们已安全通过了第一个,半小时后再通过第二个我们就安全了。"说罢就要求与坐在后排的队友换坐位,说:"这段路的录像我昨天就拍好了,现在不需要坐在前边了,请年纪大的坐在前排舒服些。"其实是他知道坐前排视野开阔,容易发现险情及时躲避,而他要求坐的位置又是靠山的一边,既不便观察,又极易遭滚石的袭击。当时队友们都认为这是他一贯的做法,也没在意。谁知半小时后,他竟被突如其来的滚石夺去了生命……

2005年5月27日12时许,在巴基斯坦北部进入山区途中,仁那乘坐的吉普车突然被一阵滚石击穿帆布车顶,一块石头击中仁那头部,他当场流血不止昏迷过去,其他队员紧急对他抢救,但跳动的脉搏渐渐消失。由于伤势过重,经抢救无效罹难。随队的新华社记者薛文献写了《挥泪送英雄——痛悼西藏登山探险队优秀队员仁那》的通讯,表达了我们的共同感受:"仁那走了,走得那样匆忙:没来得及留给我们他的最后一句话;仁那走了,走得那样悲壮:还没有进入他魂牵梦绕的雪山深处,就牺牲在蜿蜒崎岖的山路上。在他牺牲的地方,在他曾经先后5次来到过的巴基斯坦北部的喀喇昆仑山区,长河为他含悲,群山为他默哀!39岁的年轻生命,被一块罪恶的石头扼杀了。

巴基斯坦军方救援的直升机终于到了,军医快步跑到仁那身边抢救,可惜为时已晚,仁那已永远停止了呼吸,围在他身边的所有队员失声痛哭。经历多年生死考验的探险队员们,第一次眼睁睁地看着亲密的队友死去,再坚强的人也难抑心中的悲痛。

斯卡杜河谷,白云低垂,雾霭沉沉,山河挥泪,痛悼英雄。"

西藏登山探险队失去了一位实力超群、经验丰富,已经成功登顶13座8000米以上高峰,即将实现登顶14座高峰梦想的主力队员。同是优秀登山运动员的吉吉失去了亲爱的丈夫和家里的顶梁柱，11岁的拉姆央金失去了慈爱的父亲。这是西藏探险队的损失，更是中国登山界的损失。

仁那在多次担任"西藏登山大会"教练期间，尽心尽力做好各项工作。他处处为山友们着想，虽然是登山界的大明星，但从不摆架子，按山友的话说，他和其他教练就像母亲扶着孩子学走路一样耐心传授技术，细心照料山友们的生活，并不厌其烦地强调安全等注意事项。夜间要几次起身逐个检查帐篷是否被风吹开、山友们睡袋是否散开受凉、高山反应是否加重。在适应性训练中还帮初次登山者挂冰爪、戴雪套、整理服装工具，甚至有时给因高山反应重而大小便失禁的山友清洗衣物。所以，他在全国山友中享有极高的威望。牺牲后，全国各地的登山爱好者纷纷发来唁电，给他家里捐款，并分别在《人民日报》《中国体育报》《深圳晚报》《西藏商报》《拉萨晚报》，以及一些大城市的报刊上发表纪念文章，还在北京、深圳、成都等地举行山友追思会。更有21名全国各地的山友代表自费赶来拉萨参加追悼会，看望他的家人。特别是在当晚登山队准备的便宴上，山友们只是泪流满面地浇奠了杯中的酒，难过得没人肯动筷子。

仁那不幸罹难后，西藏自治区党委书记杨传堂高度评价仁那的英雄业绩："优秀的登山运动员仁那不幸牺牲了，但他带给我们的精神，将永远鼓舞着我们勇攀高峰、挑战极限、挑战自我，创造一流的业绩。"

仁那和我们永别了！他把自己最美好的青春年华献给了祖国的登山事业，也把最宝贵的生命献给了祖国的登山事业。他的生命尽管已经逝去，但他的精神和风范却永远留在我们心中，因为他是一名优秀的共产党员、是在西藏登山队这个英雄群体里成长起来的世界著名登山家、是"西藏登山精神"的忠实践行者。

第十二节　吉吉：高山上绽放的雪莲

吉吉，女，藏族，1969年出生于西藏林芝县达孜乡达孜村。中共党员，研究生学历，国际级运动健将，曾5次登顶海拔8000米以上高峰，是当时亚洲唯一3次从珠峰北坡登顶的女性，两次荣获"国家体育运动荣誉奖章"。2005年在其丈夫仁那牺牲后，妻承夫志，为实现爱人的遗愿，于2007年7月12日，从巴基斯坦一侧随"中国西藏攀登世界14座8000米以上高峰探险队"登顶迦舒布鲁姆Ⅰ峰，并创造了首位中国女性登顶此峰、首位女运动员出国攀登海拔8000米以上高峰两项登山新纪录。2008年吉吉被评选为"2008感动中国年度人物"。2016年12月至今任西藏自治区登山队高级教练员。

顽强拼搏　勇往直前

1989年4月，吉吉由女子中长跑转行登山，成为新组建的我国第一支女子登山队——西藏登山女子分队的首批队员。在此后的多年征战中，她和队里的姐妹们以中华儿女无高不可攀、无坚不可摧的英雄气概，常年攀登于世界屋脊的冰峰雪岭之间，挑战大自然、挑战生命极限，创造了可歌可泣的女子登山奇迹。

她于1992年参加中日联合攀登姜桑拉姆峰登山队登顶、1996年参加中日联合攀登海拔7326米的绰莫拉日峰登山队登顶、1999年和丈夫仁那登顶世界第一高峰、2002年参加中日联合攀登卓奥友峰登山队登顶、2005年参加复测珠峰高程和纪念中日女子首次登顶珠峰30周年行动再次登顶、2008年登顶珠峰传递北京奥运火炬。此外，吉吉还多次担任"西藏登山大会"的教练员，登上过多座海拔六七米以上的雪山。

吉吉敢于向国内外同行挑战，敢于同男队友竞赛，敢于攀登任何一座高峰。特别是在1999年8月，西藏首次成为第六届全国少数民族传统体育运动会分赛场，为使这届运动会更具高原特色，国家民委、国家体育总局和西藏自治区人民政府决定从地球之巅的珠峰绝顶采集圣火火种。西藏登山队奉命执行此项任务，吉吉不顾孩子幼小，积极请战，最终以过硬的综合素质入选突击队。4月20日，吉吉和仁那就要随队友出发了，然而她此行却又背负着前所未有的心理负担——因为她和爱人同时出征，只能把年仅4岁的女儿托付给亲戚照看。临行前夫妻俩害怕听到孩子那令人心碎的哭声，便提前躲进车里。吉吉果然不负重望，以队伍中年龄最小、登顶后直接下撤至前进营地的速度最快、连续行走17个小时的行军时间最长创造了多项纪录。夫妻携手登项，被誉为"比翼双飞的雪山之鹰"。

2005年在执行复测珠峰高程和纪念中日女子首登珠峰30年攀登行动时，吉吉在仁那也将出国攀登最后一座高峰——迦舒布鲁姆Ⅰ峰的情况下，仍积极报名，并以良好的综合素质被选定为中方队长，后又担任攀登队长，与队友圆满完成了复测高程等任务，受到了自治区人民政府和国家体育总局、国家测绘总局的表彰，获得"国家体育运动荣誉奖章"一枚。可就在吉吉登顶后下撤途中准备给丈夫打电话报告这一好消息时，仁那却在异国他乡不幸罹难。

仁那牺牲后，吉吉悲痛得几次昏厥，但她很快擦干眼泪，面对组织问询需要什么帮助时，她只提出一个要求："我要跟随探险队去攀登迦舒布鲁姆Ⅰ峰、2008年参加北京奥运火炬珠峰传递活动，替仁那实现这两个遗愿！"其实，在仁那牺牲后，家中亲友都不同意她再继续从事登山运动，防止发生危险。上级领导也考虑到他们年幼的独生女儿拉姆央金已经失去了父亲，让吉吉不要再去冒险。但在吉吉的再三坚持下，组织上批准了她的请求。之后的两年中，吉吉时刻告诫自己要加紧训练，进一步增强体能和提高攀登技能，一定要完成爱人的遗愿。

2007年7月12日，当吉吉历尽艰险和其他队员登顶迦舒布鲁姆Ⅰ峰时，她在心中默念："仁那，走好，我替你实现了心愿，你的灵魂安息在山峦之间吧……"然后，她把从拉萨一直随身背上山顶的仁那骨灰盒安葬在一块巨大岩石上。

胸怀宽广　牺牲奉献

吉吉有着宽广的胸怀，富有牺牲精神。在对待集体与个人、单位与家庭、事业与生活、奉献与荣誉等问题上总是能做到以集体利益为先，以大局为重。在仁那牺牲后因有关部门认定其不符合追授烈士条件，只能按因公牺牲安排后事的情况下，仍毫无怨言，一如既往地完成好各项工作任务。不争名利、不求索取是吉吉精神境界高尚的又一表现，平日里，她只是默默无闻地工作，从不在个人的名利方面患得患失，斤斤计较。为支持仁那全身心地投入到中国西藏攀登世界14座8000米以上高峰的宏伟事业中去，她总是毫无怨言地承担起更多的家务劳动和对孩子的照料与教育责任，以及对双方的老人尽孝道。母亲的言传身教使女儿拉姆央金勤奋好学，在2007年参加中考时获得拉萨市第二名的好成绩。

吉吉还在夫妻长期离多聚少的日子里，尽力营造一个相亲相爱、和睦相处、互敬互谅、积极向上的温馨家庭氛围，使仁那自1993年入选探险队以来，始终以主力队员的身份与队友们一道多次创造中外登山界的新纪录，到他牺牲前已成功登顶其中的13座，并两次登顶珠峰，这在当时是绝无仅有的世界团体登山新纪录！时任西藏登山队队长兼中国西藏攀登世界14座8000米以上高峰探险队队长的桑珠，就曾经深有感触地说："我们探险队之所以能够取得这些成绩和最终的成功，除了英勇无畏、技能超群的探险队员在十多年里奋力拼搏以外，也得力于像吉吉这样好'后方'的全力支持。没有队员家人们的全力支持和无私奉献，我们不可能在这么多年的漫长征战中，在一次次生死考验中，都能始终如一、毫不分心地与大自然搏斗、与自身的生理极限搏斗，也就不可能克服千难万险，成功登顶人迹罕至的一座又一座世界高峰。"

高山雪莲　绽放光彩

吉吉是当之无愧的登山探险女英雄，进入高校学习深造也是佼佼者。2006年3月，她与另外3名女运动员被国家体育总局批准选送北京体育大学，进行为期4年的脱产学习。4年后她不但以优异成绩毕业，还考上研究生得以继续深造，成为西藏登山队建队史上第一位拥有硕士研究生学位的运动员。吉吉既是巾帼不让须眉的女中豪杰，更像一朵开放在冰峰雪岭上的雪莲，在险峻的环境里绽放着生命的光彩。

为表彰吉吉在登山事业中作出的突出贡献，2000年西藏自治区妇联授予其"全区三八红旗手"的标号；2002年全国妇联授予其"全国三八红旗手"的称号；2005年吉吉获得"国家体育运动荣誉奖章"并被提名为"全国十大杰出青年"候选人，当选为第十届全国青联委员；2008年，吉吉因其担当北京奥运火炬接力珠峰传递第一棒火炬手、替丈夫实现遗愿身背骨灰盒勇攀高峰的崇高精神和催人泪下的感人事迹，被评选为"2008感动中国年度人物"。颁奖词上这样写道："白的雪，红的火，刺骨的风，激荡的心。鹰失去了同伴，但山的呼唤让她飞得更高，她，是高山上绽放的雪莲。"

第十三节　旺加：享受国务院政府特殊津贴的高级教练

旺加，男，藏族，1957年出生于西藏拉孜县。中共党员，国际级运动健将，西藏登山队高级教练员。曾任西藏登山队副队长、"西藏攀登世界14座8000米以上高峰探险队"副队长，是享受国务院政府特殊津贴的登山探险专家。

8次登顶8000米以上高峰

旺加是西藏登山队的老一辈登山家，曾先后8次登顶海拔8000米以上高峰，其中两次登顶珠峰和卓奥友峰。2007年，由女企业家王秋杨领衔的中国业余登山者攀登世界第一高峰，旺加作为高山向导，以50岁高龄与中国登山队队长王勇峰一起带领业余队员挑战珠峰，并再次登顶，令人肃然起敬。旺加多次担任"西藏登山大会"总教练、副总指挥和总指挥。

和许许多多西藏登山者一样，旺加的登山生涯也是从军旅开始的，他于1975年参军，两年后被八一登山队招入麾下，开始攀登雪山，1982年转业到西藏登山队。因此，他在日常生活和登山行动中，都有一股军人刚强、干练的气质。

旺加走入中国登山家的行列，是从1985年春季攀登卓奥友峰开始的。西藏登山队首次单独组队攀登卓奥友峰，旺加实现了他攀登海拔8000米以上高峰的梦想，也成为西藏自治区成立20周年之际人们广为传扬的"九英雄之一"。此后，他又相继登顶章子峰、拉布及康峰，以及欧洲最高峰厄尔布鲁士峰等数座高峰。1990年，他作为中美苏和平登山队的一员，首次登顶珠峰，获得"国家体育运动荣誉奖章"一枚，并授予国际级登山运动健将称号。

1993年开始，旺加担任"中国西藏攀登世界14座8000米以上高峰探险队"副队长，走上一段艰险的攀登之旅，并且先后登上道拉吉里峰、希夏邦马峰、卓奥友峰、迦舒布鲁姆Ⅱ峰、马纳斯卢峰等8000米以上高峰。1997年底，因为身体和年龄等方面原因，旺加退出探险队。

致力于登山技术教学

此后，他致力于推动国内业余登山运动，带领登山爱好者分别登顶珠峰、卓奥友峰、慕士塔格峰等高峰，2007年2月享受国务院政府特殊津贴。

旺加是一位善于思考和总结的登山家，特别是在专业技术方面，实践多、思考多、心得也多。1985年秋，他到日本长野县学习登山理论和技术，取得了登山教练员的资格。1991年秋，他再次到尼泊尔参加为期近两个月的"国际登山教练员研讨班"，获得尼泊尔登山研讨会最高荣誉奖章。从此，他致力于登山技术教学业务。在登山队、在山友中，他孜孜不倦地宣讲登山技术，推广现代登山理念，很受人们尊敬。

尽管基础差、底子薄，但经过多年的努力学习和总结思考，旺加创造出自己的一些理论成果。2006年底，他为国内山友奉献出一本10万字的《西藏登山运动教程》，中国登山队队长王勇峰对此书予以很高评价："这本书填补了中国高山探险专业指导书籍的空白，而且对于职业登山运动员、业余登山爱好者都有着极高的学习价值和现实指导意义。"

旺加在推广登山理念的时候，特别推崇团队精神。他曾对北大、清华等高校的学生山友们说："登山运动是一项非常需要合作的工作，要将个人的欲望和团队的目标结合起来。只有团队取得成功，个人才会真正取得成功。面对困难重重的艰苦环境，只有团队合作才能实现目标。"

第十四节　次仁多吉：横跨珠峰第一人

次仁多吉，男，藏族，1960年8月出生于西藏南木林县卡孜乡普拉岗村。中共党员，国际级运动健将，高级教练员，曾担任西藏登山队男子分队队长、"西藏攀登世界14座8000米以上高峰探险队"攀登队长等职务，也是世界登山界公认的参加登山行动最多、登顶成功率最高的职业登山家。以他和边巴扎西、洛则成功登顶14座海拔8000米以上高峰为标志，中国成为国际登山界公认的"14座俱乐部"的新成员，这支探险队也成为目前世界上唯一以团体形式完成登顶14座高峰的登山队伍。

北上南下　跨越珠峰

次仁多吉1979年参加西藏登山队的登山集训，曾分别于1995年、2000年两次被评选为"全国劳动模范"；2005年由国家人事部、国家体育总局评选为"全国体育系统先进工作者"；2011年7月1日由中央组织部评选为"全国优秀共产党员"；先后五次获得"国家体育运动荣誉奖章"。担任过西藏自治区第五至八届政协委员。

热爱祖国、报效国家、为国争光，是次仁多吉长期从事登山运动不畏艰险的精神支柱。四十多年来，他刻苦训练，掌握了过硬的登山技能，在艰苦卓绝的登山生涯中，和队友们一起百折不挠、自强不息。在成功登顶14座8000米以上高峰之外，分别于1988年、1999年两次登顶珠峰。最令人钦佩的是在1988年中国、日本、尼泊尔三国联合"双跨珠峰"时，为在顶峰等待从另一侧登顶的队友，实现人类首次双跨和在顶峰会师的创举，次仁多吉代表中国队第一个从北坡登上顶峰，并在没有任何避寒设施的情况下在顶峰停留了99分钟，与从南坡登顶队员会师后跨越珠峰由南坡胜利下山，创下了人类首次北上南下跨越珠峰的世界纪录。为此，次仁多吉被新闻界誉为"横跨珠峰第一人"，受到时任国务院总理李鹏等党和国家领导人的亲切接见，被国家体育总局授予国际级登山运动健将称号，还被尼泊尔王国授予一级勋章。

1991年春，他作为第一个被外国登山俱乐部聘为技术顾问的中国登山运动员，指导比利时登山队攀登希夏邦马峰。他全力协助比方完成路线选择、建营、修路、高山运输等任务，在他的带领下中比双方有5人登上顶峰。但在下撤至海拔7800米处的冰陡坡时，比方队长突然发生滑坠，并且牵连另外一名结组队员下滑，眼看一场山难事故就要发生。就在这万分危急的时刻，次仁多吉果断将系有安全保护绳套的冰镐插入冰缝，并用自己的身体压住冰镐，止住滑坠避免了一场灾难的发生。他的正确处置令比方队员深表感谢，纷纷竖起大拇指称："中国人了不起！"

当年秋季，他参加了中日联合攀登南迦巴瓦峰的行动，在登达海拔7400米高度时，因山势非常陡峭，有流雪逐渐加剧成雪崩的危险，大本营命令下撤。他为保护两国队员安全下撤，在齐胸深的流雪中挡雪护路，等其他队员走过流雪危险区后他才下撤，因此被严重冻伤，送医院治疗期间右脚拇趾因冻伤已经坏死只能截肢。1992年他以残疾之躯攀登海拔7782米的南迦巴瓦峰并再次登顶。

"西藏攀登世界14座8000米以上高峰探险队"组队之后，已是二级残疾的次仁多吉因综合素质过硬被任命为攀登队长。从1993年至2007年，他协助桑珠队长在组织指挥的同时又冲锋陷阵率队攀登，带领队员们把雄居世界的14座高峰全部踩在脚下，成就一番伟业。

倡导科学登山

次仁多吉崇尚科学，力求科学登山探险。在历次登山行动中都坚持周密计划、充分准备，量力而行、科学登山，他和队友们攀登马卡鲁峰的过程就证明了他严谨科学的工作态度。2003年4—5月，探险队在尼泊尔攀登海拔8463米的世界第五高峰——马卡鲁峰。这次攀登吸取了1996年未能登顶的经验教训，探险队在攀登前做了充分的准备工作，他建议西藏登山队与西藏自治区气象台签订《攀登马卡鲁峰气象保障协议》，力求在气象预报的保障下实施攀登行动。在他和队友奋力打通从大本营到3号营地路线后，从自治区气象台的预报中得知近期只有短短4天的好天气，随后将有暴风雪袭击马卡鲁峰，次仁多吉和队友们决定抓住这短暂的好天气周期，实施跨营突击顶峰战术。他们在充分准备、制订安全措施后，从3号营地出发越过4号营地（突击营地）直接冲顶，终于在5月14日上午暴风雪来袭之前成功登顶马卡鲁峰。

次仁多吉以艰苦奋斗为荣，居功不自傲。他不仅具有过硬的登山技术、在登山界享有很高的知名度，而且具有吃苦耐劳的高尚品质。在每次高山运输物资时，他不仅背负货物量最大，而且运输次数也最多，总是把最危险、最消耗体力的任务留给自己。在无数次生与死的考验面前，他从不畏惧和怯懦。在日常工作和生活中，他也严格要求自己，严守党纪国法和单位的各项规章制度，从不以登山家自居搞特殊化。由于他的卓越贡献和优秀品质，多次被评选为自治区体育系统先进工作者，当选为自治区第四届青联委员，1988年起连任多届自治区政协委员，1993年被选为自治区人大代表，1994年被评选为"西藏自治区十大优秀青年"，1995年被评选为"全国劳动模范"，2000年再次被评选为"全国劳动模范"。2003年光荣出席了第六届全国总工会表彰大会。2005年被评为"全国体育系统先进工作者"，出席表彰大会期间受到胡锦涛总书记的接见。2007年登顶世界14座高峰，创造了世界登山史上奇迹，受到西藏自治区人民政府和国家体育总局的表彰。2011年次仁多吉被中央组织部评选为"全国优秀共产党员"。

次仁多吉说："山给我追求和力量，登山是我一生最大的快乐和幸福。"这位"雪山雄鹰"，翱翔在皑皑的喜马拉雅、喀喇昆仑山脉之上，创造出人类登山史上的辉煌业绩。

第十五节　边巴扎西："雪山飞毛腿"

边巴扎西，男，藏族，1965年5月出生于西藏拉孜县温泉乡岗西村。中共党员，国际级运动健将，高级教练员。1984年参加工作，是"西藏攀登世界14座8000米以上高峰探险队"的主力队员。2007年7月12日，他以残疾之躯登顶最后一座高峰——海拔8068米的迦舒布鲁姆Ⅰ峰，实现了几代中国登山人盼望团体登顶14座8000米以上高峰、创造世界登山新纪录的伟大梦想。边巴扎西曾先后荣获4枚"国家体育运动荣誉奖章"，2000年被评选为西藏自治区"全区十大优秀青年"和区体育局系统先进工作者，2003年、2006年两次被评选为自治区区直机关系统"优秀共产党员"，2005年被评选为"全国劳动模范"。

历经无数险情

在实力超群的西藏登山运动员中，边巴扎西以出众的登山速度、娴熟的技术、超人的耐力和英勇无畏的奋斗精神而闻名。在历次登山行动中，他总是斗志高昂，主动承担前进道路上最困难、最危险的开路先锋任务。1999年，在攀登珠峰为第六届全国少数民族传统体育运动会采集"圣火"时，边巴扎西仅用4小时47分钟，便从8300米的突击营地直冲到顶峰，成为当时速度最快的专业攀登者，被誉为"雪山飞毛腿"。可以说，他是中国登山界综合实力最强的"雪山雄鹰"，也是中国向世界推出的著名登山家之一。他还是个多才多艺的多面手，除了过硬的登山专业技能外，还是自学成才的素描画家，对他登过的每座山峰都用圆珠笔画了山的形状、营地位置、攀登线路等资料图画，有的还被《西藏体育》杂志刊登。2000年与台湾台北喜马拉雅俱乐部的同胞联手攀登乔戈里峰时，边巴扎西在极短的时间内学会了摄像机的操作要领，被聘请为高山摄像师，完成了电视转播的拍摄和画面传输任务。

边巴扎西拥有强健的体魄和高超的技战术水平，但在向大自然挑战的过程中，还是要面对太多的艰辛、痛苦和险恶，甚至要面对以生命为代价的壮烈。每次在恶劣的环境中登山他很容易上火发炎，嘴唇开裂、溃烂，有时早晨醒来伤口粘在一起，连嘴都张不开，经常只靠少量的糌粑糊等流食补充能量。有一次，因为患日光性皮炎和过敏反应，他的脸部大面积起泡、渗出脓血并绽裂脱皮，目不忍睹。

在二十多年的登山生涯中，他经历过无数次的险情，仅大的雪崩就遭遇过3次，好在每次都幸免于难。

1993年春季，探险队攀登死亡率最高的安纳布尔那峰时，边巴扎西所在的A组登顶后下撤到3号营地时，当晚发生巨型雪崩，虽然人员幸免于难，但却导致B组队员因路线被破坏、登山装备被埋没丢失而无法继续攀登，被迫放弃登顶。

1998年春季，探险队攀登干城章嘉峰时，5月2日边巴扎西和仁那打通并建立了2号营地，劳累了一天的两人刚钻进帐篷、准备烧水做饭，忽然听见一声巨响，发现帐篷上有雪崩的气浪飘过，两人顾不上穿高山靴，急忙跑到营地旁边的冰壁下躲避。只过了一会，猛烈的雪崩冲击物就倾泻而来，但离我方的帐篷还有一点距离，两人万幸地躲过了雪崩。突击顶峰攀登到海拔8300米时，路线后面突然暴发落差达上千米的巨大雪崩，好在探险队刚刚越过那个路段，免遭一场大难。

1998年秋季，探险队攀登洛子峰时，9月27日夜间在突击营地遭遇雪崩，还没等大家爬出帐篷，就被大量的冰雪掩埋。睡在帐篷门口的仁那反应迅捷翻身出去后拼命挖雪施救，才从空气即将耗尽的、压扁的帐篷里将边巴扎西与另外两名队友救出。

2000年，边巴扎西参加海峡两岸共同攀登乔戈里峰行动中，由于恶劣天气持续不见好转，整个队伍在山区待机了很长时间，最终终止登山行动。在下撤途中涉水过河时，不会游泳的边巴扎西被河床石头绊倒，全身淹到水里，被冲到岸边得救后发现小腿受伤、流血不止，简单包扎后继续步行下撤。同行的一位外国人的驮着行李和登山装备的骆驼跌倒在河里被激流冲走。

2002年，边巴扎西和队友在第二次攀登乔戈里峰时，陷入了探险队成立以来最危险的境地。原计划登顶那天，突击组登达海拔8400多米的高度时，天气突变，暴风雪接踵而至，能见度极低，登顶已没有可能，想安全下撤也困难重重。他和次仁多吉、仁那、洛则一起结组摸索着下撤，不断有人滑倒或踩到悬崖边上，几次处在生死边缘。在返回到突击营地附近时，又找不着帐篷。在与暴风雪搏斗了整整14个小时后，队员们才找到营地，进入残破的帐篷，得以大难不死。大家不禁抱头痛哭，感慨生命历程中这惊险悲壮的一幕。

2004年，探险队第三次攀登乔戈里峰时，边巴扎西在搭建大本营搬石头扭伤了腰，他贴上膏药一直坚持带伤修路、建营，在最后登顶时也是带伤攀登。其他队员也都有不同程度的伤痛，但没人叫苦，默默地承受着来自各方面的挑战，一直坚持到最后的胜利。

重伤后再度登顶

2005年5月27日，准备攀登最后一座高峰时，与仁那同车的边巴扎西也遭遇滚石袭击头部受重伤，血流不止，生命垂危，紧急请求巴基斯坦军方派出直升机接送到当地医院抢救，随后又转入巴基斯坦三军联合医院救治，总算脱离了生命危险。6月5日回国，在新疆第二人民医院治疗，6月19日转到北京的大医院继续治疗。2005年底回到拉萨治疗。2006年，转到深圳的医院进行康复治疗。

边巴扎西受伤后，中国驻巴基斯坦大使馆和巴基斯坦有关部门及时组织医务人员进行抢救，国家体育总局登山运动管理中心和自治区体育局领导安排他住进最好的医院治疗，使这位英勇善战的登山英雄逐渐恢复健康。但由于伤势过重，虽经大医院和著名专家治疗，仍留有严重的后遗症：右耳失聪，右眼球外突、下眼睑无法眨动闭合，嘴巴左斜、说话时舌头瘀滞口齿不清，身体平衡能力差，思考问题反应慢，还患上癫痫病并不时发作。

他为实现组织的重托、队友仁那的遗愿和自己的诺言，仍坚决要求攀登最后一座高峰。他说："从受伤后恢复知觉和记忆开始，我就一直想着完成最后一座山峰。"所以，他从能下床活动就开始锻炼，为继续登山做准备。他忍受一切痛苦积极配合治疗，使伤势稳定，日趋康复。通过攀登海拔6206米的启孜峰，检验身体和登山技能恢复状况，得知测试结果良好后，上级领导批准他回归探险队，再次赴巴基斯坦成功登顶迦舒布鲁姆Ⅰ峰。他登顶前做好了牺牲准备，在大本营留给家属的信中写道："我这次上去（登顶）一般没有事的，但是我和其他队员不一样，如果出了事你自己要照顾好自己啊，小孩现在一天比一天长大，没有事的。你呢，一天比一天老了，要照顾好自己……"，并把用不着的钱物收拾好装入行李桶里，以备回不来时转交他的家人。他的一切努力都向着登顶最后一座高峰聚焦，边巴扎西说："只要实现3人团体登顶14座高峰的梦想，创造世界登山新纪录，为国争光，也就对得起逝去的队友、无愧于国家的培养和当登山运动员的一生了，至于生死早已置之度外！"庆幸的是他和队友历经生死考验，以坚韧不拔的勇气和毅力，最终实现了3人以上团队登顶世界14座高峰的梦想。

可以说，没有边巴扎西的无私奉献，没有他以残疾之躯顽强攀登最后一座高峰，就没有团队登顶14座8000米以上高峰的世界登山新纪录！

第十六节 洛则：探险队的"文武全才"

洛则，男，藏族，1962年出生于西藏拉孜县温泉乡多玛村。中共党员，国际级运动健将，高级教练员。"西藏攀登世界14座8000米以上高峰探险队"3名登顶队员之一。

2008年入选北京奥运火炬接力珠峰传递登山队并登顶，由国家体育总局和西藏自治区党委政府评为"北京奥运会火炬登顶珠峰暨拉萨传递工作先进个人"。2009年评选为"西藏自治区级劳动模范"。2018年11月16日，当选第六届西藏登山协会主席。

从农村青年到登山健将

从1993年加入"西藏攀登世界14座8000米以上高峰探险队"以来，洛则屡创佳绩。特别是在2006年，队友仁那牺牲后，为确保创造"3人以上团体登顶世界14座高峰新纪录"，为国争光，告慰英灵，他不顾所在国政局动荡和攀登难度大、死亡率最高（达到51%）的危险，毅然申请前往补登。在克服恶劣天气和雪盲症等种种艰难险阻后，经过两轮顽强攀登，最终于6月4日13时20分登顶。

洛则在多年的登山生涯中，战冰雪、斗严寒，艰苦奋斗、奋发图强，常年奋战在冰峰雪岭之间，与队友一次次把五星红旗插上雪峰之巅，为西藏乃至国家的登山事业做出了突出贡献。他从一位普通的农村青年成长为享誉世界登山界的运动健将，用青春和激情实践了报效祖国的诺言。

洛则于1984年参加登山集训，1985年参加西藏登山队独立攀登卓奥友峰，登达海拔7200米高度。1986年5月11日，参加中日联合登山队登顶海拔7543米的章子峰。1988年春季，参加中日尼三国"双跨珠峰"行动，从北坡登达海拔8300米高度，被授予"国家级运动健将"称号。1990年春，参加中美苏三国组成的"珠穆朗玛和平登山队"，于5月9日登顶珠峰，被授予"国际级运动健将"称号，荣获"国家体育运动荣誉奖章"。

洛则爱岗敬业，勤奋好学。特别热爱自己从事的登山事业，有着强烈的事业心和责任感。平时坚持从难、从严、从实战出发科学训练、刻苦训练，从而保持着良好的身体素质，掌握了高超的攀登技能。洛则爱学习，在登山生涯中写下了大量日记，成为人们感受登山过程、宣传登山精神的宝贵资料。他还爱好摄影，在仁那牺牲后接任高山摄影师，为探险队拍摄完善了影像资料。队友称赞他是探险队的"文武全才"。

洛则团队意识强，处处以集体利益为重。在2005年探险队遭遇山难后，家人闻讯焦急万分，急切盼望看到他本人，他却主动放弃返回拉萨的机会，以与边巴扎西朝夕相处十多年彼此熟悉，是最能照顾好伤员的陪床人选为由，要求留在酷热难耐的乌鲁木齐当陪护。因没人替换他休息，加上在巴基斯坦处理仁那的后事而疲惫不堪，但他从未向领导抱怨，直到另外派人接替，他才返回拉萨，随后又开始了补登安纳布尔那峰的准备工作。

洛则只讲奉献，从不争名争利，在探险队中他得到的荣誉也较少。以往由于3名已登上13座高峰的队员在他前面，他不但没有受到过自治区以上的表彰，就是局系统的表彰奖励也很少得到过。但他从容面对，仍默默奋斗着、奉献着，直到2009年，他才被评为西藏自治区级劳动模范。

为了无悔的人生选择

洛则从事登山运动三十多年来，从不畏惧艰难险阻，有着坚韧不拔的毅力和娴熟的登山技术。正因如此，1993年他以绝对优势选入"中国西藏攀登世界14座8000米以上高峰探险队"。从此，与队友们一同克服重重难关，一次次登上海拔8000米以上高峰。他在2004年去攀登乔戈里峰前夕，得知因患心肌炎而长期在外省医院治疗的女儿病情加重，这让他日夜牵挂。在攀登过程中面对前两次失败，这次能否成功，自己和队友能否平安回家，孩子的病情是否恶化？他会不由自主地想孩子和担心那诸多未知，心理压力特别大。在大本营，他和家里通过三次电话，最后一次是在突击顶峰前给女儿打了电话，告诉她明天将开始向上攀登。女儿懂事地宽慰他说："我现在病情稳定，医生也说问题不大。您放心执行任务吧，不要因为我分心，注意安全，我们等你回来……"他强忍着泪水，与队友踏上了征程，最终取得了三战乔戈里峰的最后胜利。

有人问他："今年的攀登对于很多山友来说简直是个神话，登顶的消息传出后，大家既惊喜又不敢相信，你们自己有这种感受么？"

洛则回答说："连我们自己也觉得是个奇迹，以我的身体状况能登顶乔戈里峰更是一个奇迹。"洛则在2002年体检时发现心脏的左右心室都肥大、肺动脉扩张，医生建议他不宜再从事登山运动。面对突如其来的打击，他非常伤心，也非常失望。他心想难道真要告别酷爱的登山事业吗？这种想法一闪而过后随即对自己说："洛则你是个男子汉，既然选择了这个职业，就必须要有冒险精神！心脏对于人来说是极为重要的器官，是生命的发动机，对于登山运动员来说更需要一个好的心脏。但我决定为了自己无悔的人生选择，甘愿付出自己的一切！"抱定决心，谢绝亲友们的再三劝留，洛则毅然决然地踏上了攀登马卡鲁峰、乔戈里峰、安纳布尔那峰和迦舒布鲁姆Ⅰ峰的探险之旅。

关键时刻补登安纳布尔那峰

2005年探险队攀登最后一高峰时遭遇重创。谁也没料到胜利在望的时候，竟然遭受队员伤亡的重大损失。此时，洛则勇敢地站了出来，为了创造登山运动新纪录，恳求补登当年因雪崩而未能登顶的安纳布尔那峰。他当时承受着巨大压力：一方面要确保安全归来，各级领导都把队员的生命安全放在第一位，反复强调要在确保安全的前提下补登；另一方面要力求登顶成功，但面对登山者死亡率最高的安纳布尔那峰，谁也不敢打保票；第三是如果登顶失败，将对不起组织者筹集和热心人赞助的经费，更无法实现队友仁那的遗愿。再就是亲人们对他这一举动的反对，因为十几年担惊受怕加上仁那牺牲更是担心他的安危。洛则凭借多年攀登世界高峰的经验，全面分析后得出有成功把握的结论,说服家人同意,并向领导写下保证书——保证一定安全登顶和归来。上级批准了他的请求,与尼泊尔有关方面联系安排了攀登行程。2006年4月29日,洛则离开拉萨前往政局动荡的加德满都,加入一支国际登山队攀登安纳布尔那峰。经过二十多天的奋战、两轮向顶峰冲击,于6月4日同西藏登山向导学校派出的高山协作小边巴扎西和一名夏尔巴人成功登顶,6月6日安全撤回大本营。6月14日,洛则和小边巴扎西回到拉萨,向领导们汇报说:"这次没有遗憾了!明年一定要完成最后一个心愿(登顶最后一座8000米以上高峰)。"

洛则补登成功,极大地鼓舞了探险队的士气,全体队员立志要向最后的胜利发起冲刺,为国争光,为民族争气。终于在2007年7月12日,3名主力队员登顶海拔8068米的世界第十一高峰——迦舒布鲁姆Ⅰ峰,完成对全部14座高峰的攀登探险任务,创造了团队登顶14座高峰的世界新纪录。

第十七节　西藏登山队:"生命禁区"的英雄赞歌

《中国体育报》的一位记者曾这样写道:"在我国的首都北京,每天清晨,有一支威武矫健的国旗护卫队把鲜艳的五星红旗在天安门广场冉冉升起;在我国雪域高原,有一群英勇无畏的登山健儿们一次次地让五星红旗在世界之巅高高飘扬,这就是西藏登山队——一支英雄的队伍、世界登山界的一支劲旅。"

成立于1960年10月1日的西藏登山队,是我国目前唯一齐装满员、持续正常开展登山活动的事业单位(正县级)登山运动队。自从1960年中国登山队的藏族登山运动员贡布和两名汉族运动员首次从北坡登顶珠峰开始,西藏登山队先后有300多人次登顶珠峰,2300多人次登顶海拔8000米以上高峰(高度),3人登顶世界上全部14座海拔8000米以上高峰。其中,成立于1993年的"中国西藏攀登世界14座8000米以上高峰探险队"经过14年的艰险征战,创造了团队登顶世界14座8000米以上高峰的登山运动新纪录,被誉为创造了世界登山史上的奇迹,在国际上引起热烈反响,为中华民族赢得了殊荣。这个英雄群体所体现出的"不畏艰险、顽强拼搏、团结协作、勇攀高峰、祖国至上"的登山精神,是一曲爱国主义、集体主义和革命英雄主义的赞歌。

雪山上的一面旗帜

在艰苦卓绝的登山运动中,西藏登山队历届党支部班子成员在上级党组织的坚强领导下,高举中国特色社会主义伟大旗帜,坚持以毛泽东思想、邓小平理论、"三个代表"重要思想、科学发展观和习近平新时代中国特色社会主义思想为指导,真正落实党要管党、从严治党的各项要求,按照思想建设是灵魂、组织建设是基础、作风建设是关键、制度建设是保证、先进性建设是根本、执政能力建设是目标的党建总体布局,全面推进党建各项工作，认真纠正存在的问题。

为此，近年来经过反复征求意见和修改完善，制订出二十章、一百一十九条的《西藏登山队规章制度》汇编，初步形成了长效机制。队党支部班子成员注重支部建设，始终起着推动发展、促进和谐，服务群众、凝聚人心，教育群众、组织群众、带领群众的战斗堡垒作用，任何时候都坚持不放松党的领导。在日常工作中，始终坚持对党员，特别对党员干部"三严三实"教育管理，增强党员的工作责任心和集体荣誉感。在执行登山任务的党员中成立临时党支部或党小组，在艰险环境中坚持过组织生活，及时了解党员的思想情况，解决登山中的突发事件，动员鼓舞队员的斗志，增强取胜的信心。每次登山行动开始前，都要在大本营举行简朴而庄严的升国旗仪式和重温党员誓词仪式。党员们牢记使命，主动担负艰巨任务，在艰苦的环境和危险面前经受考验，率先垂范，从而保证了一次次登山任务的完成。

队党支部还认真执行和落实《中国共产党章程》中党的基层组织八项基本任务和《中国共产党党和国家机关基层组织工作条例》等一系列党规党纪，经常进行形势任务教育、法制宣传教育和思想道德教育，不断提高广大党员的思想素质，增强党员意识、形象意识、旗帜意识，严格规范每名党员的言行，使广大党员成为牢记宗旨、心系群众、处处发挥模范带头作用，名副其实的先进分子。把不忘初心教育的基本要求融入到全面建设的全过程，做好推动发展、促进和谐，凝聚人心、服务群众的各项工作。队党支部努力营造政治坚定、规范有序、团结向上、诚信廉洁、关系融洽、充满活力的良好氛围，以党内和谐促进单位和谐。队党支部不失时机地引导党员和群众深刻领会执行党的各项方针政策、国家的法律法规。"西藏攀登世界14座8000米以上高峰探险队"临时党支部，带领队员在多次出国到尼泊尔、巴基斯坦登山期间，严守外事纪律和政治纪律，表现出良好的整体素质，受到我国驻所在国大使馆和自治区外事侨务部门的好评。

登山队员们遇到过各种难以想象的艰难险阻，多次遇到冰崩、雪崩、雷击、滑坠、滚石和暴风雪等险情，但在党组织的领导和党员的带领下，为了登山事业的发展，知难而进、艰苦奋斗、奋发图强，向高峰挑战，向极限挑战，一次次迎着疾风暴雪，忍受着强烈的高山反应，在陡峭险峻的山峰上攀登。一次次跨越危机四伏的明暗冰裂缝，冒着冻伤致残甚至瞬间就可能丧命的危险，登上没有观众喝彩、没有鲜花掌声的雪山之巅，创造世界登山运动的新纪录。几代登山运动员在党组织和党员的模范作用带动下，谱写了新西藏登山事业的辉煌篇章。

在雪山冰峰上攀登

1960年，我国组织一支庞大的登山队伍首次攀登珠峰。周恩来总理给中国登山队发来电报："一定要登上珠穆朗玛峰！"这不仅是中共中央和国务院对中国登山队发出的动员令，也是对新中国登山事业寄予的厚望：为祖国争光，为各族人民争光。

20世纪以来，西方登山探险家们一次次来到西藏，窥视并妄图从北坡攀登世界最高峰——珠穆朗玛峰，却一次次遭到厄运。

无高不可攀的中国登山队成功了！5月25日，历尽艰险的杰出藏族登山运动员代表贡布和汉族队员王富洲、屈银华把五星红旗插上了珠峰，创造了人类首次从北侧山脊登上地球之巅的伟大壮举。中国登山队的英雄事迹给正与严重经济困难抗争的全国各族人民带来了极大鼓舞。同时，也为西藏登山营（西藏登山队的前身）当年10月1日的成立创造了条件。

1975年，中国登山队第二次向珠峰发起挑战。包括西藏登山队藏族女队员潘多在内的"九勇士"登顶成功。

改革开放以来，面对各种诱惑，西藏登山队的运动员们耐得住寂寞，常年远离都市、人群和温馨的家庭生活，在寒冷荒凉寂寞的雪山冰峰上攀登。尽管征程上没有热情的观众，没有雷鸣般的掌声，得不到闪亮的奖牌，然而为了不辜负祖国和人民的期望，大家在无法预料的灾难、险象环生的冰雪崩、瞬息万变的气候面前，忍着严重缺氧环境的折磨，迎着肆虐的狂风，顶着横飞的大雪，冒着天塌地陷般轰鸣的崩塌等危险，艰难地向顶峰挺进，在被世人称为"生命禁区"的雪山高峰上顽强拼搏，创造了一个又一个可歌可泣的光辉业绩和人间奇迹，谱写了一曲又一曲与大自然抗争的英雄赞歌。

1985年4月，西藏登山队首次单独向海拔8201米的世界第六高峰——卓奥友峰挑战，9名运动员登顶成功。

1988年，西藏登山队代表我国参加中日尼三国联合"双跨珠峰"行动，我4名运动员与日本和尼泊尔两国的登山队员一起登顶成功，并实现了人类从南北两侧跨越珠峰的伟大梦想。

1990年，中美苏三国"和平登山队"联合攀登珠峰，西藏运动员的高山活动能力之强、攀登速度之快，令美国和苏联登山队员瞠目结舌，惊叹中国登山队员每人都长着两个心三个肺。而我们的队员则说："我们是多长了一颗心，那就是为祖国为人民争得荣誉的心。"

1991年至1992年，为纪念中日邦交正常化20周年，西藏登山队员参加中日联合攀登号称世界第十五高峰的海拔7782米的南迦巴瓦峰，桑珠、次仁多吉、加布、边巴扎西、达琼、大其米共6名队员成功登顶，并为5名日本队员登顶立下汗马功劳。此次为人类首次登顶该峰，至今未有登山者再敢问津。

1993年西藏登山队参加国家登山队组织的海峡两岸同胞攀登珠峰行动，加措、小齐米、开尊、普布与国家队的王勇峰和台湾队的吴锦雄登顶，增进了两岸登山界的联系与友谊。

1999年，在珠峰上为第六届全国少数民族传统体育运动会采集"圣火"。为完成这一重大登山任务，西藏登山队精心组织，使10名队员集体登顶。其中的边巴扎西仅用4小时47分钟，便从8300米的突击营地直冲8848.86米的顶峰，成为当时世界上冲顶速度最快的专业攀登者。而仁那和吉吉夫妻双双登顶，留下了一段世界登山史上的佳话。

2003年，西藏登山队代表国家队参加中韩联合攀登珠峰行动，4名（其中2名女性）西藏登山队员全部登顶，并为韩国队员登顶提供了帮助。

2004年，西藏登山队代表国家队参加中国和意大利联合攀登珠峰行动的4名（1名女性）运动员，在气候异常，攀登难度大，并且韩国、日本、保佳利亚登山队已有6人遇难的情况下，与意方的6名队员登顶并安全下撤。

2005年，西藏登山队承担协助国家测绘局执行复测珠峰高程的任务，用测冰雷达等高科技手段测得珠峰的准确高程为海拔8844.43米。

2007年5月9日，西藏登山队的8名运动员与西藏登山综合培训中心（西藏登山向导学校）学员，配合国家有关部门出色完成了北京奥运火炬接力珠峰传递的预演测试任务。

2008年5月8日9时17分，以西藏登山队和西藏登山综合培训中心（西藏登山向导学校）人员为主组成的中国登山队，经过长期的训练备战，在队长兼总教练王勇峰、副队长兼副总教练罗申、尼玛次仁的率领下，在珠峰峰顶成功传递北京奥运火炬，兑现了我国向世界人民的庄严承诺。

西藏登山队的女子分队自成立以来也巾帼不让须眉。1994年，女运动员们和美国、波兰、奥地利等9国女队员组成女子联合登山队，成功登顶希夏邦马峰。1999年参加攀登珠峰取圣火成功。2002年与日本队联合攀登卓奥友峰成功。2003年两位女队员（中方共4名队员）代表国家登山队参加中韩联合攀登珠峰行动，全部成功登顶。2004年又参加了中国与意大利联合攀登珠峰行动，一名女队员与3名男队员成功登顶。2005年中日女子联合登山队攀登珠峰，以纪念两国女子分别从北南两侧首次登顶该峰30周年，西藏登山队的两名女队员和高山协作人员又一次登顶成功。其中拉吉和丈夫大其米成为第二对同时登顶珠峰的夫妻。这一系列登顶成功，一再显示出西藏女子登山分队的强大实力。

女运动员们还先后多次带领清华大学、北京大学、厦门大学以及广州、深圳和南京等城市的业余登山队完成登山任务。

此外，西藏登山队还在2001年发起创办了"西藏登山大会"，到2020年已成功举办18届，积极促进群众性业余登山运动发展。同时，申报西藏自治区人民政府和国家发改委立项投资建成西藏羊八井高山训练基地（中国登山协会西藏羊八井训练基地）、西藏林芝户外运动训练基地（国家林芝高原训练基地）、西藏拉萨登山体验健身训练馆，又从2019年10月开工建设的日喀则珠峰国际登山探险服务运营中心工程项目，使"西藏登山大会""西藏户外运动大会""西藏跨喜马拉雅自行车极限赛"等登山户外运动赛事有了永久性的大本营。还应全国各地山友的邀请，派出运动员担任登山教练员和登山向导协作，先后攀登卓奥友峰、章子峰、穷姆岗日峰、启孜峰、藏色岗日峰、宁金抗沙峰、桑典康桑峰、慕士塔格峰、格拉丹东峰、玉珠峰等著名山峰，使登山运动与旅游相结合，把登山从单纯的优势运动项目转变为优势产业，充分发挥西藏山峰资源和登山人才优势作用，为高质量全面建设平安西藏、和谐西藏、小康西藏发挥了积极作用。

用生命和热血铸造"西藏登山精神"

早年一位到过西藏的外国作家曾这样描述高原之旅："人们发现，越往上，人们就不得不以自己越来越小的力量去对付越来越大的困难。"更有人悲观地感叹："登上世界屋脊，离太阳近了，离死亡也近了。"

仅到高原就有如此深刻的感受，难以想象要攀登海拔8000米以上的高峰，其困难与危险会有多大！在高寒缺氧的"生命禁区"，运动员们时刻会遭遇滑坠和冰崩雪崩的危险，白色"死神"曾吞噬了无数高山探险者的生命。与危险相伴，与死神擦肩而过，这是许多登山运动员都有过的生死体验。

1935年出生在日喀则的尼玛扎西，1964年5月2日登上8012米的希夏邦马峰，但在下山途中从陡坡上滚下300多米。1975年攀登珠峰时在下山途中滑坠，险些遇难。1979年9月，他协助日本登山队侦察攀登珠峰路线，登到海拔6900米时遭雪崩遇难，后被追认为革命烈士，时年仅44岁。

1975年5月中国登山队再次攀登珠峰时，边巴次仁登达海拔8600米突击营地，遭遇高空风袭击，在那里坚持了三天三夜才勉强撤下山。因为连续几天没有饭吃，只靠喝水维持生命，引起胃病复发。他从海拔6500米前进营地下撤过程中，常常疼得趴在冰上站不起来。

曾任西藏登山队队长、总教练的成天亮，在几十年的登山生涯中，历经几次大难不死。

1966年春季，登山运动员王家奎，随集训队在珠峰进行攀登训练，当他带领的分队登达海拔7790米营地时，遭遇暴风雪袭击，帐篷也搭不起来。到了晚上，五六个人挤在一顶小帐篷里，腿脚都是重叠起来的，他为了让患病的队友休息好就坐在帐篷门口为大家挡风雪。第二天冒着暴风雪强行下撤，他一直在后边护送患病队员，当大家安全回到前进营地时，发现他已被严重冻伤，鼻子和耳朵外轮后来在医院截除掉，定为二等乙级残废。

曾打破世界女子登高纪录的女国家级运动健将查姆金，1961年5月参加中国女子登山队攀登海拔7595米的公格尔九别峰时，到6月17日她由海拔7300米突击营地出发突击顶峰，登达海拔7560米时天气状况变得非常恶劣，指挥员决定放弃登顶下撤，仍造成严重冻伤。送医院治疗期间查姆金耳朵外轮被截除掉，双手完全被截肢。

被誉为"小愚公"的国际级登山运动健将仁青平措，曾任西藏登山队副队长、西藏体委登山管理处副处长，在1975年攀登珠峰时担任突击队员，当登达海拔8600米的突击营地时天气突变，体力透支的他在冰壁上意外滑坠两百多米，右手4个手指和左手2个手指严重冻伤，还有2个手指轻度冻伤。后因错过救治复活最佳时机，使8个手指被不同程度截肢。

女子中级教练员桂桑，国际级登山运动健将，曾任女子分队队长、2次登顶珠峰、5次登上海拔8000米以上高峰(高度)。1975年攀登珠峰时，登达海拔8600米突击营地，因开水烫伤脚被迫下撤。在30多年艰苦卓绝的登山生涯中，作为女运动员遇到过各种难以想象的困难和生死考验，留下一身的伤病。但她在每次登山行动中，总是以顽强的毅力，身先士卒，带领队伍完成任务。从珠峰大本营到前进和突击营地的攀登都是在极度缺氧的环境中负重上行，体力消耗极大。到突击登顶时，为预防日出后冷热空气对流形成风暴，都是在午夜整装出发，靠着顽强的毅力坚持攀登。每当越过遇难者遗体继续攀登时，都要克服强烈的恐惧心理，咬牙坚持。有一次突击登顶时天气突变，外国登山队的多人严重冻伤或遇难。面对困境，她和队友们没有退却，凭着过硬的技术和丰富的经验，及时采取保护措施，终于成功登顶。下山时膝关节肿痛难忍，走路非常困难，但她从不叫苦喊累。后来随着年龄增大，体力明显下降，但她于2002年45岁时，仍以惊人的毅力担任登山队长，率领中日女子队员登顶卓奥友峰。2005年，在复测珠峰高程、纪念中日女子首登珠峰30年行动中她担任技术顾问。2008年参加北京奥运火炬接力珠峰传递的保障工作，为成功举办中国特色奥运会做出了一名老登山运动员的新贡献。

女运动员吉吉，国际级运动健将，现任高级教练员，曾5次登顶海拔8000米以上高峰，是当时亚洲唯一一位三次从珠峰北坡登顶的女性。在其丈夫仁那牺牲后，妻承夫志，为实现丈夫遗愿，在2007年7月12日，从巴基斯坦随探险队登顶迦舒布鲁姆Ⅰ峰，创造了首位中国女性登顶此峰、首位女队员出国攀登海拔8000米以上高峰两项登山新纪录。

弘扬无私无畏的人道主义精神 西藏登山运动员们还曾经担当架设"中国梯"和紧急救援任务，冒着生命危险为登山探险者铺就成功之路、为遇险者提供救援帮助，用行动弘扬无私无畏的人道主义精神。

1975年攀登珠峰时，突击队长索南罗布带领3名队员在"第二台阶"苦干了一天，成功架设了金属梯，为队友也为后来无数登顶者铺就了成功之路。特别是减少了此处的人员拥堵现象，降低了冻伤致残和亡人事故的发生率。

1991年轰动世界的梅里雪山山难发生后，西藏自治区体委应国家体委要求，派出由仁青平措带领的7人救援队，从拉萨乘汽车连夜紧急赶到云南德钦。队员们在雪深齐腰、雪崩不断的艰险山路上奋力前行，搜索到位于海拔5300米的2号营地以上位置，确认了雪崩是导致山难发生的主要原因，但在营地的人员和帐篷已被雪崩冲走埋没，无法施救。

1991年次仁多吉应聘欧洲国家登山俱乐部担任技术顾问，指导比利时登山队登顶海拔8012米的希夏邦马峰。但在下撤时，同一结组的比方队长滑倒急速向大裂缝滑坠，在这危急时刻，走在后面的次仁多吉迅速采取保护措施，将套着保护绳套的冰镐插进冰缝里，并死死压住防止拉出，保护了外国友人的生命。

1996年西藏探险队攀登马纳斯卢峰时，正在上行的队员在海拔6500米处发现登顶失败且体力耗尽的墨西哥队员，便放弃自己的攀登，把处于生命危险中的墨西哥队员救护进食并护送下山而得以生还。当时得知这事的德国登山队员感慨地说："中国登山队员这种举动，远远超出了登山探险本身，他们是在传播和平与友谊。"

1999年正在攀登珠峰采集民运会圣火的西藏登山队员，在海拔7000米处发现严重冻伤的乌克兰登山者，次仁多吉和开尊等5名主力队员紧急救援，忙碌了一整天，终于把两名伤员安全下送到海拔6500米处的前进营地救治。

同年，一支韩国登山队在珠峰东坡被大雪所困发出求救信号，西藏登山队员在连牦牛都不愿前行的大雪中及时赶到，送去救援食物等救命物资，并把韩国队接下山来。

2002年，北京大学山鹰社登山队在没有聘请登山向导协作的情况下，独自攀登希夏邦马峰西峰中遭遇山难，西藏登山队队员和西藏登山向导学校的学员奉命赶赴现场，在海拔6800米处找到遇难者的遗体。

2010年5月25日，自治区体育局接到国家体育总局登山运动管理中心紧急救援两名攀登珠峰遇险西班牙登山者的电话，指派西藏登山队队长尼玛次仁带领救援队，连夜乘车从拉萨赶到珠峰，随即攀登到海拔7900米和8000米处找到已体力透支、奄奄一息的遇险者，通过吸氧喂食等紧急救治后安全下送到大本营。西班牙政府为两人获救专门给我国外交部发来感谢电。

2018年5月7日—18日，西藏自治区体育局根据保加利亚驻中国大使馆和博扬·彼得罗夫所在的希夏邦马峰国际登山队，以及博扬·彼得罗夫家属请求，遵照中央领导同志的批示要求，组成由局长尼玛次仁率领的14人西藏高山救援队进行大规模"地毯式"搜救。但是，从前进营地向上攀登搜寻直至顶峰（海拔8012米），仍然没有发现其行踪。同时，调集3架直升机参与空中搜救，仍然没有发现博扬·彼得罗夫的任何踪迹。搜救队员凭借经验分析研判：博扬·彼得罗夫在登山过程中掉进冰裂缝的可能性很大，也不排除滑坠后被大雪掩埋的可能性。同年5月22日—28日，根据上级指示，西藏登山（高山救援）队，对攀登卓奥友峰遇难的韩国登山爱好者朴信泳实施搜救。

多次出国完成登山任务的西藏探险队，在尼泊尔和巴基斯坦登山时，经常向需要帮助的外国登山者伸出援手，救援冻伤等遇险人员。队员们还凭借高超的技能，也为缩短攀登过程、减少物资消耗、节省开支，经常在多支登山队中争当开路修路先锋。

一直以来，自治区体育局还组织西藏登山协会（西藏登山运动管理中心）、西藏登山队、西藏登山向导学校、西藏圣山登山探险服务有限公司等单位，每年常态化开展清理各著名山峰垃圾的环保行动。在依靠自身力量进行环境保护的同时，为壮大声势，呼吁全社会关注高海拔山峰的生态环境，保护好西藏高原这片"净土"和国家的环境安全屏障，从2002年开始，通过与企业合作，在全国招募青年志愿者，每年都进行为期一个多月、重点对珠峰地区和拉萨至珠峰沿途捡拾垃圾与宣传环保活动。珠峰各营地环境得到保护、登山者和山区群众环境保护意识也逐渐增强。队员们还把环保理念和行动带到国外登山中去，在尼泊尔和巴基斯坦等国登山时也处处保护环境，从不乱丢垃圾。从各营地撤离时，首先是把垃圾清理干净、装袋后带下山去妥善处理。

勇创世界登山运动新纪录

"不能只是关门登山，要大胆走出去，拓展登山运动新领域"。这是几代登山人的共识。伴随着西藏改革开放和快速发展前进的步伐，实力不断壮大的西藏登山队没有满足于所取得的成就，而是以更宽广的眼界、更坚定的步伐向着更高更远的目标迈进。

团队登顶14座海拔8000米以上高峰的创举，创造了中国人突破其他国家单个人登顶14座高峰的纪录，实现了把五星红旗插遍世界高峰之巅的梦想，以此开创了中国登山运动的新纪元，创造了世界登峰之极。为了实现登顶14座世界高峰的目标，为了使我国由登山大国向登山强国迈进，这支英雄的队伍整整奋战了14年。

人们不禁惊叹探险队的创举：海拔8000米以上，高哉！危哉！那是一个鸟飞绝，人踪灭，浮出云海，傲视四方的所在，是一处面向寰宇、直吻苍穹的圣地！而在人类居住的这个星球上，人们能够徒步到达这一高度的所在只有14处地方，那便是雄踞世界屋脊之上的喜马拉雅山脉和喀喇昆仑山脉上、以珠峰为首的14座8000米以上高山雪峰。

悠悠岁月，多少登山家魂牵梦绕于地球之巅，理想于踏遍所有的14座雪峰，成就超越人类极限的空前伟业！然而，超出想象的艰险，瞬息万变的气候，无法预知的困难，使许多登山英雄空怀壮志，望山兴叹，甚至永久安息在山峦之间。

凌绝之顶全部位于亚洲，其中9座（珠峰、洛子峰、马卡鲁峰、卓奥友峰、希夏邦马峰、乔戈里峰、布洛阿特峰、迦舒布鲁姆Ⅰ峰和Ⅱ峰）位于中国的边境线上或境内，而我国却还无人成就全部登顶的壮举。在中国人心中，这是一个遗憾，更是一个期盼。

这个中国人的理想和历史性的重任，终于落在了西藏登山队的肩上。对于"山的故乡"的西藏登山队员来说，代表祖国完成这一壮举，是雪山骄子义不容辞的责任。

自1993年至2007年间，以西藏登山队运动员为主力组成的西藏登山探险队，实施了攀登世界14座海拔8000米以上高峰的宏伟计划。这是一支素质优良、实力超群的队伍，在队员们身上集中展现了西藏登山人的精神风貌。14年间，队员们连年征战，克服难以想象的种种困难和重重险阻，以非常高的成功率先后登顶14座海拔8000米以上高峰，创造了4人登顶13座、3人登顶14座高峰的世界团体登山新纪录。

第三十六章

我的指挥登山经验
——洛桑达瓦谈登山技战术与安全

登山技术战术和登山安全是相辅相成、相辅而行的统一体，以登山运动员为主体，总结和吸取在登山过程中应对各种安全隐患的具体对策和经验措施至关重要。

洛桑达瓦，曾任西藏自治区体育运动委员会主任、党组书记，中国奥林匹克委员会执行委员，中国登山协会副主席，西藏登山探险队指挥长，西藏登山协会副主席等职，在中外登山界享有崇高的威望和地位。

1984年，洛桑达瓦率领中国登山协会代表团赴奥地利学习考察，在这期间，奥地利登山学校校长莫利维斯，以播放录像和讲解的方式，较为系统地多次讲解现代登山运动的基本理念、基本常识、基本要素，并带领全体成员赴山区实地参观登山队员训练和演练登山救援情况等，进一步了解了现代登山运动的综合性内涵。在与西藏登山队总教练成天亮、队长罗则、西藏探险队队长桑珠等同志长期而频繁的接触与交谈中，洛桑达瓦掌握并积累了他们在长期从事登山实践中的成功与挫折、妥善处置突发情况化险为夷的经验与教训。

在此基础上，洛桑达瓦总结1990年指挥中美苏珠穆朗玛峰和平登山队攀登过程、1991—1992年指挥中日联合攀登南迦巴瓦峰的经验，并学习参考《中国登山运动史》中有关登山战术的论述，结合我国登山界的著名人士史占春、许竞、周正等的建议，写成此文。本文能对登山指挥者、登山运动员、登山运动爱好者起到重要的指导作用。

第一节　登山技战术

登山技术战术是为实现预期的登山目标所采取的具体方法和手段，根据所要攀登的山峰的特征和登山者的身体状况、经验、装备、物资、技术构成，以及气候等诸多因素，然后因人、因地、因时地制定较为符合客观实际的科学的登山技战术，这对于实现登山目标起着决定性的作用。

登山的技术战术：一是要了解所登山峰的特征；二是要掌握登山者的身体和技术状况；三是要选择好登山季节；四是要选择好登山路线；五是要确定高山营地的位置；六是要做好登山物资的准备；七是要有登山所需要的个人装备和集体装备；八是要了解所登山峰的危险地段；九是要合理安排各组的人员配备；十是要有在危险地段结组互相保护的措施；十一是要有突击顶峰的时机确定；十二是要有安全和应变措施；十三是要根据山峰确定行军时间；十四是力求掌握所登山峰区域天气变化的一般规律等。现将几个重点阐述如下：

一、山体特征

经过侦察弄清楚山峰的位置、高度、类型，山体结构是以冰雪为主体，还是以冰雪岩石混合体或以岩石为主体，以及山脊走向、冰川类型、风向、雪线、高度、攀登难点和险段，冰雪崩、滚石区域的范围，气候特征，修路时间和距离。对上述情况进行综合分析后，确定登山路线和高山营地的大体位置。对难度大和结构复杂的山体要选派富有经验、高山活动能力较强的精干队员进行实地侦察，有的还要进行空中侦察，方能制定具体的登山技战术。如攀登前人已登过的山峰，就要掌握前人登山的时间、选择的路线、高山营地的位置，不必派侦察人员，可借助前人的路线攀登，特别注意的是借助前人架设好的绳索需认真检查绳索支点和连结处以及牢实程度。在技术装备上根据山体的结构来做准备，属冰雪结构的就准备冰锥、雪锥为主；属岩石结构的以岩石锥为主；属混合结构的就必须冰、雪、岩石锥都要准备。需要在危险地段修路时，派有经验、技术能力好的队员担任，同时选几名队员保护，但人数不宜多。对山峰不太高、难度不太大的山峰可采取边侦察、边修路、边建营、边运输、边登顶的综合性技战术。上述诸环节中，弄清山体状况是根本前提，不了解山体结构就无法制定登山的技战术。

二、季节选择

一般登山者均选择春季或秋季，其主要是避开降水、降雪、低温、大风的袭击。同时因攀登时间长，要留有充分的余地。冬季登山风大、气温低；夏季登山主要是降水多，易遭遇雷击、河水上涨、突发山洪等危险，难以接近和攀登山峰。选择攀登季节主要看山峰的位置、高度、难度、气候等，如梅里雪山、南迦巴瓦、乔戈里等山峰不宜在春季登山。应当按山峰的特殊位置、特点和山区的气候情况来确定攀登季节。

三、气候特征

登山者能否掌握好气候变化的周期，以便不失时机地抓住好天气周期实施登山计划是非常重要的。这对登山成败关系极大，必须通过搜集资料和天气预报加上经验判断，掌握所登山峰区域的气温、降水、气压、风力等气候变化的规律，抓住有利时机实施攀登行动。

四、路线选择

这要根据登山任务的性质来确定，看是以登顶为目的还是以创造新纪录为目的。如果是以登顶为目的，就要选择相对容易的最佳路线攀登；如果以创造新纪录为目的，就要选择难度大的路线攀登。选择登山路线不是轻而易举的事，而是难度较大的一件事，选择最佳路线难度就更大。山峰是由诸多山脊托起的，如何接近山体，选择哪个山脊来实现登顶，都需要进行认真侦察分析，然后制定较为符合实际的技战术。

五、营地选择

高山营地的选择对登山者的安全和实现登顶目标至关重要，既要选择能避开上方堆积物可能袭击的范围，又要考虑相对避风的位置；既要选择相对平坦的地形，又要考虑有一定水源和日照较理想的位置。突击营地是突击顶峰的最后营地，应尽量靠近顶峰。各营地之间的距离，只能按行军时间来确定，一般掌握在6~8小时的行军时间为宜，相对高差在600米左右较为理想。

六、身体状况

这是制定登山技战术的基础和条件。是直接采取边侦察、边修路、边运输、边建营、边登顶的战术？还是采取先进行适应性行军，循序渐进，视队员的身体情况再确定突击顶峰的时机？如果攀登者身体素质好、高山活动能力强则可采取前一种办法，在短时间内实现登顶的目的。如果身体素质较差、高山活动能力较弱者，可采取先进行适应性行军、负重往返逐步升高的战术，即走到一定的高度宿营1~2天后再返回大本营，这样往返几次，一次比一次高。当达到适应性行军的预期目的时，可正式实施突击顶峰的攀登计划。这里强调的是适应性行军时，必须完成修路、侦察、运输建立高山营地和攀登所需物资等任务，否则难以实施登山计划。上述前一种战术基本属于快速登山法，这对队员身体素质、高山活动能力、登山经验、登山技术等要求很高，多数登山队员不具备采取这种战术的技术和身体条件。后一种是拉锯式稳步登山法，所需时间较长，对队员的体能消耗补充要及时，国内外多数登山队采取这种技战术，成功几率较高。

七、技术构成

技术构成主要是指登山队员掌握冰雪作业和岩石作业的技术水平与使用登山技术装备的熟练程度，同时要考虑队员登山训练的水平和从事登山运动的经历。如果只有身体好这一项优势，但没有较高的登山技术是难以胜任登山任务的。

八、装备构成

登山装备分两大类：个人装备和集体装备。诸如技术装备、御寒装备、露营装备和氧气装备的优劣、物资保障的好坏对登山的成功与否、队员的生命是否安全都关系极大。考虑采取什么样的登山技战术时，装备和物资的保障很重要。要周密计划，留有余地，从好处着眼、坏处着手。要考虑天气因素和在高山营地待机的可能性，特别是食品、燃料要多准备3~4天的。这主要是考虑大多数山峰的天气变化，一般情况下每3~4天是一个周期。一次登山活动是一项系统工程，要根据不同的山峰、不同的任务，应按照实际情况制定具体的较为科学的登山技战术。

九、高山反应

高山反应是当人们进入高海拔区域时，由于缺氧而引起的生理不适应的综合病症，也就是在空气中的含氧量不能满足人体血液氧含量而造成的病理状态。其症状为头晕、头痛、耳鸣、恶心、呕吐、脉搏和呼吸加快，四肢麻木、睡不沉实，人体活动能力下降，严重的还会昏迷或诱发其他疾病。根据有关资料介绍，一般海拔3500米就有可能引起高山反应症，无论登山者还是进入高海拔区域的人们或多或少都有高山反应症，这是在缺氧条件下人体生理的正常现象，思想上应正确对待，不能过于紧张，不能过分依赖吸氧来弥补缺氧而引起的生理不适应症，应平时就积极锻炼身体，增强体质，到了高海拔地区也要循序渐进地活动，增强抵抗缺氧的能力。同时也要借助增强身体耐缺氧能力的一些药物，比较理想的有内服珍珠七十丸、红景天口服液、红糖泡开水等。凡进入高海拔区域的人员都要特别注意预防感冒发生。

十、互通情况

登山是向人类生理极限挑战的体育项目，快乐与危险并存。必须发扬团队精神，坚持在登山的整个过程中，保持各组之间与大本营的联系畅通。特别是遇到紧急情况时，有利于共同应对、相互支援、创造条件完成攀登任务。

第二节 登山安全

早期的登山主要是围绕军事、宗教、经济的需要来进行的。我国有组织、有计划、有目的作为自觉地体育运动意识支配的登山运动的历史仅有半个多世纪。虽然起步晚，但参与登山运动的人数越来越多，发展进步的速度也越来越快。

登山运动的征途上没有安全地带，处处险象环生。最大的危险来自雪崩和滑坠，登山者在思想上要事先做好应对各种意外险情的预案和对策。高度重视、足够认识潜在险情，保护好自己和团队，关键是要了解高山区域的自然现象和险情发生的规律。

一、雪崩

雪崩被登山者称之为"白色死神"，是登山和高山活动中最为常见、最为危险的灾难。雪崩的形成一种是自然的、另一种是人为的：自然雪崩的主要形成原因是大风暴风雪或暴风雨，由大雨、大雪、日晒、严寒、冰冻、冰雪融化和地震引发；人为雪崩是登山者和在高山活动人员缺乏高山活动经验与对雪崩规律的认识而误入雪崩频繁活跃区域，例如在雪坡上大声呼叫或踩动易落物体、横切雪坡面破坏雪层稳定。从雪崩规模而言，有点状雪崩和面状雪崩。点状雪崩，就是面积较小的范围内的雪崩；面状雪崩，就是大面积范围内的雪崩。这两类不同范围的雪崩中，又可分为四种不同性质的雪崩：从大的方面讲就是干雪崩和湿雪崩；从小的方面讲，在干雪崩中又有干燥性雪崩和雪板性雪崩，在湿雪崩中又有新湿雪崩和陈雪雪崩之分，除这四种之外还有冰川崩塌（冰崩）。雪崩一般发生在坡度25度以上的雪坡上，雪崩的高发期一般是下午和晚间。根据世界上发生雪崩的统计，下午四时前后是雪崩的最频繁时期。雪崩虽然是可怕的，但也不是不可避免的，我们要按照雪崩的规律来决定自己的行动和对策措施。

"四个不行动"：一是攀登路线不明不行动；二是大雾弥漫、能见度差不行动；三是疾风如晦不行动，大风或暴风雪天不行动；四是大雪和暴雨后 2～3 天不行动。

"三个必须"：一是必须早出发、早宿营；二是必须尽量贴近山脊攀登；三是危险地带必须结组而行、互相保护。

"三个强调"：一是强调严禁单兵活动；二是强调踩着前人足迹行进；三是强调严禁大声喧哗。

"三个看清"：一是看清雪崩区域的范围；二是看清自己攀登的路线；三是看清自己周围防身的物体，危险地段可派专人观察行军路线上方堆积物的变化。

二、滑坠

滑坠是登山运动员最常遇到的事故之一。主要原因：一是思想麻痹；二是疲劳过度；三是夜间行军；四是盲目穿越冰川。

登山的过程中，冰川是常遇到而又难以避开的屏障，应足够重视，不要急于穿越，首先要观察好冰川的高度、长度、宽度、坡度、光度、硬度以及冰川上方堆积物状况和可能坠落方向，选择较为安全的穿越路线，然后分散通过。凡通过冰川者思想要集中一点，全身要放松一点，躯体要前倾一点，膝盖要稍弯一点，速度要慢一点，步子要小一点。一旦上方堆积物坠落，要目视堆积物坠落方向，冷静沉着、灵活闪避。

另外，要做到：雨雪交加天不行军；能见度差的大雾天不行军；攀登方向不明不行军；浮雪下的裂缝不明要谨慎前行；在岩石上的冰雪稳定状况不明，不要轻易涉足，查清后再前行；滞留在岩石上的碎石应引起足够留意；遭遇大风袭击时要处置得当；不要误入雪脊边缘易塌陷区；登山成功后在激动喜悦的同时，要高度重视下撤中的安全隐患等。要充分预测潜在的安全隐患，要克服思想麻痹大意和防止疲劳过度。在登山的全过程中都要保持高度清醒的头脑和充沛的体力，这才是防止滑坠的根本保证。

三、滚石

滚石是人们在山间活动或登山过程中遇见的又一种危险。滚石的形成主要有两种：一种是人为造成的滚石，另一种是自然形成的滚石。人为造成的滚石是由于走在上方的人员不慎碰动路线上的易落石块而引起的。自然滚石一是石块底部的冰雪融化引起，二是大风和大雨造成易落石块松动后形成滚石以及地震引起。当登山者或山间活动人员必须通过滚石区时，尽量利用和选择相对高的地形和小的山脊山梁行军，在前面行军的人不要碰动自己认为不稳定的石块，如需横向通过滚石区，也要采取指定专人观察，每组 2～3 人分散通过，无论向上通过还是横向通过，均分散快速通过。一旦遭遇滚石袭击，分清是零星滚石还是大面积滚石，要采取积极的防身预防措施：一是利用离自己最近的周围的物体，如大石头、土包躲避；二是面向滚石坠落的方向，做好积极闪避的思想准备；三是沉着冷静、不慌张、不乱跑，观察和躲避；四是选择好通过滚石区的时间，尽量安排在上午冰雪未融化之前通过，大风天和大雨天严禁通过滚石区。

四、冻伤

登山运动员在攀登高峰的过程中发生冻伤是较为普遍的现象，重者冻伤致残，轻者耳、鼻、手指、脚趾冻伤截肢。因此，引起高度重视和采取有效防冻措施，是非常必要的。因为高海拔区域的气候变化难以预测，暴风雪随时都有可能袭来，所以在思想、装备、燃料、食品等方面的准备上，要做好周密计划，因为充分准备是实现攀登目标和预防冻伤的基本保证。一是御寒装备不仅要随身携带，而且要带得齐全；二是易冻部位要有效防冻，耳、鼻、手、脚要勤揉搓，常活动；三是防寒帽子、手套和鞋子、外套不离身，湿袜子、湿手套勤替换；四是行军过程中突然遭遇暴风雪时要及时下撤回营地；五是攀登到达高海拔地带，因低温、缺氧、疲劳困乏、睡意朦胧时，要坚持、坚持、再坚持，千万不可睡着。

附：给登山爱好者的话

进入山区：低头看路步步高，抬头望山明方向。
　　　　　耳听八方异动声，预谋在胸避险情。
登山行军：登山行军一条线，前人足迹后人跟。
　　　　　横切雪坡一大忌，保护雪层最要紧。
选择路线：登山道上险情多，贴近山脊攀登路。
　　　　　冰崩雪崩无所惧，登山征途福光照。
雪后待机：雪后三日不动窝，新陈雪层待粘合。
　　　　　养精蓄锐善待机，蓝天白云伴我行。
预防冻伤：高峰区域气温低，暴风雪后易冻伤。
　　　　　御寒保暖是关键，易冻部位勤揉搓。
相互保护：危险地带需结组，相互保护稳步行。
　　　　　勇攀高峰智为先，同心共克占鳌头。
安全第一：云雾迷蒙不动窝，天公作美启征程。
　　　　　安全第一牢记心，攻坚克难谱新篇。